Kohlhammer

Die Herausgeber

Prof. Dr. Dieter Wälte, Jg. 1956, Dipl.-Psych, Psychologischer Psychotherapeut, Habilitation 2004 in der Klinischen Psychologie. Bis 2006 Ltd. Psychologe in der Klinik für Psychiatrie und Psychotherapie an der RWTH Aachen, dort Leiter der Psychotherapiestation. Seit 2006 Professur für »Klinische Psychologie und Persönlichkeitspsychologie« am Fachbereich Sozialwesen der Hochschule Niederrhein (Mönchengladbach). Seit 2007 Leiter der Psychosozialen Beratungsstelle an der Hochschule Niederrhein. Darüber hinaus seit 1998 tätig als Dozent, Supervisor, Prüfer und Selbsterfahrungsleiter in der Ausbildung von Psychotherapeuten nach dem Psychotherapeutengesetz. Aktuelle Arbeitsschwerpunkte: Psychotherapie, Beratung, Diagnostik, Eingliederungshilfe. Zahlreiche Veröffentlichungen u. a. zur Heimerziehung, Familientherapie, Psychiatrie und Psychosomatik.

Prof. Dr. Michael Borg-Laufs, Jg. 1962, Dipl.-Psych., Kinder- und Jugendlichenpsychotherapeut, Psychologischer Psychotherapeut. Dekan und Professor »Theorie und Praxis psychosozialer Arbeit mit Kindern« am Fachbereich Sozialwesen der Hochschule Niederrhein. Darüber hinaus Dozent, Supervisor, Selbsterfahrungsanleiter und Prüfer an verschiedenen psychotherapeutischen Ausbildungsinstituten. Diverse berufs- und fachpolitische Aktivitäten. Mehr als zehn Jahre Leitung einer Erziehungsberatungsstelle, langjährige Tätigkeit als Lehrbeauftragter an der Universität Wuppertal. Mehr als 200 wissenschaftliche Publikationen. Arbeitsschwerpunkte: Kindeswohlgefährdung, Kinder- und Jugendlichenpsychotherapie, Diagnostik, Psychische Grundbedürfnisse von Kindern und Jugendlichen, Jugendhilfe, Psychosoziale Beratung.

Dieter Wälte
Michael Borg-Laufs (Hrsg.)

Psychosoziale Beratung

Grundlagen, Diagnostik, Intervention

2., aktualisierte Auflage

Verlag W. Kohlhammer

Dieses Werk einschließlich aller seiner Teile ist urheberrechtlich geschützt. Jede Verwendung außerhalb der engen Grenzen des Urheberrechts ist ohne Zustimmung des Verlags unzulässig und strafbar. Das gilt insbesondere für Vervielfältigungen, Übersetzungen, Mikroverfilmungen und für die Einspeicherung und Verarbeitung in elektronischen Systemen.

Die Wiedergabe von Warenbezeichnungen, Handelsnamen und sonstigen Kennzeichen in diesem Buch berechtigt nicht zu der Annahme, dass diese von jedermann frei benutzt werden dürfen. Vielmehr kann es sich auch dann um eingetragene Warenzeichen oder sonstige geschützte Kennzeichen handeln, wenn sie nicht eigens als solche gekennzeichnet sind.

Es konnten nicht alle Rechtsinhaber von Abbildungen ermittelt werden. Sollte dem Verlag gegenüber der Nachweis der Rechtsinhaberschaft geführt werden, wird das branchenübliche Honorar nachträglich gezahlt.

Dieses Werk enthält Hinweise/Links zu externen Websites Dritter, auf deren Inhalt der Verlag keinen Einfluss hat und die der Haftung der jeweiligen Seitenanbieter oder -betreiber unterliegen. Zum Zeitpunkt der Verlinkung wurden die externen Websites auf mögliche Rechtsverstöße überprüft und dabei keine Rechtsverletzung festgestellt. Ohne konkrete Hinweise auf eine solche Rechtsverletzung ist eine permanente inhaltliche Kontrolle der verlinkten Seiten nicht zumutbar. Sollten jedoch Rechtsverletzungen bekannt werden, werden die betroffenen externen Links soweit möglich unverzüglich entfernt.

2, aktualisierte Auflage 2021

Alle Rechte vorbehalten
© W. Kohlhammer GmbH, Stuttgart
Gesamtherstellung: W. Kohlhammer GmbH, Heßbrühlstr. 69, 70565 Stuttgart
produktsicherheit@kohlhammer.de

Print:
ISBN 978-3-17-039158-1

E-Book-Formate:
pdf: ISBN 978-3-17-039159-8
epub: ISBN 978-3-17-039160-4
mobi: ISBN 978-3-17-039161-1

Vorwort zur Reihe

Mit dem so genannten »Bologna-Prozess« galt es neu auszutarieren, welches Wissen Studierende der Sozialen Arbeit benötigen, um trotz erheblich verkürzter Ausbildungszeiten auch weiterhin »berufliche Handlungsfähigkeit« zu erlangen. Die Ergebnisse dieses nicht ganz schmerzfreien Abstimmungs- und Anpassungsprozesses lassen sich heute allerorten in volumigen Handbüchern nachlesen, in denen die neu entwickelten Module detailliert nach Lernzielen, Lehrinhalten, Lehrmethoden und Prüfungsformen beschrieben sind. Eine diskursive Selbstvergewisserung dieses Ausmaßes und dieser Präzision hat es vor Bologna allenfalls im Ausnahmefall gegeben.

Für Studierende bedeutet die Beschränkung der akademischen Grundausbildung auf sechs Semester, eine annähernd gleich große Stofffülle in deutlich verringerter Lernzeit bewältigen zu müssen. Die Erwartungen an das selbständige Lernen und Vertiefen des Stoffs in den eigenen vier Wänden sind deshalb deutlich gestiegen. Bologna hat das eigene Arbeitszimmer als Lernort gewissermaßen rekultiviert.

Die Idee zu der Reihe, in der das vorliegende Buch erscheint, ist vor dem Hintergrund dieser bildungspolitisch veränderten Rahmenbedingungen entstanden. Die nach und nach erscheinenden Bände sollen in kompakter Form nicht nur unabdingbares Grundwissen für das Studium der Sozialen Arbeit bereitstellen, sondern sich durch ihre Leserfreundlichkeit auch für das Selbststudium Studierender besonders eignen. Die Autor/innen der Reihe verpflichten sich diesem Ziel auf unterschiedliche Weise: durch die lernzielorientierte Begründung der ausgewählten Inhalte, durch die Begrenzung der Stoffmenge auf ein überschaubares Volumen, durch die Verständlichkeit ihrer Sprache, durch Anschaulichkeit und gezielte Theorie-Praxis-Verknüpfungen, nicht zuletzt aber auch durch lese(r)-freundliche Gestaltungselemente wie Schaubilder, Unterlegungen und andere Elemente.

Prof. Dr. Rudolf Bieker, Köln

Zu diesem Buch

Psychosoziale Beratung umfasst jede professionell-unterstützende Form der Interaktion mit Klienten in psychosozialen Arbeitsfeldern, die auf die Diagnostik und Intervention bei psychosozialen Belastungen, Einschränkungen, Notlagen und Krisen gerichtet ist. Als entwicklungsorientiertes Unterstützungsangebot mit einem ausgeprägten Bezug zum sozialen Netzwerk der Adressaten hat sie sich in vielfältigen Tätigkeits- und Aufgabenbereichen fest etabliert. Die Qualität psychosozialer Beratung wird bestimmt durch eine methodisch fundierte Diagnostik und Intervention auf dem Nährboden einer professionellen Beratungsbeziehung. Vor diesem Hintergrund verfolgt der vorliegende Band das Ziel, solche Bausteine zur psychosozialen Beratung zur Verfügung zu stellen, die in unterschiedlichen Beratungsfeldern eine systematische Fallarbeit vom Erstkontakt bis zum Abschluss ermöglichen.

Psychosoziale Beratung ist in der Praxis mit der Herausforderung konfrontiert, dass sie sich flexibel auf die verschiedenen Bedingungen der unterschiedlichen Arbeitsfelder und auf die spezifische Bedürfnislage der Klientel einstellen muss. Dementsprechend variieren die Dauer und die Intensität einer Beratung erheblich. Dieser Situation möchte das vorliegende Buch dadurch entgegenkommen, dass es zum einen modular aufgebaut ist und dadurch fallspezifische Schwerpunktsetzungen in der Beratung ermöglicht und zum anderen an einem Phasenmodell der Beratung orientiert ist.

Die Module entsprechen im Wesentlichen den zentralen Wirkvariablen des psychosozialen Beratungsprozesses: Gestaltung einer professionellen Beziehung, Motivation zur Veränderung, Analyse und Klärung der Probleme im Kontext von Ressourcen, Analyse und Vereinbarung von Beratungszielen, Problemaktualisierung, Ressourcenaktivierung, Hilfen zur Problembewältigung. Für die Umsetzung dieser Wirkvariablen werden in den einzelnen Modulen Methoden und Techniken zur Verfügung gestellt, die in der psychosozialen Beratung verbreitet sind und sowohl durch Erfahrungen aus der Praxis als auch durch Forschung eine empirische Fundierung erfahren haben. Ergänzende Module zur Evaluation, zum Beratungsabschluss, zur Supervision sowie zur Reflexion und Dokumentation sollen helfen, den psychosozialen Beratungsprozess weiter zu optimieren.

Von dem Buch profitieren können

- Studierende der Sozialen Arbeit in Bachelor- und Masterstudiengängen,
- Studierende in anderen Studiengängen mit psychosozialer Ausrichtung (Psychologie, Pädagogik, Heilpädagogik, Psychotherapie, Medizin, u. a.),

- Fachkräfte in Beratungsstellen,
- Fachkräfte in anderen Arbeitsfeldern, deren Tätigkeit psychosoziale Beratung umfasst.

Inhalt

Vorwort zur Reihe 5

Zu diesem Buch 6

1 **Grundlagen psychosozialer Beratung** 13
   1.1 Die Geschichte der Beratung 14
      Anne de la Motte
   1.2 Was ist psychosoziale Beratung? 25
      Dieter Wälte & Anja Lübeck
   1.3 Schulenspezifische Beratungsmodelle und deren Integration 31
      Jan G. Thivissen † & Dieter Wälte
   1.4 Wirkfaktoren 43
      Dieter Wälte

2 **Prozessmodell der Beratung** 52
   Michael Borg-Laufs & Dieter Wälte
   2.1 Beratungsphasen 54
   2.2 Aufbau einer Beratungssitzung 59

3 **Gestaltung einer professionellen Beziehung in der Beratung** ... 61
   Dieter Wälte & Michael Borg-Laufs
   3.1 Grundlagen menschlicher Kommunikation 63
   3.2 Basisfertigkeiten der Gesprächsführung 70
   3.3 Checkliste zum Erstgespräch 79

4 **Änderungsmotivation** 82
   Barbara Beck & Michael Borg-Laufs
   4.1 Theoretische Grundlagen 82
   4.2 Motivationsdiagnostik 86
   4.3 Motivierende Gesprächsführung 92

5 **Analyse und Klärung der Probleme im Kontext von Ressourcen** 100
   5.1 Diagnostische Grundlagen zum Fallverständnis nach
       dem bio-psycho-sozialen Modell 101
      Dieter Wälte
   5.2 Psychosoziale Ausgangssituation 108
      Julia Tiskens & Michael Borg-Laufs

	5.3	Ressourcendiagnostik	117
		Franz-Christian Schubert	
	5.4	Verhaltensanalyse nach dem SORKC-Modell	134
		Michael Borg-Laufs	
	5.5	Analyse der Selbstregulation	140
		Dieter Wälte	
	5.6	Analyse psychischer Grundbedürfnisse	146
		Michael Borg-Laufs	
	5.7	Diagnostik des Familiensystems	154
		Dieter Wälte	
6	**Analyse und Vereinbarung von Beratungszielen**		**160**
	Dieter Wälte & Melanie Meyer		
	6.1	Zielanalyse	161
	6.2	Zielfestlegung und Beratungskontrakt	164
7	**Problemaktualisierung**		**168**
	7.1	Rollenspiel	169
		Michael Borg-Laufs	
	7.2	Konfrontative Techniken (Verhaltensexperimente)	173
		Dieter Wälte & Lara Sieben	
	7.3	Schematherapeutische Interventionen in der Beratung	185
		Anja Lübeck & Dieter Wälte	
8	**Ressourcenaktivierung**		**198**
	Franz-Christian Schubert		
	8.1	Theoretische Fundierung	199
	8.2	Indikation von Ressourcenaktivierung	200
	8.3	Basisinterventionen zur Ressourcenaktivierung	203
	8.4	Schlussbetrachtung	212
9	**Hilfe zur Problembewältigung**		**214**
	9.1	Methoden der Einzelberatung	216
		Michael Borg-Laufs & Barbara Beck	
	9.2	Methoden der systemischen Paar- und Familienberatung	245
		Franz-Christian Schubert, Dieter Wälte & Melanie Meyer	
	9.3	Einsatz von Trainings in der Beratung	265
		Dieter Wälte & Michael Borg-Laufs	
10	**Evaluation des Beratungsprozesses**		**283**
	Michael Borg-Laufs & Julia Tiskens		
	10.1	Relevanz	283
	10.2	Gegenstand der Evaluation	284

11	**Beratungsabschluss**	**292**
	Melanie Meyer & Dieter Wälte	
	11.1 Funktionen des Beratungsabschlusses	293
	11.2 Schwierigkeiten innerhalb des Beratungsabschlusses	296
12	**Supervision**	**299**
	Franz-Christian Schubert	
	12.1 Begriff und Entwicklung	299
	12.2 Ziele und Aufgaben	300
	12.3 Settings und Reflexionsfelder	303
	12.4 Kompetenzen und Haltungen	305
	12.5 Standards von Supervision	307
	12.6 Supervision in der Ausbildung von Beratern und Psychotherapeuten	307
	12.7 Fallsupervision im Ausbildungskontext	309
13	**Reflexion und Dokumentation des Beratungsprozesses**	**315**
	Michael Borg-Laufs & Dieter Wälte	
	13.1 Einleitung	315
	13.2 Leitfaden für die Reflexion und Dokumentation von Beratungsfällen	316
	13.3 Strukturierungshilfe für die Fallvorstellung im Team oder in der Supervision	324

Literaturverzeichnis **327**

Autorenangaben **348**

Hinweise zu Online-Materialien

In diesem Buch finden Sie einige Materialien, die Sie als Arbeitshilfen in Ihren Beratungsprozessen einsetzen können. Diese Materialien sind nicht nur im Buch abgedruckt, sondern stehen auch auf den Webseiten des Kohlhammer-Verlages zum Download bereit. Sie finden die Materialien auf der Internetseite https://dl.kohlhammer.de/978-3-17-039158-1. Hier können Sie die Materialien als Pdf-Dokumente herunterladen oder direkt mit der Druckfunktion des Browsers ausdrucken.

Im Text sind alle Materialien, die online zur Verfügung gestellt werden, mit einem Hinweis »Online-Material« gekennzeichnet.

Übersicht der Online-Materialien

3.a Interpersonales Kreismodell mit Kommunikationsstilen
3.b Checkliste Erstgespräch
4.a Vierfelderschema zur Problemveränderung
5.a Biopsychosoziale Problemübersicht
5.b Netzwerkkarte
5.c Ressourcenkarte
5.d Kognitive Umstrukturierung der Erwartungen
6.a Kontrakt über Ziele
7.a Modus-Memo
7.b Imagination
9.a Wochenprotokoll der Aktivitäten
9.b Notfallplan
10.a Zielerreichungsskala
13.a Vorlage Falldokumentation 1
13.b Vorlage Falldokumentation 2
13.c Vorlage Falldokumentation 3
13.d Vorlage Falldokumentation 4
13.e Vorlage Falldokumentation 5
13.f Vorlage Falldokumentation 6
13.g Vorlage Supervisionsbogen

1 Grundlagen psychosozialer Beratung

> **☞ Was Sie in diesem Kapitel lernen können**
>
> Psychosoziale Beratung hat ihr Profil historisch entwickelt. Ein historischer Rückblick in die Geschichte der Beratung ermöglicht es, die eigene Beratungstätigkeit im Kontext der aktuellen sozialpolitischen Bedingungen besser zu verstehen. Psychosoziale Beratung hat zwar einen stärkeren Bezug zum Alltag und zum sozialen Netzwerk der Klientel, als es bei der Psychotherapie der Fall ist, jedoch weisen beide Tätigkeitsfelder erhebliche Überschneidungen auf. Deshalb kann die Praxis der psychosozialen Beratung von den schulenspezifischen Konzepten der Psychotherapie profitieren. Allerdings erfordern die vielfältigen Problemlagen der Klientinnen und Klienten die Überwindung einer einseitig ausgerichteten Orientierung an einer spezifischen Beratungsschule mit dem Ziel der Hinwendung zu einer integrativen Beratungskonzeption. Damit wird der Blick für die Faktoren geöffnet, die in der Beratung effektiv wirken. Dieses Kapitel beschäftigt sich
>
> - mit der historischen Entwicklung der Beratung, um die eigene Beratungstätigkeit kritisch im Wandel der sozialpolitischen Bedingungen reflektieren zu können. Die historische Betrachtung der Beratung trägt dazu bei, die eigene Beratungstätigkeit im historischen Wandel zu verstehen;
> - mit den grundlegenden Begriffen im Kontext der Beratung, insbesondere mit der Unterscheidung zwischen Beratung und Psychotherapie. Psychosoziale Beratung hat einen ausgeprägten Bezug zum sozialen Netzwerk der Klientel und versteht sich als Hilfe zur Bewältigung des Alltags. Dafür sind eine handlungsfeldspezifische Wissensbasis und feldübergreifende kommunikative Basiskompetenzen notwendig, die je nach den Erfordernissen des Beratungsfeldes klientenzentriert in eine Balance zu bringen sind;
> - mit den schulenspezifischen Konzepten der Psychotherapie, von denen psychosoziale Beratung in der Praxis stark profitieren kann. Dabei haben sich insbesondere Konzepte aus der gesprächspsychotherapeutischen, der kognitiv-verhaltenstherapeutischen, der psychodynamischen und der systemischen Beratung bewährt. Wegen der häufig multidimensionalen Problemlage der Klientel psychosozialer Beratung reichen einseitig ausgerichtete schulenspezifische Ansätze allerdings nicht aus, sondern erfordern eine Integration unterschiedlicher Methoden und Techniken aus verschiedenen ›Beratungsschulen‹;

- mit den generellen Wirkfaktoren der Beratung, die hauptsächlich in der schulenübergreifenden Forschung zur Psychotherapie gewonnen wurden: professionelle Arbeitsbeziehung, gründliche Analyse zur Klärung der Probleme, Erarbeitung von Beratungszielen, Motivation des Klienten/der Klientin, Problemaktualisierung, Ressourcenaktivierung, Hilfe zur Problemlösung, Evaluation mit kritischer Reflexion der Ergebnisse.

1.1 Die Geschichte der Beratung

Anne de la Motte

1.1.1 Warum es Sinn machen kann, sich mit der Vergangenheit zu beschäftigen

Das vorliegende Buch beschäftigt sich mit psychosozialer Beratung und beschreibt diese aus heutiger Perspektive mit ihren aktuellen Möglichkeiten und Herausforderungen. Dabei fällt auf, dass es eine unüberschaubare Anzahl wissenschaftlicher Ansätze und Beratungspraxen gibt. Die folglich entstandene Diversität und Flexibilität in der Ausgestaltung der Beratung ist allseits bekannt und wird an verschiedener Stelle artikuliert (u. a. von Engel 2003; Engel, Nestmann & Sickendiek 2007; McLeod 2004; Nestmann 2007; Nestmann, Sickendiek & Engel 2007; Sickendiek, Engel & Nestmann 2008; Schrödter 2013). Dank ihrer Vielseitigkeit kann Beratung relativ unkompliziert den jeweiligen Bedürfnissen angepasst werden, ist jedoch für Ratsuchende oder noch unerfahrene Theoretiker/Theoretikerinnen schwer durchschaubar. Daher erscheint es sinnvoll, sich mit der Gründung der ersten Beratungseinrichtungen und mit ihrer weiteren Entwicklung bis hin zur heutigen Vielfalt zu beschäftigen. Erst hierdurch können historisch gewachsene Überzeugungen und Handlungsweisen für die gegenwärtige Beratungsarbeit und mögliche Zukunftsperspektiven nachvollzogen werden. Dabei lässt sich erahnen, dass auch die Wurzeln der Beratungsansätze und -institutionen vielfältig sind und unterschiedlich tief reichen. Diese Wurzeln lassen sich hier jedoch nicht in aller Vollständigkeit darstellen. Stattdessen soll im Folgenden anhand einzelner, beispielhaft gewählter Beratungsinstitutionen und eigenständiger Beratungsfelder ein kurzer Überblick über die allgemeine Entwicklung der Beratungslandschaft in der Bundesrepublik Deutschland vermittelt werden. Zur Begrenzung des Umfangs der Darstellung werden die Entwicklung in der Deutschen Demokratischen Republik sowie die internationale Geschichte der Beratung nicht behandelt. Beispielhaft für die internationale Entwicklung von Beratung sei auf die Entwicklung und das heutige Beratungsverständnis in den Vereinigten Staaten von Amerika und

Großbritannien verwiesen, u. a. nachzuvollziehen bei McLeod (2004) oder Nestmann (1997).

Professionelle Beratung lässt sich unterschiedlich einordnen, als Querschnittsaufgabe verschiedener Berufsgruppen, als Arbeitsgebiet eines eigenen Berufsstandes, als vollständige oder partielle Aufgabe einer Einrichtung oder als Synonym für ein spezifisches Beratungsgespräch (Großmaß 2000; Thiersch 2007; Sickendiek, Engel & Nestmann 2008). Des Weiteren lässt sich Beratung innerhalb des sozialen Sektors als sozial, pädagogisch, psychologisch oder psychosozial kategorisieren (Sickendiek, Engel & Nestmann 2008). Die Einordnung hängt zum einen davon ab, zu welchem Zeitpunkt eine Beratungsstelle und ihre umgesetzte Beratungsarbeit betrachtet werden, beispielsweise in den 1920er Jahren oder den 1970er Jahren. Zum anderen liegt die Einordnung jedoch auch im Auge des/der Betrachters/Betrachterin und dessen/deren Kriterien. Dies soll beispielhaft an der Institution der Erziehungsberatungsstelle veranschaulicht werden. Nach Gröning (2009, 2010) handelt es sich um pädagogische Beratung, da junge Menschen im Fokus stehen. Schröder wiederum bezeichnet Erziehungsberatung als eines von mehreren »›klassischen‹ psychologischen Beratungsfeldern« (Schröder 2007, 50), da sie hauptsächlich von Psychologen umgesetzt wird. Und nach Großmaß (2000) ist Erziehungsberatung mit der Übernahme psychologischer Konzepte seit den 1970er Jahren psychosozial aufgestellt. Aus heutiger Perspektive sind alle in diesem Kapitel vorgestellten Institutionen – zumindest in Teilbereichen – als psychosozial einzuordnen.

1.1.2 1900er Jahre bis Ende der Weimarer Republik

Rückblickend lassen sich zwei »Gründungsphase(n)« (Großmaß 1997, 121; Großmaß 2000, 66; Nestmann, Engel & Sickendiek 2013, 1325) in der Entwicklung zur aktuellen Beratungslandschaft ausmachen. Die erste liegt zu Beginn des 20. Jahrhunderts, mit Höhepunkt in den 1920er Jahren. Nach Großmaß hat das Individuum erstmalig gewisse Spielräume in seiner Lebensführung, innerhalb derer es Gestaltungsfreiheit besitzt und abwägen muss, was es tut. Bisher als fest vorausgesetzte Standards der Gesellschaft werden in Frage gestellt. Eine Orientierungshilfe bietet Beratung, unterstützt durch »die Entfaltung der Wissenschaften wie Psychologie, Erziehungswissenschaften und Soziologie« (Sickendiek, Engel & Nestmann 2008, 25; Großmaß 2000). Beratung wird vorrangig als Aufklärung verstanden (Großmaß 2007). Dabei wird sie zunächst nicht von staatlicher Seite angeboten, sondern durch engagierte Bürger und deren Interessenverbände sowie Berufsstände und Einzelpersönlichkeiten. »Psychosoziale Beratung verdankt sich in ihrem Beginn den Selbsthilfepotentialen engagierter politischer Gruppierungen, die auf diese Weise – obwohl nicht über Regelungsmacht verfügend – ihren Einfluss auf die Konfliktlösungsrichtung geltend machen« (Großmaß 1997, 123). Zu den wichtigsten und heute noch vorhandenen Beratungseinrichtungen gehören u. a. die Berufsberatung, die Sexual- und Eheberatung sowie die Erziehungsberatung. Auf sie soll im Folgenden näher eingegangen werden.

1 Grundlagen psychosozialer Beratung

Berufsberatung wird als eigener Begriff erstmals 1898 vom »Bund deutscher Frauenvereine« geprägt (Gröning 2009; Gröning 2010; Krämer 2001). Es ist die Zeit der »Umstrukturierung des Arbeits (sic!) und Berufsmarktes« (Großmaß 1997, 119; Großmaß 2000, 63). Frauen haben einen erhöhten Beratungsbedarf. Sie erringen das Recht, arbeiten zu gehen und dabei Berufsausbildung und -tätigkeit selbst zu bestimmen (Gröning 2009; Krämer 2001; Haas 2002). 1902 wird die erste »Auskunftstelle für Frauenberufe« unter Leitung von Rathenau durch den »Bund deutscher Frauenvereine« gegründet. Weitere Einrichtungen folgen (Gröning 2009; Krämer 2001; Haas 2002). Rathenau entwickelt auf eigenen statistischen Erhebungen beruhend einen Katalog zu verschiedenen Ausbildungen und Berufen (Gröning 2010). Die Idee der Berufsberatung wird anschließend von vielen anderen übernommen, u. a. von Gewerkschaften. In den 1920er Jahren bilden sich vier Kernaufgaben der Berufsberatung heraus, »(…) die Berufsaufklärung, die individuelle Einzelberatung, die Vermittlung in berufliche Ausbildungsstellen und die Förderung der beruflichen Ausbildung« (Schröder2007, 51). Auch öffentliche Berufsämter entstehen und führen »Berufseignungsprüfungen« (Krämer 2001, 1098) durch. Diese Prüfungen basieren auf pädagogischer und psychologischer Grundlagenforschung, dienen zur Umsetzung des »trait-and-factor-Modells«, nachdem die Anforderungen einer Arbeitsstelle und die persönlichen Eigenschaften eines Arbeitsuchenden zusammenpassen müssen (Thiel 2007). Mit dem 1922 in Kraft tretenden Arbeitsnachweisgesetz werden Berufsberatung und Lehrstellenvermittlung in die Aufgaben von Arbeitsnachweisämtern, den Vorläufern der Arbeitsämter, integriert. Die Arbeitsnachweise haben verschiedene Träger, vorrangig Innungen, Gewerkschaften, Kommunen und Wohlfahrtsverbände (vgl. Krämer 2001). Im Jahr 1927 tritt das Gesetz über Arbeitsvermittlung und Arbeitslosenversicherung in Kraft. Damit wird eine Reichsanstalt für Arbeitsvermittlung und Arbeitslosenversicherung geschaffen (ebd.). Neben der Reichsanstalt dürfen nur noch nicht kommerzielle Einrichtungen Berufsberatung anbieten. Diese Monopolisierung wird zum Schutz der Arbeitssuchenden umgesetzt, die vor der Ausbeutung durch kommerzielle Arbeitsvermittler geschützt werden sollen (Haas 2002). Die Reichsanstalt richtet ihre Beratung an junge Menschen auf der Suche nach dem ersten Beruf (ebd.). Neben der Informationsvermittlung bestimmen zunehmend Eignungstestungen, sowohl körperliche als auch psychische, die Berufsberatung.

Die *Sexualberatung* kommt erstmals in einer Zeit großer Armut in der Bevölkerung auf. Die Zunahme von Geschlechtskrankheiten, nicht sterilen und damit tödlichen Schwangerschaftsabbrüchen sowie der Rückgang von Geburten spielen eine wichtige Rolle. Frauen haben nach dem Ersten Weltkrieg eine neue Stellung (Großmaß 1997; Gröning 2009). »Die Frauenbewegung und Teile der Sozialdemokratie kritisieren (…) die staatliche Bevölkerungspolitik (…) und gründen Sexualberatungsstellen (…)« (Abel 1998, 23). Die erste Beratungsstelle des »Bundes für Mutterschutz und Sexualreform« wird 1924 gegründet. Hier werden sowohl Männer als auch Frauen von einer Ärztin und einer Sozialarbeiterin sowie weiteren ehrenamtlichen Helfern beraten (Gröning 2010). Zu dieser Zeit kommt es zu einer ganzen Gründungswelle, sodass bis 1932 mehr als 400 Beratungsstellen entstehen, mit ca. einem Drittel öffentlicher und zwei Dritteln privater Trägerschaft. Private Träger sind insbesondere Frauenverbände, Arbeiterorganisatoren oder Sexualreformer/Sexualreformerinnen (vgl. Großmaß 1997; Großmaß 2000). Auch bei der Sexualberatung geht es vorrangig um Information, aber ebenso um Vermittlung praktischer Hilfe. Ein wichtiges Thema ist ungewollte Schwangerschaft. »Nur bei gesundheitlichen Indikationen erhielten die ratsuchenden Frauen eine Überweisung in die Klinik zum Schwangerschaftsabbruch. Bei sozialen Notlagen wurde über das Abtreibungsverbot und die Risiken einer illegalen Abtreibung (…) aufgeklärt« (Gröning 2010, 26f.). Weitere Themen der Beratung sind u. a. medizinische und Sexualaufklärung, Schwangerschaftsverhütung, das eigene Geschlecht, aber auch ein unerfüllter Kinderwunsch (Gröning 2009, Gröning 2010, Großmaß 1997, Großmaß 2000). Parallel zu Sexualberatungsstellen entstehen *Eheberatungsstellen*. Die erste wird 1911 gegründet (Struck 2007) und schon bald werden immer mehr solcher Beratungsstellen eröffnet. Sie sind den Gesundheitsämtern angegliedert, hier beraten Ärzte zur Erbgesundheit. Nach Überprüfung der familiären Herkunft und einer medizinischen Untersuchung wird die Ehefähigkeit bestimmt. »Im Mittelpunkt dieser Beratung stand die Ausstellung eines Ehefähigkeitszeugnisses« (Gröning 2009, 111; Gröning 2010, 90).

Anders als Sexual- und Berufsberatung hat *Erziehungsberatung* gleich mehrere Wurzeln, die »(…) als Vorläufer der heutigen Erziehungsberatung gelten können« (Kühnl 2000, 3). 1903 gründet der Kriminalpsychiater Chimbal eine heilpädagogische Beratungsstelle und der Psychiater Fürstenheim 1906 die »Medicopädagogische Poliklinik für Kinderforschung, Erziehungsberatung und ärztlich erzieherische Behandlung«. Es ist auch Fürstenheim, der 1916 eine »Jugendsichtungsstelle« eröffnet. Während die ersten beiden Beratungsstellen »(…) an der Besserung delinquenter Jugendlicher orientiert« (Abel 1998, 23) sind, ist die drittgenannte Beratungseinrichtung »(…) eine pädagogisch-diagnostische Beratungs- und Auskunftsstelle im Dienste der Schullaufbahn-, Erziehung- (sic!), Berufs- und Unterbringungsberatung. Gleichzeitig sollte die ›fragliche Veranlagung‹ geklärt werden« (Geib et al. 1994, 275). Die Inhalte dieser und weiterer »Vorläufer« sind vielfältig und werden an verschiedener Stelle überblicksartig zusammengestellt (vgl. u. a. Abel 1998, Specht 2000, Borg-Laufs 2007; Geib et al. 1994). Abel fasst sie in vier Entwicklungslinien zusammen, »(…) 1. die psychoanalytischen Wurzeln; 2. der psychiatrisch, kriminologische Zugang; 3. sozialpädagogische, fürsorgerische Reformansätze; 4. heilpädagogische Herangehensweisen« (Abel 1998, 25). In den 1920er Jahren werden auch in Österreich Beratungseinrichtungen eröffnet, alle unter der Bezeichnung »Erziehungsberatungsstelle«. »Seitdem hat sich der Terminus *Erziehungsberatung* durchgesetzt (…)« (Menne 2005, 1, Hervorhebung im Original). Diese wird zunächst nur durch freie Träger angeboten. Erst mit dem Reichsgesetz für Jugendwohlfahrt 1922 wird in Deutschland auch eine öffentliche Trägerschaft möglich (Abel 1998; § 4 RJWG). Die Angebote öffentlicher und freier Träger unterschieden sich. »Öffentliche, also staatlich geförderte und eingerichtete EB-stellen übernehmen vor allem kontrollierende und selegierende Funktionen in der Jugend- und Sozialpolitik des Staates« (Abel 1998, 27). Kinder und Jugendliche werden medizinisch, psychiatrisch und psychologisch umfangreich diagnostisch untersucht und nach Klärung der Problemursache an weitere Institutionen vermittelt (vgl. Geib et al. 1994). Beratung als solche findet nicht statt. Anders arbeiten freie Beratungsstellen. »Träger sind Einzelpersönlichkeiten und medizinische bzw. psychologische Forschungs- und Fürsorgeeinrichtungen. Hierher gehören vor allem die individualpsychologischen und psychoanalytischen Beratungsstellen« (Geib et al. 1994, 277). Je nach spezifischem Träger werden über Diagnostik hinaus u. a. Therapie, pädagogische Angebote sowie »›öffentliche Erziehungsberatung‹ vor Publikum« (Abel 1998, 24) zur Schulung anderer Fachkräfte angeboten. Beratung wird als Informationsleistung eingesetzt, als »Aufklärung und Belehrung« (ebd.).

1.1.3 Nationalsozialismus bis Ende des Zweiten Weltkriegs

Mit Aufkommen des Nationalsozialismus kommt es zu einer »Gleichschaltung« und »Machtkonzentration« (beide Müller 2003, 266) zu Gunsten der Nationalsozialisten, die alle Bereiche umfasst (Abel 1998). Als einzige Partei ist die Nationalsozialistische Deutsche Arbeiterpartei erlaubt. Die allein verbleibende Gewerkschaft ist die Deutsche Arbeitsfront. Jugendverbände gehen in der Hitlerjugend auf (Müller 2003). »Die Umgestaltung der Wohlfahrtspflege im Sinne der NS-Ideologen erfolgte insbesondere durch die Gründung einer ›freien nationalsozialistischen Volkswohlfahrtsorganisation‹, abgekürzt: NSV« (Geib et al. 1994, 277ff.). Nicht mehr das Individuum mit eigenem Handlungsspielraum steht im Fokus, sondern das »Wohl der Gemeinschaft« (Abel 1998, 30), die Nützlichkeit und der Wert fürs Ganze sowie die Erziehung in »›nationalsozialistischem Geist‹« (Müller 2003, 269; Geib et al. 1994; Gröning 2010). Dies hat starke Auswirkungen auf die Beratungslandschaft, deren Inhalte und Ziele nun ebenfalls vorgegeben werden. Seit den 1930er Jahren arbeiten vermehrt Psychologen in Beratungseinrichtungen. Mit ihnen werden sowohl »der Bereich der *psychologischen Messung und Diagnostik*« als auch »*psychotherapeutische (...) Verfahren*« (beide Schröder 2007, 50, Hervorhebungen im Original) ausgeweitet. Beides wird genutzt, um »institutionelle (...) Hilfestellungen zu flankieren und die (...) Beratungsangebote theoretisch und methodisch zu fundieren« (a. a. O.). Die erste Gründungsphase und Institutionalisierung der Beratungseinrichtungen wird durch den Zweiten Weltkrieg unterbrochen (Großmaß 2007). Auch »die Tatsache, dass führende Theoretiker/innen (...) ins Exil gehen mussten, verhinderte (...) eine wissenschaftlich fundierte Weiterentwicklung der Beratung bis in die Nachkriegszeit hinein« (Sickendiek, Engel & Nestmann 2008, 25).

Berufsberatung wandelt sich. Mit dem Gesetz über Arbeitsvermittlung, Berufsberatung und Lehrstellenvermittlung ist ihr Verlauf ab 1935 nicht mehr ergebnisoffen. Vielmehr kommt es zu einer Lenkung durch die Reichsanstalt. In Abhängigkeit von zentral festgelegtem wirtschaftlichem und kriegsbedingtem Bedarf werden Arbeitsplätze zwangsweise zugeteilt (vgl. Krämer 2010; Gröning 2009; Gröning 2010). Nach einer 1938 erlassenen Anordnung müssen »(...) sämtliche Schulabgänger bei den zuständigen Arbeitsämtern gemeldet und Einstellungen von Lehrlingen, Praktikanten oder Volontären von diesen genehmigt werden« (Krämer 2001, 1101; Gröning 2010). Ab 1939 muss auch Kündigungen von Arbeitsämtern zugestimmt werden (Krämer 2010). Um für offene Stellen den passenden Arbeitnehmer zu finden, wird Berufsberatung noch mehr als zuvor von Eignungsdiagnostik, sogenannter »Psychotechnik«, bestimmt (Gröning 2009). Psychotechnik ist ein Vorläufer oder auch ein veralteter Begriff für Arbeitspsychologie (vgl. Gröning 2010). »Die Berufsberatung erlebt so den Konflikt zwischen Beratung und Berufslenkung wie auch den Konflikt zwischen personenzentrierter Beratung und funktionaler Diagnose, ein geradezu klassischer Konflikt im Arbeitsfeld Beratung« (Gröning 2010, 18). Während des Nationalsozialismus geht dieser Konflikt zugunsten von Diagnostik und daraus folgender Lenkung zu einem bestimmten Arbeitsfeld aus. Beratung im Sinne einer Unterstützung zur eigenen Entscheidungsfindung gibt es nicht mehr.

Geburtenkontrolle widerspricht den nationalsozialistischen Zielen. Auch daher werden Sexualberatungsstellen und -institute ab 1933 verboten (Großmaß 2000; Gröning 2010). »Die deutsche Sexualreformbewegung wird zerschlagen« (Gröning 2010, 88). Eheberatungsstellen bestehen unter neuer Zielsetzung von Erb- und Rassenpflege weiter (vgl. Gröning 2009, Großmaß 2000). Das Zeugnis zur Ehefähigkeit wird zur Pflicht vor einer Hochzeit (vgl. Gröning 2009). Bei nachgewiesener Erbgesundheit können die Überprüften mit Privilegien rechnen. Umgekehrt können Kranke und Personen, die in ihren Anlagen vom Nationalsozialismus abgewertet werden, sanktioniert werden (ebd.). Im Fokus steht das »Volksganze (…)« (a. a. O., 112). In diesem Kontext wird alles bekämpft, was dem nationalsozialistischen Gedankengut entgegensteht, wie u. a. Homosexualität und Abtreibung. Durch eine zentrale »Erbgesundheitsdatei« (a. a. O., 111, zitiert nach Czarnowski 1991) kommt es zu einer totalen Überwachung. Eheberatungsstellen fungieren mit dem Auftrag »zur eugenischen Zwangsberatung« (Struck 2007, 1018).

Auch Erziehungsberatung wird zentralisiert. »Die Jugendämter beschränken die EB-Arbeit weitestgehend auf die Diagnostik. Die freien Träger vertreten zum Teil noch therapeutische Ansätze. Die ›neuen‹ Aufgaben der Erziehungsberatung übernimmt die NSV (…)« (Abel 1998, 33). Ihr werden die meisten freien Träger zwangsweise angeschlossen. Alternativ bleibt die Schließung der Einrichtungen (Abel 1998). Erziehungsberatung bekommt »rassische und eugenische Selektionsaufgaben« (Sickendiek, Engel & Nestmann 2008, 25). Ein »umfangreiches Hilfs- und Kontrollsystem« (Geib et al. 1994, 278) entsteht, das hierarchisch auf drei Ebenen strukturiert ist. Während auf unterer und mittlerer Ebene Mitarbeiter der NSV als Einzelhelfer handeln, wird Erziehungsberatung als Institution allein auf Gau-Ebene umgesetzt (vgl. Geib et al. 1994; Abel 1998). Kinder und Jugendliche werden nach nationalsozialistischen Werten in Kategorien unterteilt (Gröning 2009). Nach den Vorstellungen des Dritten Reichs werden »erbgesunde« (Abel 1998, 33) als »wertvoll« (Gröning 2010, 65) eingestufte junge Menschen unterstützt und gefördert. Die anderen jedoch werden »›ausgeschieden‹ und nach Sterilisation der ›Bewahrung‹ übergeben (Bewahrung in kirchlichen Anstalten, Arbeitshäusern, später auch in Jugendschutzlagern)« (Geib et al. 1994, 279). Diese Kategorisierung wird von Psychologen vorgenommen, welche die Leitung der Beratungsstellen auf Gau-Ebene übernehmen. »Der psychologische Berufsstand gewinnt erst im Nationalsozialismus und konkret mit dem Aufbau der

NSV an Bedeutung« (Abel 1998, 35). Im Nationalsozialismus hat daher auch die Arbeit in Erziehungsberatungsstellen nicht viel mit Beratung zu tun.

1.1.4 Nachkriegszeit bis Ende 1980er Jahre

Nach dem Zweiten Weltkrieg wird in Deutschland das Gesundheits- und Sozialsystem der Vorkriegszeit wiederaufgebaut, zunächst als »ein eher autoritäres Fürsorgesystem, in dem Beratung als normierende Lenkung verstanden wurde« (Großmaß 2007, 91), mit »konservativ-stabilisierende(n) Funktionen« (Großmaß 2000, 65). Dies ändert sich jedoch relativ rasch. In der Folge löst die »Phase psychotherapienaher Beratung (…) die testdiagnostische Phase und die teilweise tiefenpsychologischen Beratungsausrichtungen ab (…)« (Engel 2003, 224). Das medizinische Modell wird ab den 1960er Jahren zunehmend aufgeweicht und letztendlich vom psychosozialen Modell abgelöst (vgl. Sickendiek, Engel & Nestmann 2008). Die neue Beratungslandschaft wird von psychotherapeutischen Methoden geflutet (Großmaß 2000; Großmaß 2007). Zwischen den 1950er und 1970er Jahren entstehen vielfältige neue Beratungs- und Therapieansätze (McLeod 2004). Ihren Höhepunkt hat diese Entwicklung in den 1970er Jahren. Beratung orientiert sich an den Modellen der jeweils vorherrschenden Therapieschulen und passt sich an (Nestmann 2007; Sickendiek, Engel & Nestmann 2008). Eine Abgrenzung zwischen Beratung und Therapie fällt immer schwerer (Großmaß 2007). Dabei wird Beratung »(…) meist schulenübergreifend und pragmatisch-eklektisch gehandhabt« (Engel 2003, 225). Mit den neuen Beratungsmodellen und sich ausdehnenden Beratungsfeldern wird eine Fülle neuer Einrichtungen eröffnet, die in der Nachkriegszeit rechtlich als staatliche Pflichtaufgabe legitimiert werden (Sickendiek, Engel & Nestmann 2008). So »(…) sind die ausgehenden 60er und die 70er Jahre eine Phase intensiven Ausbaus des Beratungsangebots« (Großmaß 2007, 92; Großmaß 2000; Sickendiek, Engel & Nestmann 2008). Beispielhaft sei auf die Studierendenberatung verwiesen, deren historische Entwicklung von Großmaß (2000) gut nachvollziehbar dargelegt wird. Mit den 1980er Jahren »wird Beratung zu einer selbstverständlichen sozialpolitischen Interventionsform« (Großmaß 1997, 121). Daher gelten die 1970er und 1980er Jahre als zweite Gründungsphase (Nestmann, Engels & Sickendiek 2013).

Nach dem Zweiten Weltkrieg bleibt das Monopol für Berufsberatung und Lehrstellenvermittlung beim Staat. Mit dem Grundgesetz wird 1949 Berufslenkung jedoch wieder zur Berufswahl. Und mit der Novellierung des Gesetzes über Arbeitsvermittlung und Arbeitslosenversicherung 1957 wird Berufsberatung in § 44 Abs. 1 AVAVG definiert als »jede Erteilung von Rat und Auskunft in Fragen der Berufswahl«. Nach § 45 AVAVG steht weiterhin das trait-and-factor-Modell im Fokus, aber ebenso die Informationsvermittlung und Aufklärung. Die bestehende Eignungsdiagnostik wird ausgeweitet (Krämer 2001). Mit dem Arbeitsförderungsgesetz können ab 1969 regulär auch Erwachsene beraten werden, bei denen es nicht mehr um den Erstberufswunsch geht (Haas 2002). Auch wenn informative Beratung und diagnostisch ermittelte Vermittlung von Lehr- und Arbeitsstellen im Fokus bleiben, zieht die Psychotherapeutisierungswelle nicht spurlos an der Berufsberatung vorbei. Nach Schröder versteht sich Berufsberatung nicht mehr nur allein als Informations- und Stellenvermittlung, sondern auch als psychologische Beratung. »Hinzu kam seit den späten 50er Jahren (…) (, dass) Berufsberatung zu einer Art Kurzpsychotherapie uminterpretiert wurde« (Schröder 2007, 51). Verschiedene Therapieschulen nehmen in den Folgejahren Einfluss auf die Entwicklung der Beratung. »(…) In der Berufs-(Eingangs-)Beratung der Arbeitsämter haben im Laufe der Jahrzehnte klientenzentrierte, psychodynamische, entwicklungsbezogene und behavioristisch orientierte Modelle Eingang in das Methodenrepertoire gefunden« (Thiel 2007, 912).

Eheberatung besteht auch nach dem Zweiten Weltkrieg fort. Neue Institutionen werden gegründet. Die Beratung wird zunehmend in einer Einrichtung »verbunden mit Familien- und Lebensberatung oder Erziehungsberatung« (Struck 2007, 1019) angeboten. Nach Struck handelt es sich um eine psychologische Beratung, in die u. a. auch psychotherapeutische Methoden einfließen (a. a. O.). Auch Sexualberatung wird wieder angeboten. »Der Kampf der zweiten Frauenbewegung gegen das Abtreibungsverbot führte (…) zur Gründung von Pro Familia und der Einrichtung von Sexual- und Schwangerschaftsberatungsstellen (…)« (Großmaß 1997, 121; Großmaß 2000, 65). Pro Familia wird 1952 gegründet und »(…) versteht sich historisch als Nachfolgerin der Sexualberatungsstellen in der Weimarer Republik und der Gesellschaft für Sexualreform« (Gröning 2010, 109). Eine der wichtigsten Neuerungen dieser Beratungsstellen ist das Angebot der Schwangerschaftskonfliktberatung. Eigentlich ist es ein Grundpfeiler jeder psychosozialen Beratung, dass sie freiwillig in Anspruch genommen wird (Großmaß 1997). Schwangerschaftskonfliktberatung jedoch wird seit 1976 nach §§ 218ff. Strafgesetzbuch vorgeschrieben, bevor ein Arzt straffrei einen Abbruch vornehmen darf. Auch die Schwangerschaftskonfliktberatung ist das Ergebnis der Frauenbewegung (Großmaß 2000; Koschorke 2007), ein Balanceversuch zwischen dem Recht der Frau auf ein selbstbestimmtes Leben und dem Recht des Kindes auf Leben. Nach Koschorke handelt es sich um »fachlich-psychologische Beratung«, die »ein Stück Sozialberatung einschließen« (beide Koschorke 2007, 1113) kann. Die Informationspflicht und der Hinweis auf weiterführende Hilfen sind dabei rechtlich genau geregelt (a. a. O.).

Erziehungsberatung wird wieder von freien Trägern angeboten (Abel 1998). Sie orientiert sich ab 1950 am amerikanischen Vorbild der Child-Guidance-Clinics mit klinischem, heilkundlichem Blick auf die Bedürfnisse der Beratenen. Die Mitarbeiter der Einrichtungen werden in festen Teams aus Sozialarbeitern/Sozialarbeiterinnen, Ärzten/Ärztinnen und Psychologen/Psychologinnen gebildet. Dabei steht Diagnostik weiterhin im Fokus. Die restliche Kapazität reicht nur teilweise, um auch Beratung und Therapie anzubieten. Oft werden Ratsuchende nach der Diagnostik an andere Hilfesysteme weitervermittelt (Hundsalz 2001; Hundsalz 2006; Abel 1998; Geib et al. 1994). Die neuen Ziele sind »1. die Anpassung von Kindern und Jugendlichen an ihre jeweilige Umwelt (…) und 2. die Förderung und Unterstützung der Persönlichkeitsentwicklung« (Abel 1998, 39f.). Ab Mitte der 1960er Jahre verschiebt sich die Ausrichtung der Erziehungsberatung wie in den anderen Beratungsfeldern. Sie verändert ihr Angebot von einer eher diagnostischen, feststellenden Orientierung zu einer zunehmend psychotherapeutischen und beratenden. Das Beratungsgespräch als solches ist nicht mehr nur informativ, sondern richtet sich am psychotherapeutischen Vorbild aus. Mehr und mehr Psychologen arbeiten in den Beratungsstellen (vgl. Keupp 1998; Schröder 2007; Abel 1998). Der psychotherapeutische Boom ist in der Erziehungsberatung besonders prägend, sodass der Deutsche Bundestag 1980 dies sogar als »Gefahr« (Deutscher Bundestag 1980, 180) wahrnimmt, weil andere Hilfen hierdurch keine Berücksichtigung mehr fänden.

1.1.5 1990er Jahre bis heute

Die zweite Gründungsphase mit massivem Ausbau an Beratungsstellen ist vorüber, auch wenn weiterhin nach Bedarf neue Beratungsfelder entstehen. Wichtiger für die weitere Entwicklung der Beratungslandschaft ist das methodische Verständnis von Beratung. Dies wird u. a. stark geprägt durch das 1999 in Kraft tretende Gesetz über die Berufe des Psychologischen Psychotherapeuten und des Kinder- und Jugendlichenpsychotherapeuten. Es grenzt heilkundliche Psychotherapie von anderer Therapie ab, wie sie in Beratungsstellen angeboten werde. »Dies gilt (…) (u. a.) für Maßnahmen, die ausschließlich zur beruflichen Anpassung oder zur Berufsförderung bestimmt sind, für Erziehungsberatung, Sexualberatung (…)« (§ 1 Abs. 2 Satz 2 Richtlinie des Gemeinsamen Bundesausschusses über die Durchführung der Psychotherapie) und jedes andere Beratungsangebot außerhalb der Heilkunde. Auch sind die in den letzten Jahrzehnten in Beratungsstellen erprobten Therapierichtungen mittlerweile gut etabliert. Daher sind Beratungsstellen »(…) nicht mehr *das* Experimentierfeld für psychotherapeutische Innovationen« (Großmaß 2000, 27f., Hervorhebungen im Original). In Folge dessen wird die sehr therapienahe Sichtweise auf Beratung relativiert, obwohl die Abgrenzung von Beratung und Therapie bis heute schwerfällt (Großmaß 2000; Engel 2003; Schröder 2007). Neben einem »nur« psychotherapeutischen Modell oder einem »nur« informativen plädieren Nestmann und Engel 2002 für ein integratives Modell, das offen ist für verschiedenste Konzepte der Beratung. 2013 sprechen sie schon von einer mittlerweile etablierten »*poly-eklektischen Praxis*« (Nestmann, Engel & Sickendiek 2013, 1328, Hervorhebungen im Original), die sich herausgebildet habe, und von »vier Grundpfeilern (,) der Information und des Wissenstransfers, der Prävention und Vorsorge, der Bewältigungshilfe und Rehabilitationsunterstützung wie der Entwicklungsförderung und Ressourcenstärkung« (a. a. O., 1338), die heutige Beratungsarbeit ausmachen.

Das Berufsberatungsmonopol des Staates wird seit 1979 nach und nach für einzelne Personengruppen aufgeweicht und 1998 durch das Sozialgesetzbuch (SGB) Drittes Buch (III) zur Arbeitsförderung komplett aufgehoben (Haas 2002). »Es hat sich deshalb so lange halten können, weil der Gesetzgeber die schutzbedürftigen Belange vor allem der jugendlichen Berufswähler sichern wollte (…)« (Thiel 2007, 908f.). Im neuen Gesetz wird Berufsberatung traditionell formuliert als »Erteilung von Auskunft und Rat« (§ 30 S.1 SGB III), was nach Thiel »antiquiert« (Thiel 2007, 909) sei. Die Beratungskonzeption der Bundesagentur für Arbeit vermittelt, wenn auch Information im Fokus steht, einen psychosozialen

Zugang zur Berufsberatung (Rübner & Sprengard 2011). Seit Aufhebung des Monopols gibt es immer mehr Angebote gewerblicher Anbieter und gemeinnütziger freier Träger. Ihre Arbeitsweisen sind sehr vielfältig. »Auf dem nicht staatlichen, ›freien‹ Markt ist der Methodenvielfalt keine Grenze gesetzt (...)« (Thiel 2007, 912; Gröning 2009). Zudem »(...) fehlt im neuen Gesetz jegliche Regelung des Zugangs zu(m) (...) Beruf: Jeder darf sich ›Berufsberater‹ nennen« (Haas 2002, 8). Hieraus ergeben sich unterschiedlichste Menschenbilder zu den zu Beratenen und Selbstbilder zu den Beratenden (a. a. O.). Aus der Historie heraus bleibt der Staat mit der Bundesagentur für Arbeit jedoch der größte Anbieter von Berufsberatung (Deutscher Verband für Bildungs- und Berufsberatung e. V. o. J.).

Sexual- und Eheberatung arbeiten weiterhin in meist freier Trägerschaft und mit jeweils den Methoden, die für den individuellen Beratungsfall am hilfreichsten sind. »Die Mittel der (Ehe-)Beratung sind teils etablierten wie neueren Verfahren der Psychotherapie entlehnt, teils eigenständig aus unterschiedlichen humanwissenschaftlichen Grundannahmen entworfen und weiterentwickelt worden« (Struck 2007, 1020).

Entgegen vorheriger »heilkundliche(r) Verankerung« (s. o.) wird Erziehungsberatung mit dem Sozialgesetzbuch (SGB) Achtes Buch (VIII) zum Kinder- und Jugendhilferecht 1990/91 klar der Kinder- und Jugendhilfe zugeordnet (vgl. Hundsalz 2001). Nach dem nun zuständigen Bundesministerium für Familie, Senioren, Frauen und Jugend werden die Aufgaben 1999 beschrieben als »psychologische und psychosoziale Diagnostik«, »informatorische Beratung«, »soziale und psychologische Beratung sowie psychotherapeutische Interventionen«, »Arbeit mit dem sozialen Umfeld« und »pädagogische Hilfen« (alle Bundesministerium für Familie, Senioren, Frauen und Jugend (BMFSFJ 1999, 18). Aus den rechtlichen Möglichkeiten des neuen Gesetzes heraus können die einzelnen Beratungseinrichtungen aus einer Fülle unterschiedlichster Methoden und Interventionen schöpfen (de la Motte 2015). Das jeweilige individuelle Beratungsangebot einer Beratungsstelle ist ebenfalls stark vom regionalen Bedarf abhängig (Hundsalz 2001).

1.1.6 Resümee und Ausblick

Die in diesem Kapitel vorgenommene Zeiteinteilung wird gewählt, weil damit vier Entwicklungsphasen voneinander getrennt wahrgenommen werden können, die letztendlich aufeinander aufbauen. Die erste Zeitspanne beinhaltet auch die erste Gründungsphase, in der sich erstmalig Beratungsstellen herausbilden. Die Einrichtungen vermitteln Wissen und Informationen, die zum Teil auf einer Form von Diagnostik basieren. Diese Entwicklungsphase wird durch die Zeit des Nationalsozialismus unterbrochen, innerhalb derer bestehende Beratungsstellen verboten oder nach den Zielen des »Dritten Reichs« ausgenutzt werden. In der dritten Zeitspanne, mit Höhepunkt der zweiten Gründungsphase, werden frühere Beratungseinrichtungen teils wiedereröffnet und sehr viele neu gegründet. Im Gegensatz zur ersten Gründungsphase wird der Institutionalisierungsprozess der Beratungslandschaft nicht künstlich gestoppt, sodass Beratung spätestens in den 1980er Jahren ein fester Bestandteil des sozialpolitischen Angebots wird (s. o.). Auch ist es diese Zeit, in der sich die Form der Beratung verändert, von einer Entscheidungshilfe unter Einbindung der Testdiagnostik zu einem Beratungsgespräch, das sich sehr an psychotherapeutischen Vorbildern anlehnt, veränderungsintendiert und damit psychosozial wird (vgl. Großmaß 1997; vgl. Großmaß 2000; Schröder 2007). Auch wenn die an dieser Stelle vorgenommene Einteilung in vier Entwicklungsphasen ein Verständnis der Abläufe erleichtert, soll dies nicht darüber hinwegtäuschen, dass es gerade in Bezug auf die rassistische und eugenische Anschauung des Nationalsozialismus mehr Kontinuität gibt, als es auf den ersten Blick erscheint. Schon vor dem »Dritten Reich« werden vermehrt Werte und Vorgehensweisen der Nationalsozialisten in Beratungsstellen geteilt. Und auch nach 1945 dauert es eine Weile, bis das Menschenbild und die Arbeitsweise der Beratungsstellen wirklich vom Einfluss des Nationalsozialismus frei sind (Abel 1998; Gröning 2009; Gröning 2010).

Auch wenn Beratung nach den zuvor benannten Entwicklungsschritten heute gefestigt erscheint, bleibt sie immer flexibel in ihrer Ausgestaltung, um sich an neue Erfordernisse anzupassen. Etwas zugespitzt formulieren Sickendiek, Engel und Nestmann daher am Beispiel der Erziehungsberatungsstellen, dass diese »ihr Label zwar beibehalten, ihre Inhalte aber je nach therapeutischer oder beratungskonzeptioneller Mode verändern« (Sickendiek, Engel & Nestmann 2008, 32). Ein weiteres Beispiel für die stetige Entwicklung ist die Onlineberatung, die erstmalig 1995 von der Deutschen Telefonseelsorge angeboten wird und mittlerweile ein fester Bestandteil vieler Beratungseinrichtungen geworden ist (Kühne & Hintenberger 2013; Nestmann, Engel & Sickendiek 2013). Ein ganz aktuelles Beispiel ist die Migrationsberatung, zu der auch die Flüchtlingsberatung gehört. Ihrer ganz eigenen Geschichte der Beratung, wie sie Wagner (2007) beschreibt, wird unter den heutigen weltpolitischen Geschehnissen sicherlich bald das nächste Kapitel der Entwicklung beigefügt.

 Weiterführende Literatur

de la Motte, A. (2015). Was macht Beratung und Psychotherapie in Erziehungsberatungsstellen aus? Einblicke in Theorie und Praxis. Tübingen: dgvt.
Großmaß, R. (2000). Psychische Krisen und sozialer Raum. Eine Sozialphänomenologie psychosozialer Beratung. Tübingen: dgvt.
Gröning, K. (2010). Entwicklungslinien pädagogischer Beratungsarbeit. Anfänge – Konflikte – Diskurse. Wiesbaden: Verlag für Sozialwissenschaften.
Krämer, R. (2001). Die Berufsberatung in Deutschland von den Anfängen bis heute – eine historische Skizze. Informationen zur Beratung und Vermittlung in der Bundesanstalt für Arbeit, 16. 1097–1105.
Schubert, F.-C. (2015b): Die historische Dimension von Beratung. In: Hoff, T. & Zwicker-Pelzer, R. (Hrsg.). Beratung und Beratungswissenschaft. Baden-Baden: Nomos. 28–44.

1.2 Was ist psychosoziale Beratung?

Dieter Wälte & Anja Lübeck

1.2.1 Begriffsbestimmung

Beratung ist ein populärer Container-Begriff, der für alles und jedes verwendet wird. In Abgrenzung dazu umfasst psychosoziale Beratung jede professionell-unterstützende Form der Interaktion mit Klienten in psychosozialen Arbeitsfeldern, die auf die Diagnostik, den Umgang mit und die Bewältigung von psychosozialen Belastungen, Einschränkungen, Notlagen und Krisen gerichtet ist (vgl. Sickendiek et al. 2008). Sie lässt sich durch zwei Professionalisierungskriterien, das Vorhandensein einer handlungsfeldspezifischen Wissensbasis (z. B. gesetzliche Grundlagen, Faktenwissen zum Problem, Kausalmodelle) und einer feldübergreifenden Kompetenzbasis (z. B. Kommunikationsmethoden, Methoden der Gesprächsführung) von geringer qualifizierten Unterstützungsangeboten abgrenzen (vgl. Engel, Nestmann & Sickendiek 2004). Darüber hinaus kann psychosoziale Beratung noch durch eine besondere Prozesskompetenz beschrieben werden, bei der es dem Berater gelingt, die handlungsfeldspezifische Wissensbasis und die feldübergreifende Kompetenzbasis in eine klientenzentrierte Balance zu bringen. Dabei sind die Strukturelemente von Beratung (Klient, Berater, Setting, Thema bzw. Problem, Freiwilligkeit, Leidens- und Handlungsdruck, zeitliche Rahmenbedingungen) so vielfältig und zum Teil flexibel zu handhaben, dass sich daraus unterschiedliche Kontexte psychosozialer Beratung ergeben (Stimmer 2020). So kann psychosoziale Beratung z. B. als zentrale Aufgabe in psychosozialen Beratungsstellen, Lebens- oder Familienberatungsstellen, als kurzfristige Tätigkeit im Rahmen von konfliktintervenierender Schulsozialarbeit, als Überbrückung zu einer Psychotherapie oder als langfristige Begleitung und Beratung im Rahmen von betreutem Wohnen stattfinden. Der Fokus kann dabei auf verschiedenen Altersgruppen in der Kinder-, Erwachsenen- oder Altenarbeit liegen, in Einzel-, Familien- oder Gruppensitzungen oder im ambulanten, teilstationären und auch stationären Rahmen realisiert werden. Die Komplexität möglicher Ausprägungen psychosozialer Beratung wird bereits deutlich, wenn man lediglich zwei zentrale Dimensionen, wie z. B. die Frequenz bzw. die Dauer der Beratung sowie die Ausprägung bzw. den Schweregrad des in die Beratung eingebrachten Problems, in den Mittelpunkt stellt.

Steckbrief psychosoziale Beratung

1. Form professioneller Beratung
2. Entwicklungsorientiertes Unterstützungsangebot für Einzelne, Paare, Familien, Gruppen, Organisationen und Institutionen
3. Vielfältige Tätigkeits- und Aufgabenbereiche, z. B. Familien- und Erziehungsberatung, Suchtberatung, Schuldnerberatung, Schwangerschaftskonfliktberatung

4. Schwerpunkte bilden herausfordernde Lebenssituationen der Klienten: Krisen, Probleme, kritische Lebensereignisse, nicht-pathologische Problemfälle
5. Ausgeprägter Bezug zum sozialen Netzwerk der Klientel
6. Alltagsorientierung, d. h. Hilfe für den Klienten zur Bewältigung des Alltages
7. Ziele sind Prävention, Rehabilitation, Problembewältigung, Krisenbewältigung, Entwicklungsförderung, Kompetenzentwicklung; *nicht*: Heilung von Störungen bzw. Wiederherstellung der Gesundheit

1.2.2 Verhältnis zur Psychotherapie

Obwohl einige der oben genannten Arbeitsbereiche gleichermaßen Felder der Psychotherapie sind und die psychosoziale Beratung historisch eng mit dieser verbunden ist (vgl. Sickendiek et al. 2008), ist das Verhältnis beider Disziplinen nicht einheitlich geklärt. Nestmann (2002, 2005) stellt diesbezüglich unterschiedliche Vorstellungen des Verhältnisses von Psychotherapie und Beratung dar (▶ Abb. 1.1).

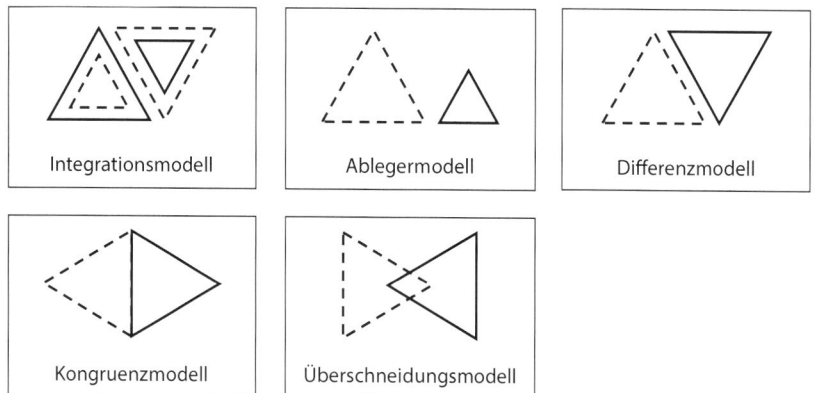

Abb. 1.1: Verhältnis zwischen psychosozialer Beratung und Psychotherapie (eigene Darstellung)

- *Integrationsmodell*: Beratung ist ein Teil der Psychotherapie bzw. Psychotherapie ist ein Teil der Beratung.
- *Ablegermodell*: Beratung ist »kleine Psychotherapie«. Zentrale Frage: Ist das noch Beratung oder schon Psychotherapie?
- *Differenzmodell*: Beratung und Psychotherapie sind professionell in Therapie und Praxis völlig verschieden.
- *Kongruenzmodell*: Beratung und Psychotherapie unterscheiden sich nicht. Es gibt keinen Unterschied zwischen Beratung (›Counselling‹) und Psychotherapie (›Psychotherapy‹).

- *Überschneidungsmodell:* Beratung und Psychotherapie lassen sich theoretisch und praktisch voneinander unterscheiden. Allerdings finden sich erhebliche Überlappungen.

Die Frage nach der Stichhaltigkeit dieser Modelle kann beantwortet werden, wenn man sie bei einschlägigen Feldern der Beratung, wie z. B. der Erziehungsberatung anwendet. Diese soll »(...) bei der Klärung und Bewältigung individueller und familienbezogener Probleme und der zugrundeliegenden Faktoren, bei der Lösung von Erziehungsfragen sowie bei Trennung und Scheidung unterstützen« (§ 28 Satz 1 SGB VIII). Demgegenüber heißt es im Gesetz über den Beruf der Psychotherapeutin und des Psychotherapeuten (Psychotherapeutengesetz – PsychThG) in der Fassung vom 15.11.2019 (Psychotherapeutengesetz – PsychThG) in § 1 Abs. 2:

> »Ausübung der Psychotherapie im Sinne dieses Gesetzes ist jede mittels wissenschaftlich geprüfter und anerkannter psychotherapeutischer Verfahren oder Methoden berufs- oder geschäftsmäßig vorgenommene Tätigkeit zur Feststellung, Heilung oder Linderung von Störungen mit Krankheitswert, bei denen Psychotherapie indiziert ist. Im Rahmen einer psychotherapeutischen Behandlung ist eine somatische Abklärung herbeizuführen. Tätigkeiten, die nur die Aufarbeitung oder Überwindung sozialer Konflikte oder sonstige Zwecke außerhalb der Heilkunde zum Gegenstand haben, gehören nicht zur Ausübung der Psychotherapie.«

Nach dem Willen des Gesetzgebers, der den Krankheitsbegriff als das wichtigste Unterscheidungsmerkmal einführt, kann das Kongruenzmodell nicht angewendet werden, weil Erziehungsberatung »individuelle und familienbezogene Probleme« zum Gegenstand hat, während Psychotherapie auf die »Heilung oder Linderung von Störungen mit Krankheitswert« abzielt und außerdem nach § 1 Satz 1 PsychThG der Approbation bedarf. Noch deutlicher kommt die Unterscheidung zwischen Beratung und Psychotherapie in den »Psychotherapie-Richtlinien« in § 27 Abs. 3 zum Ausdruck: »Psychotherapie ist als Leistung der gesetzlichen Krankenversicherung ausgeschlossen, wenn: (...) 3. sie allein der Erziehungs-, Ehe-, Lebens- und Sexualberatung sowie der Paar- und Familienberatung dient.«(Psychotherapie-Richtlinie, in der Fassung vom 22.11.2019, 20). Demnach kann Psychotherapie für Beratungszwecke zwar eingesetzt, sie kann jedoch nicht als Leistung der gesetzlichen Krankenversicherung abgerechnet werden. Psychotherapie ist nur dann eine Leistung der Gesetzlichen Krankenversicherung, wenn sie dazu dient, »eine Krankheit zu erkennen, zu heilen, ihre Verschlimmerung zu verhüten oder Krankheitsbeschwerden zu lindern« (Psychotherapie-Richtlinie, in der Fassung vom 03.01.2015, 4).

Diese Verordnung ist auch nicht mit dem Differenzmodell vereinbar, denn Psychotherapie kann auch der »Erziehungs-, Ehe-, Lebens- und Sexualberatung« dienen. Analoges führt auch das SGB VIII (»Kinder- und Jugendhilfegesetz«) zur Erziehungsberatung als eine Form der Hilfe zur Erziehung aus: »Hilfe zur Erziehung umfasst insbesondere die Gewährung pädagogischer und damit verbundener therapeutischer Leistungen« (§ 27 Abs. 3 Satz 1 SGB VIII). Mit dieser Formulierung stellt der Gesetzgeber bei der Gestaltung der Hilfen zur Erziehung die sozialpädagogische Dienstleistung zwar in den Vordergrund, bezieht jedoch (psycho-) therapeutische Angebote explizit ein. Hier ist jedoch Psychotherapie nicht heilkundlich und am Krankheitsbegriff orientiert, sondern am Erziehungsdefizit der Eltern und am Kindeswohl. Der Wille des Gesetzgebers lässt sich im »Kinder- und Jugendhilfegesetz« am besten (theoretisch) mit dem Überschneidungsmodell vereinbaren, da Hilfen zur Erziehung wie die Erziehungsberatung zwar hauptsächlich der pädagogischen Förderung dienen, jedoch auch mit (psycho-)therapeutischen Angeboten realisiert werden können. Wie allerdings heilkundliche Psychotherapie von Psychotherapie in der Beratung als eine mögliche Form der Hilfen zur Erziehung abgegrenzt werden sollen, muss hier fraglich bleiben (vgl. dazu ausführlich de la Motte 2015).

Die gesetzlichen Vorgaben passen auch nicht so recht zu dem Ablegermodell, da Beratung nicht selten durch langfristige und intensive Kontakte mehr ist als lediglich eine »kleine« Psychotherapie und Psychotherapie durch den heilkundlichen Auftrag nicht auf Beratung reduziert werden kann. Auch das Integrationsmodell kann die Beziehung zwischen Beratung und Psychotherapie nicht abbilden, da beide Bereiche in der Praxis eine ausgesprochen hohe Ausdifferenzierung erfahren haben und deshalb nicht gleichgesetzt werden können. Nestmann (2005) benennt fünf mögliche Dimensionen, nach denen Psychotherapie und Beratung unterschieden werden können (»typische Anlässe«, »Funktion und Prozess«, Hilfeformen und -beziehungen«, »Settings und Kontexte« sowie »Zuständigkeiten und Organisationsformen«) und kommt zu dem Ergebnis, dass die Unterscheidung von Psychotherapie und Beratung nur auf einem Kontinuum mit erheblichen Überlappungen abgebildet werden kann, somit am besten durch das Überschneidungsmodell repräsentiert ist. In der folgenden Tabelle (▶ Tab. 1.1) sind mögliche Unterschiede und Überscheidungen an dem Beispiel der Gegenüberstellung einer Beratung von Klienten mit Behinderung durch eine psychische Störung und einer ambulanten Psychotherapie verdeutlicht.

Für ein Überschneidungsmodell spricht auch die Tatsache, dass psychosoziale Beratung stark an den Methoden und Konzepten der Psychologie angelehnt ist (vgl. Nestmann 2005, Großmaß 2007, Thivissen 2014). Das Ergebnis ist ein unübersichtliches, häufig beliebig-eklektisches Vorgehen mit unterschiedlichen Interventionen in der beraterischen Praxis, die verschiedenen therapeutischen Bereichen entlehnt sind (vgl. Sickendiek et al. 2008).

Auch aktuelle Konzepte zur Professionalisierung der psychosozialen Beratung lassen sich am besten mit dem Überschneidungsmodell vereinbaren. So stellt Zwicker-Pelzer (2010) neben berufsübergreifenden Schlüsselkompetenzen die Beratungskompetenz als Handlungskompetenz ins Zentrum der Professionalisierung von Beratung. In dieser sind weitere Teilkompetenzen subsummiert (▶ Abb. 1.2), die auch ohne Einschränkungen für die Psychotherapie zutreffen. Dabei umfasst die Sach- und Fachkompetenz das inhaltliche Wissen, welches für die Beratung notwendig ist. Interventions- bzw. Methodenkompetenz umschließt die Fähigkeit des Beraters, Konzepte und Techniken flexibel anzuwenden, um den Beratungsprozess zu steuern. Die individuellen Einstellungen und das sich daraus ergebende Interaktionsverhalten werden als Beziehungskompetenz bezeichnet. Sie hängt eng mit der Bewusstwerdung und Selbsteinschätzung der eigenen Person sowie den sich daraus ergebenden individuellen Möglichkeiten und Grenzen zusammen. Diese Fähigkeiten werden als reflexive Kompetenz

1.2 Was ist psychosoziale Beratung?

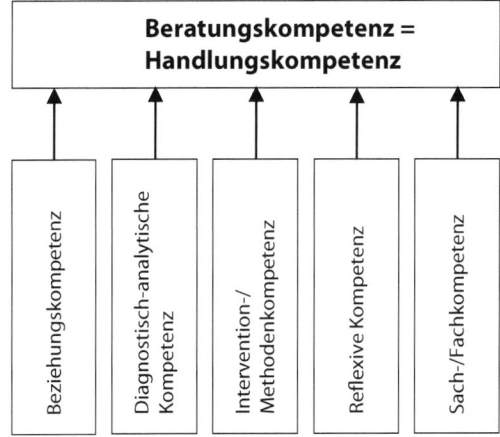

Abb. 1.2: Kompetenzmodell der Beratung nach Zwicker-Pelzer (eigene Darstellung)

Tab. 1.1: Unterschiede und Gemeinsamkeiten von Psychotherapie und Beratung; Beispiel: Beratung von Klienten mit einer psychischen Behinderung im betreuten Wohnen im Vergleich zur ambulanten Psychotherapie

Dimensionen (Unterschiede nach Nestmann 2005)	Beratung von Klienten mit einer psychischen Behinderung im betreuten Wohnen	Ambulante Psychotherapie
Anlass	»seelische Behinderung« im Sinne des SGB	psychische Störung nach dem ICD-10 Katalog
Funktion und Prozess	Rehabilitation mit dem Ziel der Teilhabe an der Gesellschaft im Sinne des SGB durch den Prozess der Beratung	Heilung im Sinne des PsychThG durch den Prozess der Psychotherapie
Hilfeform- und Beziehung	in der Regel Einzelberatung mit einer Frequenz von häufig mehr als 1–2 Stunden pro Woche	in der Regel Einzelpsychotherapie mit einer Frequenz von 1–2 Stunden pro Woche
Setting und Kontext	in der Regel in der Wohnung des Klienten	in der Regel in der Praxis des Psychotherapeuten
Zuständigkeit und Organisationsform	Soziale Arbeit, in der Regel in freier Trägerschaft, nach Antragstellung beim örtlichen bzw. überörtlichen Geldgeber	Psychologischer Psychotherapeut oder Mediziner mit Approbation nach Antragstellung bei der Krankenkasse
Beispielhafte Dimensionen (Gemeinsamkeiten)		
Theoretischer Bezugsrahmen	Beratung nach dem bio-psycho-sozialen Modell	
Orientierung an einer Therapieschule	Beratung z. B. nach dem Konzept der Verhaltenstherapie	

Tab. 1.1: Unterschiede und Gemeinsamkeiten von Psychotherapie und Beratung; Beispiel: Beratung von Klienten mit einer psychischen Behinderung im betreuten Wohnen im Vergleich zur ambulanten Psychotherapie – Fortsetzung

Dimensionen (Unterschiede nach Nestmann 2005)	Beratung von Klienten mit einer psychischen Behinderung im betreuten Wohnen	Ambulante Psychotherapie
Orientierung an schulenübergreifenden Wirkvariablen	z. B. professionelle Beziehungsgestaltung in der Beratung	

Eigene Darstellung

zusammengefasst. Die Befähigung zur strukturierten Datensammlung, Hypothesenbildung und Einschätzung des Beratungsfalls charakterisieren die diagnostisch-analytische Kompetenz.

1.2.3 Psychosoziale Beratung und andere verwandte Begriffe

Während das Verhältnis von psychosozialer Beratung und Psychotherapie am besten mit einem Überschneidungsmodell abgebildet werden kann, trifft für die Beziehung zwischen Beratung und (professionellem) Coaching am ehesten das Ablegermodell zu. Demnach ist Coaching eine spezielle Form der Beratung »von Personen mit Führungs-/Steuerungsfunktionen und von Experten in Unternehmen/Organisationen. Zielsetzung von Coaching ist die Weiterentwicklung von individuellen oder kollektiven Lern- und Leistungsprozessen bzgl. primär beruflicher Anliegen« (Deutscher Bundesverband Coaching e. V. 2014, Internetseite) und wird hauptsächlich im Profit-Bereich angewendet. Nach Greif (2008) sind deshalb psychische Störungen und Probleme explizit nicht Gegenstand eines Coachingprozesses, sondern vielmehr die berufliche Rolle des Klienten und damit im Zusammenhang stehende Anliegen.

Mit dem Ablegermodell lässt sich auch die Beziehung zwischen Beratung und Mediation (›Vermittlung‹) beschreiben, allerdings hat die Mediation eine klare (eingeschränkte) Zielsetzung: »Mediation ist ein vertrauliches und strukturiertes Verfahren, bei dem Parteien mithilfe eines oder mehrerer Mediatoren freiwillig und eigenverantwortlich eine einvernehmliche Beilegung ihres Konflikts anstreben« (§ 1 Abs. 1 Mediationsgesetz [MediationsG] in der Fassung vom 21.07.2012).

Schließlich kann das Verhältnis zwischen Beratung und Supervision (›Beratung der Berater‹) insofern mit dem Ablegermodell erfasst werden, dass Supervision als Beratung von Einzelpersonen, Gruppen oder Organisationen aufgefasst werden kann, um diese bei Fragen und Problemen in ihrem Berufsalltag zu unterstützen. Die Unterstützung kann sich dabei auf fachliche Fragen zum Klientel der Supervisanden beziehen (z. B. Supervision einer Gruppe von Schulsozialarbeitern zum Umgang mit gewaltbereiten Jugendlichen), jedoch auch auf die Optimierung der Interaktion zwischen den Supervisanden (z. B.

Supervision von Sozialarbeitern in einer Klinik zur Optimierung ihrer eigenen Interaktionen). Abbildung 1.3 fasst die Beziehungen zu den Begriffen kurz zusammen (▶ Abb. 1.3).

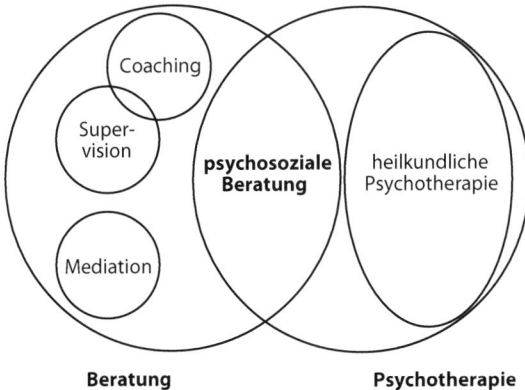

Abb. 1.3: Psychosoziale Beratung und verwandte Begriffe (eigene Darstellung)

Weiterführende Literatur

Nestmann, F. (2002). Verhältnis von Beratung und Therapie. Psychotherapie im Dialog, 3 (4), 402–409.
Zwicker-Pelzer, R. (2010). Beratung in der sozialen Arbeit. Bad Heilbrunn: Klinkhardt.
Sickendiek, U, Engel, F. & Nestmann, F. (2008). Beratung. Eine Einführung in sozialpädagogische und psychosoziale Beratungsansätze. Weinheim: Juventa.

1.3 Schulenspezifische Beratungsmodelle und deren Integration

Jan G. Thivissen † & Dieter Wälte

1.3.1 Einleitung

Obgleich in der Literatur zur psychosozialen Beratung die Ableitung von Beratungskonzepten bzw. -modellen aus den psychotherapeutischen Konzepten kritisch diskutiert wird, orientiert sich die Beratungspraxis nach wie vor sehr stark an den wichtigsten schulenspezifischen Konzepten der Psychologie und Psychotherapie (Nestmann 2013, Klemenz 2014, Hoff & Zwicker-Pelzer 2015). Da andere Bezugswissenschaften wie Erziehungswissenschaften, Soziologie, Philosophie, Theologie, Neurologie, Rechtswissenschaften, Wirtschaftswissenschaften und Medizin psychosoziale Beratungskonzepte zwar bereichert haben, diese jedoch nicht so stark beeinflusst haben wie die Psychotherapieschulen, sollen im Folgenden die verschiedenen schulenspezifischen Modelle der Psychotherapie vorgestellt sowie deren mögliche Integration beschrieben werden.

Hintergrund: Seitdem es die Psychotherapie als wissenschaftlich fundiertes Angebot zur Heilbehandlung gibt, flammen immer wieder Auseinandersetzungen darüber auf, welche Form von Psychotherapie für die Patienten die bessere sei. Differenzen erlebte bereits Sigmund Freud mit seinen Schülern über psychopathologische Konzepte und Methoden sowie über die Ideen, wie die Psyche am besten zu heilen sei. Da sich Freud und seine Schüler nicht einig wurden, entwickelte z. B. Carl Gustav Jung sein eigenes Therapiemodell. Konkurrenz von außen erhielt die Psychoanalyse dann von einer neuen Denkrichtung, dem behavioristischen Ansatz. Im Laufe des 20. Jahrhunderts kamen immer mehr Modelle und Ansätze hinzu, die sich mal nur marginal von anderen unterschieden und mal gänzlich anders waren. Diese Vervielfältigung nimmt bis heute ihren Lauf. Weil sich die Vertreter der einzelnen Konzepte zu gerne voneinander abgrenzen, sind die ideologischen Gräben zwischen ihnen bisweilen tief. Seit Jahrzehnten spricht man daher von Grabenkämpfen oder, im Englischen, von »turf war«. Die Integration dieser Ansätze und die damit verbundene Überwindung der Gräben ist indes mit Blick auf Klienten und Patienten ein lohnenswertes und unabdingbares Bestreben.

1.3.2 Überblick

Mit »Schulen« sind die verschiedenen psychotherapeutischen Ansätze gemeint. Allgemein bekannt sind vor allem Psychoanalyse und Verhaltenstherapie. Jedoch ist die Anzahl der Konzepte weitaus größer, Herink (1980) identifizierte bereits eine Anzahl von mehr als 250 verschiedenen Ansätzen, die sich aus der Perspektive von Garfield (1982) allerdings um die Hälfte reduzieren lassen. In aller Regel lassen sich diese jedoch einer von fünf Grundrichtungen zuordnen und mit folgenden Adjektiven umschreiben:

- Psychodynamisch,
- Verhaltenstherapeutisch,
- humanistisch-existentialistisch,
- systemisch,
- körperorientiert.

Schon diese Aufteilung und die Zuordnung verschiedener Ansätze zu diesen Grundrichtungen sorgen für wissenschaftstheoretische Auseinandersetzungen. Dennoch wird im Folgenden eine Auswahl von vier Konzepten (aus den fünf Grundrichtungen) vorgenommen, die in der psychosozialen Beratung eine große Verbreitung gefunden haben. Die Beschreibung dieser vier Ansätze wird bewusst kurzgehalten, um den Leserinnen und Lesern einen ersten groben Überblick zu geben. Für weitergehende Literatur sei an dieser Stelle auf entsprechende Lehrbücher verwiesen, wie z. B. auf das Buch »Praxis der Psychotherapie« von Senf & Broda (2020).

Psychodynamische/-analytische Beratung

Entsprechend den zuvor beschriebenen Entwicklungen ist es nicht möglich, von ›der‹ psychodynamischen Beratung/Psychotherapie zu sprechen, da sich viele verschiedene Entwicklungsstränge innerhalb dieser Schule aufgetan haben. Ihre Wurzeln liegen jedoch in der Psychoanalyse von Sigmund Freud und ihren Weiterentwicklungen. Nach Freud lassen sich psychische Störungen aus den in der Lebensgeschichte entstandenen unbewussten Konflikten erklären (Mertens 2020). Diese entfalten sich im Wechselspiel, also der Psychodynamik der Persönlichkeit, von drei psychischen Systemen, dem Es, dem Ich und dem Über-Ich. Das Es liefert die gesamte Energie für das psychische Geschehen, das durch zwei Triebe gesteuert wird, dem Eros (Lebenstrieb) und dem Thanatos (Todestrieb). Entsprechend dem Lustprinzip sucht das Es nach unmittelbarer Befriedigung der Triebe (z. B. Sexualtrieb, Hunger). Im Laufe der kindlichen Entwicklung entstehen aus dem Es das Ich und das Über-Ich. Während das Ich diejenige psychische Instanz beschreibt, die durch selbstkritisches Denken nach einer Vermittlung zwischen dem Es und dem Über-Ich strebt, umfasst das Über-Ich denjenigen Teil der psychischen Struktur, der sich aus den verinnerlichten Normen und Wertvorstellungen der Umgebung (»Gewissen«) entwickelt hat.

Störungsverständnis

Psychische Störungen entstehen aus unbewussten intrapsychischen Konflikten zwischen dem Es und dem Über-Ich, die von dem Ich als vermittelnde Instanz nicht aufgelöst werden können. Der Arbeitskreis der Operationalisierten Psychodynamischen Diagnostik (OPD) unterscheidet acht Grundkonflikttypen, die auf den folgenden Extrempolen eingeordnet werden können. Dabei lassen sich die Pole durch einen passiven (Resignation) oder aktiven (Abwehr) Verarbeitungsmodus unterscheiden:

1. Abhängigkeit vs. Individuation: Personen können sich in Beziehungen zu anderen Menschen durch eine passive Haltung in eine (extreme) Abhängigkeit begeben oder in einem aktiven Modus Bindungswünsche (vollständig) unterdrücken, um emotional unabhängig zu sein.
2. Unterwerfung vs. Kontrolle: In dem einen Extrem unterwirft sich die Person passiv ihrem Schicksal und zeigt Unterwerfung und Gehorsam, während im anderen Extrem aktive Kontrolle und Auflehnung im Mittelpunkt stehen.
3. Versorgung vs. Autarkie: In dem Extrem der Versorgung wirkt die Person aufgrund von Geborgenheitswünschen anklammernd und passiv, während in dem Extrem der Autarkie alle Versorgungswünsche durch Eigenaktivität abgewehrt werden.
4. Selbstwert vs. Objektwert: Menschen können ihre Selbstwertkonflikte im Extremen auf zwei Arten lösen: Im passiven Modus erscheint das Selbstwertgefühl eingebrochen bzw. brüchig, während im aktiven Modus die Person den Anschein von Selbstsicherheit zu erwecken versucht.

5. Über-Ich- und Schuldkonflikte: Bei dem einen Extrem neigt die Person zur (völligen) Schuldübernahme, während sie im anderen Extrem Schuld (völlig) von sich weist und auf andere Menschen attribuiert.
6. Ödipal-sexuelle Konflikte: Im passiven Modus nimmt die Person ihre Erotik und Sexualität nicht wahr, während sie im aktiven Modus davon in allen Lebensbereichen okkupiert wird, ohne allerdings Befriedigung zu erlangen.
7. Identitätskonflikte: Betroffene Personen können keine hinreichende Identität ihrer Person entwickeln. Im passiven Modus kopiert die Person Identitätsanteile anderer Menschen, während im aktiven Modus Brüche in der Identität überspielt werden.
8. Fehlende Konflikt- und Gefühls-Wahrnehmung: Die Person kann Gefühle bei sich und anderen nicht wahrnehmen, Konflikte werden übersehen (passiver Modus) oder durch sachliche Beschreibungen ersetzt (aktiver Modus).

Vorgehen in der Beratung

In der Beratung geht es im Wesentlichen um die Aufdeckung und Bearbeitung der unbewussten psychischen Prozesse, eine Neu-Strukturierung der Persönlichkeitsanteile wird allerdings in der Regel nur in einer langfristigen Psychotherapie möglich sein. Die Prozesse zeigen sich dabei auch in der Interaktion zwischen Klient/Klientin und Berater/Beraterin. Durch eine professionelle Interaktion kann der Klient neue positive Erfahrungen machen, die sich korrigierend auswirken. In diesem Zusammenhang spielen auch die bekannten Konzepte von Widerstand, Übertragung und Gegenübertragung eine zentrale Rolle. Hierbei hat sich aus psychodynamischer Perspektive sowohl eine neutrale Haltung gegenüber den Aussagen des Ratsuchenden als auch eine Abstinenz gegenüber den durch die Gegenübertragung entstandenen Wünschen bewährt. In der Arbeit mit Kindern kommen vor allem spieltherapeutische Methoden sowohl als diagnostisches (z. B. der Sceno-Test) als auch als therapeutisches Mittel (z. B. das Sandspiel) zur Anwendung. Bei Jugendlichen orientiert sich die psychoanalytische Therapie im Besonderen am Entwicklungsstadium der Adoleszenz inklusive der Konflikte um die eigene Identitätsbildung und der Ablösung vom Elternhaus.

Kognitiv-verhaltenstherapeutisch orientierte Beratung

Auch innerhalb der Verhaltenstherapie bzw. ›KVT‹ (Kognitive Verhaltenstherapie) gibt es eine Reihe verschiedener Strömungen, bei denen zumindest drei ›Wellen‹ unterschieden werden können. Die erste Welle ist mit der Einführung behavioristischer Erkenntnisse in die psychotherapeutische Arbeit Mitte des 20. Jahrhunderts verbunden und stark an den Lerntheorien ausgerichtet. Besonders bekannt ist hier B. F. Skinner, der als Ursache menschlichen Handelns das erlernte Verhalten sah, das bei Störungen durch Psychotherapie wieder modifiziert werden kann. Die zweite Welle (ab den 1970er Jahren), auch als kognitive Wende bezeichnet, integrierte das Konzept, das menschliches Verhalten stark durch Kognitionen (Wahrnehmen und Denken) beeinflusst ist. Die Hauptvertreter der kognitiven Wende wie Ellis, Beck und Meichenbaum haben die Verhaltenstherapie bis heute nachhaltig beeinflusst (Wilken 2018). Die dritte Welle schließlich beschreibt eine weitere Integration: die der emotionalen Konzepte, wie z. B. in der ›Akzeptanz- und Commitmenttherapie (ACT)‹. Hier werden u. a. fernöstliche Lehren zur Meditation in die therapeutische Arbeit integriert (Einsle & Hummel 2015).

Störungsverständnis

Zu Beginn einer jeden Therapie und Beratung stehen die horizontale und vertikale Verhaltensanalyse, die darüber Aufschluss geben, welche Bedingungen das Problemverhalten kontrollieren und aufrechterhalten (▶ Kap. 5.4). Psychische Störungen sind dementsprechend eine Funktion von ungünstigen respondenten (klassische Konditionierung), operanten (operante Konditionierung) und kognitiven (dysfunktionale Kognitionen) Prozessen, die in der Lerngeschichte der Person ihren Ursprung genommen haben (Reinecker 2011).

Vorgehen in der Beratung

Für das verhaltenstherapeutische Vorgehen in Psychotherapie und Beratung hat sich das 7-Phasen-Modell von Kanfer et al. (2012) bewährt (▶ Kap. 2):

1. Eingangsphase: Schaffung günstiger Ausgangbedingungen,
2. Aufbau von Änderungsmotivation und vorläufige Auswahl von Veränderungsbereichen,
3. Verhaltensanalyse und funktionales Bedingungsmodell,
4. Vereinbarung therapeutischer Ziele,
5. Planung, Auswahl und Durchführung spezieller Methoden,
6. Evaluation therapeutischer Fortschritte,
7. Endphase: Erfolgsoptimierung und Abschluss der Therapie.

Kognitiv-behaviorale Methoden (Phase 5) liegen für so gut wie jedes Störungsbild und Problemlagen von Klienten vor. Übliche Methoden (▶ Kap. 7 und 9.1) sind u. a. Rollenspiele, verschieden operante Verfahren (z. B. Verstärkerpläne), Methoden der Selbstkontrolle, kognitive Verfahren (z. B. sokratische Gesprächsführung) und Methoden zur Steigerung der Sozialkompetenz. Während in der Verhaltenstherapie hauptsächlich störungsspezifische Interventionen (z. B. systematische Desensibilisierung, konfrontative Verfahren, traumafokussierte Methoden) mit dem Ziel der Heilung von psychischen Störungen zum Einsatz kommen und in die Hände von ausgebildeten Psychotherapeuten gehören, bedient sich die verhaltenstherapeutisch orientierte Beratung im Wesentlichen dem störungsübergreifenden Methodenrepertoire (z. B. Verhaltensanalyse, Selbstmanagement).

Klientenzentrierte Beratung/Gesprächspsychotherapie

Begründet wurde die Gesprächspsychotherapie von Carl Rogers (Rogers et al. 2009, Eckert et al. 2012), dem es vor allem darum ging, die direktive und hierarchische Beziehung zwischen dem »wissenden« Therapeuten und dem »defizitären« Klienten gänzlich anders zu gestalten. Zudem wollte Rogers weg vom psychoanalytischen Interpretieren hin zu einem offenen therapeutischen Dialog, in dem Klient wie Berater an einem gemeinsamen Prozess Teil haben. Ihren besonderen Einfluss hat die klientenzentrierte Beratung durch die drei grundlegenden Bedingungen des psychotherapeutischen Handelns gewonnen, die heute zu den wesentlichen Komponenten einer professionellen Beziehungsgestaltung gehören: Empathie, positive Wertschätzung und Kongruenz (▶ Kap. 3.2). In der Gesprächspsychotherapie liegt der Fokus ganz auf dem emotionalen Erleben des Ratsuchenden. Erklärungen und Deutungen der Psychotherapeutin/Beraterin sind nicht das Ziel klientenzentrierter Gesprächsführung.

Störungsverständnis

Die Persönlichkeitstheorie dieses humanistischen Ansatzes befasst sich mit dem Selbst eines jeden Menschen, das die wesentliche innere Struktur des Menschen darstellt. Es entwickelt sich in der Interaktion mit der Umwelt und verändert sich als Folge von Erfahrungs- und Reifungsprozessen. Jeder Mensch besitzt eine Tendenz zur Selbstaktualisierung, d. h., er strebt nach Integrität, Autonomie und Wertschätzung des eigenen Selbst. Neue Erfahrungen werden mit dem Selbstkonzept vereinbart oder ggf. verändert, erweitert oder flexibilisiert. Gelingt dies nicht, kommt es zu Prozessen der Verleugnung, Verzerrung und Verdrängung. Man spricht hier von der Inkongruenz zwischen dem Selbstkonzept und den organismischen Erfahrungen.

Vorgehen in der Beratung

Das Vorgehen in der Beratung basiert auf den zuvor genannten Basisvariablen des therapeutischen Handelns. Gespräche dienen der »Selbst«-Aktualisierung des Klienten in Richtung einer ›Fully Functioning Person‹. Die Beraterin begibt sich mit dem Klienten in einen offenen Suchprozess, um dessen Inkongruenz-Erlebnisse aufzuspüren. Dabei spricht sie den Klienten auch auf solche Gefühle und Wünsche an, die der Klient noch nicht äußern konnte. Indem sie sich in die Welt des Klienten einfühlt, versucht sie so gut wie möglich, die Bedeutungs- und Sinnzusammenhänge beim Klienten zu verstehen. Dem Klienten wird es dadurch möglich, Inkongruenzen im Selbst zu überwinden.

Systemische Beratung

Während mit der Psychoanalyse die Entstehung der Psychotherapie verbunden ist, die Verhaltenstherapie die meisten empirischen Befunde vorzuweisen hat,

hat die Gesprächstherapie einen besonderen Beitrag in der Beziehungsgestaltung zwischen Klientin und Beraterin geleistet. Die systemische Beratung/Therapie zeichnet sich dadurch aus, dass sie den Blick von der intrapsychischen auf die interaktionelle Perspektive erweitert hat. Gegenwärtige Konzepte Sozialer Arbeit sind eng mit den systemischen Ansätzen verbunden (Staub-Bernasconi 2007). Ähnlich wie bei den anderen Grundorientierungen hat sich der systemische Ansatz aus einer Reihe von Strömungen entwickelt, wobei von der wachstumsorientiert-humanistischen Familientherapie (z. B. Satir), den Konzepten des Mental Reserach Institut (z. B. Watzlawick), der strukturellen Familientherapie (z. B. Minuchin), der strategischen Familientherapie (z. B. Haley), der Mailänder Gruppe (z. B. Palazzoli), dem systemisch-konstruktivistischen Ansatz (z. B. Boscolo) und von der lösungsorientierten/hypno-systemischen Therapie (z. B. de Shazer) die wichtigsten Impulse ausgingen (von Schlippe & Schweitzer 2013).

Störungsverständnis

Störungen werden als Ausdruck von dysfunktionalen Beziehungen unter Systemteilnehmern verstanden. Nicht ein Einzelner, sondern das System und seine Kommunikation ›krankt‹. Das kann an der unterschiedlichen Wahrnehmung oder Definition von Beziehungsstrukturen liegen und/oder an mangelnder oder konflikthafter Interaktion. Der Problemdefinition des Systems selbst wird ein besonderer Stellenwert beigemessen. So ›entsteht‹ ein Problem erst dann, wenn es im System als solches kommuniziert wurde. Zunächst muss also mindestens eine Person ein Problem als solches wahrgenommen haben. Von Interesse ist auch, welche Funktion das Problem für das System möglicherweise hat. Z. B. kann die gemeinsame Sorge über das Störverhalten des Kindes die Eltern auf ihrer Paarebene (wieder) näherbringen.

Vorgehen in der Beratung

Ziel systemischer Beratung ist es, die sogenannte Homöostase oder das Fließgleichgewicht des Systems zu unterstützen. Die Beraterin hilft zunächst den Beteiligten (z. B. Paar, Familie) dabei, die ›Funktion‹ einer Störung im System zu erkennen. Dafür ist es hilfreich, dass alle Teilnehmer ihre Wirklichkeitskonstruktionen zum Problem einbringen können, die häufig schon auf bereits vorhandene Ressourcen und Lösungsmöglichkeiten im System verweisen. Durch die Erweiterung der Möglichkeiten und Handlungsspielräume der Klienten sollen problemaufrechterhaltende Prozesse durchbrochen werden.

Systemische Interventionsstrategien basieren auf der theoretischen Erkenntnis, dass Systeme operational geschlossen und daher nicht von außen beeinflussbar sind und dass Entwicklungen einzelner Elemente immer Auswirkungen auf das ganze System haben. Klassische Interventionen sind z. B. (▶ Kap. 9.2):

- Joining (Beziehungsgestaltung zwischen Berater und Klienten),
- Reframing (Umdeutung oder Neubewertung des wahrgenommenen Problems, z. B. durch zirkuläre Fragetechniken),

- Familienskulptur (Beziehungssysteme werden symbolisch dargestellt),
- Familienanamnese (graphische Darstellung wichtiger Systeminformationen, z. B. durch Genogramm).

1.3.3 Integrative Ansätze

Obwohl die überwiegende Mehrheit der Praktiker wegen der Vielschichtigkeit der Probleme ihrer Klientel integrativ handelt (u. a. Orlinsky et al. 1999; Schindler & Schlippe 2006), sind Ansätze, die explizit als ›integrativ‹ entwickelt wurden, nicht so verbreitet und bekannt wie die zuvor beschriebenen Schulen. Integrativen Ansätzen ist der Versuch gemeinsam, die mit einer einseitigen Schulenorientierung verbundenen Einschränkungen in der Beratung und Psychotherapie zu überwinden, um den vielschichtigen Problemlagen der Klienten besser gerecht zu werden. Das Gros der Entwicklungen beinhaltet die Aufnahme von Modellen, Techniken oder Ideen, die außerhalb der eigenen Schule entwickelt wurden. Die oben beschriebenen Integrationswellen der Verhaltenstherapie sind ein passendes Beispiel dafür. Integrative Ansätze intendieren jedoch nicht nur eine eklektische Kombination von bereits entwickelten Interventionsstrategien, nach dem Motto ›viel hilft viel‹, sondern sie verstehen sich auch als eine Bewegung innerhalb der Psychotherapie/Beratung mit dem Ziel einer schulen- und methodenübergreifenden oder sogar schulenüberwindenden Psychotherapie/Beratung, welche die bestmögliche Intervention für den jeweiligen Klienten anstrebt. Aktivitäten, die mit diesem Ziel in Verbindung stehen, sind unterschiedlicher Natur. Sie nehmen oft ihren Ausgangspunkt bei der Beschreibung, wie Beraterinnen und Therapeutinnen vorhandene Ansätze in der Praxis bereits kombinieren, und münden in Forschungsaktivitäten, bei denen integrative Behandlungskonzepte einem wissenschaftlichen Diskurs unterzogen werden. Dieser Diskurs kann dazu beitragen, die Effektivität von Beratung und Psychotherapie zu steigern, allerdings nur dann, wenn der Integrationsversuch nicht wieder eine weitere Therapieschule ins Leben ruft (Thivissen 2014).

Drei Konzepte integrativer Beratung und Psychotherapie

Integrative Konzepte haben bisher verschiedene Wege eingeschlagen, um die Synergieeffekte verschiedener Schulen zu nutzen:

- Adaptive Integration: Methoden werden bei der Integration an ein bestehendes Verfahren angepasst, wie es u. a. die Verhaltenstherapie praktiziert.
- Technische Integration/technischer Eklektizismus: Strategien für die Auswahl von Methoden ohne Rücksicht auf deren Ursprungskonzept (z. B. die »Multimodaltherapie« von Lazarus 1986).
- Orientierung an allgemeinen und spezifischen Wirkfaktoren: Unabhängig von spezifischen Schulen werden solche Faktoren identifiziert, die den Veränderungsprozess in Beratung und Therapie positiv beeinflussen. (z. B. das »Common Factor Model« von Weinberger 1995).

- Theoretische Integration: Konzeptionen, die verschiedene Schulen (in Metatheorien) auch theoretisch zu verbinden suchen (z. B. die »Personenzentrierte Systemtheorie« von Kritz 2010).
- Störungsorientierte Integration: Methoden werden hinsichtlich eines Krankheitsbildes/einer Problemstellung zu einem Verfahren zusammengetragen (z. B. die »Dialektisch-Behaviorale-Therapie« für Personen mit Borderlinestörung von Linehan 1996).

Drei besonders gut ausgearbeitete Konzepte werden im Folgenden kurz skizziert. Das erste ist der theoretischen, die anderen beiden der technischen Integration zuzuordnen.

Allgemeine Psychotherapie nach Klaus Grawe

Grawe ist die Person, mit der im deutschsprachigen Raum integrative Psychotherapie am ehesten verbunden wird. Mitte der 1990er Jahre hat Grawe, aufbauend auf einer der umfangreichsten Metastudien zur Wirksamkeit von Psychotherapie, das Konzept der Allgemeinen Psychotherapie entworfen. Es wurde stetig weiterentwickelt und im Zuge dieser Entwicklung zunächst »Psychologische Therapie« (Grawe 1998) und dann »Neuropsychotherapie« (Grawe 2004) genannt. Das Konzept ist dabei als eine Art Leitbild zu verstehen, mit welchem Psychotherapie in Wissenschaft und Praxis umgesetzt werden sollte.

Die verschiedenen Schulen werden dabei als sich ergänzend verstanden und mit einer Metatheorie in Beziehung gesetzt, die auch das Störungsverständnis ermöglicht. Sie wird Konsistenztheorie genannt und beschreibt die Entstehung von psychischen Störungen durch die Unvereinbarkeit von gleichzeitig aktivierten psychischen/neuronalen Prozessen (Lutz & Bittermann 2010). Leitend sind hier die empirisch herausgearbeiteten Dimensionen Klärungs-, Problembewältigungs- und Beziehungsperspektive. Basierend auf einer ausführlichen Diagnostik nutzt der Therapeut verschiedene zielführende Interventionen.

Vorgehen in der Beratung

Für die Psychotherapie ist eine auf die Konsistenztheorie aufbauende Fallkonzeption entworfen worden, anhand derer ersichtlich wird, wie Methoden aus verschiedenen Schulen eingesetzt werden können (Grawe 1999). Diese Fallkonzeption lässt sich auch für die Beratung nutzen:

1. Bestimmung der wichtigsten Determinanten des psychischen Geschehens durch:
   a. Schemaanalyse,
   b. Problemanalyse und
   c. interpersonale Analyse.
2. Um mögliche therapeutische Ansatzpunkte zu bestimmen, werden die sogenannten funktionalen Beziehungen zwischen den Attraktoren (Motivation,

störungs-/problembezogenes, interpersonelles Geschehen) analysiert. Genutzt wird dazu
a. die Inkonsistenzanalyse,
b. die motivationale Problemanalyse,
c. die Analyse der Probleminteraktionen und
d. die interpersonale funktionale Analyse.
3. Schließlich erfolgt die Therapieplanung mit konkreten Schlussfolgerungen und mit einem auf den Patienten zugeschnittenen Vorgehen.

Transtheoretisches Modell nach James Prochaska und Carlo DiClemente

Im Transtheoretischen Modell wird davon ausgegangen, dass Veränderungen am besten erreicht werden können, wenn der Berater/Therapeut sowohl den Zeitpunkt der Veränderung (Stadien) als auch die Wirkprinzipien, also wie eine Veränderung erzeugt wird (Prozessvariablen), vor Augen hat. Das Transtheoretische Modell unterscheidet sechs Stadien der Veränderung (vgl. Prochaska & DiClemente 2019), die (auch wiederholt) durchlaufen werden können: Precontemplation (Sorglosigkeit/Absichtslosigkeit), Contemplation (Bewusstwerden/Absichtsbildung), Preparation (Vorbereitung einer Handlung), Action (Handlung), Maintenance (Aufrechterhaltung) und Termination (Beendigung). Darüber hinaus werden zehn ›Wirkprinzipien‹ unterschieden: Consciousness Raising (Steigerung des Problembewusstseins), Self-Reevaluation (Selbstneubewertung), Self-Liberation (Selbstverpflichtung), Counterconditioning (Gegenkonditionierung), Stimulus Control (Kontrolle der Umwelt), Reinforcement Management (Selbst-Verstärkung), Helping Relationships (Nutzen hilfreicher Beziehungen), Dramatic Relief (emotionales Erleben), Enviromental Reevaluation (Neubewertung der persönlichen Umwelt) und Social Liberation (Wahrnehmen förderlicher Umweltbedingungen).

In dieses Rahmenkonzept lassen sich die etablierten Interventionen nach Prochaska & Norcross (2010) einordnen und deren Einsatz prozesshaft steuern. Das Modell wird bereits in verschiedenen Bereichen genutzt, wie z. B. bei der sozialpädagogischen Arbeit mit Menschen im Zwangs- oder Pflichtkontext entsprechend den Veränderungsstadien (Klug & Zobrist 2016). In der Zukunft muss sich das Transtheoretische Modell für die Integration von psychotherapeutischen und beraterischen Konzepten allerdings noch weiter bewähren.

Vorgehen in der Beratung

Der Verlauf der Beratung ist entlang der Veränderungsstadien organisiert. Je nach Stadium und fokussierter Problemebene werden Techniken aus verschiedenen Verfahren angewandt. Im Verlauf der Beratung werden der Klientin dann kontinuierlich Rückmeldungen zu ihrer Entwicklung gegeben.

Fallbeispiel: Transtheoretisches Modell

Das Beispiel ist an einem Beratungsprozess angelehnt, welcher sich im Rahmen der Schulsozialarbeit an einem Gymnasium einer mittelgroßen Stadt abgespielt hat. Der vierzehnjährige Richard fällt mehreren Lehrenden immer wieder durch seine herablassende Art gegenüber Erwachsenen sowie durch unregelmäßige Leistungsverweigerung auf. Gespräche mit den Eltern und Richard wurden vom Vater mit dem Vermerk abgebrochen, dass die Schule ihren Job machen und seine Familie in Ruhe lassen solle. Schließlich willigte er aber in Gespräche zwischen Richard und dem Schulsozialarbeiter ein.

Dem Transtheoretischen Modell folgend fanden sechs Beratungsgespräche statt. Analog zum Verhalten des Vaters befand sich Richard zunächst in den ersten beiden Phasen der Sorglosigkeit und der Bewusstwerdung. Dies wurde durch Aussagen ersichtlich wie »Ich weiß nicht, was ich hier soll (…) was wollen die (Lehrkörper) denn (…), so schaffe ich die Stufe nie.« Endsprechend wartete der Schulsozialarbeiter mit motivationaler Gesprächsführung auf und verbalisierte u. a. den anklingenden Missmut über Richards Rolle in der Klasse sowie dessen Beziehung zu den Lehrerinnen.

Gegen Ende des zweiten Gespräches ließen sich Richards Aussagen entsprechend der Phase der Vorbereitung einordnen: »Ich muss gegenüber Frau X einfach mal auf die Zunge beißen und durchhalten, ist nur ein Nebenfach.« Eine kognitive Technik (automatische Gedanken identifizieren) wurde nun vom Berater angewandt: »Wenn Frau X dich so ansieht, welche Gedanken kommen dir zuerst (…), was fühlst Du (…), wie sähen alternative Gedanken aus?«

Vor dem vierten Gespräch wurde ein Rückschritt auf vorherige Phasen ersichtlich, als Richard in der Pause zum Sozialarbeiter ging und vermerkte: »Frau X kann mich wirklich am Arsch. Ich sehe nicht ein, mich für so Eine zu verändern.« Beim Telefonat am Nachmittag konnte der Kollege nur die Mutter erreichen, welche ihren Sohn aber dazu anhalten konnte, den nächsten Gesprächstermin wahrzunehmen. Der Berater nutzte erneut motivationale Techniken. Im Anschluss wurde die aktuelle Auseinandersetzung mit Hilfe der »automatischen Gedanken« analysiert.

In den Beratungsgesprächen fünf und sechs sind schließlich Methoden der Verhaltenstherapie und der Systemischen Beratung zur Anwendung gekommen. Verhaltensorientiertes Training zur Emotionsregulation bot sich als Übung zur Wahrnehmung aufkommender Wut und alternativer Verhaltensweisen (vornehmlich verbaler Art) an. Systemische Aufstellungsarbeit verdeutlichte Richard Wünsche und Ziele unterschiedlicher Protagonisten in seiner Klasse.

Systematic Treatment Selection nach Larry Beutler

Ein weiteres Konzept zur integrativen Behandlungsplanung ist das Konzept von Beutler et al. (2005). Sie haben jahrzehntelang Untersuchungen zur Passung zwischen Patienten (»Patientenvariablen«) und Beratungsmethoden durchgeführt. Die Passung ist dabei das zentrale Element des Konzepts, es folgt dabei einer ›technisch-integrativen‹ Herangehensweise und bezieht sich daher nicht auf einen neuen theoretischen Entwurf, auch wenn Beutel 1986 die ›Persuasion Theory‹ als ein auf der Basis von empirischen Beobachtungen entworfenes Rahmenkonzept vorgestellt hat.

Vorgehen in der Beratung

Für die Praxis der Psychotherapie wird eine strukturierte vierstufige Vorgehensweise zur Behandlungsplanung empfohlen, die sich auch für die Beratung nutzen lässt. Dabei wird die Wechselbeziehung zwischen Diagnostikprozess und Intervention betont:

1. ausführliche Anamnese (Klientin, Problem, Umfeld),
2. Auswahl des Settings,
3. Aufbau einer stabilen, vertrauensvollen therapeutischen Beziehung,
4. exakte Anpassung der Behandlung an den Klienten und seine Bedürfnisse anhand von vier Dimensionen:
   a. optimale Passung zwischen dem Ausmaß der funktionellen Beeinträchtigung und der Behandlungsintensität,
   b. Auswahl von direktiveren bzw. weniger direktiven Techniken, die zu eher externalisierenden bzw. internalisierenden Bewältigungsmustern passen,
   c. auf der Basis der Evaluation des Widerstands des Klienten entscheidet sich die Beraterin für eine bestimmte Rollenausprägung: direktiv bei geringerem Widerstandsgrad vs. weniger kontrollierend und die Selbstverantwortung des Patienten fördernd bei höherem Widerstandsgrad,
   d. mit Blick auf den Leidensdruck des Klienten entscheidet die Beraterin zudem, ob sie unterstützend oder mehr konfrontativ auftritt.

 Weiterführende Literatur

Heim, E. (2009). Die Welt der Psychotherapie. Entwicklungen und Persönlichkeiten. Stuttgart: Klett-Cotta.
Hoff, T. (2015). Konzepte in der Beratung. In: Hoff, T. & Zwicker-Pelzer, R. (2015). Beratung und Beratungswissenschaft. Baden-Baden: Nomos Verlagsgesellschaft. 147–207.
Norcross, J. C. & Goldfried, M. R. (2005). Handbook of Psychotherapy Integration. New York: Oxford Univ. Press.
Senf, W. & Broda, M. (Hrsg.) (2020). Praxis der Psychotherapie. Ein integratives Lehrbuch. 6., überarbeitete Auflage. Stuttgart: Thieme.
Thivissen, J. (2014). Integrative Beratung und Psychotherapie. Woher sie kommt. Was sie will. Was sie kann. Tübingen: dgvt.

1.4 Wirkfaktoren

Dieter Wälte

Je ausgeprägter die Problemkonstellationen bei einzelnen Klienten, Paaren oder Familien in den verschiedenen Settings psychosozialer Beratung, wie z. B. Jugendamt, Erziehungsberatungsstelle oder Klinik sind, desto dringender stellt sich für die Fachkraft die Frage, mit welchen Interventionen eine möglichst schnelle Hilfe herbeigeführt werden kann: Welche Intervention ist bei welchem Klienten mit welchen Problemen wann am besten geeignet? Mit dieser differentiellen (Indikations-)Frage ist psychosoziale Beratung zwar täglich beschäftigt, die jeweiligen spezifischen bio-psycho-sozialen Fallkonstellationen erlauben jedoch kaum ein manualisiertes Vorgehen wie bei der Umsetzung von Kochbuchrezepten. Während man sich beim Kochen nach Rezept einigermaßen sicher sein kann, dass bei Beachtung der Zutaten und Gebrauchsanweisungen das gewünschte Gericht herauskommt, ist die Prognose bei schwierigen Fallkonstellationen in der psychosozialen Beratung nur mit erheblichen Unsicherheiten möglich. Diese Situation vermag bei komplexen Fällen nicht nur den Anfänger in der psychosozialen Beratung unter Druck zu setzen, sondern auch der in der psychosozialen Beratung Erfahrene kommt nicht selten an die Grenzen seiner Profession und schürt damit die Angst, dass »beim Fall etwas anbrennen könnte«. In dieser Situation können die Ergebnisse der Psychotherapieforschung weiterhelfen, da sie nach dem Überschneidungsmodell (▶ Kap. 1.2) im Wesentlichen auch auf den Bereich der psychosozialen Beratung übertragen werden können.

1.4.1 Ergebnisse der Psychotherapieforschung

Angetrieben durch den Leidensdruck der Klienten bemühen sich Psychotherapieforscher schon seit Jahrzenten um die Beantwortung der Frage, durch welche Faktoren eine positive Wirkung bei möglichst gleichzeitigem Ausschluss von unerwünschten Nebenwirkungen auf die Probleme und Störungen von Klienten erzielt werden kann. Allerdings hat sich die Hoffnung auf eine einfache Klärung der differentiellen Indikationsfrage bald zerschlagen und dabei die Wissenschaftler in zwei Lager gespalten, obwohl kein Zweifel mehr darin besteht, dass Psychotherapie und Beratung deutliche positive Effekte erzielen und damit Eysencks (1952) aufgestellte provokative These nach der Wirkungsgleichheit von Psychotherapie und spontanen Heilungsprozessen eindeutig widerlegt wurde (vgl. Lambert 2013). Die eine Gruppe lässt sich von der Spezifitätsannahme leiten, welche besagt, dass bestimmte Psychotherapietechniken bei den einzelnen Störungen eine besondere Wirksamkeit entfalten und daher störungsbezogene Therapierichtlinien gerechtfertigt sind. Nahrung hat das Spezifitätsmodell zum einen durch den Befund erhalten, dass z. B. Exposition (mit Reaktionsverhinderung) bei Phobien, Panikstörungen und Zwangsstörungen zu schnelleren und besseren Therapieerfolgen geführt hat als andere Psychotherapietechniken (vgl. DeRubeis et al. 2005), und zum anderen durch die Beobachtung, dass submissive (unterwürfig) Patienten besser von strukturiertem und autonome Patienten besser von nondirektivem Vorgehen profitieren (vgl. Beutler et al. 2004). Demgegenüber argumentieren Vertreter des allgemeinen Wirkfaktorenmodells, dass bisher nur geringe Wirksamkeitsunterschiede zwischen den Psychotherapieschulen oder einzelnen Techniken gefunden wurden. Die Wirkung von Psychotherapie wird nach diesem Modell hauptsächlich auf therapeutische Faktoren zurückgeführt, die implizit in allen Psychotherapieverfahren enthalten sind und nicht bloß einer Therapietechnik oder einer Therapieschule eigen sind (vgl. Luborsky et al. 1975).

Nach der Übersicht zu den empirischen Befunden von Lambert (2013) erklären diese Faktoren (›common factors‹) grob geschätzt immerhin 30 % in der Summe aller Therapiefaktoren auf, hinter denen sich hauptsächlich die therapeutische Beziehung verbirgt (▶ Abb. 1.4). Demgegenüber entfalten Techniken (›techniques‹) lediglich 15 % der Varianz von Therapieeffekten, ebenfalls 15 % entfallen auf den Faktor ›Hoffnung‹ (›expectancy‹), also darauf, ob der Klient daran glaubt, dass seine Beratung/Therapie auch erfolgreich verlaufen wird. Am meisten Einfluss auf den Verlauf und das Ergebnis einer Psychotherapie haben jedoch Klienten- und Umgebungsfaktoren (z. B. Bereitschaft zur Veränderung und Mitarbeit) bzw. seine bisherigen Lebensereignisse (›client‹/›life‹). Genau dieser Befund spiegelt die alltägliche Situation in der Praxis der psychosozialen Beratung mit Klienten wider, die durch ihre Biographie (kritische Lebensergebnisse) und soziale Situation (z. B. Armut) unverschuldet in extreme Notlagen geraten sind und denen durch die einseitige Konzentration auf spezifische Beratungstechniken nur unzureichend geholfen werden kann. Schubert (2014a) fordert deshalb in diesem Zusammenhang ein erweitertes transaktionales Verständnis von Beratung, das den Klienten in seinen komplexen kulturellen und gesellschaftlichen Einbindungen begreift und ihn bei seiner Lebensgestaltung im Kontext gesellschaftlicher Problemlagen unterstützt, statt ihn vorschnell zu pathologisieren. Die Einbeziehung der Lebenswelt des Klienten mit seinen ökonomischen und ökologischen Beziehungen gehört zum genuinen Auftrag psychosozialer Beratung und setzt mit der Betonung der sozialen Komponente einen anderen Schwerpunkt als eine Richtlinienpsychotherapie, die stärker intrapsychische Aspekte beim Klienten fokussiert.

Die Polarisierung der Psychotherapieforschung durch den Kampf um den Beweis des Spezifitätsmodells oder des allmeinen Wirkfaktorenmodell hat bisweilen den Blick dafür verstellt, dass es in der Praxis eine Interaktion zwischen den allgemeinen Wirkfaktoren und den spezifischen Techniken gibt, die nach dem ›Generic Model of Psychotherapy‹ (Orlinsky et al. 2004) lediglich verschiedene Ebenen des gesamten Beratungs- und Therapieprozesses beleuchten (vgl. Pfammatter et al. 2012). Die Interaktion zwischen den allgemeinen Wirkfaktoren und den Techniken lässt sich so darstellen, dass die allgemeinen Wirkfaktoren über spezifische Techniken realisiert werden und eine Technik nicht aus dem Kontext allgemeiner Wirkfaktoren herausgelöst werden kann. Bildlich gesprochen könnte man auch sagen, dass die allgemeinen Wirkfaktoren das »Feuer der Psychotherapie« ausmachen und die Techniken den »Brennstoff für die Psychotherapie« liefern. So kann z. B. der allgemeine Wirkfaktor ›Problemklärung‹ etwa durch ver-

1.4 Wirkfaktoren

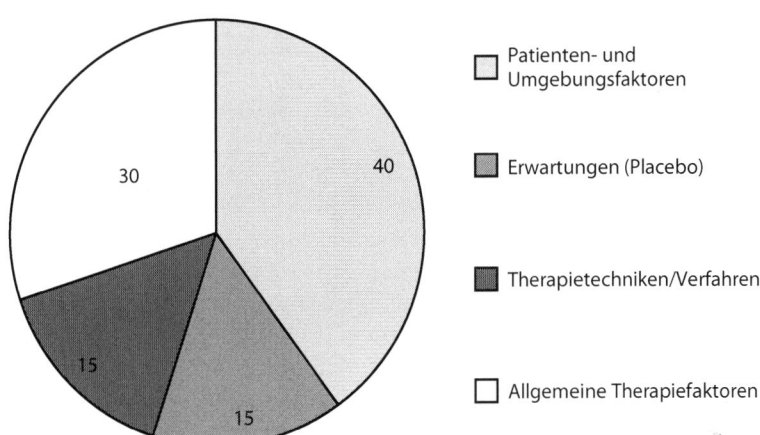

Abb. 1.4: Prozentuale Verteilung therapeutischer Wirkfaktoren (nach Lambert 2013, 200)

haltenstherapeutische Techniken der kognitiven Umstrukturierung oder durch die gesprächspsychotherapeutische Technik der Verbalisierung emotionaler Erlebnisinhalte realisiert werden, jedoch wird der Klient sich nur ungern auf spezifische Techniken einlassen, wenn vorher nicht der allgemeine Wirkfaktor der therapeutischen Beziehung zur Entfaltung gekommen ist. Weiter lässt sich z. B. der allgemeine Wirkfaktor ›Problemaktualisierung‹ (unmittelbare Erfahrung der Probleme, die verändert werden sollen) etwa durch die verhaltenstherapeutische Technik der Exposition oder durch die Technik des Fokussierens (Gesprächstherapie) umsetzen, aber nur dann, wenn vorher die Basis für eine hilfreiche therapeutische Arbeitsbeziehung geschaffen wurde. Bei diesen beiden Beispielen wird auch deutlich, dass unterschiedliche Techniken verschiedener Therapieschulen äquifinal zur Optimierung eines allgemeinen Wirkfaktors beitragen können. Jedoch vermögen verschiedene allgemeine Wirkfaktoren auch die Grundlage dafür zu schaffen, dass der Klient bei einer speziellen Therapietechnik aktiv mitmacht. So kann z. B. nicht nur der allgemeine Wirkfaktor der therapeutischen Beziehung die Bereitschaft des Klienten für eine Traumaexposition erhöhen, sondern auch die Ressourcenorientierung, durch die der Klient sehen kann, was er schon alles kann oder bereits erreicht hat.

Die Ausrichtung psychosozialer Beratung an allgemeinen Wirkfaktoren ermöglicht über die Äquifinalität unterschiedlicher Techniken sowohl eine konzeptionelle Begründung psychosozialer Beratungsstrategien als auch eine flexible Anpassung an die jeweiligen besonderen Bedürfnisse des Klienten. Weil allgemeine Faktoren einen hohen Anteil am Veränderungsprozess in der psychosozialen Beratung haben, können diese hier auch die Funktion von Meilensteinen im Zielerreichungsprozess übernehmen. Doch welche allgemeinen Wirkfaktoren sind die wichtigsten für die Beratung und Psychotherapie?

> **Negative Effekte**
>
> Auch wenn die bisherige Forschung keine Zweifel an der Wirksamkeit von Psychotherapie und Beratung aufkommen lässt, ist die Möglichkeit in Betracht zu ziehen, dass Klienten sich im Verlauf des Beratungsprozesses auch verschlechtern können. Die Studienlage über negative Effekte in der Psychotherapie ist zurzeit noch unterbelichtet, Lambert (2013) schätzt jedoch den Anteil von Klienten, die sich im Verlauf der Psychotherapie verschlechtern, mit immerhin ca. 8 % ein. Auch der Anteil der Klienten/Patienten von fast 57 %, die keine Veränderung erfahren, erscheint auf den ersten Blick zunächst einmal ernüchternd. In der Praxis zeigt sich jedoch immer wieder, dass die Verhinderung der Verschlechterung durch Psychotherapie bei bestimmten Patientengruppen als Erfolg gewertet werden kann. Eine ähnliche Situation finden Beraterinnen und Berater in ihren Tätigkeitsfeldern (z. B. Drogenberatung, Bewährungshilfe, betreutes Wohnen) vor, die oft nicht mehr erreichen können als ihre Klientel vor einer weiteren Verschlechterung ihrer Situation zu bewahren.

1.4.2 Wirkfaktoren in der psychosozialen Beratung

Seit der ersten Konzeption von Rosenzweig (1936) sind eine Reihe weiterer sich zum Teil überschneidender Taxonomien entwickelt worden. Wälte (2019) hat deshalb die wichtigsten allgemeinen Wirkfaktoren zusammengetragen und in ein drei-dimensionales Rahmenmodell für die psychosoziale Beratung eingefügt, in das auch die empirisch fundierten allgemeinen Wirkfaktoren von Grawe et al. (1994) sowie Aspekte des 7-Stufen-Modells von Kanfer et al. (2012) eingeflossen sind (▶ Abb. 1.5). Während die erste Dimension Beratung danach unterscheidet, ob sie präventive, akut intervenierende oder rehabilitative Funktionen erfüllt, erfasst die zweite Dimension die Adressaten, also z. B. den einzelnen Klienten, das Paar oder die ganze Familie. Die dritte Dimension bezieht sich auf eine Zusammenstellung von sieben allgemeinen Wirkfaktoren, die im Folgenden näher dargestellt werden. Es muss an diese Stelle jedoch auch betont werden, dass psychosoziale Beratung zur Optimierung der allgemeinen Wirkfaktoren alle Bereiche des Kompetenzmodells von Zwicker-Pelzer (2010) benötigt.

1. **Die Gestaltung einer professionellen Beziehung:** Zu den wichtigsten Elementen einer effektiven psychosozialen Beratung gehören der Aufbau und die Gestaltung einer professionellen Arbeitsbeziehung zwischen Berater und Klient über den gesamten Verlauf des Beratungsprozesses. Die meisten bisher in der Psychotherapieforschung entwickelten Taxonomien betonen die Wichtigkeit einer vertrauensvollen Therapiebeziehung (z. B. Frank 1971, Garfield 1995, Orlinsky & Howard 1987, Omer & London 1989, Grencavage & Norcross 1990, Weinberger 1995, Miller et al. 2000, Luborsky 2003, Lambert 2013). Nach dem

1.4 Wirkfaktoren

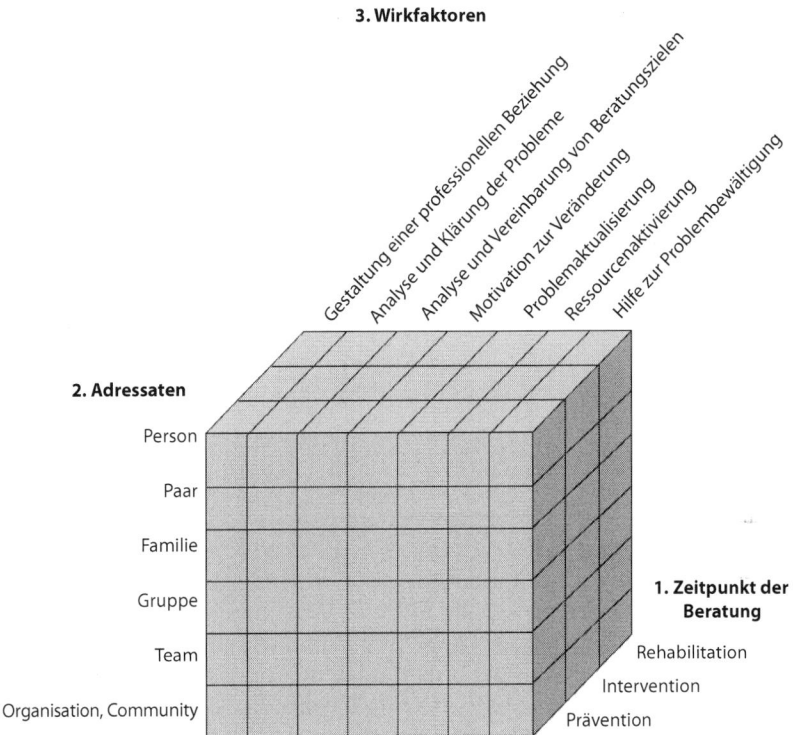

Abb. 1.5: Rahmenmodell psychosozialer Beratung (Wälte 2019, 198)

7-Phasen-Modell von Kanfer et al. (2012) ist die ›Bildung einer kooperativen Arbeitsbeziehung‹ einer der Schlüsselvariablen für die Eingangsphase jeder Therapie und zielt auf die Schaffung günstiger Ausgangsbedingungen für die weiteren sechs Therapiephasen ab. Dafür muss der Berater/die Beraterin eine Begegnungshaltung einnehmen, die auf der Basis von Präsenz (Gegenwärtigkeit) und Kongruenz (Authentizität und Transparenz) bedingungslose positive Wertschätzung und Empathie realisiert. Diese Haltung, die nicht unabhängig von der Persönlichkeit des Therapeuten/Beraters gesehen werden kann, ist der Nährboden dafür, dass sich die anderen Wirkfaktoren in der Interaktion mit den eingesetzten Techniken entfalten können.

2. **Analyse und Klärung der Probleme:** Mindestens zu Beginn der Beratung steht eine sorgfältige Exploration der Probleme des Adressaten unter Berücksichtigung seiner Verhaltensweisen, Gefühle und Interaktionen in der sozialen Umgebung im Mittelpunkt. In dem Modell von Kanfer et al. (2012) wird dieser allgemeine Wirkfaktor durch die situative (Mikro-Ebene) und kontextuelle (Makro-Ebene) Verhaltensanalyse realisiert, die in ein funktionales Bedingungsmodell einmünden. Mit der Klärung und Analyse der Probleme wird das Ziel verfolgt, dass der Klient seine vergangene oder aktuelle Situation besser versteht und sich über sich selber klarer wird, damit er sich im Verlauf der psychosozialen Beratung besser annehmen kann. Einzubeziehen sind dabei

auch die subjektiven Krankheitskonzepte des Klienten, die unter Umständen von den Erklärungskonzepten des Beraters abweichen können. Die Analyse und Klärung der Probleme ist eine wichtige Voraussetzung für die Analyse und Vereinbarung der Beratungsziele und der darauf bezogenen Interventionen. Im Laufe des Klärungsprozesses wird der Klient immer mehr zum Verständnis seiner Problemsituation angeregt, das nach dem ›Common Component Model‹ von Frank (1971) in ein plausibles Erklärungsschema einmünden kann und damit auf mögliche Lösungswege verweist. Die Entwicklung eines Erklärungsmodells weckt darüber hinaus Vertrauen in die Kompetenz des Therapeuten und regt den Patienten an, sich mit seinen Problemlagen intensiv zu befassen. In der Taxonomie von Grawe (1995) findet sich ein ähnlicher Wirkfaktor, der als ›motivationale Klärung‹ bzw. ›Intentionsveränderung‹ bezeichnet wird, und damit solche Therapieprozesse umschreibt, die den Patienten dabei unterstützen, dass er die Bedeutung seines Erlebens und Verhaltens vor dem Hintergrund seiner bewussten und unbewussten Ziele und Werte besser versteht.

3. **Analyse und Vereinbarung von Beratungszielen:** Die gemeinsame Analyse von Beratungszielen bildet in dem 7-Phasen-Modell von Kanfer et al. (2012) die 4. Phase ab. Sie dient der Klärung der Therapieziele und soll in einen Konsens zwischen Beraterin und Klientin über die möglichen Zielperspektiven einfließen. Dafür deckt der Berater zunächst mögliche Differenzen zwischen Klient und ihm auf und bringt Klarheit darüber, welche kurz- und langfristigen Ziele der Klient mit seiner Unterstützung erreichen möchte. Insbesondere in Beratungssettings, bei denen ein Paar oder die ganze Familie teilnehmen, sind die Ziele auf die einzelnen Personen abzustimmen. Eine genaue Zielanalyse ermöglicht auch das Setzen von Prioritäten in der Beratung und schafft damit für beide Seiten einen transparenten Behandlungsfokus. Allerdings muss bedacht werden, dass die am Anfang erarbeiteten Zielvorstellungen sich im Laufe des Beratungsprozesses ändern können. Hier ist aber Vorsicht geboten, damit der Beratungsprozess nicht von einem Ziel zum anderen oszilliert und dann keines der Ziele erreicht wird. Insofern begleitet die Zielanalyse und Zielvereinbarung ähnlich wie die Problemanalyse den gesamten Beratungsprozess. Insbesondere die vom Klienten selbst erarbeiteten Ziele haben eine stärkere Auswirkung auf die Motivation als solche, die vom Berater festgelegt werden oder sogar von außen delegiert werden. Darüber hinaus haben sich solche Ziele bewährt, die konkret, spezifisch und verhaltensnah festgelegt werden (vgl. Miller et al. 2000).

4. **Motivation zur Veränderung:** Nach dem Modell von Kanfer et al. (2012) knüpft der Aufbau von ›Veränderungsmotivation‹ direkt an die Eingangsphase an und dient der Reduktion einer möglicherweise vorhandenen Resignation des Klienten über seine Problemsituation durch Einsatz spezieller Motivierungsstrategien, die in eine vorläufige Auswahl der Problembereiche müden kann. Nach Miller & Rollnick (2015) wird die Motivation zur Veränderung der Problemlagen von den Komponenten Absicht (Wichtigkeit einer Veränderung), Fähigkeit (Zuversicht für eine Veränderung) und Bereitschaft (Priorität) beeinflusst. Um den Veränderungsprozess in der Beratung in Gang zu

bringen, ist deshalb häufig eine motivierende Gesprächsführung angezeigt. Sowohl ungünstige soziale Ausgangsbedingungen als auch die Eigendynamik des Problems können dabei potentielle Hindernisse für die Umsetzung von Veränderungen beim Klienten sein. Freiwilligkeit zum Beratungskontrakt und die erlebte Selbstwirksamkeit des Patienten sind als weitere wichtige Stellglieder für die Motivation zu sehen. Ebenso kann auch die Klärung der Probleme und Ziele einen positiven Einfluss auf die Veränderungsmotivation des Klienten nehmen, da er erkennt, wofür er sich einsetzt. Motivierend dürfte schließlich eine positive Erwartung eines Therapieerfolges sein, die von Weinberger (1995) als einer der fünf wichtigsten allgemeine Wirkfaktoren bezeichnet wird und auch in anderen Taxonomien zu den allgemeinen Wirkfaktoren wie etwa in dem Quartett von Omer und London (1989) einen Platz gefunden hat, hier jedoch zusätzlich auch die Erwartungshaltung des Therapeuten impliziert, dass seine Therapie funktioniert.

5. **Problemaktualisierung:** Grawe und Casper (2012, 35) gehen davon aus, dass »die problematischen Bedeutungen, die das Leiden des Patienten ausmachen, dann am wirksamsten verändert werden können, wenn diese Bedeutungen in der Therapie real zum Erleben gebracht werden«. Ähnliches postuliert Weinberger (1995) ›Konfrontation‹ als einen allgemeinen Wirkfaktor, der sich durch die Auseinandersetzung des Patienten mit seinen Problemen konstituiert, während Karasu (1986) mit dem Begriff des ›affektiven Erlebens‹ stärker die Folgen von Konfrontation betont. Auch der Wirkfaktor ›emotionales Abreagieren‹ aus der Liste von Jørgenson (2004) passt in den Bedeutungshorizont des Konzeptes der Problemaktualisierung, weil es hier um die Freisetzung emotionaler Blockaden geht. Je umfassender das jeweilige Problem aktualisiert wird, desto besser kann es bearbeitet werden. Für eine möglichst effektive Beratung ist es notwendig, dass der Klient seine Probleme in der aktuellen Hier-und-Jetzt-Situation des Beratungsprozesses erleben und zur Steigerung seiner Selbstwirksamkeit bewältigen kann.

6. **Ressourcenaktivierung:** Die Diagnostik der Probleme, Konflikte und Schwierigkeiten beim Klienten kann mit einer zu starken Fokussierung auf seine Schwächen und Defizite einhergehen mit der Gefahr einer Destabilisierung und dem Erleben von Insuffizienzgefühlen. Um diesen negativen Effekten entgegen zu steuern, ist nach Grawe (1995) ein besonderes Augenmerk auf die Aktivierung der Ressourcen des Klienten, wie auf die besonderen Fähigkeiten und positiven Eigenschaften, zu legen, damit er besser mit belastenden Lebensumständen und persönlichen Problemkonstellation umgehen kann (vgl. Willutzki 2008). Die Ressourcenaktivierung bewirkt, dass die Aufmerksamkeit weg von den Defiziten und Schwächen des Klienten hin zu seinen eigenen Stärken gelenkt wird mit der Folge einer positiven Grundstimmung für den weiteren Beratungsverlauf. Außerdem kann nach Fiedler (2004) eine gezielte Wissensvermittlung und die Erweiterung der Bewältigungskompetenzen dazu beitragen, dass der Klient eigenständig neue Ressourcen erschließen kann.

7. **Hilfe zur Problembewältigung:** Im Rahmen der Hilfe zur Problembewältigung wird nach Grawe (1995) der Klient von dem Berater/der Beraterin durch den Einsatz geeigneter Methoden und Techniken darin unterstützt, seine vor-

handenen Probleme, Schwierigkeiten und Konflikte zu überwinden oder zumindest besser mit ihnen fertig zu werden. Hilfe zur Problembewältigung korrespondiert mit der 5. Phase des Modells von Kanfer et al. (2012), da es hier neben der Planung und Auswahl auch um die Durchführung spezieller Methoden mit dem Ziel der aktiven Bewältigung von Schwierigkeiten und Lösung von Problemen geht. Die Hilfe zur Problembewältigung kann dabei auf verschiedenen Ebenen erzielt werden, die an verschiedenen Stellen in den bisherigen Taxonomien zu den allgemeinen Wirkfaktoren aufgeführt werden. Dazu zählt im Wesentlichen
- die kognitive Bewältigung, bei der die Veränderung dysfunktionaler Kognitionen angestrebt wird (vgl. Karasu 1986). In einem weiteren Sinn ist damit auch die Förderung der Mentalisierung angesprochen, die den Klienten dazu befähigen soll, eigene mentale und emotionale Zustände bei sich und bei anderen zu erkennen (vgl. Jørgensen 2004). Auf einer noch höheren Stufe kann das auch zur ›Selbstnarration‹ führen, bei welcher der Klient eine Neufassung seiner Lebensgeschichte und Identität konzipiert (vgl. Jørgensen 2004);
- die Verhaltensregulation, die auf eine verbesserte Verhaltenskontrolle oder neue Verhaltenskompetenzen abzielt (vgl. Karasu 1986);
- die Exposition und Desensibilisierung mit den Effekten der Abschwächung der physiologischen Reaktion und des Vermeidungsverhaltens (vgl. Jørgensen 2004);
- die Korrektur emotionaler Erfahrungen im Anschluss an Exposition und Desensibilisierung, dadurch dass die gefürchteten Konsequenzen nicht eintreten (vgl. ebd.);
- die Emotionsregulation mit dem Ziel der Kontrolle über emotionale Prozesse (vgl. ebd.).

Der Faktor ›Hilfe zur Problembewältigung‹ kann nur dann erfolgreich realisiert werden, wenn er auf eine kontinuierliche Erfolgsoptimierung ausgerichtet ist, die in dem Modell von Kanfer et al. (2012) zwar mit »Erfolgsoptimierung und Abschluss der Therapie« bezeichnet wird, jedoch wegen der Rekursivität des Modells auch auf die vorhergehenden Phasen Anwendung findet. So sind etwa die Stabilisierung und der Transfer therapeutischer Fortschritte sowie das Erlernen von Selbstmanagement nicht lediglich Ziele der Endphase der Therapie oder Beratung.

Entsprechend dem Modell von Kanfer et al. (2012) könnte man für die psychosoziale Beratung vielleicht noch die »Evaluation der Fortschritte in der Beratung« als einen 8. allgemeinen Wirkfaktor in Erwägung ziehen, bei dem es um die kontinuierliche Bewertung des Beratungsprozesses geht, wodurch eine Steuerung der Therapieabläufe optimiert werden kann. Allerdings liegt dieser Faktor auf einer anderen logischen Ebene, da hier nicht die unmittelbare interaktionelle Arbeit mit dem Klienten im Mittelpunkt steht, sondern die Beurteilung der Ergebnisse des Beratungsprozesses auf der Metaebene. Aus konstruktivistischer Perspektive gelangt man damit wie bei der Supervision in eine Kybernetik 2. Ordnung, da die Evaluation sich nicht auf sich selber bezieht, sondern auf das Ergebnis und den Prozess der Psychotherapie. Diese Beobachtungsperspektive 2. Ordnung kann wichtige Impulse für den gesamten psychosozialen Beratungsprozess liefern, ist aber ebenfalls selbstreferentieller Natur und kann ihr eigenes Operieren nicht selber beobachten, so dass sich der mögliche blinde Fleck der Beobachtung lediglich verschiebt, jedoch auf keinen Fall aufheben lässt.

Weiterführende Literatur

Grawe, K. & Caspar, F. (2012). Allgemeine Psychotherapie. In Senf, W. & Broda, M. (Hrsg.). Praxis der Psychotherapie. Ein integratives Lehrbuch. Stuttgart: Thieme. 33–46.

Lambert, M. J. (2013). The Efficacy and Effectiveness of Psychotherapy. In: Lambert, M. J. (Hrsg.). Bergin and Garfield's Handbook of Psychotherapy and Behavior Change. 6. Auflage. Wiley: New Jersey. 169–218.

Luborsky, L. Singer, B. & Luborsky, L. (1975). Comparative Studies of Psychotherapies: Is It True That »Everyone Has Won and All Must Have Prices«? In: Archives of General Psychiatry, 32 (8), 995–1008.

Pfammatter, M., Junghan, U. M. & Tschacher, W. (2012). Allgemeine Wirkfaktoren der Psychotherapie: Konzepte, Widersprüche und eine Synthese. Psychotherapie, 17, 1, 17–31.

2 Prozessmodell der Beratung

Michael Borg-Laufs & Dieter Wälte

> **☞ Was Sie in diesem Kapitel lernen können**
>
> Das Sieben-Phasen-Modell von Kanfer et al. (2012) ermöglicht aus einer Makroperspektive die Strukturierung eines psychosozialen Beratungsprozesses vom Anfang bis zum Ende. Es orientiert sich an einem integrativen Beratungskonzept und lässt sich für unterschiedliche Interventionen auf verschiedenen Systemebenen (Einzel-, Paar-, Familienberatung) nutzen. In diesem Kapitel können Sie erfahren,
>
> - in welcher Reihenfolge verschiedene Phasen des Beratungsprozesses im Mittelpunkt der beraterischen Bemühungen stehen sollten;
> - wie sie einzelne Beratungssitzungen sinnvoll strukturieren können.
>
> Der Beratungsprozess kann aus einer Mikro-, einer Meso- und einer Makroperspektive betrachtet werden. Die Makroperspektive bezieht sich auf den gesamten Beratungsprozess von der ersten bis zur letzten Beratungsstunde. In der Mesoperspektive steht eine einzelne Beratungsstunde im Mittelpunkt der Betrachtung, im Rahmen einer Mikroperspektive würden einzelne beraterische Interventionen in den Mittelpunkt gestellt. Im Rahmen dieses Kapitels soll vor allem der beraterische Prozess als Gesamtprozess betrachtet werden. Überlegungen zur Gestaltung einzelner Beratungsstunden schließen sich daran an. Mikroprozesse (einzelne Beratungsinterventionen) werden nicht im Rahmen dieses Kapitels behandelt, sondern in den Methodenkapiteln dieses Buches.

Psychotherapeutisches Prozessmodell von Orlinsky et al. 2004, Orlinsky 2009

In dem ›Generic Model of Psychotherapy‹ (GMP) haben Orlinsky et al. 2004 den Therapieprozess in eine kontextuelle Klammer (Input und Output) eingebettet, die durch die Gesellschaft (z. B. das Gesundheitssystem) sowie die Patienten- und Therapeutenvariablen gebildet wird. Der Therapieprozess wird dabei durch sechs Variablen bestimmt:

1. Therapeutischer Vertrag (formale Aspekte der Therapie, z. B. Häufigkeit der Sitzungen)

2. Therapeutische Interventionen (Interaktionen von Therapeut und Patient bezüglich der Interventionen)
3. Therapeutische Beziehung (Therapeut-Patient-Beziehung und Motivation von Patient und Therapeut)
4. Selbstbezogenheit von Patient und Therapeut (Offenheit, Selbstwahrnehmung und Zufriedenheit beider Therapiepartner)
5. Realisationen von Patient und Therapeut (Einflüsse in und zwischen den Therapiesitzungen)
6. Zeitliche Aspekte der Therapie (Behandlungsverläufe)

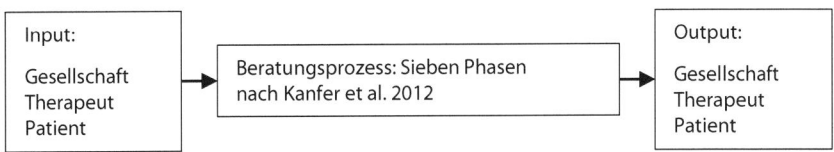

Abb. 2.1: Beratungsprozess nach Kanfer et al. im Rahmenmodell des GMP (stark vereinfacht) (eigene Darstellung)

Das Prozessmodell von Orlinsky et al. (2004), das hauptsächlich für die Prozess- und Ergebnisforschung in der Psychotherapie entwickelt wurde, lässt sich auch auf den Beratungsprozess übertragen und bildet ein allgemeines Rahmenmodell für das im Folgenden dargestellte Sieben-Phasen-Modell von Kanfer et al. (2012). Es betont die Eingebundenheit von Berater und Klient in der Gesellschaft, ein Aspekt, der für eine Alltagsnähe der Beratung immer wieder betont wird, und die Bedeutung der Klienten- und Beratervariablen (▶ Abb. 2.1). Allerdings ist das Phasenmodell nach Kanfer et al. (2012) für die praktische Fallarbeit besser geeignet, weil es konkreter beschreibt, wie eine Beratung Schritt für Schritt zu realisieren ist. In der Literatur zur psychosozialen Beratung finden sich dementsprechend ähnliche Modelle, die von dem Sieben-Phasen-Modell jedoch inkludiert werden. Z. B. unterscheiden Müller & Hochuli Freund (2017) zwischen Anamnese, Diagnose, Intervention und Evaluation. Bei Spiegel (2018) findet sich die Unterscheidung zwischen Analyse der Rahmenbedingungen, Situations- oder Problemanalyse, Zielentwicklung, Planung und Evaluation. Und schließlich beschreibt Klemenz (2014) den Beratungsprozess in vier Phasen: Eingangsphase, Interventionsphase, Abschlussphase, Evaluationsphase.

2.1 Beratungsphasen

Kanfer et al. (2012) legen aufbauend auf den Vorarbeiten von Kanfer (z. B. Kanfer & Grimm, 1980) ein psychotherapeutisches Prozessmodell vor, welches von Schmelzer und Trips (1996) und Schmelzer (2000) sowie Borg-Laufs (2004) auch auf den Beratungskontext und von Borg-Laufs und Hungerige (2010) auf die Arbeit mit Kindern, Jugendlichen und Familien übertragen wurde. Es handelt sich dabei um ein Modell, welches den Beratungsprozess insgesamt in sieben aufeinander folgende Beratungsphasen unterteilt, die jeweils die Bedeutung unterschiedlicher Zielsetzungen und Interventionsschwerpunkte zu verschiedenen Zeitpunkten herausstellen. Selbstverständlich kann ein solches Modell Beratungsprozesse nicht vollständig abbilden. Es geht vielmehr darum, eine praktische Orientierungshilfe zu bieten. Die Phasen des Beratungsprozesses werden in Abbildung 2.2 dargestellt (▶ Abb. 2.2).

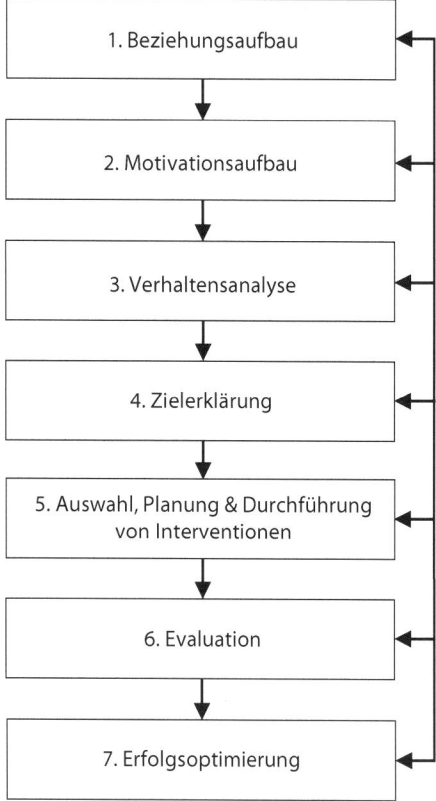

Abb. 2.2: Das Modell der Selbstmanagementtherapie nach Kanfer et al. (eigene Darstellung)

Phase 1 Beziehungsaufbau: Der Schwerpunkt der beraterischen Bemühungen muss zu Beginn des Beratungsprozesses darauf liegen, dass die Klienten und Klientinnen Vertrauen zum Berater bzw. zur Beraterin fassen und ihn oder sie als *professionellen Helfer zur Selbsthilfe* akzeptieren und nicht etwa als »Freund der Familie« oder »Kummerkasten« betrachten. Gleichzeitig werden Setting, Vorgehen und organisatorische Fragen geklärt und bereits erste problembezogene Informationen gesammelt.

Phase 2 Aufbau von Änderungsmotivation: Aufbauend auf der beraterischen Beziehung muss im nächsten Schritt die häufig zu beobachtende Mutlosigkeit und Resignation der Ratsuchenden verringert werden und ihnen die Hoffnung auf positive Veränderungen vermittelt werden. Gleichzeitig muss dies so erfolgen, dass die Klienten und Klientinnen erkennen können, dass diese Veränderungen nur durch eigene Anstrengungen zu erreichen sind. Mit ersten Ansätzen einer Zielklärung wird versucht, eine »Zugmotivation« (im Gegensatz zu der durch Leidensdruck entstehenden »Druckmotivation«) herzustellen.

Phase 3 Diagnostik: Erst wenn eine geeignete professionelle Arbeitsbeziehung hergestellt wurde und eine hinreichende Änderungsmotivation realisiert werden konnte, werden die Ratsuchenden so offen und konstruktiv mitarbeiten, dass sie auch tabuisierte und peinliche Inhalte offen aussprechen. Obschon von Beginn des beraterischen Prozesses an *auch* Informationen gesammelt werden, kann diese Informationssammlung erst nach erfolgreichem Beziehungs- und Motivationsaufbau erfolgreich (vorläufig) abgeschlossen werden.

Phase 4 Zielvereinbarung: Auch über Ziele wird vermutlich schon direkt zu Beginn des beraterischen Prozesses gesprochen. Eine abschließende Festlegung der Ziele kann aber erst dann erfolgen, wenn neben erfolgreichem Beziehungs- und Motivationsaufbau auch die relevanten Informationen vorliegen, aus denen hervorgeht, welche Ziele angesichts der Lebenssituation und der persönlichen Lage der Klientin oder des Klienten realistisch sind.

Phase 5 Planung, Auswahl und Durchführung spezieller Methoden: Vor dem Hintergrund aller vorhandenen diagnostischen Informationen und der erfolgten Zielklärung sind nun spezifische beraterische Strategien und Interventionen auszuwählen und durchzuführen. Je nach den zu verfolgenden Zielen, der Lebenssituation und den persönlichen Voraussetzungen werden unterschiedliche Methoden einzusetzen sein. Wann immer möglich, sollte aus den Erkenntnissen der Beratungs- oder Psychotherapieforschung abgeleitet werden, welches methodische Vorgehen im vorliegenden Fall am ehesten erfolgversprechend zu sein scheint.

Phase 6 Evaluation: Wenn die Zielklärung erfolgt ist, wird mit der Evaluation begonnen. Vorher ist dies nicht möglich, denn ohne klar operationalisierte Ziele ist keine sinnvolle Ergebnisevaluation möglich. Diese Überprüfung der erreichten Fortschritte im Hinblick auf die vereinbarten Ziele sollte während des gesamten beraterischen Prozesses erfolgen, aber der Schwerpunkt der Evaluation mit der abschließenden Bewertung, ob etwa die Beratung beendet oder weitergeführt werden soll oder ob die Hinführung zu einer anderen Hilfeform (z. B. Jugendhilfe oder Psychotherapie) sinnvoll ist, kann ja erst dann erfolgen, wenn die beraterischen Interventionen durchgeführt wurden (Phase 5).

Phase 7 Erfolgsoptimierung und Abschluss: Im Vordergrund der Beratung muss am Ende der Alltagstransfer und die Stabilisierung der bisher erlangten Fortschritte stehen. Schwerpunktmäßig muss also darauf geachtet werden, dass die Klienten möglichst weitgehend die Fähigkeit erworben haben, in der Beratung Gelerntes auch im Alltag selbstständig umsetzen und ggf. auch mit Rückschlägen umgehen zu können (Rückfallprophylaxe). Darüber hinaus muss möglicherweise ein besonderes Augenmerk daraufgelegt werden, die beraterische Beziehung vorsichtig aufzulösen (▶ Tab. 2.1).

Bei dem 7-Phasen-Modell handelt es sich einerseits um ein *aufeinander aufbauendes*, andererseits aber auch um ein *rekursives* Modell. Das bedeutet zunächst, dass die einzelnen Beratungsphasen (im Idealfall) aufeinander folgen: Die Grundlage für alles beraterische Handeln ist die professionelle Beziehung (*Phase 1*); erst wenn diese etabliert ist, kann die Motivationsarbeit im Vordergrund stehen (*Phase 2*). Wenn die Beziehung stimmt und die Klientinnen motiviert sind, kann eine angemessene Diagnostik erfolgen (*Phase 3*), die wiederum Grundlage für die Zielklärung ist (*Phase 4*). Nur wenn die Beziehung stimmt, die Klientinnen motiviert sind, eine angemessene Diagnostik durchgeführt wurde und die Ziele der Beratung zwischen Klienten und Beratern geklärt sind, verspricht die Durchführung spezifischer Interventionen auch erfolgreich zu sein (*Phase 5*). Deren Beitrag zu einer Verbesserung der Problematik des Klienten muss dann überprüft werden (*Phase 6*). Sofern sich tatsächlich Erfolge eingestellt haben, kann an einer Stabilisierung und dem Abschluss der Beratung gearbeitet werden (*Phase 7*). Mit anderen Worten: Die Reihenfolge der Beratungsphasen ist durchaus zwingend, andere Reihenfolgen scheinen wenig sinnvoll zu sein. Dennoch – oder gerade deswegen – ist das Modell auch *rekursiv*. Zu jedem Zeitpunkt der Beratung *kann* es sinnvoll oder sogar notwendig sein, zu einer früheren Beratungsphase zurückzukehren. Wenn ein Berater oder eine Beraterin etwa in Phase 5 die für die vorliegende Problemkonstellation nach dem augenblicklichen Stand der Forschung optimal passende Intervention ausgewählt hat und diese kompetent und *legis artis* durchführt, es aber trotzdem nicht zu den zu erwartenden Fortschritten kommt, so muss er überprüfen, ob die Ziele der vorausgegangenen Beratungsphasen immer noch als verwirklicht gelten können: Ist die Beratungsbeziehung noch angemessen oder hat sie sich wieder verschlechtert? Ist der Klient immer noch hinreichend änderungsmotiviert oder hat seine Motivation einen Dämpfer erhalten? War die Diagnostik angemessen oder wurden wichtige Informationen übersehen? Sind Zielkonflikte übersehen worden? Häufig wird sich bei einer hinsichtlich des Erfolges stagnierenden Beratung zeigen, dass an einer der genannten Stellen Probleme aufgetreten sind, welche der Grund dafür sind, dass trotz geeigneter Interventionen kein weiterer Fortschritt zu erzielen ist. In diesem Fall kann und muss der Berater bzw. die Beraterin zu derjenigen Beratungsphase zurückkehren, deren Ziele aktuell nicht mehr verwirklicht sind und z. B. erneut die beraterische Beziehung oder die Motivation des Klienten in den Mittelpunkt der Bemühungen stellen, weitere diagnostische Informationen einholen oder erneut die Ziele gemeinsam mit dem Klienten klären. Erst danach wird es sinnvoll sein, sich wieder der Interventionsdurchführung zuzuwenden.

Tab. 2.1: Beispiel: Beratung eines 15 Jahre alten Jugendlichen mit sozialer Ängstlichkeit durch eine Schulsozialarbeiterin

Phase	Schulsozialarbeiterin (Ausschnitte aus einer Audioaufzeichnung)
1. Schaffung günstiger Ausgangsbedingungen	»Viele Jugendliche haben in sozialen Situationen Probleme, wenn sie mit anderen Personen sprechen müssen. Durch ein systematisches Training von solchen Situationen können wir aber deine Angst in den Griff kriegen.«
2. Aufbau von Änderungsmotivation und vorläufige Auswahl von Änderungsbereichen	»Wenn du dir vorstellst, dass du keine Angst mehr hast, in der Schulklasse zu sprechen, was würde sich in deinem Leben ändern?«
3. Verhaltensanalyse und funktionales Bedingungsmodell	»Durch die Verhaltensanalyse haben wir gesehen, dass dein unsicheres Verhalten (zittern, rot werden) dann am stärksten ist, wenn du ein Referat halten musst. Deine innere Überzeugung von deiner Unfähigkeit lassen in der Situation Gedanken aufkommen, dass du dich blamieren könntest. Dann sprichst du beim Referat ganz leise mit der Folge, dass die Mitschüler dich irritiert ansehen. Das bestärkt dich in deiner Überzeugung, dass du nicht ok bist.«
4. Vereinbarung von Beratungszielen	»In der heutigen Sitzung haben wir die Ziele sehr gut herausgearbeitet: a. Du möchtest lernen, vor einer Gruppe zu sprechen. b. Du möchtest Deine angstmachenden Gedanken durch Gedanken ersetzen, die dich ermutigen.«
5. Planung, Auswahl und Durchführung spezieller Methoden	»Für die weitere Beratung können wir uns mit der Methode der Kognitiven Umstrukturierung intensiv mit deinen Gedanken befassen. Dann kannst du in einem Rollenspiel üben, einen Vortrag frei zu halten und dabei laut zu sprechen.«
6. Evaluation	»Vor dem Beginn unserer Übungen hast du noch einen Angstwert (auf der Skala von 0 bis 10) von 8 angegeben, heute hat sich dieser Wert auf 4 halbiert.«
7. Erfolgsoptimierung und Abschluss der Beratung	»Du hast durch die Beratung mittlerweile einiges erreicht. Könntest du dir vorstellen, dass du deine Kompetenz auch einsetzen kannst, wenn du Konflikte mit deinen Freunden hast?« »Wir haben nun einige Zeit zusammengearbeitet und können beim nächsten Mal zum Ende der Beratung kommen.«

Eigene Darstellung

Wie schon erwähnt, kann ein solches Modell nur als Orientierungsrahmen gelten. Es dürfte deutlich sein, dass die einzelnen Phasen des Selbstmanagementmodells nicht klar voneinander abgrenzbar sind. So muss natürlich die Beraterin-Klient-Beziehung während der ganzen Zeit beachtet werden, die Evaluation wird ebenfalls nicht nur in einer Therapiephase durchgeführt und während des ganzen Beratungsprozesses, nicht erst in Phase 7, sollte die Beratung alltagsorientiert erfolgen. Das Phasenmodell impliziert allerdings, dass zu verschiedenen Zeitpunkten des Änderungsprozesses unterschiedliche Schwerpunkte verfolgt werden.

In der Arbeit mit Kindern, Jugendlichen und Familien ist dieses Modell ebenfalls hervorragend geeignet, um den beraterischen Prozess, etwa in der Erziehungsberatung, zu strukturieren. Allerdings müssen neben den entwicklungsbezogenen Besonderheiten der Vorgehensweise (etwa: unterschiedlicher Beziehungsaufbau mit Kindern, Jugendlichen und Erwachsenen) noch weitere Spezifika bei der Arbeit mit Familien beachtet werden. Insbesondere ergeben sich beachtliche Unterschiede im Vergleich zur Arbeit mit einzelnen Klientinnen und Klienten dadurch, dass eine größere Anzahl von Personen an der Beratung beteiligt ist. Zusätzlich zu Berater/Beraterin und Klient/Klientin kommt noch das Familiensystem hinzu (insbesondere Eltern, ggf. aber auch Geschwister und andere Verwandte, etwa die Großeltern). Häufig sind auch noch weitere Systeme (Schule, Kindertageseinrichtung, Jugendhilfeeinrichtung) zu berücksichtigen. In der Regel ist es notwendig, dass auch diese zusätzlichen Beteiligten sich verändern. Daraus ergibt sich, dass der hier beschriebene Beratungsprozess in der Erziehungs- oder Familienberatung ggf. mit verschiedenen Personen durchlaufen werden muss, denn auch mit den Eltern (und möglicherweise auch mit anderen Beteiligten) muss die Beziehung stimmen, Änderungsmotivation aufgebaut werden (was häufig gerade bei den Eltern als schwierig erlebt wird, vgl. Borg-Laufs 1996), Diagnostik betrieben werden, Ziele geklärt werden usw. Der beraterische Prozess ist also durch die Beteiligung verschiedener »Subsysteme« (Kind/Jugendlicher, Eltern/Familie, beteiligte Institutionen) erheblich komplexer. Hierzu trägt vor allem auch bei, dass die parallel zu durchlaufenden Beratungsprozesse mit den unterschiedlichen Personen nicht unabhängig voneinander sind, sondern sich gegenseitig beeinflussen (Borg-Laufs & Hungerige 2010). So ist z. B. der Beziehungsaufbau zu einem Kind oder Jugendlichen nicht unabhängig vom Beziehungsaufbau zu den Eltern: Wenn zu diesen keine gute Beziehung etabliert werden kann, werden sie möglicherweise ihr Kind negativ beeinflussen. Scheint die Beziehung hingegen »zu gut« zu sein, so könnte das Kind zu dem Eindruck gelangen, dass der Berater oder die Beraterin der/die Verbündete der Eltern ist, was wiederum die Beziehung zum Kind bzw. Jugendlichen negativ beeinflusst. Ebenso ist vorstellbar, dass die Beziehung zum Kind sehr gut ist und dies die Eltern zunächst negativ gegen den Berater oder die Beraterin einnimmt, da sie ihn oder sie als Konkurrent/Konkurrentin in der Beziehung zu ihrem Kind erleben. Auch in den folgenden Beratungsphasen gibt es diese Wechselwirkungen: Wenn es etwa nicht gelingt, die Eltern zu Veränderungen zu motivieren, so wird das Kind möglicherweise reaktant reagieren, da es sich nicht als einziges Familienmitglied verändern will (und damit möglicherweise zeigt, dass es sich vorher problematisch verhalten hat, während die anderen, die sich nicht ändern müssen, vorher alles richtiggemacht haben).

Auch bei der Zielklärung spielen die unterschiedlichen Voreinstellungen, Befürchtungen, Erwartungen und Ausgangslagen der beteiligten Systeme eine große Rolle. Die Ziele der verschiedenen Beratungsbeteiligten müssen kompatibel miteinander sein (vgl. Michels & Borg-Laufs 2007). Schwieriger ist etwa, wenn Eltern und Kind bzw. Jugendliche/r Ziele verfolgen, die nicht gleichzeitig realisierbar sind. Dies ist z. B. der Fall, wenn die Eltern eines Jugendlichen wünschen, dieser möge mehr mit der Familie unternehmen und sich integrieren, der Jugendliche selbst sich aber stärker von der Familie lösen will. Hier sind Zielkonflikte vorhanden, die im Rahmen der Beratung bearbeitet werden müssen.

2.2 Aufbau einer Beratungssitzung

Der Aufbau einer Beratungssitzung – als kleinere Prozesseinheit (Mesoebene) – folgt in der Regel auch einem bestimmten Ablauf. Nach unserer Erfahrung hat sich folgende Sitzungsstruktur als sinnvoll erwiesen:

1. Eingangsphase,
2. Bearbeitung der zentralen Thematik,
3. Zusammenfassen der zentralen Ergebnisse und Alltagstransfer,
4. Abschlussphase.

Der Beginn eines Beratungskontaktes sollte dazu dienen, die Klientinnen und Klienten dabei zu unterstützen, dass sie sich auf die spezielle Beratungssituation einlassen und nicht im vielleicht gerade erlebten Alltagsstress (z. B.: Parkplatzsuche) verhaftet bleiben. Dabei hilft ein ritualisierter Beratungsbeginn. Der Klient oder die Klientin wird im Wartezimmer abgeholt, Berater/Beraterin und Klient/Klientin nehmen ihre (gewohnten) Plätze im Beratungszimmer ein. Die Rahmenbedingungen sollten in der Regel ähnlich gestaltet sein, etwa, dass der Berater oder die Beraterin sein Papier und seinen Stift zur Hand nimmt und sich dann z. B. danach erkundigt, wie es mit den Vereinbarungen aus der letzten Beratungsstunde geklappt hat. Ein anderer Bestandteil der Eingangsphase könnte die standardmäßige Bearbeitung der Zielerreichungsskalen (▶ Kap. 10) zu Beginn der Beratungssitzung sein.

Nach diesem leicht ritualisierten Beginn der Stunde folgt die Bearbeitung der zentralen Thematik dieser Beratungsstunde. Dies sollte die intensivste Phase der Beratungssitzung sein. Je nach Stand und Verlauf der Beratung wird hier der Klient bzw. die Klientin ein aktuelles Anliegen besprechen wollen oder der Berater bzw. die Beraterin folgt einem einzelfallspezifischen Plan und hat eine Thematik vorbereitet, die sich an die vorhergehenden Beratungsstunden anschließt.

Nach dieser Bearbeitung der zentralen Thematik sollte stets eine Rekapitulation des Erarbeiteten durch die Klientin oder den Klienten erfolgen, um zu überprüfen, was aus Sicht des oder der Ratsuchenden »hängengeblieben« ist. Daran anschließend überlegen Berater/Beraterin und Klient/Klientin gemeinsam, welche Konsequenzen sich aus dem Erarbeiteten für den Alltag bis zur nächsten Beratungsstunde ergeben. Im Idealfall werden möglichst konkrete Vereinbarungen geschlossen, wie das Erarbeitete in den Alltag übertragen wird.

Der Abschluss einer Beratungsstunde fällt im Anschluss daran kurz aus und besteht in einer freundlichen Verabschiedung mit möglicherweise ebenfalls ritualisiertem Ablauf (Begleitung zur Tür des Beratungszimmers oder der Beratungsstelle, o. Ä.).

 Weiterführende Literatur

Borg-Laufs, M. & Hungerige, H. (2010). Selbstmanagementtherapie mit Kindern. 2. Auflage. Stuttgart: Klett-Cotta.

Kanfer, F., Reinecker, H. & Schmelzer, D. (2012). Selbstmanagementtherapie. Ein Lehrbuch für die klinische Praxis. 5. Auflage. Heidelberg: Springer.

Orlinsky, D. E. (2009). The ›Generic Model of Psychotherapy‹ after 25 Years: Evolution of a Research-Based Metatheory. Journal of Psychotherapy Integration, 19 (4). 319–339.

3 Gestaltung einer professionellen Beziehung in der Beratung

Dieter Wälte & Michael Borg-Laufs

☞ Was Sie in diesem Kapitel lernen können

In dem vorhergehenden Kapitel wurde der Aufbau einer professionellen Beziehung zwischen Klientin und Beraterin als erste Phase im Beratungsprozess beschrieben, die ein Fundament für die weitere Beziehungsgestaltung im gesamten Beratungsprozess darstellt. Auch die Psychotherapieforschung konnte mit einschlägigen Befunden zeigen, dass ein erheblicher Anteil der Therapie- und Beratungseffekte auf die Beziehung zwischen dem Ratsuchenden und dem Berater zurückzuführen ist. Dieses Kapitel informiert

- über die Kernelemente einer professionellen Beratungsbeziehung: ein kongruentes Muster verbaler und nonverbaler Kommunikationsformen, Reflexion der Beziehungsebene in der Kommunikation, wechselseitige Interpunktion des Gesprächsablaufes, Symmetrie zwischen analoger und digitaler Kommunikation;
- über die komplementäre Beziehungsgestaltung zwischen Berater/Beraterin und Klient/Klientin mit dem Ziel, das zentrale Motiv (Anerkennung, Wichtigkeit, Verlässlichkeit, Solidarität, Autonomie, Grenzen) des Klienten/der Klientin zu befriedigen, das in den Beratungsprozess hereingetragen wird;
- darüber, wie im Gesprächsablauf mögliche Asymmetrien zwischen dem Senden und Empfangen einer Nachricht auf den vier Ebenen von Sachinhalt, Beziehung, Selbstoffenbarung und Appell aufgespürt werden können;
- darüber, wie durch die Analyse des Interaktionsverhaltens des Klienten/der Klientin mit den Dimensionen der ›Zuneigung‹ (Extreme: feindselig vs. freundlich oder liebevoll) und ›Kontrolle‹ bzw. ›Dominanz‹ (Extreme: dominierend vs. unterwürfig) wertvolle Hinweise für das Interaktionsverhalten mit dem Klienten/der Klientin gewonnen werden können;
- über bewährte Gesprächstechniken zum Aufbau einer professionellen Beziehung: Offene Fragen stellen, Zusammenfassen, Paraphrasieren, Konkretisieren, Verstärken, Explorieren, Ich-Botschaften geben und Metakommunizieren;
- über Gesprächstechniken in spezifischen Situationen, die mit Konfrontieren, Abgrenzen und einem konstruktiven negativen Feedback einhergehen;

- über die Realisierung der drei Basisvariablen (Wertschätzung, Empathie, Kongruenz) als Richtschnur einer professionellen Beratung. Aktives Zuhören und die Verbalisierung emotionaler Erlebnisinhalte sind dabei zwei zentrale Techniken auf dem Weg zu einem empathischen Verhalten des Beraters/der Beraterin;
- über systemische Konzepte und Techniken, die sich für das Arbeiten mit einem System von Klienten (z. B. Paar oder Familie) bewährt haben: ›Joining‹ mit allen Teilnehmern, Neutralität bzw. Allparteilichkeit und Betrachtung der Anwesenden als ›Kunden‹;
- darüber, wie der Klient/die Klientin über den Rahmen und die Organisation der Beratung (Funktion des Beraters, Institution, Ablauf der Gespräche, Rollenklärung, Vertraulichkeit, Schweigepflicht, Terminplanung) aufgeklärt werden kann.

Die besondere Bedeutung einer positiven professionellen Beziehung für den gesamten Beratungsprozess wurde in der Psychotherapieforschung schon früh erkannt. Sie kann dadurch definiert werden, dass Klient und Berater ähnliche Gefühle der Sympathie, der Achtung und des Vertrauens haben, mit der Folge: Je besser die professionelle Beziehung ist, desto stärker wird der Klient seine Gefühle in ganzer Tiefe preisgeben und desto stärker wird er auch die Hilfen des Beraters zur Problemlösung annehmen können (vgl. Goldstein 1977). Eine gelungene professionelle Beziehung zwischen Klientinnen und Klienten einerseits und psychosozialen Beraterinnen und Beratern andererseits unterliegt zunächst denselben Regeln wie jede andere Form menschlicher Kommunikation, bei der die Vermittlung und die Aufnahme von Informationen zwischen Menschen im Vordergrund stehen und entspricht dem grundlegenden psychischen Grundbedürfnis des Menschen nach Bindung (Grawe 2004). Im Folgenden sollen deshalb zunächst die wichtigsten Grundlagen menschlicher Kommunikation dargestellt werden, die in den Konzepten von Watzlawick et al. (1980) und Schulz von Thun (2005a, 2005b) ihren Niederschlag gefunden haben. Zur Beurteilung der Interaktionsprobleme von Klientinnen und Klienten ist auch das Circumplex-Modell von Leary (1957) hilfreich. Im Mittelpunkt dieses Kapitels stehen jedoch die Basistechniken der Gesprächsführung, ohne die eine professionelle Beratungsbeziehung nicht hergestellt werden kann.

Kernelemente einer professionellen Beratungsbeziehung, vgl. Stucki 2004

Eine professionelle Beratungsbeziehung lässt sich durch vier Kernelemente beschreiben.

1. Arbeitsbeziehung: Klient(in) und Berater(in) nehmen in der Beratung klare Rollen ein und arbeiten an gemeinsamen Zielen.

2. Basiskompetenzen: Die Beraterin realisiert Empathie, Wertschätzung und Echtheit.
3. Komplementäre Beziehungsgestaltung: Der Berater gestaltet die Beratungsbeziehung komplementär zu den individuellen Grundbedürfnissen des Klienten.
4. Beziehungsbearbeitung: Die Beraterin erkennt und bearbeitet problematische Beziehungsmuster, die sich aus dem Beratungsprozess ergeben.

3.1 Grundlagen menschlicher Kommunikation

Watzlawick et al. (1980) haben fünf pragmatische Axiome über das Gelingen und über Störungen der Kommunikation unter der Grundannahme formuliert, dass die beteiligten Interaktionspartner jeweils eine eigene Interpretation der Kommunikation haben:

1. Axiom: »Man kann nicht nicht kommunizieren« (Watzlawick et al. 1980, 53). In psychosozialen Beratungssituationen ist es wichtig, nicht nur auf die sprachlichen Anteile der Kommunikation des Klienten zu achten, sondern auch sensibel für andere Gestaltungsformen der Kommunikation zu sein, die z. B. im Tonfall, der Geschwindigkeit der Sprache verbunden mit Pausen, der Körperhaltung oder der Gestik und Mimik zum Ausdruck kommen können. Selbst in der »Sprachlosigkeit« sagt der Klient oft mehr als mit Worten, er kann also nicht nicht kommunizieren, was in der John Cage nachgesagten semantischen Paradoxie zum Ausdruck kommt: *»Ich sage nichts, und das sage ich.«*

> **Fallbeispiel: Axiom 1**
>
> Die Beraterin erfährt von Frau Müller (85 Jahre alt), dass sie sich in dem Altenheim mittlerweile gut eingelebt habe. Nach dem Schlaganfall wäre es ihr auch nicht mehr möglich gewesen, ihren Haushalt alleine zu bewältigen. »Meine Wohnung konnte ich nur über 51 Stufen erreichen, die habe ich auch vor meiner Krankheit kaum noch geschafft.« Ihr gefalle es besonders gut, dass ihr Zimmer hell sei und nebenan eine nette Nachbarin eingezogen sei. Als die Beraterin fragte, wie der Kontakt zu ihren beiden Kindern sei, konnte Frau Müller nichts mehr sagen und starrte wie versteinert aus dem Fenster. Die Beraterin spürte durch das Schweigen von Frau Müller sofort, dass sie bei ihr ein großes Problem angesprochen hatte und hier besonders sensibel sein musste.

2. Axiom: »Jede Kommunikation hat einen Inhalts- und einen Beziehungsaspekt, derart, dass letzterer den ersteren bestimmt und daher eine Metakommunikation ist« (Watzlawick et al. 1980, 56). Dieses Axiom schärft die Wahrnehmung des Beraters bzw. der Beraterin in der psychosozialen Beratungssituation dafür, zwei Seiten einer Kommunikation im Klientengespräch deutlich zu unterscheiden und diese nicht zu verwechseln. Die eine Seite bezieht sich auf das, was der Klient sagt, also auf den Inhaltsaspekt, und die andere Seite beleuchtet, wie die Klientin etwas sagt und somit, welche Beziehung sie damit zum Ausdruck bringen möchte. Mit diesem Axiom liefern Watzlawick et al. (1980) den Beraterinnen und Beratern ein wichtiges Instrument, mit dem erkannt werden kann, ob der Aufbau einer professionellen Beratungsbeziehung gelungen ist. Z. B. kann ein Klient, der im Beratungsgespräch mit akribischer und übertriebener Genauigkeit jedes Detail seines Lebenslaufes schildert, damit auf der Beziehungsebene zum Ausdruck bringen, dass er über die dahinterliegenden Gefühle und persönlichen Gedanken noch nicht sprechen möchte. Damit bestimmt der Klient auf einer Metaebene den Verlauf der Exploration des Beraters, der im Gespräch über den Lebenslauf eigentlich intendierte, mehr über die psychische Verfassung des Klienten zu erfahren. In Umkehrung der semantischen Paradoxie von John Cage könnte man auch sagen: »Ich sage alles, und damit nichts.« Allerdings werden auch alle Aussagen der Beraterin von dem Klienten auf der Beziehungsebene übersetzt. Wenn etwa der Berater wegen seines übervollen Terminkalenders inhaltlich sagt: »Ich gebe Ihnen den nächsten Termin in drei Wochen«, könnte der Klient das auf der Beziehungsebene so übersetzen: »Der Berater gibt mir deshalb so einen späten Termin, weil er mich und meine Probleme nicht ernst nimmt.« Schließlich lässt sich aus dem 2. Axiom auch noch einmal die besondere Wichtigkeit des Wirkfaktors »Gestaltung einer professionellen Beziehung« (▶ Kap. 1.4) ableiten: Wenn die Beziehung zwischen Beraterin und Klient in der psychosozialen Beratung nicht tragend ist, dann kann der Berater das auf der Inhaltsebene (in Form von besonders guten Techniken und Methoden) nicht kompensieren. In der psychosozialen Beratung kann der Einsatz von Techniken gar nicht von der Beziehung getrennt werden, da die professionelle Beziehung sich durch Anwendungen von Gesprächstechniken entwickelt und die Technik erst durch die Einbettung in der Beziehung zur Anwendung kommen kann (Hoffmann 2018). Insofern ist die Kommunikation in der Beratung durch die Interaktion zwischen den Inhalten der Beratung (Techniken und Methoden) und der Berater-Klient-Beziehung geprägt.

Fallbeispiel: Axiom 2

Ein Student sagt bei einem Termin in der Psychosozialen Beratungsstelle der Hochschule: »Ich bin ja zu Ihnen gekommen, weil ich Angst vor Referaten habe. Ich habe mich immer davor gedrückt. Weil ich Ihnen aber vertraue, mache ich hier ein Rollenspiel mit. Ok, Sie können auch die Kamera einschalten, bei Ihnen kann mir nichts passieren.«

3. Axiom: »Die Natur einer Beziehung ist durch die Interpunktion der Kommunikationsabläufe seitens der Partner bedingt« (Watzlawick et al. 1980, 61). Psychosoziale Beratungsgespräche unterliegen wie alle Formen von Interaktionen dem Gesetz, dass alle Gesprächsteilnehmer (Sender und Empfänger) zu dieser Interaktion eine eigene Interpretation haben, die als Interpunktion von Ereignisfolgen interpretiert werden kann. Dabei legen die Gesprächspartner für sich fest, welche Ereignisse für sie einen besonderen Wert haben und deshalb als Ursache oder Anlass für weitere Ereignisse genommen werden. Dementsprechend interpretieren die Gesprächsteilnehmer ihr eigenes Verhalten als Reaktion auf das Verhalten des anderen in der Form, dass das Verhalten des anderen die Ursache für das eigene Verhalten ist. Das 3. Axiom kann besonders für die Analyse von schwierig verlaufenden Beratungsgesprächen wertvolle Dienste leisten, weil Berater und Klient eigene Interpunktionen der Kommunikationsabläufe vornehmen. So könnte z. B. ein Klient einen Berater wegen eines besonders ausgeprägten Wunsches nach vielen Gesprächen unter Termindruck setzen mit der Folge, dass der Berater nur deshalb weniger flexibel auf die Terminwünsche des Klienten eingeht, um sich dem Druck des Klienten zu entziehen. Beide könnten sich für die Probleme mit der Terminvereinbarung verantwortlich machen, ohne dass es angesprochen wird.

Fallbeispiel: Axiom 3

»Die Versuchsratte, die sagte: ›Ich habe meinen Versuchsleiter so abgerichtet, dass er jedes Mal, wenn ich den Hebel drücke, mir zu fressen gibt‹, weigerte sich, die Interpunktion anzunehmen, die der Versuchsleiter ihr aufzuzwingen versuchte« (Bateson & Jackson 1964, 277).

Digital und analog

Die hier benutzte Wortwahl »digital« und »analog« hat in Jahren seit Erscheinen des Buches von Watzlawick et al. (1. Auflage 1969) einen Bedeutungswandel erlebt. Heute würde man wohl den Inhalt des gesprochenen Wortes kaum mehr als »digital« bezeichnen wollen. Im vorliegenden Text wird aber die ursprüngliche Wortwahl beibehalten.

4. Axiom: »Menschliche Kommunikation bedient sich digitaler und analoger Modalitäten. Digitale Kommunikationen haben eine komplexe und vielseitige logische Syntax, aber eine auf dem Gebiet der Beziehungen unzulängliche Semantik. Analoge Kommunikationen dagegen besitzen dieses semantische Potential, ermangeln aber die für eindeutige Kommunikation erforderliche logische Syntax« (Watzlawick et al. 1980, 68). Mit dem 4. Axiom werden zwei zentrale Aspekte der menschlichen Kommunikation unterschieden, die im Alltag auch gerne einfach so ausgedrückt werden: »Der Ton macht die Musik.« Während die digitale Kommunikation in der Sprache zum Ausdruck kommt und auch in abstrakter Form vermittelt werden kann, kommt die analoge Modalität ohne Worte aus und kleidet ihre Botschaft in Gesten, Mimik und den Ton der Sprache. Bei dieser Form der Kommunikation besteht oft ein größerer Spielraum bei der Interpretation als bei der digitalen Kommunikation, denn nonverbale Kommunikation erschließt sich oft nur aus dem Kommunikationskontext, abgesehen von spezifischen Gesten und Symbolen, denen in der Gesellschaft eine eindeutige Bedeutung beigemessen wird, z. B. wie »jemanden einen Vogel zeigen«. Das 4. Axiom liefert einen wichtigen Maßstab für den Professionalisierungsgrad, den die Beziehung zwischen Klient und Berater in der Beratung erreicht hat: Je höher die Symmetrie zwischen analoger und digitaler Kommunikation sowohl auf Klientenseite als auch bei der Beraterin/dem Berater ist, desto besser ist die Beratungsbeziehung. Eine Klientin, die bei ihrem Berater häufig eine Differenz zwischen digitaler und analoger Kommunikation feststellt, wird sich auf Dauer in der Beratungssituation nicht gut aufgehoben fühlen. Wenn z. B. ein Berater einer Klientin gegenüber verbal äußert, er könne ihr in ihrer Situation helfen, jedoch gleichzeitig eine skeptische Miene zeigt, wenn sie ihr Problem schildert, wird er wohl kaum damit rechnen können, dass sie ihm vertraut. Aus der Perspektive des Beraters bietet die Unterscheidung zwischen diesen beiden Kommunikationsmodalitäten wertvolle diagnostische Informationen, insbesondere dann, wenn diese nicht kongruent zueinander sind.

Fallbeispiel: Axiom 4

Auf die Frage des Beraters nach dem Befinden des Klienten heute in der Beratung antwortet dieser mit einem gequälten Lächeln bei gleichzeitig gesenktem Blick zum Boden: »Mir geht es hier gut.« Der Berater hat diese wahrgenommene Differenz zwischen digitaler und analoger Botschaft angesprochen und konnte vom Klienten erfahren, dass er sich heute in der Sitzung gar nicht wohl fühle, weil ein belastendes Thema angesprochen wurde. Im Verlauf der Sitzung stellt der Klient für sich fest: »Im Kontakt zu anderen Menschen versuche ich meistens, negative Gefühle aus Angst vor Ablehnung zu unterdrücken.«

5. Axiom: »Zwischenmenschliche Kommunikationsabläufe sind entweder symmetrisch oder komplementär, je nachdem ob die Beziehung zwischen den Partnern auf Gleichheit oder Unterschiedlichkeit beruht« (Watzlawick et al. 1980, 70). Das letzte Axiom beschreibt die mögliche Ausgestaltung von Beziehungen, die entweder gleich oder ungleich sein können. Während bei einer symmetrischen Beziehung beide Partner in ihrer Interaktion sich ›auf Augenhöhe‹ begegnen und ebenbürtig sind, ist hingegen die komplementäre Interaktion dadurch gekennzeichnet, dass eine der Personen eine untergeordnete Stellung einnimmt. Die Unterschiedlichkeit zwischen den Interaktionspartnern darf nicht in eine negative Richtung missinterpretiert werden, sondern beruht oft auf Rollenunterschieden, wie z. B. das Verhältnis von Mutter und Kind oder die Beziehung zwischen Chef und Mitarbeiter. Auch die Beziehung zwischen dem Klienten und der Beraterin beruht nicht auf Gleichheit, sondern auf Unterschiedlichkeit: Nicht die Beraterin benötigt Hilfe, sondern der Klient. Die Reflexion dieses ungleichen Beziehungsverhältnisses kann der Beraterin besonders in solchen Situationen hilfreich sein, in denen der Klient die Grenzen der Beraterin überschreitet und wegen vorhandener sozialer Defizite die Beratungsbeziehung in Richtung Freundschaft ausweiten möchte. Der Aufbau einer komplementären Beziehungsgestaltung wird in der Beratung und Psychotherapie als sine qua non gesehen. Komplementär wird dabei im Sinne von motivbefriedigend gesehen, indem der Berater das zentrale Motiv (Anerkennung, Wichtigkeit, Verlässlichkeit, Solidarität, Autonomie oder Grenzen) des Klienten befriedigt, das der Klient in den Beratungsprozess hereinträgt (vgl. Sachse 2016).

Fallbeispiel: Axiom 5

Ein Klient sagt zu seinem Berater: »Beim letzten Termin haben Sie gesagt, dass Sie es toll finden würden, dass ich wieder mit meinen Freunden zum Fußball unter die Leute gehe. Ich glaube, Sie sind auch ein Fan von der Borussia. Ich finde, wir sollten beim nächsten Spiel zusammen dort hingehen.« Berater: »Ja, in der Tat finde ich es klasse, dass Sie sich wieder unter die Leute trauen. Da haben Sie so einen richtigen Sprung nach vorne gemacht. Weiter so! Es geht Ihnen richtig gut damit und am liebsten möchten Sie, dass ich dabei bin. Ich freue mich, dass Sie sich hier in der Beratung so gut aufgehoben fühlen, ich denke, wir arbeiten hier sehr gut zusammen. Bitte haben Sie Verständnis dafür, dass ich Ihr Angebot nicht annehmen kann, denn ich verabrede mich nie privat mit Klienten.« Klient: »Ja, stimmt, das macht ja auch kein Arzt.«

Schulz von Thun (2005a) baut auf den Axiomen von Watzlawick et al. (1980) auf und postuliert, dass jede Nachricht, die ein Sender bewusst oder unbewusst einem Empfänger zuteilwerden lassen möchte, zugleich vier Aspekte bzw. Seiten eines ›Nachrichtenquadrates‹ impliziert. Die ersten beiden knüpfen direkt an das 2. Axiom von Watzlawick et al. (1980) an und unterscheiden den Sachinhalt (das, worüber gesprochen wird) von dem Beziehungsaspekt (das, was man von seinem Gegenüber hält). Darüber hinaus macht der Sender auch noch eine Selbstoffenbarung (das, was er von sich selber preisgibt) und richtet einen möglichen Appell (das, wozu man sein Gegenüber veranlassen möchte) an den Empfänger. Der Empfänger wiederum hat ebenso vier Möglichkeiten, die Botschaft zu entschlüsseln. Schulz von Thun (2005a) symbolisiert diese durch ein ›Vier-Ohren-Modell‹, mit dem der Empfänger für sich vier Fragen zu klären sucht. Auf dem ›Sach-Ohr‹ geht es um die Frage, wie der Sachverhalt zu verstehen ist, während das ›Beziehungs-Ohr‹ die Botschaft danach abklopft, was der Sender von ihm hält bzw. wie er ihn behandelt. Demgegenüber konzentriert sich das ›Selbstoffenbarungs-Ohr‹ darauf, was die Nachricht über den Sender aussagt und schließlich klärt der Empfänger mit dem ›Appell-Ohr‹ für sich ab, wozu der Sender ihn auffordern möchte. Die Komplexität menschlicher Kommunikation wird besonders deutlich, wenn man das ›Nachrichtenquadrat‹ und das ›Vier-Ohren-Modell‹ in eine zweidimensionale Matrix überträgt (▶ Tab. 3.1). Lediglich bei vier der 16 möglichen Kombinationen gibt es eine Symmetrie zwischen dem Sender und dem Empfänger, die Ebene, die der Sender intendiert, wird auch vom Empfänger aufgegriffen. Wenn z. B. der Sender die Beziehungsebene anspricht, dann konzentriert sich der Empfänger ebenfalls auf die Beziehungsebene, unabhängig davon, dass immer auch auf den anderen Ebenen gesendet und empfangen wird.

Tab. 3.1: Sender-Empfänger-Matrix über die Aspekte menschlicher Kommunikation

Sender: ›Nachrichten-quadrat‹	Empfänger: ›Vier-Ohren‹			
	»Sach-Ohr«	»Beziehungs-Ohr«	»Selbstoffenbarungs-Ohr«	»Appell-Ohr«
Sachinhalt				
Beziehung				
Selbstoffenbarung				
Appell				

Eigene Darstellung

Wie im Alltagsleben ergibt sich aus dieser Matrix auch für die Gestaltung einer professionellen Beziehung in der psychosozialen Beratung eine äußerst komplexe Kommunikationssituation, die erklärt, warum es zwischen Berater und Klientin zu unterschiedlichen Bewertungen des Beratungsprozesses kommen kann. Selbst wenn der Empfänger die Botschaft mit dem ›Ohr‹ empfängt, das der Sender auch erreichen möchte (z. B. Sachinhalt und ›Sach-Ohr‹), ist eine Filterung der Nachricht durch den Empfänger bis hin zu einem Missverständnis nicht ausgeschlossen. Ausgeprägte Kommunikationsprobleme sind jedoch wahrscheinlich, wenn der Empfänger immer nur auf einem ›Ohr‹ hört oder auf einem bestimmten ›Ohr‹ eine überzogene Sensibilität entwickelt hat. So kann z. B. der Berater den Wunsch haben, einer Klientin eine Information zu geben, während die Klientin diesen Sachinhalt ausschließlich auf der Beziehungsebene so deutet, dass der Berater sie belehren möchte. Die Gestaltung einer professionellen Beziehung hängt nun davon ab, wie gut der Berater in der Lage ist, klare Botschaften zu senden, zu antizipieren, ob die Klientin vielleicht eine gewisse Präferenz für ein bestimmtes ›Ohr‹ hat und Missverständnisse durch die Asymmetrie zwischen der Nachricht und dem ›Empfängerohr‹ klären kann.

Fallbeispiel: Sender und Empfänger

Die 16-jährige Marita wird gegen ihren Willen von ihren Eltern zur Erziehungsberatung gebracht. Im Beratungszimmer nimmt sie Platz, dreht aber der Beraterin den Rücken zu und sagt auch auf freundlich vorgebrachte Fragen nichts. Hier wird besonders deutlich, dass das Axiom »Man kann nicht nicht kommunizieren« zutrifft, denn: Die Beraterin empfängt den Appell »Lass mich bloß in Ruhe«, die Beziehungsaussage »Mit dir will ich nichts zu tun haben« und die Selbstoffenbarung »Ich lass' mich doch von meinen Eltern nicht zwingen!« Hieraus kann die Beraterin ableiten, dass es wenig sinnvoll ist, Marita weiter zu drängen. Sie entschließt sich, auf die von ihr wahrgenommene Selbstoffenbarung zu reagieren und sagt »Na das kann ich mir vorstellen, dass du sauer auf deine Eltern bist, wenn die dich hier hin zwingen und dass du dir das nicht gefallen lassen willst. Da würde ich wahrscheinlich auch nichts sagen wollen.« Durch diese Äußerung der Beraterin fühlt sich Marita von ihr in ihrer Selbstaussage verstanden. Gleichzeitig merkt sie, dass auch ihr Appell ankommt (die Beraterin fragt sie nicht und drängt sie nicht) und dass die Beraterin die Beziehungsaussage akzeptiert und verstehen kann. Sie entspannt sich etwas und dreht sich um, sodass sie die Beraterin mal in Augenschein nehmen kann ... »Die sieht gar nicht so blöd aus«, denkt sie. Und dann wagt sie einen Vorstoß, um zu schauen, wie die Beraterin reagiert. Sie sagt »Und glauben Sie mal ja nicht, dass das das erste Mal wäre, dass die Eltern einfach ignorieren, was ich will.«

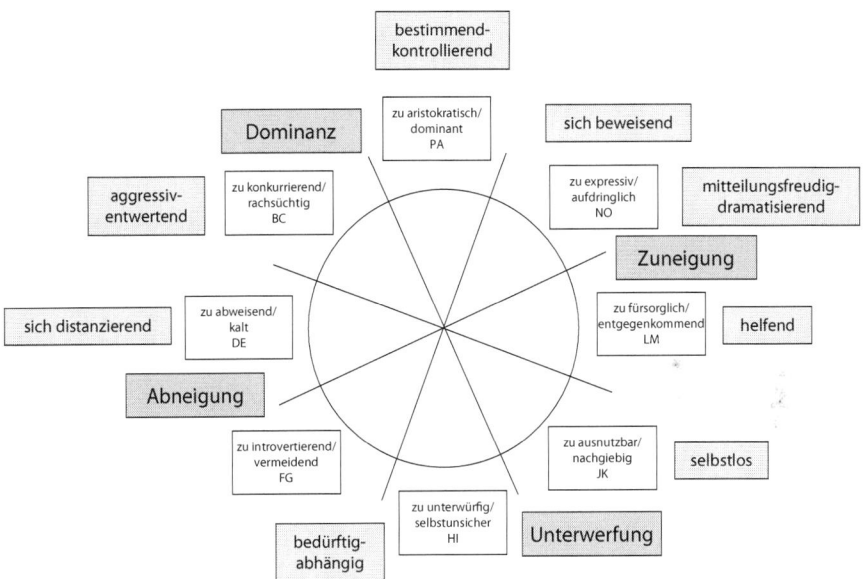

Abb. 3.1: Interpersonales Kreismodell von Leary (1957); außen: Kommunikationsstile nach Schulz von Thun (2005b, 15) (eigene Darstellung)
Siehe Online-Material 3.a

Viele Beschwerden, die Klienten in die psychosoziale Beratung führen, sind interpersoneller Natur (Horowitz 1994, Horowitz et al. 1984) und können sich auch auf die Interaktion zwischen Beraterin und Klient auswirken. Für die Einschätzung des Verhaltens des Klienten dem Berater gegenüber hat sich das interpersonale Kreismodell von Leary (1957) bewährt, das durch zwei Dimensionen gebildet wird: ›Zuneigung‹ (Extreme: Zuneigung vs. Abneigung) und ›Dominanz‹ (Extreme: Dominanz vs. Unterwerfung). Die Bezeichnung der Achsen erfolgt der Tradition nach von A bis P beginnend bei zwölf Uhr mit PA, BC, DE usw. (▶ Abb. 3.1). Bei einem dominanten Klienten z. B. wird der Berater andere Schwerpunkte in der Gestaltung der professionellen Beziehung setzen als bei einem Klienten, der durch extrem unterwürfiges Verhalten auffällt. Darüber hinaus hilft das Kreismodell auch dem Berater, mögliche eigene Gegenreaktionen (Gegenübertragung) abzufedern, die ohne professionelle Reflexion in eine ›Beziehungsfalle‹ führen könnten. Noch deutlicher kann der Berater mögliche ›Beziehungsfallen‹ erkennen, wenn in das Kreismodell von Leary (1957) noch zusätzlich die acht Kommunikationsstile projiziert werden, die Schulz von Thun (2005b) idealtypisch vorgestellt hat. Man kann sich leicht vorstellen, dass der Kontakt zu einem ›aggressiv-entwertenden‹ Klienten andere Reaktionen beim Berater hervorruft, als wenn er einen Klienten mit einem ›bedürftig-abhängigen‹ Kommunikationsstil vor sich hat.

3.2 Basisfertigkeiten der Gesprächsführung

Gespräche sind in der Gestaltung der Beratungsbeziehung das wichtigste Medium. Deshalb benötigen Beraterinnen und Berater neben den Grundlagenkenntnissen über die menschliche Kommunikation besondere Basisfertigkeiten, die bei Gesprächen mit Einzelklienten oder mit einem Klientensystem (z. B. Paar oder Familie) eingesetzt werden können. Während für Beratungsgespräche mit Einzelnen in der Gesprächspsychotherapie grundlegende Haltungen und Techniken entwickelt worden sind, bereichern Konzepte und Methoden aus der systemischen Therapie die Basisfertigkeiten, wenn mehrere Personen zur Beratung kommen.

3.2.1 Basisfertigkeiten der Gesprächsführung mit Einzelklienten

Rogers (1942) hat in seinem Werk »*Counceling and Psychotherapy*« nicht nur die Grundlagen für die Gesprächspsychotherapie gelegt, sondern Basisfertigkeiten der Gesprächsführung beschrieben, die in keiner Beratung oder Psychotherapie fehlen dürfen. Nach der Auffassung von Rogers (1942) können Gespräche die ›Selbstaktualisierung‹ beim Klienten fördern, also seine Integrität, Autonomie und Wertschätzung optimieren, allerdings nur dann, wenn drei Basisvariablen realisiert werden:

> »Je mehr der Klient den Therapeuten als real oder echt, als empathisch und ihn bedingungsfrei akzeptierend wahrnimmt, desto mehr wird sich der Klient von einem statischen, gefühlsarmen, fixierten, unpersönlichen Zustand psychischer Funktionen auf einen Zustand zu bewegen, der durch ein fließendes veränderliches, akzeptierendes Erleben differenzierter persönlicher Gefühle gekennzeichnet ist.« Rogers (1977, 128)

- Empathie (griechisch: empatheia, einfühlendes Verstehen) bedeutet die Fähigkeit, sich in die Gedanken, Gefühle und das Weltbild von anderen Menschen hineinzuversetzen und auch einzufühlen. Nach Truax & Carkuff (1967) ist die höchste von fünf Stufen so definiert: »Die Reaktionen des Helfers fügen den Gefühlen und dem Sinn der Äußerungen des Klienten in der Weise entscheidend etwas hinzu, dass er Gefühle genau auf einer Ebene ausdrückt, auf der der Klient sich selbst nicht äußern konnte, oder dass er in den tiefsten Momenten ganz beim Klienten ist, wenn dieser sich weiter und intensiv selbst exploriert. *Beispiel:* Der Helfer reagiert genau auf alle tiefen Empfindungen und Oberflächengefühle des Klienten. Er ist auf die ›Wellenlänge‹ des Klienten eingestimmt. Der Helfer und der Klient können gemeinsam vorher unexplorierte Bereiche menschlicher Existenz explorieren. Insgesamt reagiert der Helfer in vollem Bewusstsein dessen, wer die andere Person ist und mit einfühlsamem und genauem einfühlendem Verständnis auf die tiefsten Gefühle dieses Menschen« (Übersetzung: Goldstein 1977, 33).

Komponenten der Empathie

›Empathie‹ ist nicht nur eine Basisvariable für die Gestaltung einer professionellen Beratungsbeziehung, sondern eine notwendige Bedingung für soziales Verhalten schlechthin. In der aktuellen Forschung werden mindestens zwei Aspekte der Empathie unterschieden. Bei der kognitiven Komponente steht die Fähigkeit im Mittelpunkt, intellektuell die Perspektive eines anderen Menschen zu übernehmen (Theory-of-Mind), während mit der affektiven Komponente die Fähigkeit angesprochen wird, Emotionen von anderen Menschen mit dem ganzen affektiven Programm nachzuempfinden. Die bisherigen neurobiologischen Studien weisen darauf hin, dass für die Empathie ein neuronales Netzwerk zuständig ist, mit Schwerpunkten für die kognitive und die affektive Seite der Empathie. Während bei der kognitiven Verarbeitung der dorsale anteriore midzinguläre Kortex (aMCC) eine Schlüsselstruktur darstellt, ist bei der affektiven Komponente eine Aktivierung der rechten anterioren Insula zu beobachten (vgl. Fan et al. 2011).

- Positive Wertschätzung (Akzeptanz, Wärme) ist der Versuch, dem Gesprächspartner Achtung, Respekt und Wertschätzung entgegenzubringen und ihm zu vermitteln, dass er mit seinem Anliegen ernst genommen wird. Ein Optimum wäre wieder auf Stufe 5 realisiert: »Auf Stufe 5 vermittelt der Therapeut Wärme ohne Einschränkung. Er respektiert voll den Wert des Patienten als Person und seine Rechte als ein freier Mensch. Auf dieser Stufe hat der Patient die Freiheit, er selbst zu sein, selbst wenn das heißt, dass er sich regressiv verhält, abwehrt oder sogar den Therapeuten selbst ablehnt oder nicht leiden kann. Auf dieser Stufe nimmt der Therapeut zutiefst Anteil am Patienten als Person, aber es ist ihm gleich, welche Wahl der Patient im Hinblick auf sein Verhalten trifft. Er nimmt echt am Patienten Anteil und schätzt seine menschlichen Möglichkeiten ohne Einschränkung und ohne sein Verhalten oder seine Gedanken zu bewerten. Er ist bereit, mit dem Patienten dessen Freuden, Sehnsüchte oder Depressionen und Misserfolge zu teilen. Die einzige Lenkung durch den Therapeuten kann darin bestehen, dass er den Patienten auffordert, persönlich relevantes Material mitzuteilen« (Goldstein 1977, 40–43).

> **Neurobiologie sozialer Ausgrenzung**
>
> Menschen haben ein sensibles Gespür dafür, ob sie sozial akzeptiert sind oder von anderen ausgeschlossen werden. Die Fähigkeit, bereits kleine Hinweisreize für soziale Ausgrenzung erkennen zu können, scheint für das psychische und biologische Wohlergehen von Menschen von zentraler Bedeutung zu sein. Mit dieser Fähigkeit einher geht ein neurobiologisches Netzwerk. Eine Studie von Kawamoto et al. (2012) konnte die Ergebnisse anderer Studien belegen, nach denen der dorsale anteriore cinguläre Cortex (dACC) für die Detektion sozialer Ausgrenzung eine erhöhte Aktivierung zeigt und der rechte ventrolaterale präfrontale Cortex (rVLPFC) auf die Regulation von sozial schmerzhaften Erfahrungen anspricht. Hingegen wird die Wahrnehmung von emotionaler Unterstützung durch den ventralen Teil des anterioren Cingulums (vACC) prozessiert.

- Echtheit (Kongruenz, Selbstaufrichtigkeit) impliziert, dass der Berater einen Zugang zu seinem eigenen Empfinden hat und es in den Beratungsprozess mit dem Klienten einbringt, wenn es angemessen ist (vgl. Rogers 1977). Im Gespräch mit dem Klienten baut der Berater keine Fassade auf und sein Handeln passt zu seinen Gefühlen. Dadurch wirkt der Berater auch als Modell für den Klienten und ermutigt ihn, sein eigenes Erleben selbstaufrichtig zu spüren und mitzuteilen, es entsteht somit eine positive Interpunktion der Kommunikationsabläufe zwischen Berater und Klient im Beratungsprozess (siehe 3. Axiom von Watzlawick et al. 1980).

Bei allen drei Basisvariablen ist eine Kommunikation durch den Berater nicht nur auf verbaler, sondern auch auf nonverbaler Ebene nötig, damit der Klient durch die Mimik, Gestik und Körperhaltung die Botschaft des Beraters auch nachspüren kann. Darüber hinaus können noch eine Reihe weiterer Bedingungen förderlich sein, damit die drei Basisvariablen voll zur Entfaltung kommen können, insbesondere Einigkeit in den Rollenerwartungen, Zuversicht in den Erfolg der Beratung, Ähnlichkeiten in der sozialen bzw. kulturellen Herkunft und Ähnlichkeiten in der Sprache (vgl. Goldstein 1977).

> **Mentalisierung**
>
> Empathie und Echtheit beruhen stark auf der Fähigkeit und inneren Haltung des Beraters zur Mentalisierung, das heißt, die genaue Beobachtung und Reflexion des eigenen inneren psychischen Prozesses als Voraussetzung für

›Echtheit‹ und das Erkennen, welche Intentionen dem Verhalten anderer Menschen zugrunde liegen, als Voraussetzung für ›Empathie‹ (vgl. Brockmann & Kirsch 2015).

In der Weiterentwicklung der Beratungsmethoden wurde zwar nie die Bedeutung der Empathie angezweifelt, jedoch bemühte man sich um eine Präzisierung der Methoden, wie Empathie in der praktischen Arbeit umgesetzt werden kann, auch wenn damit die Gefahr einer gewissen Verkürzung des Konzeptes als innere Haltung des Beraters nicht ganz ausgeschlossen werden konnte. Gordon, ein Schüler von Rogers, schlägt als Methode das sogenannte ›aktive Zuhören‹ vor, das man für die psychosoziale Beratung so übersetzen kann: Beim aktiven Zuhören konzentriert sich der Berater auf die Rückmeldung (das Spiegeln) der unmittelbar vorausgehenden Botschaft des Klienten in einer Form, dass er dem Klienten aktiv zeigt, dass er den Klienten akustisch und sinngemäß verstanden hat. »Er beweist dem Sender das dadurch, dass er die Bedeutung der gesendeten Botschaft ›rückmeldet‹« (Gordon 1978, 54). Erst durch die Rückmeldung des Beraters kann der Klient abschätzen, ob er richtig verstanden wurde oder auch nicht, jedoch löst die mit dem aktiven Zuhören verbundene innere Haltung der Aufmerksamkeit des Beraters bei dem Klienten bereits aus, dass er sich auf eine positive Interpunktion des weiteren Beratungsprozesses einlassen kann.

Eine weitere Operationalisierung der Empathie wurde von Tausch (1973) mit dem Konzept der ›Verbalisierung emotionaler Erlebnisinhalte‹ (VEE) vorgeschlagen, das sich auf den emotionalen Erlebnisanteil beim Klienten bzw. bei der Klientin konzentriert und für die psychosoziale Beratung so definiert werden kann: Bei der VEE verbalisiert der Berater bzw. die Beraterin die in den Aussagen des Klienten enthaltenen Emotionen mindestens oder noch intensiver und differenzierter in der Weise, wie sie der Klient schon selber zum Ausdruck gebracht hat (▶ Tab. 3.2). Allerdings ist die ›Verbalisierung emotionaler Erlebnisinhalte‹ (VEE) lediglich ein Aspekt der Empathie des Beraters, die sich auf den gesamten Bezugsrahmen des Klienten mit seinen Einstellungen und Interpretationen seiner Wirklichkeit bezieht.

Tab. 3.2: Stufen der VEE (Verbalisieren Emotionaler Erlebnisinhalte)

Stufe	VEE
Stufe 1	Der Berater geht nicht auf die Gefühle des Klienten ein.
Stufe 2	Der Berater verringert den Affektgehalt der Aussagen des Klienten.
Stufe 3	Der Berater wiederholt den Affektgehalt der Aussage des Klienten.
Stufe 4	Der Berater fügt den Äußerungen des Klienten etwas Tieferliegendes hinzu.
Stufe 5	Der Berater verbalisiert die Äußerungen des Klienten so, dass er Gefühle anspricht, die der Klient noch nicht aussprechen konnte.

Eigene Darstellung

Die fünfte Stufe wird oft durch die Gesprächstechnik des ›Vorwegnehmens‹ realisiert, bei der die Gefühle, die der Klient zwar noch nicht geäußert hat, jedoch auf Grund der Problematik des Klienten naheliegen, vom Berater angesprochen werden.

Das ›Aktive Zuhören‹ und die ›Verbalisierung emotionaler Erlebnisinhalte‹ stellen zwar oft den Königsweg zur Optimierung einer professionellen Beziehung dar, jedoch sind nicht alle Klienten immer dazu in der Lage, über ihre Gefühle zu sprechen. So können z. B. Klienten mit einer Borderline-Persönlichkeitsstörung am Anfang der Beratung noch eine ausgesprochen hohe Affektlabilität aufweisen und mit der Bearbeitung der Gefühle überfordert sein. In solchen Situationen kann der Berater jedoch auf andere bewährte Gesprächstechniken zurückgreifen, die in der Tabelle 3.3 aufgeführt sind (▶ Tab. 3.3).

Jedoch zeigen diese Techniken erst dann ihre Wirkung, wenn Berater und Beraterinnen eine komplementäre Beziehungsgestaltung zu ihrer Klientel entfalten, die insbesondere bei Klienten mit Persönlichkeitsstörungen notwendig ist (Sachse 2000, 2013, 2016, 2019). Sie begegnen ihren Beratern in einer Weise, dass sie ihre (unerfüllten) interaktionellen Grundbedürfnisse (wie z. B. Anerkennung oder Autonomie) befriedigen sollen. Allerdings können die Klienten diese Grundbedürfnisse (auf der ›Motivebene‹) oft nur verschleiert (auf der ›Spielebene‹) mit maladaptiven Strategien zum Ausdruck bringen, auf die ein Berater nicht fachgerecht reagieren könnte, wenn er die ›doppelte Handlungsregulation‹ seiner Klientel nicht kennt. Sachse et al. (2011) unterscheiden in ihrem Modell der doppelten Handlungsregulation drei verschiedene Ebenen: die Motivebene, die Ebene der dysfunktionalen Schemata und die Spielebene. In dem Modell wird angenommen, dass jede Person verschiedene zentrale Beziehungsmotive (z. B. Anerkennung) erfüllen möchte. Dafür setzt sie gewöhnlich für den Interaktionspartner authentische und transparent erscheinende Verhaltensweisen ein, die im günstigen Fall zur Befriedigung der Motive führen. Klienten mit Persönlichkeitsstörungen haben jedoch durch die Verletzung ihrer psychischen Grundbedürfnisse eine Reihe von dysfunktionalen Schemata (z. B. »Ich bin ein Versager.«) entwickelt, die sie daran hindern, ihre Bedürfnislage bei Interaktionspartnern transparent zum Ausdruck zu bringen. Stattdessen setzen sie manipulative Strategien (auf der ›Spielebene‹) ein und kompensieren ihre dysfunktionalen Schemata durch weitere dysfunktionale Schemata (z. B. kompensatorische Selbstschemata wie z. B. »Ich bin hochgradig kompetent.«). Berater haben bei diesen Klienten zunächst die Aufgabe, die interaktionellen Ziele (auf der ›Motivebene‹) von den intransparenten manipulativen Strategien (auf der ›Spielebene‹) zu unterscheiden, um dann komplementär und damit bedürfnisbefriedigend auf die authentischen Verhaltensweisen (entsprechend der ›Motivebene‹) des Klienten zu reagieren. Dem liegt der Grundgedanken zugrunde, dass die Klienten im Verlauf der Beratung immer mehr auf ihr Problemverhalten (auf der ›Spielebene‹) verzichten können. Die ›Spielebene‹, die von den dysfunktionalen Kognitionen des Klienten gespeist wird, soll von dem Berater möglichst nicht verstärkt werden.

Tab. 3.3: Weitere hilfreiche Techniken der Gesprächsführung zur Gestaltung einer professionellen Beziehung

Technik	Definition	Funktion(en)
Gesprächseröffnung und allgemeine Informationen über die Beratung: • freundliche Begrüßung, • günstige Anordnung der Sitzpositionen, • kurze Übersicht zum Verlauf der Beratung, • Einführung von »Spielregeln«.	Alle verbalen und nonverbalen Kommunikationsangebote am Anfang des Gespräches.	• Gegenseitiges Kennenlernen durch Austausch von Informationen. • Dem Klienten den notwendigen Raum geben, damit er seine Probleme darstellen kann. • Schaffung günstiger Ausgangsbedingungen. • Information des Klienten über das Setting der Beratung (Dauer und Frequenz der Sitzungen). • Zusicherung der Anonymität.
Offene Fragen stellen	Fragen, bei denen keine spezifische Antwort erwartet wird.	• Gibt dem Klienten Raum für eine eher breite Darstellung seiner Probleme und Gedanken. • Der Berater erhält einen breiten Überblick über die Situation des Klienten.
Zusammenfassen	Der Berater fasst die Aussagen des Klienten möglichst präzise zusammen.	• Der Klient erfährt, ob der Berater wirklich alles verstanden hat. • Der Berater kann damit den Verlauf des Gespräches strukturieren. Das ist besonders wichtig, wenn der Klient den Faden verliert. • Der Berater kann damit Akzente setzen, was wichtig ist.
Paraphrasieren = Sinngemäße Wiederholung (Paraphrase)	Der Berater gibt mit eigenen Worten den Inhalt der Aussage des Klienten wieder, ohne dabei zu interpretieren.	• Der Klient erfährt unmittelbar, ob der Berater wirklich alles verstanden hat. • Der Berater kann damit den Verlauf des Gespräches unmittelbar strukturieren. Insbesondere kann das hilfreich sein, wenn der Klient dazu neigt, sehr ausführlich zu berichten und den Berater kaum Gelegenheit gibt, dazwischen zu kommen.
Konkretisieren durch Nachfragen	Der Berater ermuntert den Klienten durch gezielte Fragen, sein Problem genau darzustellen bzw. bringt es sprachlich auf den Punkt.	• Wenn der Klient sein Problem sehr allgemein darstellt, wird es durch Nachfragen klarer und besser verstehbar. • Nach der Konkretisierung können pointierter Lösungswege eingeschlagen werden. • Das Konkretisieren trägt zur Entkatastrophisierung beim Klienten bei.

Tab. 3.3: Weitere hilfreiche Techniken der Gesprächsführung zur Gestaltung einer professionellen Beziehung – Fortsetzung

Technik	Definition	Funktion(en)
		• Durch präzise Nachfragen kann der Klient den Berater als Experten erleben.
Verstärken	Der Berater bekräftigt die Äußerungen des Klienten mit unterschiedlichen Techniken, z. B.: • mit einer zugewandten Körperhaltung, • mit Blickkontakt, • durch kongruente Mimik und Gestik.	• Nach dem Konzept der operanten Konditionierung wird im Verlauf der psychosozialen Beratung erwünschtes Verhalten vom Klienten häufiger gezeigt. • Wenn der Klient durch seine Probleme stark verunsichert ist, dann wird durch Verstärken der Klient unterstützt und ermutigt.
Explorieren	Der Berater bespricht sehr differenziert die einzelnen Aspekte des Problems eines Klienten. Dabei bedient er sich in der Regel spezifischer Erhebungstechniken, wie z. B. SORKC oder ABC-Analyse.	• Der Berater verschafft sich eine differenzierte Sicht über die Problemlage und erhebt Informationen, um eine psychosoziale Diagnose zu stellen. • Der Berater verschafft sich die notwendigen Informationen, um ein Erklärungsmodell für den Klienten zu entwickeln. • Der Klient erlebt, dass der Berater sich sehr intensiv mit seinen Problemen beschäftigt.
Ich-Botschaft	Der Berater macht bei der Ich-Botschaft eine Aussage (im Unterschied zur Du-Botschaft) über eigene Ziele, Wünsche, Vermutungen und Gefühle. Diese ist nicht mit dem Anspruch verbunden, dass der Klient dies auch so sehen muss.	• Realisierung der Kongruenz durch den Berater (im Verständnis von Rogers). • Der Klient bekommt eine Rückmeldung, wie sein Verhalten auf den Berater wirkt. Insofern ist die Beratungssituation ein Modellfall für Kommunikationen im Alltag. • Der Berater dient als Modell für den Klienten, dass auch Gefühle und Wünsche angesprochen werden dürfen.
Bei den folgenden Techniken sollte die professionelle Beratungsbeziehung schon gefestigt sein und Belastungen aushalten können.		
Metakommunikation	Kommunikation über Kommunikation: Der Berater bespricht mit dem Klienten, wie beide miteinander reden.	• Der Berater benutzt das zweite Axiom von Watzlawick (Inhalt vs. Beziehung) und gibt dem Klienten eine Rückmeldung darüber, wie der Inhalt bei ihm angekommen ist (Appell, Selbstoffenbarung, Beziehung). • Der Klient kann lernen, dass er über die Äußerung eines Sachinhaltes

Tab. 3.3: Weitere hilfreiche Techniken der Gesprächsführung zur Gestaltung einer professionellen Beziehung – Fortsetzung

Technik	Definition	Funktion(en)
		hinaus auch noch (unbewusst) weitere Botschaften an den Empfänger sendet.
Konfrontieren	Der Berater bringt den Klienten in Kontakt mit solchen Problemen, Gedanken, Verhaltensweisen oder Gefühlen, die dieser bisher vermieden hat, und sucht mit ihm nach Klärungs- oder Bewältigungsmöglichkeiten.	• Der Berater unterstützt den Klienten in der Bearbeitung solcher Probleme, die von dem Klienten bisher vermieden wurden. • Der Klient wird zur Bewältigung seiner Probleme ermutigt.
Abgrenzen	Der Berater distanziert sich (deutlich) von den Äußerungen und/oder dem Verhalten des Klienten.	• Der Berater macht einen Unterschied zwischen seinen Auffassungen bzw. Verhaltensweisen und den Auffassungen bzw. Verhaltensweisen des Klienten. Die Klärung dieser Unterschiede kann, muss jedoch nicht notwendig damit einhergehen, dass der Berater die Ansichten und Verhaltensweisen des Klienten akzeptiert.
Negatives Feedback	Der Berater kritisiert das Verhalten des Klienten auf eine konstruktive Weise (konkret, lösungsorientiert, achtsam, einfühlsam, situationsadäquat etc.). Dabei sollte der Berater eine insgesamt wertschätzende Haltung gegenüber dem Klienten einnehmen.	• Der Berater weist den Klienten auf noch vorhandene Schwächen in seinem Verhalten hin und unterstützt ihn dabei, diese Schwächen zu verändern.

Eigene Darstellung

3.2.2 Basisfertigkeiten der Gesprächsführung mit einem System von Klienten

Die bisher dargestellten Methoden und Haltungen sind zwar hauptsächlich in der Arbeit mit Einzelklienten entstanden, sie lassen sich jedoch ohne weiteres bei Gesprächen mit Paaren, Familien oder Teilsystemen der Familie (z. B. Eltern und Kind) nutzen. In der Praxis psychosozialer Beratung haben Gespräche gemeinsam mit dem signifikanten Bezugssystem der Klientinnen und Klienten den Vorteil, dass der einzelne Klient, der oft lediglich Symptomträger eines Systems ist, im Netz seiner Beziehungen gesehen werden kann. Bei Gesprächen mit dem ganzen Beziehungssystem besteht auch nicht so schnell die Gefahr, dass die Symptomentstehung dem Indexklienten (als die Person des Systems, die Symptomträger ist bzw. auf die das Problem attribuiert wird) alleine zugeschrieben wird, sondern sie eröffnen den Blick für eine zirkuläre Sichtweise, bei der entsprechend dem 3. Axiom von Watzlawick et al. (1980) über die Interpunktion von Ereignisfolgen die Interaktion und Kommunikation zwischen den Teilnehmern des Systems für die Entstehung und Aufrechterhaltung des Symptoms stärker in den Blick genommen werden können. Diese Sichtweise kann zu einer enormen Entlastung des Indexklienten führen, weil das Problem nicht unweigerlich ihm anhaftet, sondern auch ein Indikator für eine Störung im Gesamtsystem sein kann. Bei diesen (systemischen) Gesprächen gelten zwar auch die oben bereits erläuterten Grundlagen menschlicher Kommunikation und Gesprächsführung, jedoch gestaltet sich die Kommunikation weitaus komplexer und bringt die Beraterin in eine ähnliche Situation wie einen Jongleur, der mehrere Teller gleichzeitig in der Luft halten muss. Für die Optimierung dieser Aufgabe sind im systemischen Ansatz eine Reihe von grundlegenden Konzepten und Methoden entwickelt worden, die sich daran orientieren, dass sich mehrere Personen gleichzeitig in Beratung befinden (von Schlippe & Schweitzer 2013). Selbstverständlich ist eine systemische Sichtweise auch in einem Setting möglich, bei dem lediglich der Einzelklient zu den Gesprächen kommt, allerdings kann der systemische Ansatz seine Effektivität besonders bei Gesprächen mit einem Klientensystem entfalten (von Schlippe & Schweitzer 2013).

Von Anfang an besteht die Aufgabe der Beraterin/des Beraters, aktiv zu allen anwesenden Systemmitgliedern eine kooperative Beziehung zu gestalten, denn nicht nur der Indexklient muss mit ins ›Beratungsboot‹ genommen werden. Bei diesem ›Joining‹ (engl.: verbinden) werden die Voraussetzungen für eine tragfähige Beziehung zu jedem Teilnehmer des Systems aufgebaut, indem der Berater/die Beraterin sich inhaltlich, sprachlich und gefühlsmäßig auf die Bedürfnisse des Einzelnen einstellt und so den Gesprächsteilnehmern Sicherheit vermittelt (Schwing 2014a). Der Blick der Beraterin oder des Beraters richtet sich aktiv auf alle im Raum anwesenden Personen, nimmt zu ihnen durch persönliche Ansprache Kontakt auf und signalisiert damit, dass jedes Systemmitglied willkommen und wichtig ist (Schwing & Fryszer 2012). Gleichzeitig achtet der Berater nicht nur auf die Beziehung, die das System zu ihm aufnimmt, sondern auch auf die Beziehung der Ratsuchenden untereinander. Die Klienten und Klientinnen haben dabei gleichzeitig die Möglichkeit, sich auf die gesamte Beratungssituation einzustellen.

Bei allem Wohlwollen Einzelnen gegenüber darf sich der Berater jedoch nicht auf die Seite eines Einzelnen ziehen lassen, da Rivalitäten und Spannungen zwischen den Systemangehörigen eher die Regel als die Ausnahme sind. Stattdessen lässt er sich von den Prinzipien der Neutralität und Allparteilichkeit leiten, indem er allen Systemteilnehmern zuhört, sich in sie hereinfühlt und die Anliegen und Erwartungen der Anwesenden würdigt (Schwing 2014a). In diesem Zusammenhang kann es hilfreich sein, wenn der Berater eine innere Haltung des »Nichtwissens« einnimmt, um mit Neugier die Standpunkte zum Problem und mögliche Lösungsansätze der Anwesenden zu explorieren (vgl. Hanswille 2015). In klassischen Ansätzen der Ehe- und Familientherapie bezog sich die Neutralität lediglich auf die innere Haltung des Beraters, alle Teilnehmer gleichwertig zu behandeln bei gleichzeitiger Distanz zu den Einzelnen mit ihren jeweiligen Wirklichkeitskonstruktionen. Die systemische Perspektive erweitert die neutrale Haltung auch gegenüber den Problemen, sodass Beraterinnen und Berater von der Funktion entlastet werden, die Probleme unter allen Umständen lösen zu müssen. Da Beratung aber durch ihre institutionelle Eingebundenheit oft mit definierten Veränderungsaufträgen einhergeht (z. B. Wohl des Kindes in der Jugendhilfe), kann die neutrale Haltung in der Praxis nicht immer umgesetzt werden. Boszormenyi-Nagy und Spark (1981) haben deshalb den inhärent hohen Anspruch der Neutralität mit dem Begriff der ›Allparteilichkeit‹ etwas abgeschwächt, nach dem die Beraterin zumindest die verschiedenen Wirklichkeitskonstruktionen der Gesprächsteilnehmer beachten und würdigen kann. Allerdings schließt Neutralität nicht aus, dass der Berater seine Meinung sagen darf, solange er diese nicht doktrinär vertritt. Darüber hinaus gibt es auch Situationen in der Beratung, in denen eine neutrale Haltung bewusst aufgegeben werden muss, wie das z. B. bei Gewalt in der Familie der Fall ist.

Neben ›Joining‹, ›Neutralität‹ und ›Allparteilichkeit‹ wird aus systemischer Perspektive die Gestaltung einer professionellen Beratungsbeziehung bei der Arbeit mit Systemen durch eine innere Haltung gefördert, die das System als Kunden sieht, der als ›Kundiger‹ für die Lösung der Probleme viel Erfahrung und Wissen mitbringt. Die Aufgabe des Beraters besteht nun darin, diesen Wissensschatz zu heben, damit das System in eine Situation (zurück-)gebracht wird, in der es den Beteiligten wieder besser geht. Das Verknüpfen der Äußerungen der Teilnehmer würdigt nicht nur jeden Einzelnen, sondern kann auch zu einer neuen Sichtweise im System führen, die eingeschliffene Wirklichkeitskonstruktionen und die damit verbundenen Probleme zur Auflösung führt.

Schließlich gibt sich systemische Beratung aus konstruktivistischer Perspektive den Klienten gegenüber als äußerst bescheiden: Auf welcher Stufe sich die Ratsuchenden auch befinden, intervenieren kann die Beratung nicht unmittelbar, sie kann allenfalls im Sinne einer Verstörung einen Anstoß für neue Erfahrungen geben. Das Klientensystem ist also selbst der Experte für sich und sein Leben, der Berater steht im Beratungsprozess ›nur‹ als interessierter Dritter dem System wohlwollend bei und unterstützt es, neue Ressourcen zu erschließen oder vorhandene Ressourcen zu nutzen.

3.3 Checkliste zum Erstgespräch

Die dargestellten Basisfertigkeiten liefern den Nährboden für die Gestaltung einer professionellen Beratungsbeziehung, auf die der Berater im gesamten Prozess der Beratung zurückgreifen kann. Sie erleichtern bereits im Erstgespräch, auch notwendige formale Aspekte der Beratung anzusprechen, wie z. B. Erläuterungen über den Rahmen und die Organisation der Beratung (Funktion des Beraters, Institution, Ablauf der Gespräche, Rollenklärung, Vertraulichkeit, Schweigepflicht, Terminplanung) sowie Daten zur Person. Erläuterungen des Beraters über den Rahmen der Beratung sind insofern notwendig, weil viele Klienten keine klaren Vorstellungen über den Ablauf und die Organisation der Gespräche haben. Darüber hinaus werden die Klientinnen bzw. Klienten darüber aufgeklärt, dass personenbezogene Daten die Funktion haben, die Organisation der Beratung zu optimieren (z. B. Rückruf bei Terminverschiebungen), jedoch streng vertraulich sind und nicht weitergegeben werden (▶ Abb. 3.2).

Checkliste Erstgespräch (hier: Einzelklient)

Einstieg in das Beratungsgespräch:

- Begrüßung
- Fragen nach dem Anlass bzw. Grund für das Beratungsgespräch
- Vorstellung des institutionellen Rahmens der Beratung (Funktion des Beraters bzw. der Beraterin, Institution, Ablauf der Gespräche, Rollenklärung, Vertraulichkeit)

Daten zur Person:

Name, Vorname _____
Geburtsdatum _____
Schule/Beruf/Arbeit _____
Telefon/Handy _____
E-Mail _____
Adresse _____
(Straße und Hausnummer, Postleitzahl und Ort)

Organisation:

- Schweigepflicht
- Zeitlicher Ablauf der Beratung
- Terminplanung und Regelung bei Terminausfällen

Informationserhebung zum Problem:

- Sorgen, Probleme, Konflikte, Symptome
- Leidensdruck
- Persönliche Lebenssituation (Familie, Beruf, Schule)
- Motivation für die Beratung
- Verlauf der Probleme
- Ressourcen und bisherige Lösungsversuche
- weitere Aspekte (eventuell Suizidalität)

Abb. 3.2: Checkliste Erstgespräch (hier: Einzelklient) (eigene Darstellung)
Siehe Online-Material 3.b

Die Basisfertigkeiten der professionellen Gesprächsführung erleichtern es den Klientinnen und Klienten, in der Beratung ihre Probleme offen darzustellen. Dabei achtet der Berater darauf, dass er nur so tief in die Problemdarstellung einsteigt, dass der Klient durch seine Schilderungen nicht destabilisiert wird. Es erfordert viel Fingerspitzengefühl, eine Balance zwischen notwendiger Exploration der Probleme und Vermeidung einer möglichen Destabilisierung der Ratsuchenden herzustellen. Dafür ist eine ressourcenorientierte Haltung hilfreich, bei der auch die Stärken des Klienten und seine bisherigen Lösungsversuche angesprochen werden (▶ Kap. 8: Ressourcenaktivierung).

Weiterführende Literatur

Goldstein, A. P. (1977). Methoden zur Verbesserung von Beziehungen. In: Kanfer, F. H. & Goldstein, A. P. (Hrsg.). Möglichkeiten der Verhaltensänderung. München: Urban & Schwarzenberg. 17–55.
Hanswille, R. (2015). Haltungen systemischer Therapeuten und Therapeutinnen. In: Hanswille, R. (Hrsg.). Handbuch systemische Kinder- und Jugendlichenpsychotherapie. Göttingen: Vanderhoeck & Ruprecht. 23–69.
Rogers, C. R. (1977). Therapeut und Klient. Grundlagen der Gesprächspsychotherapie. München: Kindler.
Sachse, R. (2016). Therapeutische Beziehungsgestaltung. 2. Auflage. Göttingen: Hogrefe.
Schulz von Thun, F. (2005a). Miteinander Reden. Störungen und Klärungen. 42. Auflage. Reinbek bei Hamburg: rororo.
Watzlawick, P., Beavin, J. H. & Jackson, D. D. (1980). Menschliche Kommunikation. Formen, Störungen, Paradoxien. 5. Auflage. Bern: Huber.

4 Änderungsmotivation

Barbara Beck & Michael Borg-Laufs

> ☞ **Was Sie in diesem Kapitel lernen können**
>
> ›Motivation‹ ist ein mehrdimensionales Konstrukt, wobei in der Beratungspraxis die Unterscheidung zwischen *Beratungsmotivation, Beziehungsmotivation und Änderungsmotivation* zu beachten ist. In diesem Kapitel können Sie erfahren,
>
> - in welchen Phasen sich Motivation entwickeln kann,
> - wie verschiedene Motivationshemmnisse zu unterscheiden sind und wie in der Beratung auf die spezifischen Motivationsprobleme reagiert werden kann,
> - welches die Grundhaltung einer »Motivierenden Gesprächsführung« ist.

4.1 Theoretische Grundlagen

Warum und wozu nehmen Menschen psychosoziale (professionelle) Beratung in Anspruch? Die Gründe hierfür sind vielfältig. Verallgemeinert kann man mit Stimmer und Ansen (2016) sagen, Menschen suchen dann professionelle Hilfe auf, wenn das Alltagswissen nicht mehr ausreicht, um mit aufkommenden Herausforderungen zurechtzukommen, wenn die Menschen im Umfeld keine hilfreichen Hinweise geben können oder wenn bisherige Veränderungsversuche fehlgeschlagen sind. Weiterhin gibt es Beratungsanlässe, die von außen bestimmt werden, die sogenannte angeordnete Beratung bzw. Zwangsberatung (z. B. durch richterliche Auflagen oder im Rahmen der Schwangerschaftskonfliktberatung). In der Regel sind Menschen, die Kontakt zu einer psychosozialen Beratungsstelle aufnehmen, auf der Suche nach Unterstützung zur Bewältigung ihrer Schwierigkeiten, die sich im Alltag in ihrer Lebenswelt zeigen. Sie wünschen sich Unterstützung bei der Bewältigung ihrer psychischen und/oder sozialen Probleme. Sie kommen entweder aus eigenem Antrieb oder werden von Dritten (z. B. durch gerichtliche Auflagen, Eltern, Schule, Freunde etc.) geschickt.

Bei vielen Menschen besteht die zu besprechende Problematik schon sehr lange. Die Versuche, damit allein zurechtzukommen und die Schwierigkeiten zu bewältigen, sind fehlgeschlagen. Die Hoffnung, dass sich die Probleme von alleine lösen, ist inzwischen aufgegeben worden. Resignation und Hoffnungslosigkeit sowie Demotivation bezüglich eines erneuten Änderungsversuchs sind häufig die Folge. Zum Zeitpunkt des Erstkontakts zur Beratungsstelle besteht in vielen Fällen eine Zuspitzung eines psychischen, sozialen und/oder ökonomischen Konflikts oder eine akute Krisensituation. Der Leidensdruck ist in diesen Situationen häufig sehr ausgeprägt und die zur Verfügung stehenden Bewältigungsstrategien scheinen nicht mehr auszureichen (Stimmer & Ansen 2016, Schulte 2015).

Die Gründe für die Aufnahme einer Beratung könnten also dafürsprechen, dass die Ratsuchenden motiviert an dem Prozess mitwirken – sei es, um die eigenen problematischen Denk- und Verhaltensweisen zu verändern, oder sei es, um den Auflagen von außen gerecht zu werden und die negativen Folgen ihres Verhaltens zu verringern. Aus der Psychotherapieforschung weiß man jedoch inzwischen, dass diese zugeschriebene Motivationserwartung unrealistisch ist. Zwischen 15 und 50 % der Therapieabbrüche sind einer motivationalen Problematik geschuldet (Schulte 2015). Hierbei sind diejenigen, die unfreiwillig in die Beratung kommen, noch gar nicht berücksichtigt. Auch der Gruppe der Jugendlichen und jungen Erwachsenen wird eine besondere Rolle aufgrund der anstehenden Entwicklungsaufgaben zugesprochen. Charakteristisch für sie ist die Abgrenzung und Ablösung von Erwachsenen, z. B. durch die Ablehnung von Ratschlägen und gut gemeinten Hinweisen (vgl. Naar-King & Suarez 2012). Bereits vor dreißig Jahren hob Miller die Bedeutung der Motivationsvariablen im therapeutischen Prozess hervor, bevor er auf diesen Erkenntnissen aufbauend das Konzept der motivierenden Gesprächsführung entwickelte (Arkowitz et al. 2010). In Modellen zu Beratungs- und Therapieprozessen wie beispielsweise dem Transtheoretischen Modell nach Proschaskas und Di Clemente (1984) und dem Selbstmanagementansatz von Kanfer et al. (2012) werden diese Erkenntnisse ebenfalls aufgegriffen.

Schulte (2015) beschreibt Motivation als ein facettenreiches Gebilde. In einer Vielzahl von motivationspsychologischen Ansätzen wurde versucht, das multifaktorielle Konstrukt zu definieren. In den jeweils sehr komplexen Modellen werden zum Teil ganz unterschiedliche Aspekte in den Vordergrund gestellt (vgl. Mackowiak 2007). In früheren Konzepten ging man beispielsweise mehr von trieb- und bedürfnistheoretischen Ansätzen aus. In neueren Modellen schreibt man kognitiven Variablen eine größere Rolle zu (Mackowiak 2007, Schulte 2015), z. B. der Erwartung im Motivationsmodell nach Heckhausen (2018).

Die Schwierigkeit bei der Begriffsbestimmung liegt u. a. auch darin begründet, dass Motivation nicht unmittelbar beobachtbar ist. Es bleibt ein hypothetisches Konstrukt, das nur indirekt über das Verhalten erschlossen werden kann. Beobachtet werden z. B. die Intensität und zeitliche Dauer des Verhaltens, der gezeigte Widerstand gegenüber möglichen Ablenkungen und das Ausmaß der Kosten und Mühen, die die jeweilige Person einzusetzen bereit ist (Mackowiak 2007).

Für die Gestaltung des Beratungsprozesses können insbesondere drei Perspektiven hilfreich sein: der Aspekt der Erwartung, die Unterscheidung zwischen intrinsischer und extrinsischer Motivation sowie die spezifische Beratungsmotivation.

4.1.1 Erwartung

Das erweiterte Motivationsmodell nach Heckhausen (2018) baut auf dem Aspekt der Erwartung auf. Unter Erwartung wird hier die Vorwegnahme zukünftiger Zustände verstanden. Diese entscheide maßgeblich über die Richtung, Intensität und Planung einer Handlung. Als zentral für die Förderung einer angemessenen Beratungsmotivation kann daher der Aufbau situationsangemessener Erwartungen angesehen werden, deren Realisierung mit bestimmten Handlungen verknüpft ist. Problematische Erwartungen sind etwa:

- Das Problem löst sich von selbst.
- Ich werde die an mich gestellten Anforderungen in der Beratung nicht erfüllen können.
- Beratung wird mir nicht helfen können, mich zu ändern.
- Selbst wenn ich mein Verhalten ändern kann, wird dies keine positiven Effekte für mein Leben haben.

Bei der Motivationsdiagnostik (s. u.) ist es ggf. notwendig, genau herauszubekommen, ob und welche der genannten dysfunktionalen Erwartungen eine ausreichende Beratungsmotivation verhindern.

4.1.2 Intrinsische versus extrinsische Motivation

Eine weitere nützliche Perspektive ist die Unterscheidung zwischen intrinsischer und extrinsischer Motivation. Unter intrinsischer Motivation kann zusammenfassend all das Verhalten verstanden werden, das um seiner selbst willen ausgeführt wird. Mit dem Begriff der extrinsischen Motivation wird das Verhalten beschrieben, welches aufgrund von Bekräftigungen, also indirekter oder direkter Belohnung und Bestrafung, gezeigt wird.

Der Aufbau intrinsischer oder auch selbstregulatorischer Motivation sollte als langfristiges Ziel in der Beratung angesehen werden, denn Menschen, die ihre selbstgesetzten Ziele erreichen, verspüren ein hohes Maß an Befriedigung. Darüber hinaus steigt bei selbst gesetzten Zielen die Wahrscheinlichkeit der Zielerreichung (▶ Kap. 6).

Externe Verstärkung und Motivation

In verschiedenen Studien wurde der Einfluss der externen Verstärkung auf die intrinsische Motivation untersucht, wobei sich ein sogenannter Korrumpierungs- oder Überveranlassungseffekt zeigte (Mackowiak 2007, Arkowitz et al. 2010). Materielle Belohnungen oder auch Lob für Tätigkeiten, die aus freien Stücken ausgeführt wurden, können zur Abnahme der intrinsischen Motivation führen. Angenommen wird, dass die externe Verstärkung dazu führt, dass die Menschen glauben, sie hätten ihr Verhalten gezeigt, um andere

Menschen und weniger um sich selbst zufriedenzustellen. Genau diese Annahme sei es, die dazu führe, dass das Verhalten weniger gezeigt werde (ebd.). In weiteren Studien konnte festgestellt werden, dass der Wunsch nach Veränderung abnimmt, wenn Personen von Dritten hierzu überredet oder gar gezwungen werden. Bekannt ist, dass Menschen mit Reaktanz reagieren, wenn sie sich in ihrer persönlichen Freiheit subjektiv bedroht fühlen (vgl. Arkowitz et al. 2010).

Bei manchen Klienten ist es jedoch günstig, zunächst die extrinsische Motivation in den Vordergrund des Beratungsprozesses zu stellen. Hierunter fallen z. B. Menschen, die unfreiwillig die Beratung aufsuchen, da sie von Dritten geschickt wurden, sowie Personen, die noch keine Ziele entwickeln konnten oder ihr Verhalten nicht selbst regulieren können. Über gezielte Interventionen (z. B. Wiederholungen von Übungen und das Erteilen von korrektem Feedback) kann das Aufkommen intrinsischer Motivation erhöht werden (Mackowiak 2007, Borg-Laufs & Hungerige 2010).

4.1.3 Spezifische Beratungsmotivation

Im Kontext von Beratung spielen die Beweggründe, die zum Aufsuchen einer Beratungsstelle geführt haben, sowie die Bereitschaft zur Mitarbeit mit dem Ziel der Verhaltensveränderung eine zentrale Rolle. Veith (1997) unterscheidet in Bezug auf Psychotherapie Therapiemotivation, Beziehungsmotivation und Änderungsmotivation. Diese Unterscheidung ist auch für den Kontext der Beratung sinnvoll, hier würden wir den Begriff ›Therapiemotivation‹ durch ›Beratungsmotivation‹ ersetzen. Die Beratungsmotivation beschreibt zunächst das Motiv, überhaupt eine Beratung aufzusuchen, das sich in der Regel aus den negativen Folgen vorhandener Probleme ergibt. Eine Bereitschaft, in der Beratung intensiv mitzuarbeiten, ist dabei noch nicht zwingend impliziert. Beziehungsmotivation beschreibt dann das Interesse daran, die Beziehung zum Berater oder zur Beraterin zu erleben. Ein Klient oder eine Klientin kann sich gut aufgehoben und verstanden fühlen und genießt dieses Gefühl, kommt deswegen regelmäßig zur Beratung – aber auch hier ist noch nicht impliziert, dass er oder sie auch wirklich intensiv mitarbeitet. Was hingegen für den Beratungsprozess wichtig ist, ist die *Änderungsmotivation*. Damit ist die Bereitschaft gemeint, aktiv in dem Beratungsprozess mitzuwirken und die Mühen eigener Verhaltensänderungen auf sich zu nehmen.

Im Selbstmanagementansatz spielt die Änderungsmotivation eine zentrale Rolle im beraterischen Prozess (vgl. Borg-Laufs 2004). Der Selbstmanagementansatz von Kanfer et al. (2012) ist ein Modell zur Strukturierung von Therapie- und Beratungsprozessen. In diesem Modell wird der Therapie- bzw. Beratungsprozess in sieben aufeinander aufbauenden Stufen eingeteilt (▶ Kap. 2), wobei der Aufbau von Änderungsmotivation die zweite Phase des Prozesses darstellt, wohingegen der Beziehungsaufbau (▶ Kap. 3) am Anfang des Prozesses steht. Grundlegend für die Zusammenarbeit ist daher der Aufbau einer tragfähigen Beziehung zwischen Klienten und Beraterin. Erst nachdem diese geschaffen wurde, kann versucht werden, die Änderungsmotivation aufzubauen.

4.2 Motivationsdiagnostik

4.2.1 Beobachtbares Basisverhalten

Grundlage einer *Motivationsanalyse* sind die Eindrücke aus den Gesprächen und den Beobachtungen des Verhaltens der Klientinnen und Klienten. Zur Einschätzung der Beratungsmotivation lassen sich die Dimensionen »Beratungsnachfrage vs. Abbruch« sowie »Ausprobieren vs. Verweigern« heranziehen (vgl. Schulte 2015; Borg-Laufs 2016). Diese Dimensionen lassen sich folgendermaßen näher beschreiben:

- *Abbruch vs. Beratungsnachfrage:* An der Durchführung der Beratung hoch interessierte Klienten halten Termine ein und sind pünktlich, geben Beratungsterminen hohe Priorität im Vergleich mit konkurrierenden Terminen und äußern, dass sie gerne und/oder schnell weitere Termine möchten. Bei einer Neigung, die Beratung abzubrechen, werden Beratungstermine vergessen, erscheinen die Klienten unpünktlich, scheinen viele andere Dinge wichtiger zu sein als die Beratung.
- *Verweigern vs. Ausprobieren:* Die Neigung zum Ausprobieren zeigt sich darin, dass die in der Beratung vereinbarten Hausaufgaben erledigt werden, die Klienten und Klientinnen beratungsbezogene eigene Initiativen außerhalb der Beratungsstunden entwickeln und darin, dass der Klient bzw. die Klientin Übungen sowie Rollenspiele bereitwillig mitmacht. Verweigerung wird hingegen deutlich durch Nichterledigen von Hausaufgaben und durch die Weigerung, sich auf Übungen und Rollenspiele einzulassen.

Um eine angemessene Beratung planen und durchführen zu können, reicht es jedoch nicht nur aus, einschätzen zu können, ob Änderungsmotivation vorliegt. Es ist auch notwendig, mit dem Klienten gemeinsam herauszufinden, worin spezifische Motivationshemmnisse liegen und hiervon ausgehend ggf. eine Motivationssteigerung herbeizuführen.

4.2.2 Phasen der Motivation

Motivation kann verschiedene Phasen durchlaufen, und es ist hilfreich, sich klarzumachen, in welcher Motivationsphase sich ein Klient oder eine Klientin befindet. Mit dem Transtheoretischen Modell haben Prochaska und DiClemente

(2019) ein beratungs- und therapieübergreifendes Modell der Selbstveränderung innerhalb eines professionellen Kontextes (Stimmer & Ansen 2016) vorgestellt. Im Rahmen der Motivationsanalyse sollten Beraterinnen und Berater zu erfassen versuchen, in welchem Stadium der Veränderungsbereitschaft sich ihr Klient oder ihre Klientin befindet. Insgesamt umfasst das Modell je nach Beschreibung fünf bis sechs Stadien des motivationalen Zustandes, der von Menschen im Veränderungsprozess durchlaufen wird. Das Modell verdeutlicht, dass hilfreiche Interventionen bereits zu einem Zeitpunkt möglich sind, zu dem die Klienten selbst noch nicht von einer konkreten Verhaltensänderung überzeugt sind, diese nicht äußern oder kein Interesse an einer Beratung zur Unterstützung einer Verhaltensveränderung haben (Stimmer & Ansen 2016). Die unterschiedlichen Stadien des Motivationsprozesses sind:

1. *Phase, Sorglosigkeit/Absichtslosigkeit, Vorstadium des Nachdenkens:* In dieser Phase besteht bei der betreffenden Person noch kein Veränderungsbedürfnis. Häufig zu erkennen sind diese Menschen im professionellen Beratungskontext daran, dass sie es schaffen, dass das Umfeld einen hohen Aktivierungsgrad erreicht, um diese Menschen zu einer Veränderung zu bewegen. Sie selbst erleben im Gegensatz zu der Umwelt keinen Bedarf nach Beratung. Zu beachten ist, dass der von außen herangetragene Druck zur Veränderung dazu führen kann, dass die Betroffenen in ein Widerstandsverhalten übergehen (Reaktanz) und länger in dieser Phase bleiben, insbesondere wenn sie sich unverstanden und übergangen fühlen.
2. *Phase, Bewusstwerdung/Stadium des Nachdenkens:* In dieser Phase entwickelt die betroffene Person eine häufig noch ambivalente Erkenntnis darüber, dass das eigene Verhalten ungünstig ist und sich negativ auf das eigene Leben und das der Umwelt auswirkt. Es ist davon auszugehen, dass die betroffenen Personen immer wieder mal zu dieser Einsicht gekommen sind, jedoch aufgrund fehlender Copingstrategien und nicht vorhandener oder wahrgenommener Beratungsangebote nicht in eine Verhaltensänderung übergehen konnten.
3. *Phase, Vorbereitungsstadium:* Der Klient entwickelt und äußert lockere Absichten zur Verhaltensveränderung, ohne eine Selbstverpflichtung daran zu knüpfen. Der Möglichkeit einer Veränderung wird nachgegangen und erste Schritte in diese Richtung werden versucht.
4. *Phase, Aktion/Handlungsstadium:* In dieser Phase unternimmt der Klient erste Versuche in Richtung Verhaltensveränderung und probiert diese aus. Konkrete Schritte zur Zielerreichung werden durchgeführt.
5. *Phase, Aufrechterhaltungsstadium:* Die Klienten haben schon über einen längeren Zeitraum die positive Wirkung der Verhaltensveränderung erlebt und die alten Verhaltensweisen weniger oder gar nicht ausgelebt. In dieser Phase geht es um die Stabilisierung und Konsolidierung der Verhaltensweisen.
6. *Phase, Schlussstadium/andauernde Aufrechterhaltung:* Kennzeichen dieser Phase ist der dauerhafte Zustand ohne Problemverhalten. Das neue Verhalten konnte verinnerlicht werden und ist nachhaltig wirksam.

4.2.3 Mangelnder Leidensdruck als Motivationshemmnis

Die naheliegende Frage, die sich bei einer Klientin stellt, die das zu erwartende Basisverhalten in Bezug auf eine Änderungsmotivation nicht zeigt, ist die, ob genug Leidensdruck vorhanden ist, um einen eventuell vorhandenen Störungsgewinn auszugleichen. Unter Störungsgewinn verstehen wir alle Vorteile, die sich aus dem vorliegenden Problem ergeben: Bekommt der Klient oder die Klientin durch das Problem Aufmerksamkeit/Zuwendung von anderen? Wird er oder sie aufgrund seiner/ihrer Probleme von anderen ›geschont‹? Ist das Problem zu einem Teil des Selbstbildes geworden, welches dabei hilft, als ›besonders‹ zu erscheinen? Nicht selten wiegt der vorhandene Störungsgewinn stärker als ein möglicherweise ebenfalls vorhandener Leidensdruck. Tatsächlich muss aber auch eingeschätzt werden, wie stark der Leidensdruck eigentlich ist. Es kann durchaus vorkommen, dass sich Klienten und Klientinnen mit ihrem Problem so eingerichtet haben, dass sie nur wenig daran leiden: Jemand, der in der Erledigung von Alltagsaufgaben nachlässig ist, leidet nur wenig, wenn andere (etwa ein Ehepartner oder die Eltern) die Alltagsaufgaben dann übernehmen. Menschen mit aggressiven Verhaltensproblemen leiden oft wenig an ihrem von anderen als unangenehm empfundenen Verhalten. Insbesondere muss der Leidensdruck überprüft werden, wenn Klienten bzw. Klientinnen nicht von selber in die Beratungsstelle kommen, sondern von anderen ›geschickt‹ werden.

	Vorteile	Nachteile
Beibehaltung	Vorteile der Beibehaltung des Problemverhaltens	Nachteile der Beibehaltung des Problemverhaltens
Veränderung	Vorteile der Veränderung des Problemverhaltens	Nachteile der Veränderung des Problemverhaltens

Abb. 4.1: Vierfelderschema zur Veränderung des Problems in Anlehnung an Bents (eigene Darstellung)
Siehe Online-Material 4.a

Bei fehlendem Leidensdruck stellt sich grundsätzlich die Frage nach der Sinnhaftigkeit von Beratung. Allerdings ist es häufig nicht so, dass *gar kein* Leidensdruck vorhanden wäre. Vielmehr ist Leidensdruck häufig vorhanden, aber nicht stark genug. Die Klienten erleben sich als ambivalent hinsichtlich einer Veränderungsnotwendigkeit, möglicherweise befinden sie sich in Phase zwei oder drei des transtheoretischen Modells (s. o.) und durch eine geeignete Gesprächsführung können die Klienten bzw. Klientinnen mehr Klarheit darüber entwickeln. Ein Konzept, welches entwickelt wurde, um die Klienten bzw. Klientinnen bei der Herausarbeitung von Ambivalenzen zu unterstützen, ist das Konzept der *Motivierenden Gesprächsführung* (MGF).

Um zunächst zu erfassen, welche Aspekte von Leidensdruck und Störungsgewinn im Einzelfall von Bedeutung sind und dies in einem ersten Schritt mit einer Klientin oder einem Klienten zu strukturieren, hat sich die gemeinsame Bearbeitung des Vierfelderschemas nach Bents (2005) bewährt (▶ Abb. 4.1).

4.2.4 Mangelnde Selbstwirksamkeitsüberzeugung als Motivationshemmnis

Viele Beratungsklienten bzw. -klientinnen haben eine lange Leidensgeschichte mit vielen erfolglosen Änderungsversuchen hinter sich. Häufig bestehen Probleme seit vielen Jahren, und die Klientinnen oder Klienten haben sich schon oft als unfähig erlebt, etwas daran zu ändern. Sie sind daher oft tief resigniert hinsichtlich der Möglichkeit, ihr Problem ›in den Griff‹ zu bekommen. Diese Resignation bezieht sich häufig nicht nur auf die Lösung eines spezifischen Problems, vielmehr ist eine generell niedrige Selbstwirksamkeitsüberzeugung nicht selten eines der Kernprobleme der Klienten/Klientinnen in Beratung und Psychotherapie (vgl. Wälte 2010).

> **Folgen niedriger Selbstwirksamkeit**
>
> Eine niedrige Selbstwirksamkeitsüberzeugung zieht resignationsfördernde Erfahrungen nach sich: Wer sich selbst wenig zutraut, wird sich vielfach weniger engagieren, weniger Mühe geben, ein Problem zu lösen, als ein Mensch, der voller Zutrauen in seine eigenen Fähigkeiten ist. Dies hat dann zur Folge, dass aufgrund der mangelnden Anstrengung tatsächlich Ziele seltener erreicht werden, wodurch sich eine Abwärtsspirale in Gang setzt: Niedrige Selbstwirksamkeitsüberzeugung führt zu ineffektiverem Handeln, was zu wenig Erfolgen führt, was die Selbstwirksamkeitsüberzeugung weiter verringert usw. (vgl. Bandura 1997).

Dass in der psychosozialen Beratung eine Atmosphäre der Wertschätzung herrscht, sollte selbstverständlich sein (▶ Kap. 3). In Bezug auf eine mangelnde Selbstwirksamkeitsüberzeugung ist die Erfahrung von Wertschätzung im Kontext der Beratung zentral. Wenn die Klienten/Klientinnen sich für ihre selbstwahrgenommene Unfähigkeit, ihr Verhalten zu ändern, auch von der Beratungsperson abgewertet fühlen, werden sie nicht aus ihrer Resignation herausfinden können. Darüber hinaus ist eine Konzentration auf die Ressourcen der Klienten/Klientinnen in diesem Zusammenhang von höchster Bedeutung (▶ Kap. 8). Insbesondere ressourcenorientierte Fragen nach Ausnahmen (»Wann haben Sie sich in so einer Situation einmal so verhalten, dass Sie zufrieden mit sich waren?« u. a.) sind sicher hilfreich. Zugleich ist besondere Aufmerksamkeit darauf zu lenken, dass in der Beratung nur solche Anforderungen an die Klienten/Klientinnen gestellt werden, die sie auch zu bewältigen in der Lage sind. Jede weitere Erfahrung des Scheiterns würde die ohnehin defizitäre Selbstwirksamkeitsüberzeugung weiter erschüttern. Beratungsziele sind daher in möglichst kleine Teilziele zu unterteilen (▶ Kap. 6). Aufgaben, die etwa zwischen den Beratungssitzungen zu erledigen sind, müssen so angesetzt werden, dass die Klienten/Klientinnen sie mit an Sicherheit grenzender Wahrscheinlichkeit auch bewältigen können. Auf diese kleinschrittige Weise können neue Erfahrungen gemacht werden, die die Selbstwirksamkeitsüberzeugung langsam in eine positive Richtung verändern und damit auch die Änderungsmotivation der Klienten/Klientinnen erhöhen können.

Allerdings ist bei dieser Vorgehensweise auch ein gewisses »Fingerspitzengefühl« notwendig, denn insbesondere bei Klientinnen und Klienten, die zu Selbstabwertungen neigen, können *zu* kleinschrittige Anforderungen als selbstwertverletzend erlebt werden (»Da sieht man mal, was für ein Versager ich bin, sogar meine Beraterin glaubt, ich bin zu blöd, selbst Kleinigkeiten selbstständig zu erledigen, und lobt mich dafür, als ob ich ein kleines Kind wäre!«).

4.2.5 Der Glaube an eine unveränderbare Umwelt als Motivationshemmnis

Bei manchen Klienten/Klientinnen geht es gar nicht darum, dass sie nicht glauben, sich selber ändern zu können, sie befürchten vielmehr, dass ihre eigenen Verhaltensänderungen keine positiven Effekte haben werden, weil ihre Umwelt nicht bereit sein wird, angemessen auf ihre Verhaltensänderungen, die sie durchaus zu schaffen sich in der Lage fühlen, zu reagieren. Hier ist an Klientenaussagen zu denken wie etwa »Für meinen Chef/Lehrer/Vater bin ich sowieso ein Idiot, da kann ich machen, was ich will.« Für Beraterinnen oder Berater ist im Einzelfall häufig nicht einfach einzuschätzen, wie stark der Wahrheitsgehalt solcher Aussagen ist. Tatsächlich kann beides der Fall sein: Dass die Aussage stimmt oder dass die Wahrnehmung der Klienten/Klientinnen stark verzerrt ist und sie die Umwelt als schlechter, starrer oder bösartiger einschätzen, als es tatsächlich der Fall ist. Die Sorgen der Klienten/Klientinnen verhindern jedenfalls oftmals eine engagierte Mitarbeit in der Beratung. Daher ist es wichtig, diese Sorgen ernst zu nehmen und zu erfragen, welche Änderungen sich der Klient oder die Klientin von der Person ihrer Umwelt wünscht und herauszubekommen, warum er oder sie diese Änderung für so unwahrscheinlich hält.

Als Beraterin oder Berater besteht häufig die Möglichkeit – das Einverständnis der Klienten/Klientinnen vorausgesetzt – die relevanten Personen des Umfeldes in die Beratung mit einzubeziehen. Das bietet sich bei diesem Motivationshindernis an. In manchen Fällen wird auch die Beratungsperson zu der Überzeugung gelangen, dass eine Änderung bei den angesprochenen relevanten Bezugspersonen kaum möglich sein wird und z. B. ein Arbeitsplatz- oder Schulwechsel möglicherweise tatsächlich die beste Handlungsoption darstellt. In anderen Fällen wird die Änderungsmotivation der Klientin oder des Klienten vermutlich steigen, wenn es gelingt, die Bezugspersonen in die Beratung mit einzubeziehen und dadurch auch Verhaltensänderungen im Umfeld zu erreichen.

Schließlich besteht eine Möglichkeit auch darin, mit der Klientin oder dem Klienten – falls sie oder er sich darauf einlassen kann – zu erarbeiten, inwiefern eigene Änderungen auch völlig unabhängig vom Verhalten der Personen des Umfeldes zu einem besseren Lebensgefühl beitragen können.

4.2.6 Skepsis gegenüber Beratung als Motivationshemmnis

»Was soll das ganze Gelaber denn bringen?« könnte eine Aussage sein, die ein solches Motivationshemmnis zum Ausdruck bringt. Manche Klienten/Klientinnen können sich nicht vorstellen, dass Beratungsprozesse generell geeignet sind, bei der Bewältigung von Lebensproblemen zu helfen. Diese Einstellung ist durchaus nachvollziehbar: Vermutlich haben die Betroffenen schon Erfahrungen damit gesammelt, dass das Sprechen über Probleme (etwa im Freundeskreis) häufig nichts an vorhandenen Problemen ändert und sie übertragen diese Erfahrungen auf Beratungssituationen. In diesen Fällen ist es hilfreich, über das Vorgehen in der Beratung aufzuklären, denn vielen Klienten/Klientinnen ist kaum bewusst, was der Unterschied zwischen einem Beratungsprozess und einem Gespräch unter Freunden ist. Sinnvoll sind auch Beispiele von gelungenen Beratungsprozessen von ehemaligen Klienten/Klientinnen mit ähnlichen Problemen.

Eine hilfreiche Methode kann bei diesem Motivationshindernis auch sein, eine ›Probezeit‹ zu vereinbaren (Hungerige & Borg-Laufs 2009). Die Beratungsperson könnte dies damit einleiten, dass er oder sie fragt: »Was vermuten Sie, falls Sie sich auf eine Beratung einlassen würden, wie hoch wäre die Wahrscheinlichkeit, dass Ihnen das hilft?« Egal, mit welcher Prozentzahl die Klientin oder der Klient antwortet (außer 0 %), kann die Beratungsperson dann weiterfragen »Was wären Sie bereit, an Zeit zu investieren, um diese Chance von X % zu nutzen? Wie wäre es z. B., wenn wir erst einmal drei weitere Termine vereinbaren, um dann zu schauen, ob wir Fortschritte machen?«

4.2.7 Aktuell belastende Lebenssituation als Motivationshemmnis

In manchen Fällen ist zwar der Leidensdruck hoch, die Selbstwirksamkeitsüberzeugung ausreichend und auch sonst liegt kein persönliches Motivationshemmnis, wie sie bisher beschrieben wurden, vor, und dennoch zeigen die Klienten/Klientinnen nicht das erwartete Basisverhalten, erledigen z. B. zwischen den Beratungsterminen die vereinbarten Aufgaben nicht. Bei einer genaueren Betrachtung der aktuellen Lebenssituation zeigt sich dann, dass es den Klienten/Klientinnen nicht gelingt, der Beratung eine ausreichend hohe Priorität in ihrem Leben einzuräumen, weil es aktuell zu viele Belastungen im Leben der Klienten/Klientinnen gibt: Ein Umzug steht an, ein Elternteil hat kürzlich die Diagnose einer schweren Krankheit erhalten und benötigt Unterstützung, der Ehepartner hat kürzlich seinen Arbeitsplatz verloren. Der Klient oder die Klientin hat also nachvollziehbarerweise ›so viel um die Ohren‹, dass eine Konzentration auf die Beratungsziele gerade einfach nicht möglich ist. In diesen Fällen kann es oft keine andere sinnvolle Lösung geben, als die Beratung auf einen späteren Zeitpunkt zu verschieben.

4.3 Motivierende Gesprächsführung

Der ursprünglich von Miller und Rollnick (2015) für die Arbeit mit Suchtpatienten/Suchtpatientinnen entwickelte Ansatz der Motivierenden Gesprächsführung (MGF) wird inzwischen in vielen Beratungskontexten angewendet. Miller und Rollnick (ebd.) sehen die MGF als eine direktive und ressourcenorientierte Weiterentwicklung der Klientenzentrierten Gesprächsführung nach Rogers. Grundlegend ist die Überzeugung, dass Klientinnen und Klienten über spezifische eigene Ressourcen und Kompetenzen sowie über Veränderungspotenzial verfügen. Das Tempo der Veränderung wird selbst bestimmt und soweit wie möglich selbst verantwortet (Arkowitz et al. 2010, Miller & Rollnick 2015). Die Klienten können sich z. B. gegen einen weiteren Veränderungsprozess und für das Weiterführen ihres für Außenstehende problematisch erscheinenden Verhaltens und gegen die Fortführung des Beratungsprozesses entscheiden. MFG berücksichtigt stets den Grad der Veränderungsmotivation der Klienten/Klientinnen. Ein zu schnelles Vorgehen ist ebenso wie ein zu langsames Vorgehen für den Veränderungsprozess störend. Miller und Rollnick (2015) betonen, dass die Motivierende Gesprächsführung weniger als eine Methode und mehr als grundsätzliche Haltung im Zusammensein zwischen Menschen zu verstehen sei. Anstatt zu ermahnen und zu unterstützen, anstatt zu überreden und zu argumentieren, nimmt die Beratungsperson eine forschende Haltung ein und ist bemüht, eine positive zwischenmenschliche Atmosphäre zu schaffen, um Veränderungen möglich zu machen und nicht zu erzwingen. Voraussetzung hierfür ist, dass die Beratungsperson sich über eigene Erwartungen im Klaren ist und diese ständig überprüft. Motivierende Gesprächsführung kann nur dann wirksam sein, wenn von der zu beratenden Person selbst zumindest ansatzweise eine Diskrepanz zwischen dem derzeitigen Verhalten und dem Wunschverhalten gesehen wird.

4.3.1 Die vier Grundprinzipien Motivierender Gesprächsführung

Empathie ausdrücken: Es wird versucht, die Gefühle und Betrachtungsweisen des Gegenübers zu verstehen, ohne sie zu werten, sie zu kritisieren oder gar

4.3 Motivierende Gesprächsführung

Schuld zuzuweisen (▶ Abb. 4.2). Die Beratungsperson akzeptiert die beschriebenen Denk- und Handlungsweisen und kann diese nachvollziehen. Dies heißt jedoch nicht gleichzeitig, dass diese auch unterstützt werden oder Zustimmung erfahren. Während eine nichtakzeptierende Haltung (»Du bist nicht ok, so wie du bist, mit dir ist etwas nicht in Ordnung, du musst dich ändern«) zu Blockaden innerhalb des Veränderungsprozesses führt, kann eine akzeptierende Haltung diesen Prozess eher fördern. Die von Klienten/Klientinnen geschilderten Ambivalenzen werden als ein normaler Teil menschlichen Verhaltens angenommen, denn würden diese nicht vorhanden sein, hätte sich der Klient bereits verändert und wäre nicht an dem Punkt, an dem er gerade ist (vgl. Arkowitz et al. 2010, Miller & Rollnick 2015).

Abb. 4.2: Grundprinzipien Motivierender Gesprächsführung (eigene Darstellung)

Diskrepanzen entwickeln: Motivierende Gesprächsführung unterstützt den Klienten dabei, die Ambivalenzen zu Gunsten einer Veränderung aufzulösen. Hierbei wird sehr direktiv vorgegangen, was den entscheidenden Unterschied zu der klientenzentrierten Gesprächsführung darstellt (ebd.). Die wahrgenommenen Diskrepanzen zwischen dem gegenwärtigen Verhalten und dem Wunschverhalten der Klienten soll verstärkt werden. Diskrepanz im Sinne der Motivierenden Gesprächsführung steht eng in Beziehung mit der Dringlichkeit der Veränderung. Es wird angenommen, dass viele Menschen, die in die Beratung kommen, bereits die Diskrepanz zwischen dem eigenen Verhalten und dem Wunschverhalten wahrnehmen, sich jedoch in einem Annäherungs-Vermeidungs-Konflikt befinden. Ziel ist es, diese Ambivalenzen auf einer Seite zu erhöhen. Es werden die inneren Motivatoren der Person angesprochen, anstatt mit Druck oder den Wünschen von nahestehenden Bezugspersonen zu arbeiten. Das heißt, zunächst ist es notwendig, die inneren Ziele und Wünsche des Klienten zu identifizieren und herauszustellen, inwieweit diese in Konflikt mit dem aktuellen Verhalten stehen. Bei den Klienten/Klientinnen selbst soll es hierdurch zu einer Veränderung der Wahrnehmung der Diskrepanzen kommen.

Widerstand umlenken: Kontraproduktiv für den Veränderungsprozess ist, wenn die Beratungsperson für eine Verhaltensänderung plädiert und der Klient stets dagegenhält. Es kann dazu führen, dass der Klient mit Reaktanz reagiert. In der Motivierenden Gesprächsführung werden Widerstände als üblich für den Beratungsprozess angesehen. Bei Jugendlichen und jungen Erwachsenen kann Widerstand auch ein Teil des Entwicklungsprozesses sein (Naar-King & Suarez

2012). Widerstand drückt die Ambivalenz des Klienten bezüglich der Verhaltensänderung aus. Er ist ein Zeichen dafür, die eingeschlagene Vorgehensweise zu verändern und den Klienten wieder aktiv in den Prozess mit einzubinden und verstärkt anzunehmen, dass die Klienten/Klientinnen selbst die Antworten und Lösungen ihrer Probleme und Fragen in sich tragen (vgl. Miller & Rollnick 2015, Naar-King & Suarez 2012, Fuller & Taylor 2015).

Anzeichen für Widerstand können z. B. negative Kommentare bezüglich der Beratung (»Ich brauche das alles nicht«, »Sie werden mich nie verstehen«) (Naar-King & Suarez 2012) oder die permanente Betonung der Argumente für das Aufrechterhalten des jetzigen Verhaltens und gegen eine Verhaltensänderung sein. Die Vorteile des Status quo werden benannt und höher als die Nachteile einer Veränderung bewertet. Zudem äußern sich die Klienten meist pessimistisch, was die Umsetzbarkeit der Veränderung betrifft.

Zunächst ist es wichtig, den gezeigten Widerstand zu erkennen und diesen in den Kontext einzuordnen. Hierzu gehört es, dass zuerst der Berater einen Schritt zurückgeht und das angesprochene Thema fallen lässt. Reaktanz ist eine Reaktion auf eine wahrgenommene Bedrohung. Wenn der Berater die Bedrohung durch das Einnehmen einer eher neutralen Haltung reduziert, hat es die Klientin schwerer, in dem Widerstand zu bleiben und reduziert diesen eher (ebd.). Durch weitere Gesprächstechniken wie einfaches Reflektieren oder Spiegeln kann den Klienten/Klientinnen die Möglichkeit gegeben werden, eigene Aussagen erneut zu überprüfen und weiter auszuführen. Weiter kann durch das Betonen der persönlichen Kontrolle (»Es ist wirklich Ihre Entscheidung, ob Sie etwas an Ihrem Verhalten ändern oder nicht...«) Reaktanz abgebaut werden. Sollten diese Strategien nicht ausreichend sein, um den Widerstand zu verringern oder anzuhalten, dann hilft auch, den Fokus gänzlich zu wechseln und auf ein anderes Thema überzugehen.

Selbstwirksamkeit fördern: Auch im Ansatz der MGF spielt das bereits weiter oben beschriebene Konzept der Selbstwirksamkeitsüberzeugung eine zentrale Rolle.

4.3.2 Gesprächstechniken in der Motivierenden Gesprächsführung

In der Motivierenden Gesprächsführung spielen personenzentrierte Beratungsfertigkeiten (▶ Kap. 3) eine wichtige Rolle. Sie sind im Verlauf der motivierenden Gesprächsführung immer wieder in unterschiedlicher Intensität einzusetzen. Sowohl in den verbalen als auch in den nonverbalen Verhaltensweisen zeigt der Berater, dass er dem Gesagten zugehört und dieses auch verstanden hat, indem er seine Einschätzung der Bedeutung des Gesagten wiedergibt. Der Anspruch ist, auch die Botschaften richtig zu entschlüsseln, die mit Kodierungsfehlern versendet wurden. Menschen neigen schon einmal dazu, etwas anderes zu sagen, als sie tatsächlich meinen. Um diesen Ansprüchen gerecht zu werden, bedarf es neben einer hohen Konzentrationsfähigkeit und Aufmerksamkeit vor allem auch eines ausreichenden Einfühlungsvermögens. Für die MGF ist es hilfreich, zwischen zwei Kategorien des aktiven Zuhörens zu unterscheiden, zwischen dem einfachen und dem komplexen Reflektieren.

Unter dem einfachen Reflektieren wird das reine Wiederholen oder Paraphrasieren des Gesagten verstanden. Hierüber drückt der Berater sein Verständnis aus. Der Äußerung des Klienten wird keinerlei Bedeutung oder Betonung hinzugefügt.

Fallbeispiel: einfaches Reflektieren

Ein Klient sagt: »Ich hasse es, wie meine Eltern mit mir umgehen. Alles schreiben Sie mir vor. Ich bin doch kein kleines Kind mehr.« Die Beraterin könnte nun mit einer Paraphrase (Umformulierung) (»Du fühlst dich von deinen Eltern unterdrückt und bevormundet«) oder mit einer Wiederholung (»Du hasst es, wie deine Eltern dich behandeln«) reagieren.

Die exakte Wiederholung der Aussage kann dazu führen, dass der Klient mit sarkastischen Äußerungen reagiert (»Habe ich doch gesagt«), da er sich unverstanden fühlt. Hier kann es hilfreich sein, um den Gedankengang des Klienten weiter in Gang zu halten und zur weiteren Kommunikation aufzufordern, nur Teile der Aussage zu wiederholen z. B. »Du hasst es« (ebd.).

Mithilfe des komplexen Reflektierens bietet der Sprecher dem Gegenüber seine verstandene Bedeutung der Äußerungen an. Anstatt die letzte Aussage des Klienten nur zu wiederholen, wird hierdurch der nächste Satz des Klienten bereits vorweggenommen. Miller und Rollnick (2015) beschreiben, dass hierdurch das Gespräch »einen Absatz weitergeführt« werden kann und sich nicht nur rückwärts bewegt. Als Beispiel führen Naar-King und Suarez (2012, 47) einen Klienten an, der über die vielen Termine, die er aufgrund seiner Bewährungsauflagen wahrnehmen muss, sagt: »Ich hasse es hierher zu kommen. Wie lange muss ich das noch machen?« Als komplexe Reflektion schlagen die Autorinnen vor: »Du hast es satt, dass andere dir sagen, was du tun sollst.«

Eine andere wichtige Gesprächsführungstechnik ist das zweiseitige Spiegeln. Hierbei werden beide Seiten der Gefühle bezogen auf eine Verhaltensweise reflektiert und dem Klienten angeboten. Die beiden Seiten werden dabei mit einem ›und‹ verbunden, um das gleichzeitige Vorhandensein zweier Gefühle zu verdeutlichen. Hierdurch wird das Auftreten von Ambivalenzen noch einmal normalisiert.

Fallbeispiel: zweiseitiges Spiegeln

Herr Salzmann lässt erkennen, dass er sich unsicher ist, ob er mit dem Glücksspiel aufhören will. Sein Berater bietet ihm eine zweiseitig reflektierende Aussage an: »Einerseits spielen Sie diese Spiele wirklich gerne, andererseits kostet es Sie einen Haufen Geld.« Herr Salzmann nimmt die Äußerung seines Beraters auf und führt sie fort: »Jaja, das stimmt. Wenn ich überlege, wie viel ich allein letzten Monat wieder verspielt habe und was ich dafür alles hätte kaufen können.« Hier wird deutlich, dass es wichtig ist, den Satz mit der für die Veränderung positiven Seite zu beenden, da der Klient meist auf diesen letzten Teil reagieren wird. Hätte der Berater hingegen geäußert »Einerseits kostet es Sie einen Haufen Geld, andererseits spielen Sie diese Spiele wirklich gerne« und damit inhaltlich exakt das gleiche gesagt, aber in einer anderen Reihenfolge, hätte Herr Salzmann mit größerer Wahrscheinlichkeit anders reagiert, nämlich den zuletzt angesprochenen Gedanken fortgeführt: »Jaja, das stimmt. Es macht mir wirklich Spaß. Mensch ich denk' dann auch immer, das Leben kann doch nicht nur aus Arbeit und Verpflichtungen bestehen, man muss sich doch auch mal was Entspannung gönnen.«

Auch der Einsatz von Metaphern und Gleichnissen kann die Reflexion der Klienten/Klientinnen unterstützen. Das Gesagte oder die Verhaltensweisen werden in ein Bild übertragen und dem Gegenüber angeboten. Diese Technik bietet sich an, um Inhalte ohne die Verwendung von weiteren Fachbegriffen darzustellen. Hilfreich ist es dabei, sich aus der Bildwelt des Gegenübers zu bedienen.

Für alle reflektierenden Aussagen gilt, dass sie als Aussagen und nicht als Fragen formuliert werden sollen. Dies wird dadurch erreicht, dass die Stimme am Ende der Aussage nicht wie bei einer Frage nach oben, sondern leicht nach unten geht. Durch das Formulieren einer Frage können sich Klienten/Klientinnen zu einer Antwort genötigt sehen, zudem kann der Eindruck entstehen, nicht richtig verstanden zu werden. Durch eine neutrale Betonung hingegen erhält die Klientin bzw. der Klient die Möglichkeit, die eigene Aussage noch einmal zu hören und darüber nachzudenken, ob diese so stehen gelassen oder korrigiert werden muss. In der Regel reicht es völlig aus, die reflektierende Aussage ohne Einleitungen wie »Es klingt wie …« oder »Ich habe verstanden, dass …« zu beginnen. Durch die Einleitung wird dem Inhalt der Nachricht mehr entzogen als hinzugefügt.

Offene Fragen können in der ersten Phase des Gesprächs hilfreich sein, um die Sichtweisen des Klienten zu erfahren und eine Atmosphäre des Vertrauens und der Akzeptanz herzustellen (Miller & Rollnick 2015). Dies gelingt, wenn dem Klienten die Möglichkeit geben wird, über seine Sorgen und Ansichten zu sprechen, während die Beratungsperson sich zurückhält und zuhört. Geschlossene Fragen fördern einsilbige Antworten und lassen ein Gespräch kaum in Gang kommen.

Durch die Mitteilung von Anerkennung, das Äußern von Komplimenten oder des Verständnisses kann in der Beratung dazu beigetragen werden, ein positives Verhältnis zu den Klienten/Klientinnen aufzubauen. Einfache Sätze können hier schon eine größere Wirkung entfalten z. B.: »Das ist wirklich eine gute Idee. Es erfordert schon Mut, so etwas zu machen.« Die Bestätigung erfolgt hierbei in einem angemessenen Maß. Es geht darum, die Stärken und das Bemühen der Klienten zu erfassen und zu bestätigen (Miller & Rollnick 2015). Das Bestätigen mit einer allgemeinen Aussage ohne die Verwendung von Ich-Botschaften nimmt das Risiko, dass Widerspruch ausgelöst wird und der Veränderungsprozess gestoppt wird (Naar-King & Suarez 2012).

4.3 Motivierende Gesprächsführung

Über den gesamten Prozess der Motivierenden Gesprächsführung ist es hilfreich, die Methode des *Zusammenfassens* einzusetzen. Die wesentlichen Aussagen des Klienten werden zusammengefasst wiedergeben und dabei einzelne Themenbereiche miteinander verbunden. Hierüber kann dem Gegenüber gezeigt werden, dass ihm zum einen zugehört wurde, und zum anderen, dass die Beratungsperson in der Lage ist, den roten Faden des Gesamten zu sehen und aufzunehmen (Arkowitz et al. 2010).

Neben diesen für viele Beratungskonzepte typischen Vorgehensweisen kommt als entscheidendes Merkmal für die Motivierende Gesprächsführung die direktive Methode des *Change Talk* hinzu. Kennzeichen für den Change Talk sind, dass der Klient seine Veränderungsabsichten zeigt oder äußert, die Nachteile der aktuellen Situation und die Vorteile der Verhaltensänderungen aufgeführt werden sowie eine optimistische Sichtweise auf die Veränderungen eingenommen wurde (Naar-King & Suarez 2012).

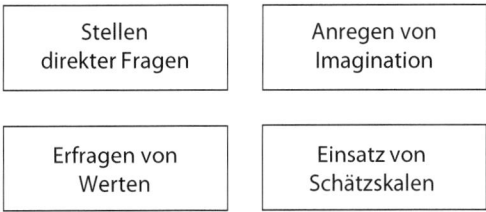

Abb. 4.3: Techniken zum Change Talk (eigene Darstellung)

Provoziert werden kann der Change Talk durch (▶ Abb. 4.3)

- das *Stellen direkter Fragen* (»Wenn du freie Wahl hättest, was würdest du verändern wollen? Wie würdest du das machen?«; »Welche Schwierigkeiten hattest du mit deinen Eltern aufgrund deines Verhaltens?«). Hierdurch wird weiterhin Empathie gezeigt und gleichzeitig eine Verhaltensänderung angeregt (ebd.);
- das *Anregen von Imagination*, z. B. durch Fragen nach der Zukunft oder auch nach der zurückliegenden Zeit, bevor die Verhaltensproblematik auftrat. Ebenso können Fragen nach dem Schlimmsten/Besten, was passieren könnte, hilfreiche Anregungen sein. Hierbei ist den Klienten stets ausreichend Zeit zu antworten einzuräumen (ebd.);
- das *Erfragen von Werten* (»Was ist dir zurzeit wichtig?«) oder Nachfragen zu Charaktereigenschaften, die Klienten wichtig sind bzw. die sie an Freunden wichtig finden (»Ich frage mich, wie dein Lernverhalten mit deinem Wunsch, Einsernoten haben zu wollen, zusammenpasst«). Hierbei werden die Diskrepanzen schon kurz benannt, wodurch der Klient angeregt werden kann, weiter darauf einzugehen (ebd.);
- den *Einsatz von Schätzskalen* (»Wie wichtig ist dir, etwas zu verändern? Manche Schüler finden es nicht wichtig, unbedingt eine eins zu schreiben und be-

werten dies auf der Skala von 1 bis 10 niedrig mit eins. Andere finden, dass gute Noten sehr wichtig sind und bewerten es auf der Skala mit 10. Wiederum andere geben vielleicht einen Wert in der Mitte an. Wo siehst du dich?«). Nachdem der Klient seine Position benannt hat, ist es wichtig, die Antwort zu spiegeln »Du stehst im oberen Bereich. Eine Verhaltensveränderung könnte dir wichtig sein.« Danach ist darauf einzugehen, aus welchen Gründen keine geringe Zahl genannt wurde (»Kannst du mir sagen, aus welchen Gründen du keine 2 gewählt hast?«). Hierüber wird der Klient angeregt, in Form des Change Talkes zu antworten (ebd.).

Im weiteren Verlauf der Motivierenden Gesprächsführung geht es schließlich darum, dass die Klienten einen konkreten Plan zur Verhaltensveränderung aufstellen und die Bereitschaft zur Durchführung dessen signalisieren. Diese Phase wird nach Naar-King und Suarez (2012) als Commitment beschrieben. Kennzeichen hierfür sind Äußerungen wie »Ich will ...«, »Ich werde ...«, »Ich schwöre ...«. Erst wenn ein Klient oder eine Klientin auf solche Weise die Veränderungsbereitschaft selbst äußert, können konkrete Veränderungspläne entwickelt werden. Diese können durch eine Zusammenfassung des bisherigen eingeleitet werden und mit einer Schlüsselfrage enden. Die Schlüsselfragen sollen den Klienten zum nächsten Schritt heranführen (z. B. »Was könntest du sonst noch tun?«; »Welche Pläne hast du für die nächste Woche?«) (Naar-King & Suarez 2012, 86). Durch die Schlüsselfragen kann auch noch einmal überprüft werden, ob der Klient bzw. die Klientin tatsächlich schon bereit ist, die nächsten Schritte zu gehen oder ob der Übergang in die Planungsphase noch zu früh ist (z. B. »Ich würde ja, aber ...«) (ebd.). Sollten die Ratsuchenden tatsächlich bereits in der Planungsphase sein, ist es wichtig, die Absichten und Antriebe zu verstehen und gemeinsam einen Plan zu entwickeln, der konkret darstellt, was geändert werden soll und wie der Plan umgesetzt werden kann. Ein Veränderungsplan enthält damit immer auch die Aspekte Zielsetzung (»Woran möchtest du, wenn überhaupt, bis zum nächsten Mal arbeiten?«), konkrete Schritte, um das Ziel zu erreichen (»Mit welchen Schritten möchtest du beginnen? Wann wäre der richtige Zeitpunkt anzufangen?«), eine erneute Betrachtung der Gründe für das Ziel und potenzielle Schwierigkeiten sowie eine Abmachung, wie die Schwierigkeiten überwunden werden können (ebd.). Klienten können oft nicht alle realistischen Optionen benennen. Es kann hilfreich sein, sich in diesem Fall die Erlaubnis einzuholen, Ratschläge geben zu dürfen (»Wenn es dich interessiert, kann ich dir einige Sachen erzählen, die andere ausprobiert haben«). Wenn der Klient einwilligt, kann man mit der Auflistung fortfahren. Beim Festhalten der Genauigkeit des Verhaltensplans kann die Expertise und Erfahrungen der Beratungsperson mit eingebracht werden (»Du hast richtig angeführt ...«; »Manche haben Schwierigkeiten ...«; »Was denkst du, könnte dir im Wege stehen?«). Möglicherweise auftretende Schwierigkeiten können an dieser Stelle weiter eruiert werden. Das frühzeitige Erkennen und Bewältigen von Schwierigkeiten erhöht die Erfolgschancen und sollte daher auf jeden Fall berücksichtigt werden. Die dann entwickelten Veränderungspläne können schriftlich fixiert werden – notwendig ist dies jedoch nicht.

Weiterführende Literatur

Arkowitz, H., Westra, A., Miller, R. & Rollnick, (2010). Motivierende Gesprächsführung bei der Behandlung psychischer Störungen. Weinheim: Beltz.
Miller, W. R. & Rollnick, (2015). Motivierende Gesprächsführung. Freiburg i. Br.: Lambertus.
Naar-King, S. & Suarez, M. (2012). Motivierende Gesprächsführung mit Jugendlichen und jungen Erwachsenen. Weinheim: Beltz.

5 Analyse und Klärung der Probleme im Kontext von Ressourcen

☞ Was Sie in diesem Kapitel lernen können

Grundvoraussetzung für Interventionen in der Beratung sind ›Diagnosen‹, d. h. (empirisch) überprüfbare Aussagen über die Probleme, Belastungen und Störungen des Adressaten. Sie bilden die Voraussetzung für die Fallbeschreibung und das Fallverständnis, das in ein Störungsmodell mündet. Genauso wichtig wie die Entwicklung eines Störungsmodells ist die umfangreiche Ermittlung der Ressourcen der Klienten, die eine tragfähige Säule im Veränderungsprozess der Beratung darstellen können. Ein ausgewogenes Verhältnis von Störungs- und Ressourcendiagnostik unterstützt den Klienten/die Klientin bei der Klärungsarbeit und somit zum Aufbau der Veränderungsmotivation. Schließlich liefert Diagnostik wertvolle Informationen, um den gesamten Beratungsprozess zu evaluieren. Diagnostik lässt sich demnach in das Phasenmodell psychosozialer Beratung (▶ Kap. 2) integrieren und hat einen Schwerpunkt am Anfang der Beratung (3. Phase), bietet jedoch auch im weiteren Verlauf der Beratung wertvolle Impulse, um den Behandlungsverlauf zu optimieren (Verlaufsdiagnostik, Diagnostik bei der Abschlussevaluation). Dieses Kapitel informiert Sie über

- das Rahmenkonzept bio-psycho-sozialer Diagnostik, mit dem eine komplexe Erfassung der wichtigsten Informationen über die Klienten und Klientinnen ermöglicht wird. Es ist durch das Konzept der Salutogenese zu ergänzen, das die Frage in den Mittelpunkt rückt: Was hält den Klienten/die Klientin gesund?
- die Diagnostik der psychosozialen Ausgangssituation der Klienten und Klientinnen. Dabei können Netzwerkkarten, biografieorientierte Methoden und Testverfahren hilfreich sein;
- die Erfassung der Ressourcen der Klienten und Klientinnen, die ihnen am Anfang der Beratung oft nicht bewusst sind. Wenn Bereiche gelungener Lebensbewältigung im Beratungsprozess zugänglich werden, stellt Ressourcendiagnostik zugleich auch eine Interventionsform dar. Ressourcen können aus Gesprächen mit Klienten erschlossen werden, z. B. aus Aussagen über ihre Lebensgestaltung und über ihr Umfeld oder gezielt durch systematische Verfahren erfasst werden. In der psychosozialen Beratung ist die Aufmerksamkeit sowohl auf personelle (physische, psychische, interaktionelle) Ressourcen der Klientinnen und Klienten gerichtet wie auch auf sol-

che, die durch den individuellen und familialen Lebenslauf gestaltet sind und besonders auch auf Ressourcen, die in familialen, partnerschaftlichen und nachbarschaftlichen Beziehungssystemen und in Bildungs- und sozialen Hilfesystemen enthalten sind;
- die SORKC-Analyse, mit der die zentrale Frage beantwortet werden kann, welche Funktion ein ausgewähltes Problemverhalten für eine Klientin bzw. einen Klienten hat;
- die Analyse der Selbstregulation, bei der Erwartungen eine große Rolle spielen: Situations-, Selbstwirksamkeits- und Konsequenzerwartungen;
- die Analyse psychischer Grundbedürfnisse: Bindung, Selbstwertschutz/Selbstwerterhöhung, Orientierung und Kontrolle, Lustgewinn/Unlustvermeidung. Dabei spielt die Befriedigung, Nichtbefriedigung oder Verletzung von psychischen Grundbedürfnissen, die Klientinnen in der Biografie erlebt haben oder aktuell erfahren, eine zentrale Rolle in der Diagnostik;
- solche Dimensionen der Familiendiagnostik, die für die Einschätzung des Systems ›Familie‹ wichtig sind: Struktur, Macht und Kontrolle, Affekte, Kultur und Entwicklungsstadium der Familie. Darüber hinaus haben Kausalattributionen über die Probleme des Indexklienten eine wichtige Funktion im Beratungsprozess.

5.1 Diagnostische Grundlagen zum Fallverständnis nach dem bio-psycho-sozialen Modell

Dieter Wälte

In welchen speziellen Bereichen der Berater/die Beraterin auch beschäftigt ist, seine/ihre vielfältigen Tätigkeiten erfordert es, dass er/sie in der Lage ist, die Störungen und Probleme seiner/ihrer Klientel richtig zu erfassen und einzuordnen, um auf dieser Grundlage geeignete Maßnahmen zu ergreifen. Diagnostische Kenntnisse sind deshalb für ein fachgerechtes Handeln in der psychosozialen Beratungstätigkeit unerlässlich. Kenntnisse über die klassifikatorische Diagnostik sind für diese Aufgaben hilfreich, aber nicht erschöpfend, um die vielschichtigen Probleme der Klientel psychosozialer Beratung diagnostisch zu erfassen. Insbesondere konzentrieren sich die modernen Klassifikationssysteme (ICD-10, DSM-IV-TR bzw. DSM-5) hauptsächlich auf das Individuum und somit auf den Klienten als eine einzelne Person. Die Beziehung zwischen Personen, wie z. B. in der Familie oder in der Gruppe, wird von den Klassifikationssystemen weitgehend ausgeblendet. Psychosoziale Beratung ist jedoch nicht ausschließlich individuumszentriert, wie das bei der Medizin in der Regel der Fall ist (z. B. Psychiatrie, Psychosomatische Medizin und Arbeitsmedizin stellen jedoch Ausnahmen dar), sondern entfalten ihre Wirkung oft über systemische Interventionen. Deshalb muss psychosoziale Diagnostik über das Individuum hinausgehen und auch die Interaktion zwischen Personen im Blick haben.

Das in der Abbildung 5.1 dargestellte Konzept bio-psycho-soziale Diagnostik in der Beratung eröffnet ein Vorgehen, mit dem die Problemkonstellation der Klientinnen und Klienten (nicht nur Störungen, sondern auch Konflikte, Krisen, Belastungen, aber auch Ressourcen und Motivation) in der Wechselwirkung zwischen Körper, Psyche und sozialer Situation auf unterschiedlichen Systemebenen der Klientel (Person, Paar, Familie, Gruppe, bei Beratungsprozessen auch Team und Organisation) beobachtbar, analysierbar und erklärbar werden (▶ Abb. 5.1). Es ermöglicht eine komplexe Erfassung der wichtigsten Informationen, die in die Erklärungskonzepte für die psychosozialen Probleme der Klienten einfließen können.

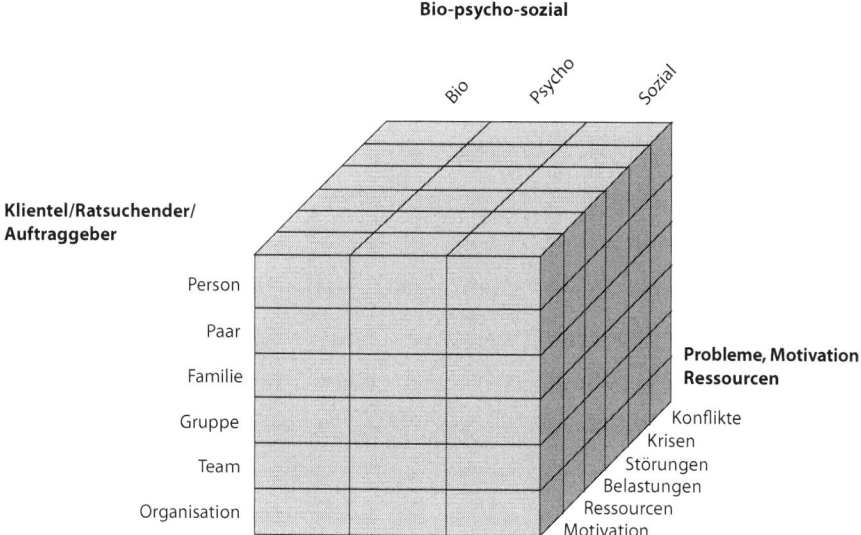

Abb. 5.1: Rahmenkonzept bio-psycho-sozialer Diagnostik in der Beratung (eigene Darstellung)

Eine zentrale Facette dieses Rahmenkonzeptes ist das bio-psycho-soziale Modell, das in der kritischen Auseinandersetzung mit dem biomedizinischen Konzept entwickelt wurde (Engel 1997; Egger 2005, 2008). Es fördert eine Betrachtungsweise, mit der die Probleme von Klienten und Klientinnen in ihren komplexen individuellen bio-psycho-sozialen Bezügen eingeordnet werden können und betont den aktiven Status der Klienten und Klientinnen (Motivation, Ressourcen) bei der Bewältigung von Belastungen, Krisen, Problemen und Störungen.

5.1 Diagnostische Grundlagen zum Fallverständnis nach dem bio-psycho-sozialen Modell

Störungsübergreifende Diagnostik auf sechs Analyseebenen

Für die Diagnostik bei einer einzelnen Person haben sich die folgenden sechs Analyseebenen in der Praxis als besonders wichtig erwiesen (vgl. Borg-Laufs 2016):

- Funktionale Analyse (z. B. nach dem SORKC-Modell),
- Beziehungsanalyse (z. B. Beziehung zwischen Beraterin und Klientin),
- Motivationsanalyse (z. B. Leidensdruck, Störungsgewinn, Glaube an Erfolge),
- Systemanalyse (z. B. Interaktion, Kommunikation),
- Ressourcenanalyse (z. B. psychisch, physisch, sozial, ökonomisch/ökologisch),
- Störungsanalyse (z. B. nach ICD-10).

Nach dem bio-psycho-sozialen Modell entstehen psychosoziale Probleme dadurch, dass eine Person ihre autoregulative Kompetenz bei der Bewältigung von negativen Einflüssen, die innerhalb oder außerhalb der Person entstehen können, nicht mehr aufrechterhalten kann. Dabei ist die Ätiologie psychosozialer Probleme durch die dynamische Wechselwirkung zwischen biologischen, psychischen und sozialen Faktoren multifaktoriell bedingt. Wegen der Einbeziehung psychischer und sozialer Faktoren ist, anders als bei dem biomedizinischen Modell, sowohl das Individuum als auch der soziale Kontext maßgeblich an der Entstehung und an dem Verlauf psychosozialer Probleme beteiligt.

Allerdings erlaubt das Modell auch die hypothetische Gewichtung der Faktoren für spezifische psychosoziale Problemkonstellationen. Besonders ausgeprägt ist z. B. der Einfluss biologischer Faktoren bei der akuten Intoxikation durch psychotrope Substanzen (z. B. Alkohol, Opioide, Cannabinoide, Kokain, Stimulantien, Halluzinogene), der sich hauptsächlich durch Störungen des Bewusstseins, der kognitiven Funktionen, der Wahrnehmung, des Affektes und des Verhaltens zeigt. Aber auch bei diesem scheinbar dominanten Einfluss biologischer Faktoren, darf die Wechselwirkung mit den beiden anderen Faktoren des bio-psycho-sozialen Modells nicht vernachlässigt werden, da soziale Anlässe (z. B. Karneval, Musikfestival, Fete) und psychische Faktoren (z. B. Neurotizismus, Selbstunsicherheit, Extraversion) das Konsumverhalten mit beeinflussen können.

Fallbeispiel: Soziale Faktoren

Herr U. (45 Jahre) lebt alleine in einer kleinen Wohnung unter dem Dachgeschoss. Nachdem er im Alter von 30 Jahren eine schwere immer wiederkehrende (rezidivierende) Depression entwickelte, trennte sich seine Frau von ihm wenige Jahre später. Häufige Klinikaufenthalte führten dazu, dass ihm im Alter von 34 Jahren seine Arbeit als Malergeselle gekündigt wurde, da er außerdem häufig wegen seines erheblichen Alkoholkonsums nicht zur Arbeit erschienen war. Bis heute hat er keine neue Anstellung gefunden, auch eine Reha-Behandlung in einem Fachkrankenhaus zur Entwöhnungsbehandlung zeigte nicht den gewünschten Erfolg. Nach einem Suizidversuch und einer geschützten Unterbringung auf der Notfallstation einer psychiatrischen Abteilung nahm er vor zwei Jahren das Angebot zum »Ambulant Betreuten Wohnen« an, da die Ärzte ihm eine Behinderung wegen der psychischen Störung bescheinigten. Seitdem wird er vier Stunden pro Woche von einer Sozialarbeiterin betreut, die ihn regelmäßig in seiner Wohnung aufsucht. Neben Hilfen bei Behördengängen (z. B. Sozialamt), versucht sie, mit geeigneten Methoden der Sozialen Arbeit dem gesetzlichen Auftrag der Eingliederungshilfe zu entsprechen, der mit den Begriffen »Eingliederung in die Gesellschaft« und »Hilfe zur Unabhängigkeit bzw. Selbständigkeit« umschrieben werden kann. In vielen intensiven Beratungsgesprächen erkennt die Sozialarbeiterin, dass Herr U. sich nicht als Teil der Gesellschaft erleben kann, da er sich von seinem persönlichen sozialen Netz kaum unterstützt fühlt. Auch ein Leben in Selbständigkeit, ohne unterstützende Maßnahmen der Behindertenhilfe, kann er sich zurzeit nicht vorstellen.

Bei einer Reihe von psychischen Störungen haben soziale Faktoren in der Ätiopathogenese ein besonderes Gewicht, wie z. B. bei der ›auf den familiären Rahmen beschränkten Störung des Sozialverhaltens‹ bei Kindern oder Jugendlichen (ICD-10, F91.0). Bei dieser Störung ist das auffällige Verhalten (wie z. B. das Zerreißen von Kleidungsstücken oder Gewalt gegen Familienmitglieder) auf den häuslichen Rahmen oder auf die Interaktion mit den Mitgliedern der Kernfamilie bzw. der unmittelbaren Lebensgemeinschaft beschränkt und ist in der Regel aus einer gravierenden Beziehungsstörung des Kindes zu einem oder mehreren Mitgliedern der Kernfamilie entstanden. Die Störung geht aber vermutlich auch einer mit neurobiologischen Veränderungen im Schaltkreis zwischen dem limbischen System (›Emotionszentrum‹) und den präfrontalen Hirnarealen (›Zentrum der Handlungsregulation‹) und zeigt sich auf der psychologischen Ebene in einer ausgeprägten Aggressivität. Auch bei der Posttraumatischen Belastungsstörung (ICD-10, F43.1) haben genau definierbare soziale Faktoren einen Einfluss auf die Ausprägung des Störungsbildes. So führen menschlich mutwillig verursachte Traumatisierungen, sogenannte ›man made disasters‹, ausgesprochen häufig zu einer Posttraumatischen Belastungsstörung, da diese eine tiefe Erschütterung des Vertrauens in anderen Menschen nach sich ziehen können. Zu ihnen zählen Vergewaltigungen, Überfälle oder andere Gewalttaten. (Maercker 2019, AWMF 2019).

Neurobiologie und psychische Störungen

In den letzten Jahrzenten konnten mit Hilfe bildgebender Verfahren die Zusammenhänge zwischen psychischen und neurobiologischen Prozessen weiter aufgeklärt werden (Böker & Seifritz 2012). So haben z. B. depressive Patienten einen Bias in der Informationsverarbeitung positiver und negativer Reize mit entsprechenden neurobiologischen Korrelaten. Bei negativen emotionalen Sti-

5.1 Diagnostische Grundlagen zum Fallverständnis nach dem bio-psycho-sozialen Modell

muli zeigen Amygdala, ventrales Striatum (Nucleus caudatus, Putamen) und der mediale präfrontale Cortex eine Überaktivierung, während bei positiven emotionalen Stimuli das ventrale Striatum eine Unterregulierung aufweist. Auch für andere psychische Störungen, wie z. B. für die Angststörungen, lassen sich in der Zusammenschau der bisherigen neurobiologischen Befunde durch Metaanalysen entsprechende ›Netzwerke‹ nachweisen.

Schließlich können eine Reihe von Störungen benannt werden, bei denen psychischen Faktoren ein besonderes Gewicht zukommt. Das trifft z. B. im besonderen Maße für die Entstehung und den Verlauf von spezifischen Phobien zu. Nach der Zwei-Faktoren-Theorie von Mowrer (1951) entsteht eine spezifische Phobie zunächst durch einen Prozess der klassischen Konditionierung und wird dann aufrechterhalten durch operante Konditionierung im Sinne einer negativen Verstärkung durch Vermeidung des phobischen Objektes. Das Konzept des Lernens am Modell ergänzt die Zwei-Faktoren-Theorie aber um die soziale Dimension (Michael et al. 2009). Da jedoch Menschen nicht bei allen Objekten mit der gleichen Wahrscheinlichkeit eine spezifische Phobie entwickeln, liegt die biologische Annahme nahe, dass es auch eine phylogenetisch verankerte Bereitschaft (›preparedness‹) dafür gibt, auf bestimmte Reize mit Angst zu reagieren (Seligman 1971).

Übersicht zu den bio-psycho-sozialen Problemen

Viele Beratungssituationen sind nur von kurzer Dauer, sodass eine vertiefende Diagnostik nur in einem eingeschränkten Maße möglich ist. Mit dem folgenden Schema lassen sich jedoch die wichtigsten Problemschwerpunkte übersichtlich erfassen (▶ Abb. 5.2):

Bereich	Probleme
Sozial	
Biologisch/ körperlich	
Psychisch	

Abb. 5.2: Schema zu den wichtigsten Problemschwerpunkten (eigene Darstellung) Siehe Online-Material 5.a

> Hilfreich kann es auch sein, wenn der Klientin/die Klientin die Probleme übersichtlich in ein Tortendiagramm (»Problemkuchen«) einzeichnet. Die Größe des Kreissegmentes symbolisiert dabei die Belastung durch die jeweiligen Probleme. In einigen Beratungssituationen kann es auch sinnvoll sein, dass der Klient nur das Hauptproblem und die prozentuale Belastung durch dieses Problem darstellt. Dabei kann der Berater/die Beraterin einen »Problemkuchen« gezeichnet vorgeben und den Klienten/die Klientin bitten, die Problembelastung durch die Größe des Kreissegmentes darzustellen.

Die bisherigen Beispiele machen deutlich, dass Entstehung und Verlauf von psychischen Störungen (analoges gilt für Konflikte, Krisen und Belastungen) eines Klienten nur aus der Dynamik des Wechselspiels seiner bio-psycho-sozialen Situation verstanden werden kann, die mehr ist als die Summe der Einzelelemente. Nach Egger (2008) liegen dem bio-psycho-sozialen Modell folgende Annahmen zugrunden:

- Die Natur lässt sich als eine hierarchische Ordnung von Systemen beschreiben, die jeweils typische Qualitäten und Beziehungen aufweisen.
- Jede Systemebene ist mit jeder anderen (auf gleicher, unterer oder oberer) Systemebene verbunden, sodass eine Veränderung auf einer Systemebene eine Änderung auf einer anderen Ebene (gleichzeitig oder auch zeitlich versetzt) zur Folge hat.
- Eine untere Systemebene kann die Phänomene, die auf einer höheren Systemebene liegen, nach dem Prinzip der Emergenz nicht vollständig erklären. So lassen sich psychische Phänomene nicht alleine durch neurobiologische Prozesse erklären.
- An der Ätiologie, der Pathogenese oder Symptomatologie von Störungen (Konflikten, Problemen, Krisen, Belastungen) sind in der Regel biologische, psychologische und soziale Faktoren simultan beteiligt.
- Krankheiten (Störungen, Konflikte, Probleme, Krisen, Belastungen) stellen sich dann ein, wenn autoregulative Kompetenzen bei einer Person überfordert sind oder ausfallen.
- Krankheiten (Störungen, Konflikte, Probleme, Krisen, Belastungen) sind kein Zustand, sondern bilden ein dynamisches Geschehen.
- Das komplette Wechselspiel der bio-psycho-sozialen Faktoren kann nicht vollständig abgebildet werden, allerdings können wichtige Puzzlesteine erschlossen werden.
- Das Erleben des Subjektes (Klient, Patient) ist nicht mit dem identisch, was der Beobachter (Berater, Therapeut) beschreibt.

> **Der Klient als Subjekt und nicht nur als Objekt der Diagnostik**
>
> Da das Erleben des Klienten als Subjekt nicht identisch mit den (›objektiven‹) Beobachtungen des Beraters/der Beraterin (durch Diagnostik) ist, folgt daraus für die Diagnostik in der psychosozialen Beratung:

5.1 Diagnostische Grundlagen zum Fallverständnis nach dem bio-psycho-sozialen Modell

- Der Klient ist nicht nur Datenlieferant, sondern seine Interpretationen und Deutungen sind fundamentaler Bestandteil psychosozialer Diagnostik.
- Psychosoziale Diagnostik hat eine partizipative Orientierung und erfordert die dialogische interaktive Einbeziehung des Klienten im gesamten diagnostischen Prozess. Allerdings lassen sich psychosoziale Diagnosen nicht allein durch Aushandlungsprozesse konstituieren.
- Psychosoziale Diagnostik ist Teil der Beziehungsarbeit und setzt diese voraus.
- Die soziale Eingebundenheit des Klienten in verschiedenen Systemen erfordert eine Netzwerkdiagnostik.
- Psychosoziale Diagnostik ist eingebunden (als Dienstleistung) in einem sozialen Netz (Klientensystem, Institution, Gesellschaft) und muss deshalb selbstreflexiv die Bedingungen ihres eigenen Erkenntnisprozesses rekonstruieren (vgl. Müller 2003).

Das bio-psycho-soziale Modell ist trotz einer weit verbreiteten Akzeptanz nicht ohne Kritik geblieben. Vor allem wird die pathogenetische Ausrichtung (ähnlich wie beim biomedizinischen Modell) bemängelt, mit der die Frage ausgeblendet wird: Was erhält Menschen gesund? Dieser Frage versucht Antonovsky (1979, 1997) mit seinem Konzept zur *Salutogenese* (›Gesundheitsentstehung‹) nachzugehen. Antonovsky geht davon aus, dass Gesundheit und Krankheit ein prozessuales Geschehen in einem *Gesundheit-Krankheit-Kontinuum* (zwischen Health-ease und Dis-ease) über die Entwicklung des gesamten Lebenslaufes darstellen:

> »Wir sind alle terminale Fälle. Aber solange wir einen Atemzug Leben in uns haben, sind wir alle bis zu einem gewissen Grad gesund.« (Antonovsky 1989, 53)

Die Entwicklung einer Krankheit hängt davon ab, welchen Stressoren eine Person ausgesetzt ist und über welche *Widerstandsressourcen* (Schutzfaktoren) sie verfügt. Krankheit entsteht aus einem Ungleichgewicht zwischen belastenden und schützenden Faktoren, das vom Individuum durch Selbstorganisationsprozesse im Austausch mit der Umwelt nicht mehr ausbalanciert werden kann. In diesem Selbstorganisationsprozess hat die subjektive Identitätskonstruktion besondere Bedeutung (Bengel et al. 2001). Der *Kohärenzsinn (sense of coherence, SOC)* wird von Antonovsky als der zentrale Wirkfaktor für Gesundheit und positive Lebensbewältigung eingestuft. Er umschreibt als stabile Sichtweise auf die Welt das Ausmaß eines umfassenden, überdauernden und dynamischen Gefühls des Vertrauens:

> »eine globale Orientierung, die das Ausmaß ausdrückt, in dem jemand ein durchdringendes, überdauerndes und dennoch dynamisches Gefühl des Vertrauens hat, daß erstens die Anforderungen aus der inneren oder äußeren Erfahrenswelt im Verlauf des Lebens strukturiert, vorhersagbar und erklärbar sind und dass zweitens die Ressourcen verfügbar sind, die nötig sind, um den Anforderungen gerecht zu werden. Und drittens, daß diese Anforderungen Herausforderungen sind, die Investition und Engagement verdienen.« (Antonovsky 1993, 12; Übersetzung durch Franke & Broda, zitiert in Bengel et al. 2001, 30)

Insgesamt kann das salutogenetische Konzept die bio-psycho-soziale Diagnostik in der psychosozialen Beratung durch die verstärkte Beachtung der (›heilsamen‹) Ressourcen der Klientel bereichern.

 Weiterführende Literatur

Bengel, J., Strittmatter, R. & Willmann, H. (2001). Was erhält Menschen gesund? Antonovskys Modell der Salutogenese – Diskussionsstand und Stellenwert. Erweiterte Neuauflage. Köln: Bundeszentrale für gesundheitliche Aufklärung (BZgA).
Egger, J. W. (2008). Grundlagen der »Psychosomatik« – Zur Anwendung des biopsychosozialen Krankheitsmodells in der Praxis. Psychologische Medizin. 2008, 19 (2). 12–22.
Engel, G. L. (1997). From Biomedical to Biopsychosocial. In: Psychotherapy and Psychosomatics, 66. 57–62.

5.2 Psychosoziale Ausgangssituation

Julia Tiskens & Michael Borg-Laufs

Der moderne Mensch steht vor der Herausforderung, »ein Planungsbüro in eigener Sache aufzubauen, sei es ganz allgemein – als Basiskompetenz – oder sei es aktuell vor, in oder nach einer Krisensituation« (Rauschenbach 1994, 103). Sinngebende und identitätsstiftende Gemeinschaften, wie man sie früher aus Ständen oder generationsübergreifenden Familienbetrieben kannte, haben sich zunehmend aufgelöst (Funktionsverlust der traditionellen Familien), sodass Individuen aufgrund der sich stetig verändernden Rollenanforderungen häufig orientierungs- und hilflos wirken.

Individualisierungsschübe der letzten 50 Jahre bergen sowohl Risiken als auch Potentiale, indem sie einerseits die Gefahr der Auflösung von sozialen Beziehungen bis hin zur Entfremdung mit sich bringen und andererseits eine Fülle an Wahlmöglichkeiten bereitstellen. Individuen müssen für ihr Handeln und ihre Lebensführung die Verantwortung übernehmen, sich in der Gesellschaft und den mit ihr verbundenen unterschiedlichen Rollenerwartungen positionieren und sich eventuell in ihren Entscheidungen gegen die Gemeinschaft stellen. Daraus entsteht ein Spannungsfeld für das Individuum aus der einerseits zu bildenden Identität bzw. Aufrechterhaltung des Selbstbildes und andererseits den in der modernen Industriegesellschaft zu entwickelnden Kompetenzen, die eine Bewältigung kognitiver, emotionaler und sozialer Verunsicherungen ermöglichen (Stimmer & Ansen 2016).

Kennzeichen heutiger Industriegesellschaften sind beispielhaft: Komplexität, Individualisierung vs. Pluralisierung, Technologisierung, Bürokratisierung und Verrechtlichung, Globalisierung, soziale Mobilität und lebensweltliche Segmentierung, die jedoch nicht verallgemeinerbar sind, sondern für die »typisch deutsche« Gesellschaft speziell wirken (ebd.). Umgekehrt müssen Individuen dementsprechend in idealtypischer Weise Fähigkeiten wie z. B. Offenheit, Veränderungsbereitschaft, Reflexivität, Individualität, Mobilität und Sensibilität entfalten.

Beratungsbedarf entsteht nach Stimmer und Ansen (2016, 15) mutmaßlich aus der Struktur und Dynamik moderner Industriegesellschaften, »die durch ihr hohes Verunsicherungspotenzial quasi naturgegeben Beratungsbedürfnisse einzelner Menschen und Gruppen erzeugen, einen hohen Grad eines kollektiven Beratungsbedarfs bewirken und als Merkmal sozialstaatlicher Aufgaben Beratungspflichten bedingen«. Insofern ist heutzutage ein sich notwendigerweise ergebendes Grundprinzip von Beratung, die Lebensweise der Klienten und Klientinnen sowie deren Bewältigungskompetenzen für spezifische gesellschaftliche Herausforderungen zu reflektieren, um mögliche vorhandene Ressourcen zu entdecken und bewusst in das Handeln integrieren zu können.

Die Frage, inwieweit die beschriebenen Kennzeichen und Entwicklungen der modernen Industriegesellschaft und die daraus abgeleitete Erkenntnis, dass Gesellschaft und Individuum nicht mehr unmittelbar miteinander verknüpft werden können, dazu beitragen, dass Menschen psychosoziale Beratung in Anspruch nehmen, versuchen Stimmer und Ansen (2016, 47) wie folgt zu beantworten:

> »Dem Beratungsbedürfnis liegt ein mehr oder weniger ausgeprägtes Mangelerleben auf der Inhalts- wie auf der Beziehungsebene zugrunde, das multiperspektivisch im wechselseitigen Zusammenwirken von gesellschaftlichen Strukturen und Prozessen, lebensweltlichen Bezügen, Lebensstilen, Lebenslagen sowie individuellen körperlichen, psychischen und sozialen Möglichkeiten bedingt ist und ein erhebliches Konfliktpotenzial enthalten kann.«

Bei der Beratung von Individuen sollte dementsprechend deren Einbindung in soziale Netzwerke berücksichtigt werden. Dabei sollte heutzutage bei Klienten und Klientinnen aller Altersgruppen auch die Eingebundenheit in Soziale Online-Netzwerke wie z. B. Facebook erfasst werden. Regelmäßiges sozial orientiertes Online-Handeln ist inzwischen bei der überwiegenden Mehrheit der Jugendlichen und jungen Erwachsenen eine ganz selbstverständliche Verhaltensweise (Reichmayr 2015), aber auch für Menschen aller anderen Altersgruppen wird dies immer häufiger zu einer bedeutsamen Handlungsweise (Borg-Laufs 2015). Noch ist die Forschungslage nicht eindeutig, aber es ist abzusehen, dass sowohl Gefahren (Hentschel & Kappel 2015) als auch Ressourcen (Eisermann 2015) dieser neuen Lebenswelt in der Beratung zu berücksichtigen sind.

> **Bedeutung von (Online-)Netzwerken**
>
> Probleme von Klienten und Klientinnen lassen sich nur richtig verstehen, wenn man auch deren (Online-)Netzwerk kennt.

»Es ist nicht möglich, die eigene persönliche Geschichte zu erzählen, ohne dass ihre Bedingtheit durch soziale Welt ersichtlich wird, und umgekehrt kann die Darstellung sozialer Welt nur aus einer subjektiven Wahrnehmung heraus erfolgen« (Völter 2013, 161). Beratung findet somit immer *in* der Lebenswelt von

Klienten und Klientinnen statt und nicht getrennt davon. Sie sollen kurzfristig darin unterstützt werden, aktuelle psychosoziale Konflikte und Probleme zu bewältigen, und gleichzeitig auf lange Sicht befähigt werden, auftretende kritische Situationen – im Sinne der Ressourcen- und Resilienzförderung – eigenständig zu lösen bzw. in ihren Auswirkungen mildern zu können (Stimmer & Ansen 2016).

> **Reflexion der Lebensweise und Bewältigungskompetenzen**
>
> Die Reflexion der Lebensweise und Bewältigungskompetenzen der Klienten und Klientinnen bei spezifischen gesellschaftlichen Herausforderungen stellt eine wichtige Aufgabe psychosozialer Beratung dar. Armut, Ausgrenzung und soziale Ungleichheit können ein wesentliches Ursachenbündel für die Probleme der Klientel darstellen.

Ebenso spielen auch Armut und soziale Ausgrenzung eine wichtige Rolle – vor allem, wenn es um den Begriff der gesellschaftlichen Teilhabe geht, die wiederum – bei geringer Ausprägung – einen möglichen Beratungsbedarf bedingen kann. Armut verursacht Einschränkungen in den Bereichen Einkommen, sozialräumliche Bedingungen, Wohnen, Bildung und Gesundheit. Die Kumulation dieser Benachteiligungen verursacht häufig eine sich gegenseitig bedingende Abwärtsspirale, die mit Verlustängsten und Gefühlen von Ausgrenzung einhergeht. Insbesondere dann scheint es von großer Bedeutung zu sein, den Blick von der gegenwärtig durch Probleme überlagert erscheinenden Lebenssituation der Betroffenen abzuwenden, um ihnen die Entwicklung neuer Zukunftsperspektiven zu ermöglichen.

Darüber hinaus wird bei möglichen Beratungsanlässen neben Armut häufig der Begriff der Sozialen Ungleichheit diskutiert, und zwar ausgehend von der Annahme, dass »Chancen und Risiken für Menschen in ihrer alltäglichen Lebenswelt (…) gesellschaftlich ungleich verteilt (sind) durch die jeweilige Ausprägung der Lebenslagen, die als sozialstrukturelle Rahmenbedingungen wirken (…)« (Stimmer & Ansen 2016, 310).

Typische individuelle Beratungsanlässe, die im Zusammenhang mit der beschriebenen gesellschaftlichen Entwicklung stehen, werden von Stimmer und Ansen (2016) folgendermaßen beschrieben:

- kurzfristige bis längerfristige Krankheiten,
- somato-psychische Konflikte (sexualisierte Gewalt, Suchtentwicklung u. a.),
- psychosoziale Probleme (Trennung, Scheidung, Mobbing u. a.),
- ökonomische Notlagen (Schulden, Armut, Arbeitslosigkeit u. a.),
- kulturspezifische Konflikte (Migration, religiöse Zugehörigkeit u. a.),
- allgemeine Lebensfragen (Berufswahl, Kinderwunsch u. a.),
- Fragen und Probleme bei der Organisations- und Sozialraumberatung.

5.2 Psychosoziale Ausgangssituation

Da die lebensweltlichen Bezüge, die soziale Einbettung und die biografischen Erfahrungen so wichtig sind, bietet sich für die Diagnostik in der psychosozialen Beratung die sogenannte ›Netzwerkkarte‹ (► Abb. 5.3) an, die als grafisches Verfahren zur Darstellung des gesamten Beziehungssystems des Klienten/der Klientin unterschiedliche Interpretationsmöglichkeiten erlaubt.

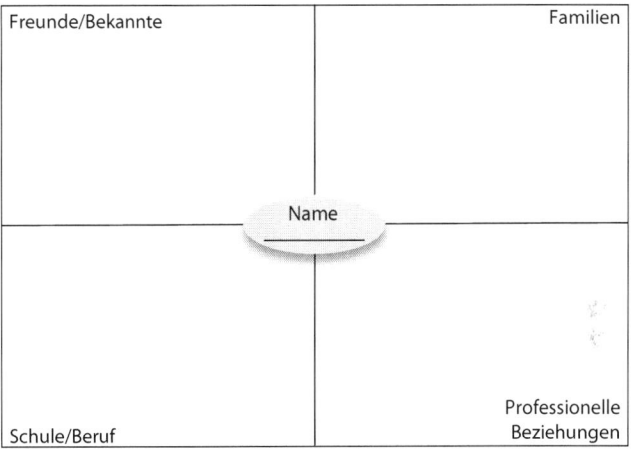

Abb. 5.3: Netzwerkkarte (eigene Darstellung in Anlehnung an Pantuček-Eisenbacher) Siehe Online-Material 5.b

Die Netzwerkkarte wird im Beratungsprozess gemeinsam mit dem Klienten/der Klientin ausgefüllt, der/die das Zentrum bildet. Der Klient/die Klientin wird nun gebeten, alle Personen aus seinem/ihrem Umfeld in die Netzwerkkarte einzutragen, und zwar so, dass auch die Beziehungsintensität abgebildet wird: Je enger die Beziehung zu einer Person aus Sicht des Klienten/der Klientin ist (»Wie nahe steht Ihnen die genannte Person?«), desto näher wird diese Person an das Zentrum gezeichnet und mit dem Klienten/der Klientin durch eine Linie verbunden. Ebenso werden die Personen aus dem sozialen Umfeld miteinander verbunden, wenn Kontakt zwischen ihnen besteht, sodass nach und nach ein Netzwerk entsteht, das an einigen Stellen stärker, an anderen weniger stark verknüpft erscheint (vgl. Pantuček-Eisenbacher, 2019). Es ist empfehlenswert, dass der Berater/die Beraterin das Netz anhand der Äußerungen des Klienten/der Klientin händisch erstellt, sodass Veränderungen im Laufe des Prozesses kenntlich gemacht bzw. korrigiert werden können.

Bei der Analyse einer erstellten Netzwerkkarte ist es besonders wichtig, unterschiedliche Schlüsselpositionen und Beziehungsformen zu ermitteln. Nach Gerhardter (1998) können als Schlüsselpositionen »Star« (Person mit vielen Verbindungen zu vielen Personen), »Liaison« (Verbindung zweier Personen über zwei Ebenen, die sonst isoliert wären), »Brücke« (Person, die zwei Ebenen angehört), »Gatekeeper« (kontrolliert den Informationsfluss zwischen unterschiedlichen Ebenen) und »Isolierter/Isolierte« (Person, die keine Beziehung zu anderen Personen hat) benannt werden. Bei den Beziehungsformen unterscheidet sie zwischen:

- »Uniplexen/multiplexen Beziehungen«: In multiplexen Beziehungen muss der Klient/die Klientin mehrere Rollen gleichzeitig erfüllen, in uniplexen dagegen nur eine einzige.
- »Direkter und indirekter Interaktion«: Direkte Interaktion meint face-to-face Kommunikation, indirekte beschreibt Telekommunikation und die Bedeutung von Online-Netzwerken u. a.
- »Starken und schwachen Beziehungen«: Starke Beziehungen weisen höhere Interaktionsfrequenzen auf als schwache.

Einer einmal erstellten »Ist-Netzwerkkarte« kann ggf. eine »Soll-Netzwerkkarte« gegenübergestellt werden. Dadurch kann herauskristallisiert werden, welche Veränderungswünsche der Klient/die Klientin bezüglich der einzelnen Beziehungsintensitäten hat, und gleichzeitig kann so die Interpretation der »Ist-Netzwerkkarte« nochmal vertieft werden, welche entweder in Kooperation mit dem Klient/der Klientin oder aber in Form von Fallbesprechungen erfolgen kann.

Über die Netzwerkkarte hinaus sollte der Berater/die Beraterin, ggf. unterstützt durch einen entsprechenden Anamnesebogen, weitere für die Beratung relevante Aspekte erfragen. Darunter fallen u. a.: Konkrete Schilderung des aktuellen Beratungs*anlasses* und des Beratungs*grundes*, der eigenen oder familiärbekannten Erkrankungen, der vergangenen sowie aktuellen Lebensumstände (Wohnsituation, medizinische Versorgung, Suchtverhalten, Ernährungsverhalten, wirtschaftliche Situation, Partnerschaft, Sexualität) oder der Entwicklungsgeschichte.

> **Beratungsanlass und Beratungsgrund**
>
> Es ist sinnvoll, Beratungs*anlass* und Beratungs*grund* voneinander zu trennen. Der *Beratungsanlass* kann oft sehr vordergründig sein, etwa die Empfehlung eines Lehrers, die der Anlass für einen Besuch in einer Erziehungsberatungsstelle war oder ein Alkoholexzess mit negativen Folgen, der der Anlass für einen Besuch einer Suchtberatungsstelle war. Der *Beratungsgrund* hingegen wird gelegentlich erst im Laufe der Beratung zur Gänze erkennbar, etwa die Überforderung der Eltern aufgrund eigener psychischer Probleme oder eine große Traurigkeit, die durch Alkoholexzesse zeitweise vergessen werden soll.

Hilfreich können auch weitere biografieorientierte Verfahren sein. Zu erwähnen ist das Genogramm (McGoldrick et al. 2008), welches im Rahmen der systemischen Arbeit entwickelt wurde, heute aber universell unabhängig von der beraterisch-therapeutischen Orientierung in vielen Kontexten verwendet wird. Es handelt sich dabei um eine generationsübergreifende graphische Darstellung der

5.2 Psychosoziale Ausgangssituation

Familie der Klienten und Klientinnen (in der Regel über drei Generationen) und der Beziehungen der Familienmitglieder untereinander.

In Abbildung 5.4 sind die Notationsmöglichkeiten zusammengestellt, wie sie von McGoldrick et al. (2008) empfohlen wurden (▶ Abb. 5.4).

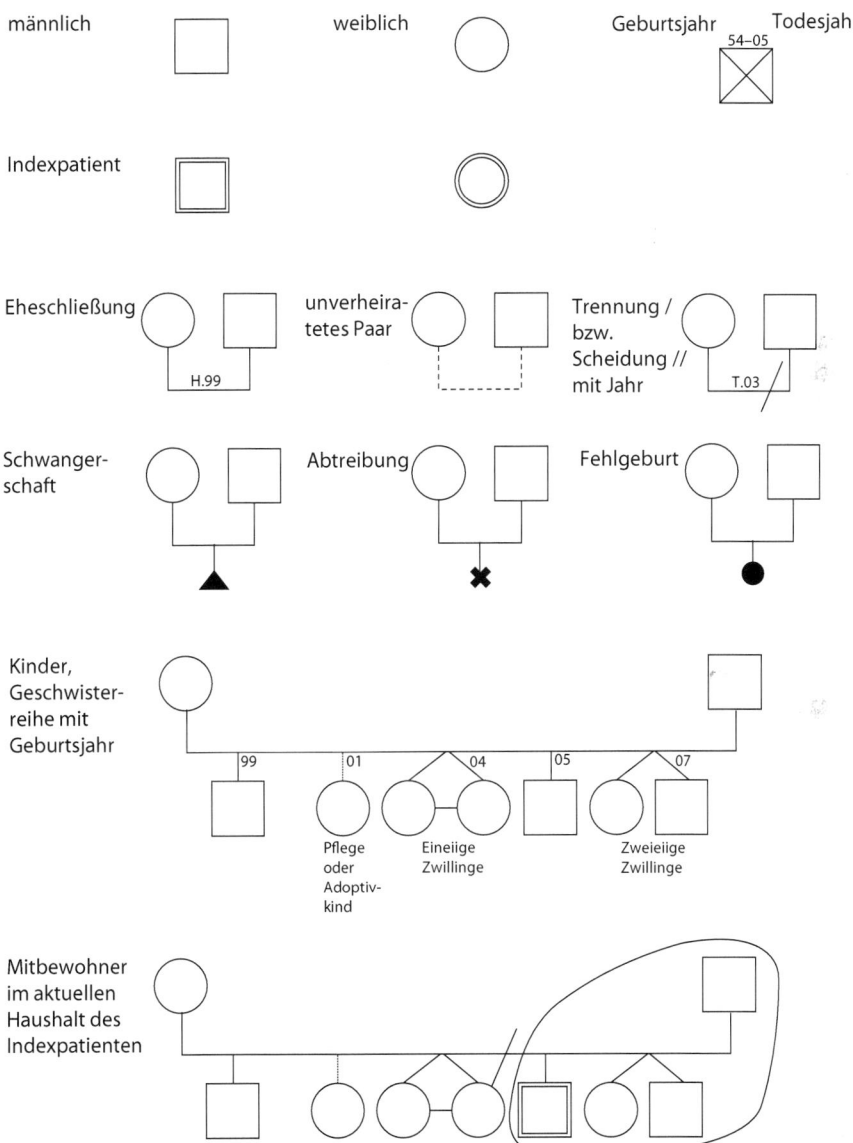

Abb. 5.4: Regeln zur Aufzeichnung von Genogrammen nach McGoldrick et al. (eigene Darstellung)

Die Erarbeitung des Genogramms kann Hypothesen und Fragen des Beraters/der Beraterin anregen. In der Regel sind auch die an der Genogrammerstellung beteiligten Familienmitglieder emotional hoch engagiert und es kann eine Fülle relevanter Faktoren zutage kommen. So wird die Familienstruktur deutlich, wichtige Ereignisse (Geburten, Todesfälle, Paarbildung, Trennung, usw.) werden erfasst und es können generationsübergreifende wiederkehrende Muster erkannt werden.

Eine weitere Methode der Erfassung relevanter biographischer und lebensweltlicher Einflüsse ist eine ›Lifeline‹, in der die Klienten und Klientinnen für sie relevante biografische Ereignisse und Zeiträume eintragen können. In der Praxis gibt es verschiedene Variationen dieses Verfahrens. Die hier gewählte Variante sieht folgendermaßen aus: Auf einem hinreichend großen Blatt Papier (z. B. Malblock, Flipchartpapier) wird von links nach rechts chronologisch das Alter abgebildet (x-Achse). Der Klient/die Klientin notiert nun an den entsprechenden Stellen des Lebenslaufes alle diejenigen Ereignisse oder Perioden, die er oder sie als prägend für sein Leben empfindet. Einzutragen sind einerseits alle wichtigen normativen Ereignisse (Geburt von Geschwistern oder Kindern, Partnerschaften, Trennung, Tod wichtiger Bezugspersonen, Schuleintritt, Ausbildung oder Studium, berufliche Stationen), andererseits persönlich relevante Ereignisse und Zeiträume (Krankheiten, Zusammensein mit bestimmten Freundeskreisen, Ausüben von Hobbies, persönlich bedeutsame Urlaube, sonstige persönlich bedeutsame Ereignisse). Dabei muss nur darauf geachtet werden, dass die Einträge lebensgeschichtlich richtig eingeordnet werden (Alter auf der x-Achse). Die Anordnung der Einträge auf der Dimension ›oben – unten‹ ist hingegen beliebig und kann ganz eigenen Ordnungskriterien folgen.

In einem zweiten Schritt wird die y-Achse relevant. Im Anschluss an die Eintragung aller relevanten lebensgeschichtlichen Ereignisse und Perioden soll eine von 0–10 skalierte Linie über das gesamte Leben ›gemalt‹ werden. Diese Linie soll darstellen, wie die Klientin/der Klient sich zu jedem Zeitpunkt seines Lebens ›alles in allem‹ gefühlt hat. Die Skalierung geht dabei von ›0‹ (am Boden zerstört) über ›5‹ (mittelmäßig) bis ›10‹ (himmelhochjauchzend, besser geht es nicht) (▶ Abb. 5.5 mit einer beispielhaften Lifeline).

Eine solche bildhafte Darstellung der eigenen Biografie bietet vielfältige Anknüpfungspunkte für ein Beratungsgespräch. Deutlich werden dabei sowohl die schwierigen, leiderzeugenden Ereignisse der Biografie (die eine Abwärtsbewegung der Linie hervorrufen) als auch die Ressourcen der Klientel, mit deren Hilfe die Lebenssituation sich verbessern konnte (Ereignisse, die eine Aufwärtsbewegung der Linie hervorrufen).

Zur Einschätzung der psychosozialen Ausgangslage können, etwa um einen Überblick über die psychische Symptomatik zu erlangen, auch standardisierte Fragebögen und Tests eingesetzt werden. Der Einsatz solcher Verfahren war lange Zeit eine Domäne der Psychologie und der Psychotherapie. Inzwischen wird auch in der Sozialen Arbeit immer deutlicher, dass standardisierte Verfahren die Qualität von Beurteilungen verbessern können (Wahlen & Jacob 2013; Hillmeier & Britze 2013; Schröder et al. 2013). Insbesondere in der Jugendhilfe und hier speziell bei der Frage der Beurteilung von Kindeswohlgefährdungen gewinnen

5.2 Psychosoziale Ausgangssituation

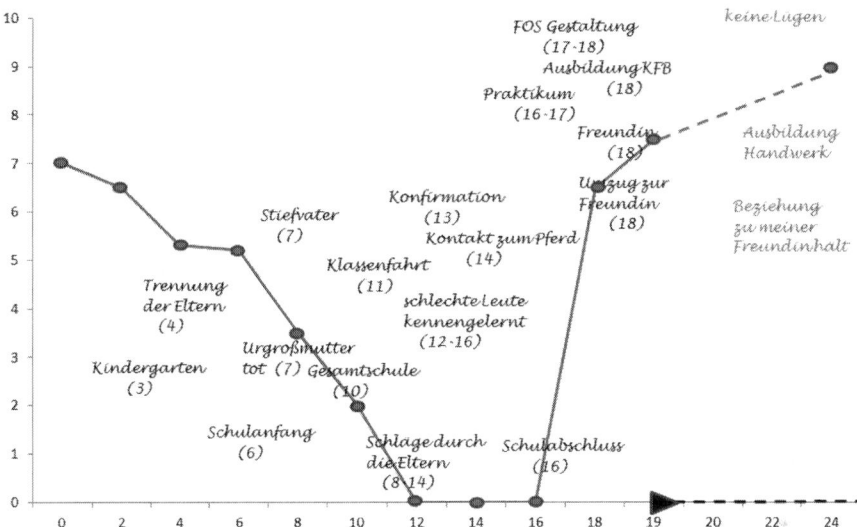

Abb. 5.5: Lifeline einer 19-jährigen Klientin mit in die Zukunft projizierten Ereignissen (eigene Darstellung)

standardisierte Verfahren immer mehr an Bedeutung (Kindler 2014). Allerdings muss darauf hingewiesen werden, dass die Beurteilung der Qualität standardisierter Testverfahren und damit die Sinnhaftigkeit ihrer Anwendung auch von der Aus- bzw. Weiterbildung der Personen abhängt, die die Verfahren durchführen. Absolventen bzw. Absolventinnen eines Psychologiestudiums und/oder einer psychotherapeutischen Ausbildung nach dem Psychotherapeutengesetz sind in dieser Hinsicht umfangreich geschult. Dies ist besonders wichtig, da leider häufig Tests eingesetzt werden, die aufgrund mangelnder Normierung bzw. mangelnder Überprüfung ihrer Objektivität, Reliabilität und Validität den üblichen Testgütekriterien in keiner Weise entsprechen. Bedauerlicherweise werden solche Tests auch in Kontexten eingesetzt, in denen aufgrund der Testergebnisse (womöglich falsche) Entscheidungen getroffen werden, was den Ansprüchen an Standards guter Arbeit eindeutig widerspricht (Leitner 2000; Salewski & Stürmer 2014). Dies schließt jedoch eine Anwendung solcher Verfahren zur Hypothesen*generierung* nicht aus. So können sie durchaus durchgeführt werden, um Anregungen für weitere Gespräche zu erhalten, nicht aber, um daraus ernsthafte Schlussfolgerungen zu ziehen. Dies ist nur bei solchen Verfahren möglich, die den üblichen Testgütekriterien entsprechen. Als Hauptgütekriterien gelten (Kubinger 2003):

Objektivität: Das Ergebnis des Testverfahrens ist ausschließlich von der Testperson abhängig und völlig unabhängig von der Person, die den Test ausgibt, auswertet und interpretiert.

Reliabilität: Das Testergebnis ist genau. Häufig wird die Reliabilität eines Tests durch die sogenannte Re-Test-Reliabilität gemessen. Dabei wird einer großen Anzahl von Versuchspersonen in einem bestimmten zeitlichen Abstand mindestens zweimal derselbe Test vorgegeben und es wird überprüft, inwieweit die

Angaben bei der zweiten Testdurchführung den Angaben bei der ersten Testdurchführung entsprechen. Sollte sich hier nur eine niedrige Korrelation (Zusammenhang) ergeben, so scheint der Test ein sehr flüchtiges (zufälliges) Merkmal zu messen, jedenfalls kann er keine gesicherten Interpretationen über die Klienten und Klientinnen ermöglichen. Da die Re-Test-Reliabilität bei veränderungssensiblen Merkmalen nicht aussagekräftig ist, kommen bei solchen Merkmalen Berechnungen zur internen Konsistenz (z. B. Split-Half-Reliabilität = Testhalbierungsmethode) zur Anwendung.

Validität: Das Testergebnis ermöglicht eine Aussage über genau *die* Merkmale, die der Test zu messen vorgibt. Dies mag auf den ersten Blick trivial erscheinen, ist aber hinsichtlich der Testgütekriterien tatsächlich die am schwierigsten zu beantwortende Frage. Wurde die Validität eines Tests nicht überprüft oder ergab eine Überprüfung niedrige Werte, so mag er zwar *irgendetwas* genau messen (falls die Reliabilität hoch ist), aber wir können nicht sagen, *was genau* er misst. Bei einem Intelligenztest muss z. B. überprüft werden, inwieweit andere Merkmale außer der Intelligenz das Testergebnis beeinflussen können, z. B. Konzentrationsfähigkeit, mangelnde Anstrengungsbereitschaft, Prüfungsangst, u. v. a. Im Testhandbuch muss genau beschrieben sein, wie die Testautoren und Testautorinnen dies nachweisen können.

Die Durchführung, Auswertung und Interpretation von Testverfahren benötigen auf Seiten des Testanwenders oder der Testanwenderin daher erhebliche Kenntnisse und Kompetenzen. Wenn Beraterinnen oder Berater diese nicht selbst im Laufe ihres Studiums oder einer Aus- bzw. Weiterbildung erworben haben, so sollten sie Testdiagnostik nur unter Aufsicht und/oder Supervision entsprechend ausgebildeter Kolleginnen und Kollegen durchführen. Die Gefahr, dass ansonsten eine fehlerhafte Durchführung, Auswertung oder Interpretation von Tests zu falschen diagnostischen Einschätzungen führt, ist nicht zu verantworten. Die Testzentrale des Hogrefe-Verlages (der größte Anbieter deutschsprachiger psychologischer Tests) fordert daher entsprechende Qualifikationsnachweise bei den Käuferinnen und Käufern ihrer Produkte an.

Die notwendige Qualifikation vorausgesetzt, können Testverfahren die Diagnostik in Beratungsprozessen bereichern. In vielen Beratungskontexten sind etwa spezielle Screeningverfahren bezüglich psychischer Störungen sinnvoll, um Hinweise darauf zu bekommen, ob Auffälligkeiten vorliegen, die einer psychotherapeutischen oder psychiatrischen Behandlung bedürfen, z. B. SCL-90-S (Franke 2013) bei Erwachsenen oder SDQ (Goodman 1997) bei Kindern und Jugendlichen. Je nach Beratungskontext können aber auch viele andere problemspezifische Fragebögen und Tests zum Einsatz kommen, etwa in der Suchtberatung, der Erziehungsberatung, der Berufsberatung und in vielen anderen Kontexten.

Standardisierte Testverfahren

Auch standardisierte Testverfahren können zur Einschätzung der psychosozialen Ausgangslage eingesetzt werden. Ihr Einsatz erfordert aber eine entsprechende testpsychologische Qualifikation der Anwender und Anwenderinnen.

Weiterführende Literatur

Borg-Laufs, M. (2015) (Hrsg.). Soziale Online-Netzwerke in Beratung und Therapie. Tübingen: dgvt.
Kindler, H. (2014). Die Rolle von Verfahren im Kinderschutz. In: Bühler-Niederberger, D., Alberth, L. & Eisentraut, (Hrsg.). Kinderschutz. Wie kindzentriert sind Programme, Praktiken, Perspektiven. Weinheim: Juventa. 119–137.
McGoldrick, M., Gerson, R. & Petry (2008). Genogramme in der Familienberatung. Bern: Huber.
Pantuček-Eisenbacher, P. (2019). Soziale Diagnostik. Verfahren für die Praxis Sozialer Arbeit. 4., aktualisierte Auflage. Göttingen: Vandenhoeck & Ruprecht.
Völter, B. (2013). Biografieorientiertes Verstehen und Verständigen als ganzheitlich, lebensweltlich und dialogisch orientierte Fallarbeit – ein rekonstruktiver Zugang in der Kinder- und Jugendhilfe. In: Gahleitner, S., Wahlen, K., Bilke-Hentsch, O. & Hillenbrand, D. (Hrsg.). Biopsychosoziale Diagnostik in der Kinder- und Jugendhilfe. Interprofessionelle und interdisziplinäre Perspektiven. Stuttgart: Kohlhammer. 159–170.

5.3 Ressourcendiagnostik

Franz-Christian Schubert

5.3.1 Definition und Klassifikation von Ressourcen

Ressourcenorientierte Ansätze gehen von der Auffassung aus, dass gelingende Lebensgestaltung, Entwicklungsprozesse und Bewältigung von Problemen und Lebensanforderungen ohne Einsatz von Ressourcen nicht möglich sind. Die zweite grundlegende Auffassung ist, dass jede Person, auch mit individuellen bio-psycho-sozialen Beeinträchtigungen, selbst oder im Zusammenwirken mit ihrem sozialen und materiellen Umfeld (Unterstützungs-)Ressourcen oder Potenziale zur Verfügung hat oder solche entwickeln kann, die zu einem Gelingen beitragen können. Dazu zählen auch sozialstaatliche oder kulturelle Unterstützungsressourcen. In Beratungs- und Hilfeprozessen ist es daher von zentraler Bedeutung, in Zusammenarbeit mit den Klienten, diese Ressourcen wahrzunehmen, zu entfalten und zu nutzen wie auch ressourcenschädigende Prozesse zu identifizieren und zu beseitigen. *Ressourcenorientierung* ist somit eine grundlegende *Haltung* in der Arbeit mit Ratsuchenden und Hilfebedürftigen. *Ressourcenaktivierung* (▶ Kap. 8) ist ein spezifischer Arbeitsprozess, der Ressourcen für eine gelingende Lebensgestaltung und Bewältigung von Entwicklungsanforderungen gezielt erfasst und nutzt. Das verlangt eine fundierte und differenzierte Ressourcendiagnose, eine Identifikation und Analyse von Klienten-eigenen und externen Ressourcen, die auch Ressourcenschädigungen und Ressourcenbeeinträchtigungen erfassen und einbeziehen (Schubert 2016a). Erst eine ressourcendiagnostische Erfassung gewährleistet eine methodisch fundierte Fallkonzeption. In der Sozialen Arbeit und in den systemischen Handlungsansätzen ist die

Ausrichtung auf die Ressourcen der Klienten und ihrer Lebenswelt ein grundlegendes Prinzip. Seit den Forschungen von Grawe (1998, 2004) ist die Arbeit mit Ressourcen als ein zentraler Wirkfaktor in Psychotherapie und psychosozialer Beratung empirisch belegt. (▶ Kap. 1.4)

Definition: Ressourcen sind alle Mittel, Gegebenheiten oder Merkmale bzw. Eigenschaften, die Personen nutzen können, um alltägliche oder spezifische Lebensanforderungen und psychosoziale Entwicklungsaufgaben zu bewältigen, um Bedürfnisse, Wünsche und (Lebens-)Ziele zu verfolgen und zu erfüllen und um Gesundheit und Wohlbefinden zu erhalten bzw. wiederherzustellen. Ressourcen werden auch benötigt, um andere Ressourcen zu erhalten, zu erweitern oder um Ressourcen mit anderen Personen zu tauschen (ausführlich vgl. Schubert & Knecht 2012). Für den Begriff Ressource werden in bestimmten Kontexten auch die Begriffe Stärken, Kraftquellen oder Potenziale verwendet.

Klassifikation: Ressourcen werden grob unterschieden in Person- und Umweltressourcen oder differenzierter in *personelle* (bzw. *interne*), *externe* (soziale, soziokulturelle, materielle) und *interpersonelle* (zwischenmenschliche) Ressourcen.

Klassifikation von Ressourcen

Schubert und Knecht (2012) unterscheiden:

1. **Personelle Ressourcen** (auch als individuelle, intrapersonale Ressourcen bezeichnet)
   a. *Physische Ressourcen:* Fitness, Gesundheit, physische Attraktivität u. a.
   b. *Psychische Ressourcen:*
      – Fähigkeiten und kognitive Ressourcen:
         – intellektuelle Fähigkeiten, Problemlösefähigkeit, Begabungen, Talente, Fertigkeiten, Kreativität,
         – Verfügbarkeit von Bewältigungsstilen und Handlungsfähigkeit, Lebenserfahrung,
         – Bildung, berufliche Ausbildung, Wissen für die Bewältigung von Alltags- und beruflicher Anforderungen, Erfassen und Reflexion von Selbst, Umwelt und Zusammenhängen,
         – günstige Überzeugungen und Einstellungen, z. B. Wirksamkeitsüberzeugung, Fähigkeit zu Bedürfnisaufschub, Engagement, Zuversicht, Selbstwertgefühl, Lebenssinn (Kohärenzgefühl); Ambiguitätstoleranz (Unterschiedlichkeiten und Widersprüchlichkeiten tolerieren können),
      – Emotionalität und Persönlichkeitseigenschaften:
         – emotionale Stabilität, Optimismus, Verträglichkeit, Gewissenhaftigkeit, Verlässlichkeit, emotionale Intelligenz, differenzierte Selbst- bzw. Identitätsentwicklung,
         – Emotionsregulierung, positiver Umgang mit Gefühlen und Genuss, Wohlbefinden

- Innehaben von anerkannten, identitätsfördernden Rollen und Positionen in sozialen Systemen
c. *Interaktionelle Ressourcen* (auch als interpersonelle Ressourcen bezeichnet) kommen in Interaktionen mit nahestehenden Bezugspersonen (z. B. Partnerschaft, Familie, Freundschaften) und in erweiterten sozialen Systemen (z. B. Arbeitsteam, soziokulturelle Gruppen) zum Ausdruck.
   - Beziehungsfähigkeit, Aufrechterhalten einer angemessenen Gegenseitigkeit in der Interaktion; Empathie, soziale Sensibilität; Fähigkeit zum differenzierten Ausdruck von Gefühlen und Motiven,
   - Konfliktfähigkeit, Kritikfähigkeit (Fähigkeit angemessen Kritik auszudrücken und Akzeptieren von berechtigter Kritik),
   - Respekt, Toleranz, Verlässlichkeit, Verträglichkeit gegenüber Interaktionspartnern,
   - Fähigkeit Hilfebedürfnis auszudrücken und soziale Unterstützung einzuholen,
   - Reziprozität (Bereitschaft und Fähigkeit zum Ausgleich von erhaltener Unterstützung und zur angemessenen Wiedergutmachung von Verletzungen).
d. *Ökonomische (Person-)Ressourcen:*
   - Geld und Kapitalbesitz als universelle transformierbare Ressource, Eigentum, Einkünfte aus Arbeit oder Besitztum,
   - stabiles Arbeits- bzw. Erwerbseinkommen.
2. **Umweltressourcen** (auch als externe Ressourcen bezeichnet) umfassen psychosoziale, soziale, kulturelle, sozialstaatliche sowie rechtliche, physikalisch-technische und natürliche Hilfen und Hilfsmittel in der Umwelt der Person.
   a. *Soziale Ressourcen* (auch als psychosoziale oder interpersonelle Ressourcen bezeichnet):
      - *Sozial-emotionale Beziehungsressourcen:* emotional positive, vertrauensvolle Interaktionen (zumeist im sozialen Nahraum: Ehe/Partnerschaft, Familie, enge Freunde) mit sozial-emotionaler Zugehörigkeit und Anerkennung, emotionaler Teilhabe, unterstützender Fürsorge.
      - Kontakte, Beziehungen, soziale Integration in (erweiterte) Netzwerke (Verwandtschaft, Freizeitgruppen, soziokulturelle Gruppen, Selbsthilfegruppen, Arbeitsteam, Wohnviertel) mit Akzeptanz, Gestaltungs- und Teilhabemöglichkeiten und (erfahrenen bzw. erwarteten) Unterstützungshilfen in der Alltagsbewältigung und der Bewältigung spezieller Anforderungen.
   b. *Sozialökologische Ressourcen:*
      - Qualität von Wohnen, Wohnumfeld, sozialökologischer Infrastruktur (sozial, kulturell, gesundheitlich, natürlich, städte- und landschaftsbaulich, verkehrs- und informationstechnisch),
      - Arbeitsplatzqualität: perspektivisch, gesundheitlich, Arbeitsklima, Arbeitssinngehalt.

c. *Sozialstaatliche und soziokulturelle Ressourcen:*
- Erreichbarkeit und Zugang zu Bildungs-, Gesundheits- und sozialen Institutionen, kulturellen Angeboten, psychosozialen Unterstützungseinrichtungen,
- Teilhabemöglichkeiten am sozialen Leben (z. B. im Wohnviertel) und gesellschaftlich-kulturellen Leben,
- Erfahrung von unterstützenden kulturellen und gesellschaftlichen Bewertungsmustern,
- monetäre Transferleistungen, Sozialversicherungs- und Dienstleistungen,
- Rechtsstaatlichkeit, Durchschaubarkeit und Beeinflussbarkeit von gesellschaftlichen Strukturen und Entwicklungen.

Merkmale: Ressourcen werden nicht durchgängig von jeder Person und zu jeder Zeit oder Lebensphase als solche aufgefasst. Zumeist entsteht ihre Dienlichkeit erst, wenn sie von der Person in einem bestimmten Kontext oder unter einer bestimmten Anforderung oder Zielsetzung als sinnvoll und brauchbar bewertet werden (Funktionalität von Ressourcen). Vor dieser Einschätzung oder Aktivierung sind sie als *potenzielle Ressourcen* bzw. als *Möglichkeiten* zu verstehen. Oftmals bestehen Unterschiede zwischen den von außenstehenden Personen (Erzieher, Berater, Therapeut) wahrgenommenen Ressourcen und der Wahrnehmung und Einschätzung durch das betroffene Individuum. Andererseits gibt es überindividuell wirksame Ressourcen (sogenannte »objektive Ressourcen«, z. B. spezielle psychische Eigenschaften, kognitive Fähigkeiten, soziale Integration), deren Wirksamkeit auch dann anzunehmen ist, wenn deren Potenziale subjektiv vom Individuum nicht erkannt werden. In der Bewältigung von Lebensanforderungen begünstigen sich die verschiedenen Ressourcen gegenseitig oder beeinträchtigen sich bei unzureichender Ausprägung. Beispielsweise begünstigen gut ausgeprägte psychische und interaktionelle Ressourcen die Gestaltung und den Umgang mit sozialen und anderen Umweltressourcen. Umgekehrt fördern zugängliche soziale Umweltressourcen, wie z. B. soziale Integration oder sozio-kulturelle Teilhabemöglichkeiten, ihrerseits wiederum die Entwicklung und Ausgestaltung von psychischen und interaktionellen Ressourcen (vgl. Schubert 2012).

5.3.2 Spezifische Ansätze in der Ressourcendiagnostik

Voraussetzung für eine professionelle Beratung ist eine ausführliche Ressourcendiagnostik, die zusammen mit den Klienten, auch unter Einbezug seines Umfeldes, nicht nur zu Beginn, sondern konstant auch während des Beratungsprozesses durchgeführt wird. Erfolgt die Beratung nach dem Zwei-Prozessmodell, so wird Ressourcendiagnostik parallel zu der Störungs- bzw. Problemdiagnostik durchgeführt (▶ Kap. 8).

Ressourcendiagnostik verfolgt bei Klienten und ihrem Lebensumfeld konkrete Hinweise (a) auf verfügbare Ressourcen und Möglichkeiten, (b) auf vorhandene, jedoch verschüttete oder nicht genutzte Ressourcenpotenziale und (c) auf nötige, neu zu entwickelnde Ressourcen. Auch vom sozialen Umfeld zunächst negativ bewertete Aspekte können sich als Ressourcen herausstellen, z. B. kann sich ein ›Problemverhalten‹ als ein individueller Problemlösungsversuch erweisen, der auf Ressourcenpotenziale hinweist. Vor allem eine nicht systematisierte Ressourcendiagnostik verlangt vom Berater lebensweltliche Erfahrung und Feldkompetenz.

Häufig sind den Klientinnen und Klienten zu Beginn eines Beratungsprozesses ihre Ressourcen nicht präsent. Erst im Verlauf der Ressourcendiagnostik werden ihnen ihre Potenziale zunehmend und vielfältig bewusst. Ressourcendiagnostik ist somit zugleich auch selbst eine Interventionsform, insbesondere dann, wenn die Diagnoseergebnisse und Bereiche gelungener Lebensbewältigung mit dem Klienten bzw. der Klientin besprochen werden.

Zur Erfassung und Identifikation von Ressourcen sind zahlreiche Vorgehensweisen und Verfahren entwickelt worden, die im vorliegenden Rahmen nur im Überblick vorgestellt werden können. Ressourcen können aus Gesprächen mit Klienten, z. B. aus Aussagen über ihre Lebensgestaltung und ihr Umfeld erschlossen oder gezielter durch systematische Verfahren erfasst werden. In psychotherapeutischen Settings ist der Fokus vor allem auf die personellen Ressourcen der Patienten gerichtet, die Erfassung ihrer Umweltressourcen ist zumeist auf das familiale und partnerschaftliche Bezugssystem reduziert (Beesdo-Baum 2011; Däubner-Böhme et al. 2013; Flückiger & Wüsten 2008; Willutzki & Teismann 2013). In den Handlungsfeldern der psychosozialen Beratung wird der Lebenswelt und dem sozialen Umfeld und der darin eingebundenen Biographie ein breiter Stellenwert eingeräumt. Benötigt wird hier eine mehrdimensionale Erweiterung der Ressourcendiagnostik auf die »Person in der Situation«, die auch das Zusammenwirken der verschiedenen psychosozialen Ressourcen erfasst (entsprechende Verfahren bei Friedrich 2010; Glemser & Gahleitner 2012; Möbius 2010).

Zunächst werden die systematisierten und methodisch evaluierten Verfahren vorgestellt, anschließend folgt ein Überblick über die zahlreichen Selbstaussageverfahren, insbesondere zu biografie- und lebensweltorientierten sowie netzwerkorientierten Verfahren. Vorangestellt werden unsystematisierte Ressourcenfragen, wie sie in der Praxis häufig vorkommen.

Ressourceninterviews

Unsystematisierte Ressourcenfragen

Eine unsystematisierte Ressourcenerfassung kann über folgende Fragen erfolgen:

- Was würden Freunde/Partner sagen, was Sie besonders gut können oder besonders auszeichnet? Was mögen andere an Ihnen?

- Was in Ihrer Familie, Partnerschaft, Beruf, Freizeit erleben Sie als befriedigend oder macht Ihnen Freude?
- Welche Fähigkeiten könnten Ihnen helfen, dieses Problem zu lösen?
- Welche Ihrer Fähigkeiten würden Sie gerne noch weiter ausbauen?
- Wie haben Sie ähnliche Probleme/Schwierigkeiten in anderen Situationen schon einmal gelöst? Wie haben Sie das gemacht/geschafft?
- Wie haben Sie es geschafft, die Schwierigkeiten so lange zu ertragen? Was gab/gibt Ihnen immer wieder Kraft (Situationen, Orte, Menschen)?
- Welche Beziehungen sind für Sie hilfreich?

Systematisierte Ressourceninterviews

Eine systematisierte Befragung und Erfassung von Ressourcen schlägt Willutzki (2008, Willutzki & Teismann 2013) in drei Suchbereichen vor:

- *Allgemein positive Lebensbewältigung* erfasst die Lebensbereiche, in denen die Person gut zurechtgekommen ist, ihre Ziele erreicht hat bzw. auch aktuell zufrieden ist.
- *Erfolgreich bewältigte, schwierige Situationen und Krisen aus früheren Zeiten* (z. B. positive Bewältigungsstile und Erfahrungen).
- *Ressourcen im Zusammenhang mit der aktuellen Problematik*, die für die Therapie-/Beratungsarbeit fruchtbar gemacht werden können (z. B. Engagement, erzielte Therapiefortschritte).

Zwei zusätzliche Suchbereiche erfassen Schwierigkeiten in der Ressourcenwahrnehmung auf Seiten des Klienten und auf Seiten der Beraterin.

Untersuchungen dazu zeigen, dass Patienten im Bereich der aktuellen Problematik ihre Ressourcen geringer einschätzen als im Bereich der allgemeinen Lebensbewältigung. Therapeuten hingegen schätzen die Ressourcen ihrer Patientinnen im aktuellen Problembereich durchgängig niedriger ein als diese selbst (vgl. Willutzki 2008). Auf Basis der drei Ressourcensuchbereiche wurde ein Selbstbeurteilungsfragebogen, der *Bochumer Ressourcenfragebogen (RESO-B)*, entwickelt (Fragebogen mit Auswertungsanleitung bei Willutzki & Teismann 2013, 89–95).

Flückiger und Wüsten (2008) erkunden Ressourcen in psychischen Funktionsbereichen, die nach der Konsistenztheorie (vgl. Grawe 2004) Quellen für persönliche Zufriedenheit, Wohlbefinden und psychische Stabilität darstellen (Schlüsselressourcen oder »Ressourcenhotspots«). Solche Bereiche sind günstige Lebensbedingungen, gesunde Lebensziele, Fähigkeit zur Selbstreflexion, Bewusstsein über eigene Schwierigkeiten, herausragende Fähigkeiten, Bereiche mit Wohlbefinden, nicht vorhandene oder abgeschwächte Symptome, schwach ausgeprägtes Vermeidungsverhalten, motivationale Bereitschaften und Stärken, funktionale Kognitionen und Überzeugungen, Ausdrucks- und Regulationsmöglichkeit bei starken Emotionen, günstiges Beziehungsverhalten, hilfreiche Beziehungen.

Schiepek und Cremers (2003) stellen ein halbstrukturiertes Ressourceninterview vor. Nach einer ausführlichen Erläuterung, was unter Ressourcen zu verstehen ist, werden die Klienten aufgefordert, sich ihre momentane Lebenssituation und die aktuellen Herausforderungen vorzustellen und anhand von 15 Ressourcenkategorien ihre Ressourcen zu benennen bzw. aufzuschreiben. Anschließend werden die Ressourcen eingeschätzt, ob sie aktuell verfügbar sind (V = vorhanden), potenziell verfügbar sein könnten, wenn sie nicht vernachlässigt, blockiert oder verschüttet wären (P = Potenzial), und welche Ausprägung (von 0 bis 10) für jede Ressource in einem Jahr angezielt wird (Z = Ziel). Schließlich werden die einzelnen Ressourcen nach ihrer Relevanz für den Klienten auf einer Skala von 0 bis 10 bewertet.

Fragebogenverfahren zur Ressourcenerfassung

Das Berner Ressourceninventar

Auf dem Hintergrund der Konsistenztheorie psychischen Funktionierens (s. o.) erfasst das Berner Ressourceninventar Ressourcenpotenziale und aktuelle Ressourcenrealisierungen von Therapiepatienten (vgl. Trösken & Grawe 2004). Die Ressourcenpotenziale werden aus einer Fremdbeurteilungsperspektive (REF) durch den Therapeuten, die Ressourcenrealisierung aus der Selbstbeurteilungsperspektive (RES) des Patienten erfasst. Das REF ist für die Therapieplanung vorgesehen und umfasst 16 Ressourcenskalen (Kategorien) mit insgesamt 78 Items und eine Zusatzkategorie, die faktorenanalytisch zu drei Sekundärfaktoren zusammengefasst werden können: Ressourcen im Bereich der Handlungskompetenz und Autonomie, der Kommunikation und Emotionalität und der Selbstentfaltung. Ressourcenrealisierung (RES) wird über drei Hauptdimensionen (Selbstentfaltung und Erleben positiver Emotionen, Bindung und Unterstützung, Bewältigungskonzepte) mit jeweils mehreren Unterkategorien erfasst.

> **Das Berner Ressourceninventar**
>
> Die Kurzform des Berner Ressourceninventars ist im Internet unter https://www.allgemeinepsychotherapie.de/de/wp-content/uploads/2016/09/res-k.pdf verfügbar.

Fragebögen zur Erfassung personeller Ressourcen

Es existieren zahlreiche Fragebogenverfahren, die spezifische personale Ressourcen erfassen, wie Selbstbewertung, Handlungsregulation (Kohärenzsinn, Selbstwirksamkeitserwartung, Emotionen, Befindlichkeit u. a.), Zukunftsbewertung, psychische Prozesse (Stressverarbeitung, Humor, Vergebung u. a.) (zusammenfassend bei Willutzki 2008; Willutzki & Teismann 2013). Eine Beschreibung zentraler psychischer Ressourcen gibt Schubert (2012). Populär ist der Fragebogen »Values in Action (VIA) Inventory of Strengths« (vgl. Seligman 2003), der 24 menschliche Stärken (z. B. Neugier, Optimismus, Durchhaltekraft, Selbstkontrolle, Dankbarkeit) erfasst, die wiederum unter sechs Tugenden eingeordnet werden können: Weisheit und Wissen, Mut, Menschlichkeit, Gerechtigkeit, Mäßigung, Transzendenz (vgl. https://www.charakterstaerken.org/VIA_Interpretationshilfe.pdf).

Gestalterische Selbstaussageverfahren zur Ressourcenerfassung

Gestalterische Verfahren ermöglichen in anschaulicher und einprägsamer Weise eine mehrdimensionale Ressourcenidentifizierung. Z. B. die ›Ressourcenschatzkiste‹: In eine gezeichnete Schatzkiste oder auch Koffer oder Rucksack werden die persönlichen und interaktionellen Stärken und die sozialen Ressourcen im Selbst- und Fremdbild eingezeichnet (›eingepackt‹), die in der aktuellen Alltags- oder Lebensgestaltung oder auf bestimmten Abschnitten der Lebensreise hilfreich sind. Weitere einprägsame Verfahren sind »Mein Ressourcenkörper«, »Familien-Ressourcen-Hand«, Ressourcentagebuch u. a. Ausführliche Beschreibung von Verfahren, teilweise auch mit Beispielen zu Diagnose- und Interventionsprozessen geben Beushausen (2010) und Ständer und Schubert (2020).

Biographie- und lebensweltorientierte Ressourcendiagnostik

Ressourcenkarten zielen darauf ab, vorhandene und angestrebte Ressourcen nach bestimmten Kategorien bzw. Bereichen zu erfassen und sie übersichtsmäßig auf einem Blatt anzuordnen, z. B. bei vier Ressourcenkategorien nach Hobfoll (Hobfoll & Buchwald 2004) in einem Vier-Felder-Schema. Aus der Besetzung der vier Quadrate werden die Verteilung und Ausprägung bzw. das Fehlen von Ressourcen in den Kategorien/Bereichen und deren Wechselwirkungen ersichtlich. Aus dem Gesamtbild können Rückschlüsse auf das Potenzial zur Lebensgestaltung wie auch Hinweise auf verborgene Ressourcenpotenziale abgeleitet werden (▶ Abb. 5.6).

Ressourcenorientierte Lebensberichte erfassen über eine graphische Gestaltung, ähnlich der ›Lifeline‹, welche Ressourcen die Person zu bestimmten Entwicklungsphasen oder Lebensereignissen zur Verfügung hatte (Interessen, Kompetenzen, Erfahrungen, begleitete, unterstützende Personen) oder damals erworben hat, welche zwischenzeitlich verschüttet sind und an welche wieder angeknüpft werden kann.

Das 5-Säulenmodell der Identität (Petzold 1997) erfasst Ressourcen und Defizite von Personen über die fünf »Bereiche der Identität«: Leiblichkeit und Gesundheitszustand, Beziehungen und soziales Umfeld, Arbeit/Leistung/Fähigkeiten/Freizeit, materielle Sicherheit/materieller Kontext, Normen und Werte. Die Bereiche können als Säulendiagramm graphisch dargestellt werden. In die Säulen werden die identifizierten Ressourcen wie auch Belastungen und Defizite eingetragen und ihre unterschiedliche Ausprägung wird graphisch markiert. Daraus

5.3 Ressourcendiagnostik

Personelle Ressourcen:	Lebensbedingungen:
Eigenschaften/Kompetenzen, um Anforderungen zu bewältigen und Ziele zu erreichen, z. B. kognitive und berufliche Fähigkeiten, emotionale Stabilität, Einsatzbereitschaft, zuversichtliche Lebenseinstellungen, soziale Kompetenzen, soziales Ansehen	hoch geschätzte haltgebende Lebensbedingungen, z. B. Ehe/Partnerschaft, Familie, Gesundheit, zwischenmenschliche Beziehungen, wertgeschätzt/beliebt sein, Arbeitsplatz, anerkannte soziale Rolle/berufliche Position
Energieressourcen:	Objektressourcen:
ermöglichen den Zugang zu anderen Ressourcen, z. B. Geld, Wissen, Ansehen, Zeit haben	grundlegende Ressourcen, z. B. Nahrung, Kleidung, Wohnraum, sowie hilfreiche technische Geräte, z. B. Auto; auch der kommerzielle (Objekt-)Wert

Abb. 5.6: Vierfelderkarte zur Ressourcenerfassung (anhand der Ressourcenkategorien von Hobfoll (eigene Darstellung)
Siehe Online-Material 5.c

entsteht ein komplexes Gesamtbild über die lebensgeschichtliche Entwicklung, über enthaltene Ressourcen und Belastungen in diesen Identitätsbereichen. Im weiteren Arbeitsprozess kann darauf immer wieder zurückgegriffen werden.

Glemser und Gahleitner (2012) beschreiben eine biografisch-rekonstruktive Diagnostik, die Biographie, Lebenswelt und soziales Umfeld einbezieht. Zur Strukturierung und Reduktion der Datenvielfalt nutzen sie das »Koordinatensystem psychosozialer Diagnostik und Intervention« von Pauls (2011) (▶ Abb. 5.7). Es bietet eine hilfreiche Matrix für eine ressourcenorientierte Diagnostik und Interventionsplanung unter lebensweltlicher Ausrichtung. Entlang der beiden polar ausgerichteten Dimensionen »Individuum – soziales Umfeld« und »Defizite – Ressourcen« wird das komplexe Datenmaterial eines Falles in die vier Koordinatenfelder eingetragen. Die Matrix ermöglicht im Zwei-Prozessmodell (▶ Kap. 5.3) die Wechselwirkungen aus Ressourcen und Defiziten anschaulich und lebensnah zu erfassen und für Interventionsplanungen zu nutzen.

Buttner und Knecht (2009) beschreiben Ressourcendiagnostik als ein wesentliches Element der sozialen Diagnostik. Sie erfasst in mehrschichtiger Weise psychosozialen und sozialstrukturellen Ressourcenmangel, z. B. hinsichtlich Lebensqualität und Gesundheit, der nach Lösungen verlangt wie auch Potenziale für Entwicklungsmöglichkeiten. Beispielhaft stellen sie drei diagnostische Verfahren vor, die in unterschiedlicher Ausprägung Ressourcen der Lebenswelt einbeziehen.

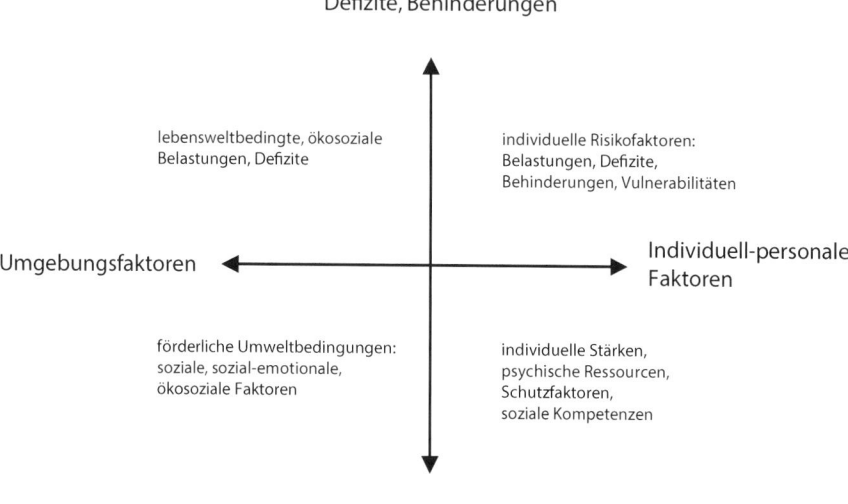

Abb. 5.7: Koordinatensystem psychosozialer Diagnostik und Intervention nach Pauls (aus: Pauls, H. (2011). Klinische Sozialarbeit. Grundlagen und Methoden psycho-sozialer Behandlung. 2., überarbeitete Auflage © 2004, 2013 Beltz Juventa in der Verlagsgruppe Beltz · Weinheim Basel)

Fallbeispiel: Ressourcenerfassung

Arnold Muster (A. M.), 53 Jahre, berichtet in der ersten Sitzung, dass er sich in seinem beruflichen Arbeitsbereich (Führungsaufgaben im mittleren kaufmännischen Management) als zunehmend belastet erlebe. Um die stetig wachsende Arbeit zu schaffen, arbeite er häufig auch abends zu Hause und an den Wochenenden. Es stelle sich aber kein Entlastungsgefühl ein. Im Gegenteil, er erlebe sich zunehmend freudlos und hilflos und zweifle inzwischen auch schon an seinen Fähigkeiten. Dieses Befinden habe seit dem Wechsel seines Vorgesetzten zugenommen. Seit einiger Zeit verspüre er ein Gefühl von Ausgeliefertsein und es tauche auch Angst auf, dass sich dieses Befinden sogar noch verschlimmern könnte. Seit kurzem verspüre er auch häufiger Angst vor dem nächsten Arbeitstag. Inzwischen beklage sich seine Ehefrau über sein Verhalten und dränge, dass er fachliche Hilfe aufsuche, weil es so mit ihm »bald nicht mehr auszuhalten« sei. Auch von seinen Sozialkontakten habe er sich sehr zurückgezogen.

Informationen zum Prozess: Ressourcenerfassung wird im vorliegenden Fall als Reflexionsprozess, nicht als standardisiertes Diagnoseverfahren verstanden und gehandhabt. Zum Abbau der Demoralisierung werden zunächst solche Ressourcen fokussiert, die bei A. M. emotionale Aufhellungen, Zuversicht und Selbstwirksamkeitserfahrungen und somit erste Änderungserfahrungen ermöglichen und schrittweise ein positives Selbstbild wieder aufbauen. Bei dieser Verfahrensweise sind Ressourcenerfassung und erste Interventionen miteinander gekoppelt, d. h., Diagnose und Intervention sind nicht wie im klassischen Beratungssetting getrennt voneinander zu betrachten. Im folgenden Beispiel erfolgen die Ressourcenerfassung (und deren Wahrnehmung durch A. M. als erste Interventionsform) zunächst über eine biographisch ausgerichtete Gesprächsführung. Anschließend werden die erfassten Ressourcen zur visuell gestützten Verankerung in eine Vierfelderkarte (analog zu Abb. 5.7) eingetragen und ihre Nützlichkeit für verschiedene Anliegen und Problembereiche des Klienten nochmals vertiefend reflektiert und ihre Aktivierung im Alltag vorbereitet. Aus Platzgründen werden im Folgenden nur einige zentrale Inhalte aus den ersten drei Sitzungen skizzenhaft zusammengefasst, die auf die Erfassung, Bewusstmachung und erste Aktivierung von Ressourcen fokussieren. Methodisch ist zu beachten, dass die angeführten Fragen nicht wie eine Hase-Igel-Jagd erfolgen, sondern im Rahmen einer biographisch ausgerichteten Gesprächsführung organisch ineinander übergehen.

Ressourcenerfassung: Schon während der Problemdarstellung und im Anschluss daran, drückt der Berater seine Wertschätzung über die Einstellungen von A. M. aus und führt an mögliche weitere, dahinterliegende Ressourcen heran: »Was ermöglicht Ihnen, diese Einsatzbereitschaft und Gewissenhaftigkeit bei den bestehenden Belastungen aufrecht zu erhalten?« A. M.: »Ich habe mich schon immer eingesetzt, ob im Sport oder bei der Arbeit und freue mich, wenn es klappt. ... Ich habe schnell Interesse an einer Sache und will auch sichtbaren Erfolg haben. Halbe Sachen kann ich nicht ausstehen. ... Auf keinen Fall will ich unfähig erscheinen. ... Na ja, manchmal ist mein Einsatz schon auch etwas überzogen.«

Nach der Problemschilderung gestaltet der Berater eine biographisch ausgerichtete Gesprächsführung, die von der Ausrichtung auf die Problemsicht wegführt und die Aufmerksamkeit von A. M. auf Stärken lenkt, die auch im Kontext seiner Problematik bestehen oder zwischenzeitlich aus seinem Fokus geraten sind.

B.: »Was haben Sie früher in ihrer beruflichen Situation anders gemacht?« A. M.: »Da war ich gelassener, konnte besser abschalten und zwischendurch besser auftanken.«

B.: »Was würden Freunde/gute Arbeitskollegen/wohlwollende Vorgesetzte sagen, wenn die hier dabei wären, was Sie bei ihren Arbeitsaufgaben besonders gut können oder Sie besonders auszeichnet?« A. M.: »Meine ruhige Art ... Ich kann mich in Aufgaben reinknien, bin verlässlich und zielorientiert ... und eigentlich immer gut drauf, hab analytische und organisatorische Fähigkeiten.«

B.: »Was schätzen Ihre Freunde an Ihnen?« A. M.: »... dass ich zuverlässig bin ... und immer bereit bin, mich einzusetzen ... Im Sport z. B., und aber auch in anderen Situationen ... Ja, das kann ich schon so sagen, ich bin gern gesehen bei meinen Freunden und auch bei unseren Nachbarn und Verwandten.«

B.: »Was gibt Ihnen auch heute Kraft, ihren beruflichen Anforderungen standzuhalten?« A. M.: »Die Hoffnung, dass mein ... Befinden doch irgendwie anders werden wird. Rückhalt und Erleichterung finde ich besonders im Zusammensein mit meiner Frau, aber auch im Zusammensein mit meinem Sohn ... Der ist gerade 17 ... und dessen Freundin.« Deutlich wird eine gegenseitig wertschätzende Bindung an Frau und Sohn. Seine Frau ist um ihn besorgt und zugleich eine konstante Stütze.

B.: »Gib es auch Situationen, in denen Ihr sonst belastetes Befinden anders ist? Was hat Ihnen dabei geholfen?« A. M.: »Nach einem schönen Wochenende oder Urlaub.« B.: »Was hat da geholfen?« A. M.: »Hab da was mit meiner Frau ... und mit unserem Sohn und Freunden was unternommen ... dabei auch wieder gelacht, auch an frühere Zeiten erinnert und nicht an Arbeit gedacht«.

B.: »Was hat Ihnen früher bei beruflichen und privaten Anforderungen und Belastungen Kraft und Rückhalt gegeben?« A. M.: »Gemeinsame Zeit mit meiner Frau verbringen ... Sport, Volleyball und oft auch Fußball ... einfach nur Zusammensein mit Freunden.« Deutlich wird, dass der Klient seit längerem Erholungsmöglichkeiten wie auch sportliche Aktivtäten vernachlässigt, die ihm früher sehr gutgetan haben.

B.: »Welche Fähigkeiten könnten Ihnen helfen, die Arbeitsprobleme zu lösen?« A. M.: »Die Aufgaben etwas leichter nehmen, weniger Sorgen machen ... Mit dem ewigen Gedankenkreisel aufhören ... Ich müsste eine bessere Zeitplanung entwickeln.«

B.: »Was würden ihre Frau und Ihre Freunde sagen?« A. M.: »Die würden es ähnlich sehen; vor allem die Arbeitsaufgaben nicht so bier-ernst nehmen und nicht alles andere, was auch noch ist im Leben, dahinter zurückstellen.«

Über die Frage des Beraters – »Welche Hoffnung steckt persönlich hinter Ihrem hohen Einsatz in der Firma?« – wird deutlich, dass A. M. ein hohes Verlangen nach Anerkennung hat, für das er auch bereit ist, über die eigenen weiteren Bedürfnisse (nach Sozialkontakten, Freizeit etc.) und Grenzen (Erholung) hinwegzugehen. Seine hohe Einsatzbereitschaft für die Arbeit ist sein Versuch, sich über Arbeitsleistung aufzuwerten und seine Angst vor Abwertung durch andere zu kanalisieren.

Über aktives Zuhören und Spiegeln verbalisiert der Berater immer wieder die zum Ausdruck gebrachten Potenziale, Stärken, positiven Erfahrungen, Einstellungen und Motive des Klienten. Dabei verbalisiert er vor allem solche Ressourcen (Einstellungen, Fähigkeiten, Handlungen, Beziehungen, materielle und soziale Gegebenheiten u. a.), die zur Erfüllung psychologischer Grundbedürfnisse wie auch zur psychischen Gesundheit nach dem Konzept des Salutogenesemodells (Kohärenzgefühl und generalisierte Widerstandsressourcen, Antonovsky 1997) und somit zu einer psychischen Stabilisierung und Belastungsbewältigung beitragen. Bereits über diese Verbalisierungen entwickelt sich bei A. M. ein positives Selbstbild und die Bereitschaft, weitere Ressourcen wahrzunehmen und sie in seiner Lebenswelt aktiv einzusetzen und auszuprobieren.

Zusammenstellung von Ressourcen bei Arnold Muster zur Befriedigung des Grundbedürfnisses nach

- Bindung: Zuwendung und Unterstützung durch die Ehefrau, Sportclub und Freunde;
- Erleben von Freude, Vermeiden und Unlust: Sport und soziale Kontakte, Freizeitgestaltung mit Frau oder mit Freunden, positive Gestimmtheit;
- Erhalt und Aufbau von Selbstwert: Liebe von Ehefrau und Sohn, soziale Beliebtheit, fachliche Wertschätzung, Erleben von Zuversicht, berufliche und kognitive Fähigkeiten;
- Orientierung und Kontrolle, Selbstwirksamkeit: Fähigkeit, Regeln und Zusammenhänge zu erkennen, Einsatzbereitschaft und anhaltendes Engagement, Zielorientierung, Ausdauer, Genauigkeit, Selbstreflektiertheit.

Informationen zum Prozess: Im Rahmen der Gesprächsführung werden A. M. zunehmend Möglichkeiten bewusst, die er nutzen kann, um aus seinem Kreislauf aus Aufgabenverbissenheit, Problemgedanken, sozialem Rückzug, Hoffnungslosigkeit und unzureichender Nutzung von Erholungsmöglichkeiten herauszufinden. Es sind Lösungen, die von A. M. selbst geliefert werden und daher eine hohe Bereitschaft zur Umsetzung beinhalten (▶ Kap. 8).

Darüber hinaus wird zusammen mit A. M. erforscht, welche ähnlichen Ressourcen er eventuell noch hat oder in seinem Umfeld bestehen. Schließlich wird zusammen mit ihm genau reflektiert, wo und wann er die verschiedenen Ressourcen über welche Handlungen in seinen realen Lebensfeldern einsetzen und aktivieren kann. Diese Schritte zur Ressourcenerfassung und -reflexion werden im Verlauf der Beratung immer wieder aufgenommen und zu Interventionen ausgearbeitet (insbesondere Freizeitgestaltung mit Ehefrau, sportliche Aktivitäten mit Freunden, Erholungsphasen zum Feierabend einbauen, Tagebuch positiver Erfahrungen führen).

Bereits im ersten Gespräch in der Auseinandersetzung mit seinen Stärken und seinen vernachlässigten sozialen Ressourcen ist bei A. M. eine zunehmende Stimmungsaufhellung festzustellen. In den folgenden Sitzungen bringt er immer wieder Erinnerungen an weitere Stärken und positive Erfahrungen aus privaten und beruflichen Bereichen ein und entwickelt freudig gestimmte Neugierde auf die Erfassung und Reaktivierung weiterer positiver Erfahrungen und Stärken (Selbstwert- und Selbstbildstärkung). Parallel dazu entwickelt er eine ausgeprägte Motivation, sich nicht nur auf die Ressourcenarbeit, sondern auch auf zusätzliche Interventionen einzulassen und sie umzusetzen (z. B. Zeitplanungsverfahren, kognitive Umstrukturierung hinsichtlich Selbstwertgewinn ausschließlich über Arbeitsleistung).

Erfassung und Analyse sozialer Ressourcen

Ressourcen einer Person werden auf der Personenebene und auf der Umweltebene (»externe Ebene«) erfasst. Auf der Personenebene liegt der Fokus auf physischen, psychischen und persönlich-interaktionellen Ressourcen. Auf der Umweltebene geht es um personell-soziale, sozial-strukturelle und -kulturelle (inkl. professionelle Dienstleistungen), ökonomische und ökologische Ressourcen, die von Klienten genutzt werden können. Die Nutzbarkeit von Ressourcen ist zumeist situationsspezifisch ausgeprägt. Es gilt daher, die verschiedenen Situationen, Lebensbereiche und Umwelten zu identifizieren, in denen Klienten Ressourcen für die Erfüllung verschiedener Zielsetzungen, Aufgabenstellungen und zur Schaffung von Lebensqualität vorfinden und nutzen können. Für eine psychosoziale Beratung sind oft solche Personen als soziale Ressourcen von Bedeutung, die von den Klientinnen und Klienten als Vorbild oder als Hilfe akzeptiert werden. Zum anderen sind es Netzwerke, in denen sie sich aufgehoben und akzeptiert fühlen. Der Blick richtet sich z. B. auf Familie, Partnerschaft, Freundes- und Freizeitgruppen, Schule, Arbeitskollegen, Nachbarschaft, soziale Dienstleistungseinrichtungen u. a. Dabei ist zu berücksichtigen, dass für eine gelingende Handhabung von sozialen Ressourcen von den hilfesuchenden Personen bzw. Klienten spezifische persönliche interaktionelle Fähigkeiten bzw. Ressourcen eingesetzt werden müssen.

Bei den sozialen Umweltressourcen werden im Wesentlichen drei Bereiche unterschieden: Soziales Netzwerk, soziale Unterstützung und emotional nahe Familien-, Partner- und Freundschaftsbeziehungen.

Soziales Netzwerk (social network) bzw. *persönliches Netzwerk:* Unter dem Begriff wird die Gesamtheit der sozialen Beziehungen verstanden, in die eine Person eingebunden ist. Die Struktur und Zusammensetzung des Netzwerkes und die Ausprägung der Beziehungen (stark, emotional eng, eher locker) werden aus Sicht der Person (Netzwerkzentrum) erfasst. Die Personen eines Netzwerkes stehen somit nicht notwendigerweise alle untereinander in Verbindung, sie teilen auch nicht unbedingt gemeinsame Ziele, Sozialmerkmale oder gemeinsame Subkulturen. Soziale Netzwerke verändern sich über die verschiedenen Lebensphasen hinweg. Soziale Netzwerke werden üblicherweise unterteilt in Familienbeziehungen, Beziehungen zu Verwandtschaft, Freuden/Freundinnen, Nachbarschaft, Bekannte, Arbeitskollegen/Arbeitskolleginnen, Institutionen.

Soziale Unterstützung (social support) bringt die Qualität und Funktion von Netzwerkbeziehungen zum Ausdruck. Sie beruht auf den Interaktionen zwischen zwei oder mehreren Menschen und beinhaltet primär unterstützende Aspekte im Sinne von erhaltener oder erwarteter Hilfeleistung im Rahmen dieser Beziehungen. Soziale Unterstützung vermittelt dem Einzelnen, dass er umsorgt, geschätzt und geachtet wird und dass er Teil eines sozialen Netzwerkes gegenseitiger Hilfe und Verpflichtung ist. Die Beziehungen beruhen im Wesentlichen auf vertrauensvoller sozial-emotionaler Bindung. Unterstützungsnetzwerke können sich auf bestimmte Zwecke oder auf Krisenzeiten beschränken oder unabhängig davon relativ dauerhaft sein.

Funktionen von sozialer Unterstützung sind

- praktische, materielle und finanzielle Hilfen und Unterstützung,
- emotionale Unterstützung: Zuneigung, Ermutigung, Trost, emotionale Stabilisierung und Stärkung von Selbstwert erfahren,

- kognitive und informationelle Unterstützung: Rat, Information, Tipps geben, Vermittlung von Wissen,
- unterstützende Wertschätzung: Wertschätzung, Anerkennung und Bestätigung erfahren hinsichtlich Selbstwert und Identität; geistiger Austausch; Lebensvorstellungen, Werte und Normen teilen, »angenommen werden wie ich bin«.

Soziale Unterstützung gehört zu den wichtigsten Faktoren in der Bewältigung von Lebensanforderungen, von psychischen und körperlichen Problemen und der Erhaltung von Gesundheit. Sie trägt wesentlich zur Befriedigung von psychosozialen Grundbedürfnissen bei (Bindung und Zugehörigkeit, Geborgenheit, Schutz, soziale Anerkennung, gemeinsame Freude und Aktivitäten, Selbstwerterfahrung).

Zufriedenstellende *Partner-, Familien- und Freundschaftsbeziehungen* sind äußerst wichtige Prädikatoren für psychische und körperliche Gesundheit. In allen Lebensabschnitten wirken sie als bedeutsame Ressourcen. Menschen beziehen sich vor allem auch dann auf diese Beziehungen, wenn andere persönliche oder soziale Ressourcen beeinträchtigt oder verloren gegangen sind, z. B. infolge von Krankheit, finanziellen Verlusten, oder bei individuell bedeutsamen Beziehungsverlusten infolge von Trennung oder Scheidung u. a.

Diagnoseinstrumente

Die Erfassung sozialer Ressourcen erfolgt über Interviews, Fragebögen und über qualitative, graphisch aufbereitete Netzwerk- und Unterstützungsanalysen. Angaben finden sich dazu beispielsweise in dem Sammelband von Röhrle und Laireiter (2009). Über *Interviews* kann das Beziehungsnetzwerk einer Person spezifisch erfasst werden, wie z. B. die Art der erhaltenen sozialen Unterstützung, Dauer und Kontakthäufigkeit der Beziehung und die Zufriedenheit damit wie auch die geographische Entfernung zu den Bezugspersonen.

Fragebogenverfahren

Der ›*Fragebogen zur Sozialen Unterstützung (F-SozU)*‹ (Fydrich et al. 2007) erfasst drei Hauptbereiche (emotionale Unterstützung, praktische und soziale Integration) und drei ergänzende Felder (Reziprozität, Zufriedenheit mit sozialer Unterstützung, Vorhandensein von Vertrauenspersonen). Erfasst werden zudem wahrgenommene Belastungen aus dem sozialen Netzwerk und konkrete Personen, die als sozial unterstützend bzw. als belastend erlebt werden. Die Berliner ›Social Support Skalen‹ von Schulz & Schwarzer (2000) erfassen speziell soziale Unterstützung bei Krankheitsbewältigung. Anhand von sechs Skalen werden wahrgenommene, erhaltene und geleistete Unterstützung, das Bedürfnis und die Suche nach Unterstützung und protektives Abfedern von Belastungen erfasst. Anzuführen ist auch das ›Social Support Questionnaire‹ von Sarason et al. (1983). Es erfasst die verschiedenen Arten von Unterstützung und von wem eine Person sie erhält und erfasst auch die subjektive Zufriedenheit mit der erhaltenen Unterstützung. Eine Diagnostik der *Partnerschaftsbeziehung* kann über den ›Fragebogen zur Partnerschaftsdiagnostik (FDP)‹ von Hahlweg (1996) erfolgen. Anhand von drei Frageinstrumenten werden die Qualität der Partnerschaft, Konflikte und Probleme sowie lebensgeschichtliche Daten erfasst. Über ein weiteres Fragebogeninstrument (Kröger et al. 2000) können partnerschaftliche Kommunikationsmuster erfasst werden.

Verfahren zur graphischen Netzwerk- und Unterstützungsanalyse

Die Erfassung von Netzwerk- und Unterstützungsressourcen erfolgt über zahlreiche Verfahren, häufig werden graphische Verfahren wie Netzwerkzeichnungen und Netzwerkkarten eingesetzt (z. B. Strauss & Höfer 1998). Diese können auch im weiteren Prozess der Ressourcenarbeit, d. h. zur Wahrnehmung, Planung, Aktivierung und Nutzung von Ressourcen, immer wieder herangezogen und entsprechend ergänzt werden. Explorierende Fragen, Selbstreflexion und weitere Auseinandersetzungen mit den Graphiken lassen bei Klienten ihre Beziehungsmuster, Beziehungserfahrungen und Beziehungswünsche oder nicht genutzte Beziehungsmöglichkeiten wie auch damit assoziierte soziale Ängste und Einstellungen zunehmend klarer werden. Nicht selten tauchen auch neue, bisher nicht beachtete oder »nicht vorstellbare« Ressourcen auf.

> **Einstimmung auf Netzwerkdiagnose**
>
> Zur Einstimmung auf eine Netzwerkerfassung schlagen Wüsten und Schmid (2012, 311) verschiedene Fragen vor: »Welchen Menschen begegnen Sie gerne? Wer freut sich, Sie zu sehen? Mit wem beginnen Sie eine Unterhaltung? Mit wem unternehmen Sie etwas in Ihrer Freizeit? Mit wem würden Sie über persönliche Anliegen sprechen? Mit wem lachen Sie gemeinsam? Wer half Ihnen, mit Schwierigkeiten umzugehen? Was können Sie tun, um sich mit einer Situation abzufinden? Wann (oder bei wem) erleben Sie das Gefühl von Gelassenheit? An welchem Ort fühlen Sie sich richtig wohl? Was war in Ihrer Herkunftsfamilie wertvoll? Wer aus Ihrer Lebenswelt ist wirklich mutig? Mit wem würden Sie durch dick und dünn gehen? Was mögen andere an Ihnen?«. Weitere Einstiegsfragen zur Erfassung unterstützender Beziehungen sind z. B. »Wer weiß von Ihren Problemen?« »An wen könnten Sie sich wenden?« »Mit wem können Sie reden, ohne sich rechtfertigen zu müssen?« »Mit wem noch?« »Wie lange kennen Sie diese Personen?«
>
> Kinder können angeregt werden, diejenigen Personen zu nennen, mit denen sie sich gerne treffen, oder gerne häufiger treffen würden, die sie in den Arm nehmen und trösten, die sie nicht ernst nehmen oder ärgern, die verbieten und bestrafen bzw. sie belohnen und sich mit ihnen freuen, die ihnen helfen, wenn sie etwas nicht alleine schaffen, und ihnen Dinge beibringen, die ihnen bei Schwierigkeiten mit anderen helfen, die für sie sorgen sowie die Sachen in Ordnung halten und die mit ihnen zu Abend essen und sie ins Bett bringen (Lenz 2011b).

Relevante graphische Diagnoseverfahren sind:

- *Soziales Atom:* Zur Erfassung der subjektiven Gruppenzugehörigkeit bzw. sozialen Integration schreiben die Klienten ihren Namen in die Mitte des Blattes und malen darum herum mehrere Kreise, die über eine Strichführung mit dem ›Ich‹ verbunden werden. In die Kreise schreiben sie die Gruppen ein, denen sie sich zugehörig fühlen. Bei Bedarf kann die Anzahl der Kreise (= Gruppen) erhöht werden.
- *Netzwerkzeichnung:* Die Klienten werden aufgefordert, die Personen ihres sozialen Beziehungsgeflechtes als Figuren oder symbolisiert (beispielsweise als Kreis oder Viereck) auf einem Blatt frei aufzumalen und die Namen einzutragen, beginnend mit sich selbst etwa in der Mitte des Blattes. Alle Netzwerkmitglieder sollen entsprechend ihrer Bedeutung und der Enge der Bindung mehr oder weniger nah um die eigene Person platziert werden. Durch unterschiedliche Farben oder Symbolzeichen lassen sich emotional bedeutsame Menschen oder auch ›Konfliktpersonen‹ visuell hervorheben. Das Verfahren ist für alle Altersgruppen geeignet.
- *Netzwerkkarte:* Auf einem Blatt wird in der Mitte das ›Ich‹ eingetragen und darum herum werden mehrere konzentrische Kreise angeordnet. Die Kreise bringen die abnehmende Nähe zum ›Ich‹ zum Ausdruck. Weiterhin wird das Blatt vom ›Ich‹ ausgehend in einzelne Segmente aufgeteilt, die für Bereiche wie z. B. Familie, Freunde, Nachbarn, Arbeit/Schule, professionelle Helfer, sonstige Personen stehen. In die einzelnen Sektoren werden die entsprechenden Personen eingetragen und zwar in die jeweiligen Nähe-Distanz-Kreise entsprechend ihrer emotionalen Bedeutung und Enge der Bindung zum ›Ich‹. Durch Symbolzeichen können auch Formen von Beziehungsstörungen gekennzeichnet werden.
- *Ressourcengenogramm:* Anhand eines Genogramms können Ressourcen des Familiensystems (Herkunftsfamilie und angeheiratete Familie) erfasst werden, z. B. personelle, interaktionelle, soziale, kulturelle, materiellen Ressourcen der Mitglieder und des Familiensystems selbst, wie auch gute, tragende Beziehungen zu einzelnen Mitgliedern und förderliche Familienleitsätze, Rituale, Traditionen.
- Das *Ressourcen-Ecogramm* erfasst das erweiterte soziale Umfeld einer Familie und verdeutlicht die unterschiedlichen sozialen Einbindungen der Familienmitglieder einschließlich der aktuellen sozialen Helfersysteme. Weitere Anregungen zum Genogramm und Ecogramm von Ressourcen finden sich bei Wachter und Hendrischke (2017).

Aus der Ressourcendiagnostik lassen sich unter anderem Fragen für das weitere Vorgehen und für die konkrete Ressourcenaktivierung ableiten (vgl. Petzold 1997; Glemser & Gahleitner 2012): (1) Was ist gut oder gesund und kann erhalten werden, was hat geholfen, die Belastung bisher auszuhalten? (2) Was ist defizient, weil es nicht vorhanden ist, und muss deshalb aufgebaut oder bereitgestellt werden? (3) Was wäre möglich oder ist bisher noch nicht genutzt worden oder ist derzeit verschüttet und müsste erschlossen oder entwickelt werden (▶ Kap. 8)?

 Weiterführende Literatur

Flückiger, C. & Wüsten, G. (2008). Ressourcenaktivierung. Ein Manual für die Praxis. Göttingen: Huber.
Lenz, A. (Hrsg.) (2011). Empowerment. Handbuch für die ressourcenorientierte Praxis. Tübingen: dgvt.
Möbius, T. & Friedrich, (Hrsg.) (2010). Ressourcenorientiert Arbeiten. Anleitung zu einem gelingenden Praxistransfer im Sozialbereich. Wiesbaden: Verlag für Sozialwissenschaften.
Ständer, N. & Schubert, F.-C. (2020). Arbeit mit Ressourcen in Beratung, Coaching und Psychotherapie – Konzepte und Fallbeispiele. Online abrufbar unter: https://www.researchgate.net/publication/340477761_Arbeit_mit_Ressourcen_in_Beratung_Coaching_und_Psychotherapie_-_Konzepte_und_Fallbeispiele oder https://www.doi.org/10.13140/RG.2.2.10538.98246
Willutzki, U. & Teismann, T. (2013). Ressourcenaktivierung in der Psychotherapie. Göttingen: Hogrefe.

5.4 Verhaltensanalyse nach dem SORKC-Modell

Michael Borg-Laufs

Die funktionale Analyse ist eine in der Verhaltenstherapie entstandene Analysemethode, die bei ihrer Entstehung als Gegenentwurf zur klassifikatorischen Diagnostik in der Psychiatrie entwickelt wurde (vgl. Kanfer & Saslow 1965). Die funktionale Verhaltensanalyse hat auch außerhalb der Verhaltenstherapie das Potential, die Funktion von Problemverhaltensweisen zu ermitteln. Auch in der psychosozialen Beratung hilft die Suche nach den aufrechterhaltenden Bedingungen problematischer Verhaltensweisen, um deren Funktionen besser zu erkennen.

Die zentrale Frage, die mit einer SORKC-Analyse beantwortet werden kann, ist die, welche Funktion ein ausgewähltes Problemverhalten für eine Klientin bzw. einen Klienten hat. Beantwortet werden kann also die Frage nach dem ›Warum‹ eines Verhaltens. Um diese Frage zu beantworten, wird erarbeitet, in welchen Situationen (S) das Verhalten (R) auftritt, welche weiteren intrapsychischen oder physischen überdauernden Dispositionen zu berücksichtigen sind (O) und auf welche Weise genau das Verhalten verstärkt wird (C, K). Aus einer solchen Analyse kann abgeleitet werden, welche Veränderungsmöglichkeiten sinnvoll sind – dazu unten mehr. Im Folgenden werden die einzelnen Variablen der funktionalen Verhaltensanalyse näher erläutert.

5.4.1 Stimulus – S

Der Begriff Stimulus bezeichnet denjenigen Reiz, der einem Problemverhalten unmittelbar vorausgeht. Ein Verhalten – z. B. wütendes Schreien – wird ja nicht ununterbrochen gezeigt. Es könnte z. B. sein, dass das Problemverhalten immer dann auftritt, wenn der Betroffene von seiner Ehefrau auf seinen Alkoholkonsum angesprochen wird. In diesem Fall wäre das Ansprechen des Alkoholkonsums durch seine Frau der Stimulus. Für eine genaue Abklärung wäre nun z. B. noch wichtig, ob der Klient nur dann wütend wird, wenn seine Frau ihn darauf anspricht und nicht etwa, wenn dies ein Freund tut. Schließlich wäre noch zu klären, ob der Klient *immer* wütend wird, wenn seine Frau ihn darauf anspricht oder ob noch bestimmte andere Variablen zu beachten sind. Zu denken wäre hier z. B. an interne (in der Person des Klienten liegende) Stimuli. Vielleicht wird er nur wütend, wenn seine Frau ihn darauf anspricht, während er müde ist, oder wenn er depressiven Gedanken nachhängt.

Ein Stimulus (Auslösereiz) kann demnach intern oder extern sein. Üblicherweise reicht ein interner *oder* externer Stimulus aus, um das Verhalten hervorzurufen, in manchen Fällen müssen externe Situationsmerkmale (Se) und eine akute interne Verfasstheit (Si) des oder der Betroffenen gleichzeitig vorliegen.

Manche Stimuli *determinieren* ein Verhalten, d. h., das Verhalten wird unabhängig von der nachfolgenden Konsequenz gezeigt. In diesem Fall kann von einer klassischen bzw. einer evaluativen Konditionierung (Vriends et al. 2005) ausgegangen werden. Bei der evaluativen Konditionierung ruft der Stimulus eine weniger starke physiologische Reaktion hervor als bei der klassischen Konditionierung. Die Reaktion auf den Stimulus besteht eher in einer gefühlsmäßigen Bewertung (Evaluation) des Stimulus. Beim Lernvorgang war der Stimulus häufig mit einem anderen Stimulus mit einer bestimmten negativen oder positiven Valenz assoziiert und diese Valenz hat sich auf den ursprünglich neutralen Stimulus übertragen. Andere Stimuli *regen ein Verhalten an*, führen aber nicht zwangsläufig dazu, dass es auch ausgeführt wird. In diesem Fall handelt es sich um operant konditioniertes Verhalten.

Von einem klassisch oder evaluativ konditionierten Verhalten kann in der Regel dann ausgegangen werden, wenn die Reaktion stark physiologisch/emotional ist und keine belohnenden Konsequenzen erfolgen. Das entsprechende Verhalten wird ›respondent‹ genannt, da es ausschließlich auf den Stimulus antwortet (lat. respondere = antworten) und nicht von nachfolgenden Konsequenzen beeinflusst wird. Bei operantem Verhalten haben wir es hingegen mit *Hinweisreizen* zu tun, die ein Verhalten nicht determinieren, sondern nur als Hinweis zu sehen sind, ob in der gegebenen Situation ein bestimmtes Verhalten lohnenswert ist (verstärkt wird). In der Praxis ist die Unterscheidung zwischen unbedingtem Stimulus und Hinweisreiz nicht immer einfach zu treffen (Kanfer & Phillips 1975), dennoch ist sie aber wichtig, um geeignete Interventionen planen zu können.

Fallbeispiel: Unterscheidung zwischen unbedingtem Stimulus und Hinweisreiz

Der 25-jährige Student Marius K. beklagt sich in der Beratung darüber, dass er es alleine in seiner Studentenwohnung nicht schafft, sich zu den notwendigen Vorbereitungen für eine Statistikklausur aufzuraffen. Üblicherweise nimmt er sich vor, morgens nach dem Frühstück mit dem Lernen zu beginnen. Wenn er sich dann aber nach dem Frühstück an seinen Schreibtisch setzt (S), beginnt er, sein Lieblingsspiel am Computer zu spielen (R), was er als spannend, interessant und erfreulich erlebt (C). Er wird also für das Spielen belohnt. Nach seiner Erfahrung ist der Prüfungsstoff hingegen tendenziell langweilig und schwierig. Sich damit auseinanderzusetzen wäre weit weniger angenehm. Der Schreibtisch mit dem Computer »erzwingt« aber nicht das Verhalten, sondern gibt nur den Hinweis darauf, dass das Spielen kurzfristig belohnt werden wird. Es handelt sich also um ein *operantes* Verhalten.

5.4.2 Organismus – O

Organismusvariablen sind überdauernde psychische oder physiologische Dispositionen. Im Rahmen der funktionalen Verhaltensanalyse sind solche Organismusvariablen von Bedeutung, die helfen können, die Funktion des Verhaltens zu erklären. Dazu können z. B. zählen:

Körperliche Rahmenbedingungen: Körperliche Einschränkungen durch chronische Krankheiten oder Behinderungen können z. B. dazu führen, dass die Vermeidung körperlicher Aktivitäten hoch verstärkend ist, da bestimmte Ängste und Befürchtungen hinsichtlich der eigenen Leistungsfähigkeit oder sozialer Rückmeldungen vermieden werden können.

Kognitive Schemata/irrationale Überzeugungen: Bei vielen Problemen spielen zugrundeliegende überdauernde Überzeugungen/kognitive Schemata eine wichtige Rolle (▶ Kap. 9.1). Eine Überzeugung wie »Es ist furchtbar, ich mache sowieso immer alles falsch« kann erklären, warum die Vermeidung verantwortungsvoller Aufgaben eine ausgesprochen wirkungsvolle Verstärkung darstellt, denn wenn ich nichts Schwieriges tue, kann ich auch keine Fehler machen und die Situation wird nicht »furchtbar« für mich enden. Auch viele andere irrationale Überzeugungen können relevant sein, um den Wert von Verstärkern zu erklären. Wer denkt »Man darf niemandem vertrauen« wird es als belohnend erleben, wenn andere Menschen als Konsequenz des eigenen Verhaltens auf Distanz gehen.

Psychische Grundbedürfnisse: Die Nicht-Befriedigung psychischer Grundbedürfnisse (▶ Kap. 5.6) kann dazu führen, dass Konsequenzen, die vom Betroffenen im Sinne der Bedürfnisbefriedigung interpretiert werden, besonders verhaltenswirksam sind. Wer Bindung sucht, wird möglicherweise auch unangenehme Kontakte »aushalten«, nur um Nähe verspüren zu können. Wer einen niedrigen Selbstwert aufweist, wird möglicherweise aggressive und/oder andere herabsetzende Problemverhaltensweisen zeigen, die aber durch eine selbst empfundene

Selbstwerterhöhung belohnt werden. Massive Verletzungen in den Grundbedürfnissen aktivieren dagegen Vermeidungsschemata. Wer Bindungsverletzungen befürchtet, wird den Aufbau von Distanz zu anderen Menschen als belohnend erleben. Wer in seinem Selbstwertgefühl verletzt ist, wird keine Anstrengung und kein Engagement für Verhaltensweisen aufbringen, bei denen ein Scheitern möglich ist, wodurch erneut belegt werden kann, dass man »nichts kann«.

5.4.3 Reaktion (Verhalten) – R

Als Verhalten werden im Rahmen der funktionalen Analyse nicht nur die beobachtbaren motorischen Verhaltensweisen gesehen, sondern auch kognitives, physiologisches und emotionales Verhalten. Das Verhalten sollte daher auf diesen vier Ebenen beschrieben werden: Was tut der Klient in der Situation, welche Gedanken gehen ihm durch den Kopf, welche körperlichen Empfindungen und welche Gefühle erlebt er?

5.4.4 Konsequenzen (Consequences) – C

Operantes Verhalten wird wesentlich durch die nachfolgenden Konsequenzen beeinflusst. Sie führen dazu, dass ein Verhalten auf einen bestimmten Stimulus zukünftig häufiger (bei Verstärkung) oder seltener (bei Bestrafung) gezeigt wird. Folgende Formen der Verstärkung oder Bestrafung können unterschieden werden.

Verstärkende (verhaltenssteigernde) Konsequenzen:

- *Positive Verstärkung (C$^+$)* – Hinzufügen von etwas Positivem, z. B. Zuwendung oder Lob, Geschenke, angenehme Gefühle (Freude, Stolz, u. a.) und Gedanken.
- *Negative Verstärkung (₵$^-$)* – Entfernen von etwas Negativem bzw. Beendigung eines negativen Zustandes, z. B. Spannungsabbau, Angstreduktion, Abbau von Langeweile, Entfallen einer schwierigen Anforderung.

Bestrafende (verhaltensmindernde) Konsequenzen:

- *Direkte Bestrafung (C$^-$)* – z. B. Abwertung durch Andere, Beleidigungen, unangenehme Gefühle und Zustände wie Ärger, Wut, Trauer, Scham.
- *Indirekte Bestrafung (₵$^+$)* – Entfernung eines positiven Zustandes, z. B. Beenden einer angenehmen Interaktion, Verlust materieller Dinge (Geld), Beendigung eines angenehmen Gefühls oder Zustandes.

Es muss dabei stets beachtet werden, welche Bedeutung die Konsequenzen *für den Betroffenen* haben, dessen Verhalten erklärt werden soll. Allgemeine Erwägungen (z. B. ein Lob ist immer verstärkend) sind nicht relevant, wenn dies im Einzelfall nicht zutrifft (weil z. B. die lobende Person abgelehnt wird und man von ihr gar kein Lob bekommen will).

Lerntheoretisch ist von besonderer Bedeutung, ob Konsequenzen kurz- oder langfristig erfolgen. Die Grundlagenforschung hat gezeigt, dass Menschen im Wesentlichen von äußerst kurzfristigen Konsequenzen beeinflusst werden, während längerfristige Verhaltenskonsequenzen weitgehend wirkungslos sind (vgl. Kanfer & Phillips 1975). Daher essen z. B. auch Menschen, die unbedingt schlank sein wollen, möglicherweise viele Süßigkeiten, da diese *sofort* schmecken, wenn man sie in den Mund schiebt und die Konsequenz der vermasselten »Bikinifigur« erst *viel später* sichtbar wird. Tatsächlich zeigt die einschlägige Forschung, dass die Verstärkung *innerhalb weniger Sekunden* erfolgen sollte (ebd.), damit sie verhaltenswirksam ist.

5.4.5 Kontingenz – K

Die Kontingenz bezeichnet die Regelmäßigkeit/Häufigkeit, mit der eine Verstärkung einem Verhalten folgt. In der lerntheoretischen Grundlagenforschung spielen die Variationen der Regelmäßigkeit der Verstärkung bzw. Bestrafung und die Auswirkungen dieser Variationen auf die Verhaltenswahrscheinlichkeit eine große Rolle. Für die Praxis ist vor allem eine Unterscheidung wichtig: Wird das Verhalten jedes Mal, wenn es auftritt, belohnt (kontinuierlich), oder erfolgt die Verstärkung nur in (regelmäßigen oder unregelmäßigen) Abständen (intermittierend)? Diese Unterscheidung ist hoch relevant, da regelmäßig verstärktes Verhalten einfacher zu verändern ist, während intermittierend verstärktes Verhalten erheblich höhere Löschungsresistenz aufweist.

5.4.6 Hinweise zur Erstellung einer funktionalen Analyse

Bei der Erstellung einer funktionalen Analyse geht es darum, ein bestimmtes (Problem-)Verhalten zu erklären. Daher ist es sinnvoll, zunächst das Verhalten (R) zu beschreiben, wenn man eine funktionale Analyse erstellt. Im Anschluss daran wird festgehalten, unter welchen Stimulusbedingungen (S) (in welcher Situation) das Verhalten auftritt. Sodann werden alle kurzfristigen Folgen des Verhaltens (C) notiert und hinsichtlich ihrer Verstärkungs- oder Bestrafungswirkung interpretiert (positive/negative Verstärkung, direkte/indirekte Bestrafung). Für jede Konsequenz ist dann noch festzuhalten, wie kontingent (K) sie erfolgt (i = intermittierend oder k = kontinuierlich). Relevante Organismusvariablen (O), die das Verhalten begünstigen bzw. die Verstärkerwirkung beeinflussen, werden zum Schluss eingetragen. Unabhängig von der Reihenfolge, in der die einzelnen Bestandteile der funktionalen Analyse ermittelt werden, folgt die fertig niedergeschriebene funktionale Analyse stets der Reihenfolge der Geschehnisse und hat die Form SORKC: In der gegebenen Situation (S) unter Berücksichtigung der überdauernden Dispositionen der Person (O) wird das Verhalten (R) gezeigt, dem jedes Mal oder nur gelegentlich (K) verschiedene Konsequenzen (C) folgen.

Fallbeispiel: SORKC-Analyse

Frau Müller, eine 36-jährige Verwaltungsangestellte, leidet daran, dass sie sich nicht traut, sich gegenüber ihrer Arbeitskollegin, die sie oft als übergriffig erlebt, in angemessener Weise selbstbewusst zu verhalten. Ihr Berater fragt sie zunächst, was sie denn in diesen Situationen tut. Sie erzählt, dass sie der Kollegin nie widerspricht, sondern ihr sogar zustimmt. Auf die Frage, welche Gedanken ihr in dieser Situation durch den Kopf gehen, antwortet sie: »Ja ich denke dann, wahrscheinlich hat sie ja recht, außerdem nützt es sowieso nichts, da zu argumentieren, denn sie kann viel besser reden als ich.« Auf die Frage nach ihrem Gefühl in der Situation antwortet sie, dass sie Angst hat, und auf die Frage, ob sie auch körperliche Erregung in der Situation verspürt, antwortet sie, dass ihr Puls rast. Der Berater hat nun ihre Reaktion (R) vollständig erfasst und fragt als nächstes, was genau denn die Kollegin in der Situation sagt und wie sie das macht. Er erfährt, dass die Kollegin sich vor ihr aufbaut und sie in scharfem Ton auf Unzulänglichkeiten hinweist, etwa, dass Frau Müller zu langsam arbeite. Damit ist auch der Stimulus (S) klar beschrieben. Auf die Frage, wie es ihr im Anschluss an die Situation persönlich geht, berichtet die Klientin, dass sie einfach erleichtert sei, wenn ihre Kollegin dann wieder geht. Sie freue sich dann, dass es nicht zu einer Auseinandersetzung gekommen sei, die sie ohnehin verloren hätte. Später schäme sie sich allerdings und sei unzufrieden mit sich, dass sie sich immer alles gefallen lasse. Der Berater weiß, dass die späteren Reaktionen zwar den Leidensdruck von Frau Müller erklären, dass sie aber ihr Verhalten in der Problemsituation nicht beeinflussen. Vielmehr notiert er als Konsequenzen (C), dass Frau Müller erleichtert ist (C^-) und sich freut, dass kein Streit entstanden ist (C^-). Diese Konsequenzen erfolgen regelmäßig (K). Aus den bisherigen Beratungsgesprächen weiß der Berater bereits, dass Frau Müller sich selber abwertet und schlecht über sich denkt. So betont sie immer wieder, wie dumm sie sei und dass sie froh sein könne, wenn andere Menschen dies nicht merken (O) (▶ Tab. 5.1).

Tab. 5.1: Funktionale Analyse

S	O	R	K	C
Kollegin baut sich vor ihr auf, kritisiert sie in scharfem Ton	»Ich kann froh sein, dass andere nicht merken, wie dumm ich bin.«	Gibt der Kollegin Recht: »Sie hat Recht.« »Ich kann mich gegen sie nicht wehren.« Puls beschleunigt, Angst	Kontinuierlich	Erleichterung, kein Streit

Eigene Darstellung

Für die Beratung ergeben sich daraus folgende Überlegungen und Ansatzpunkte: Vor dem Hintergrund der selbstabwertenden Überzeugungen der Klientin ist ihr Verhalten nur zu verständlich, denn sie wird durch Angstreduktion belohnt. Es ergibt sich eine Indikation für eine ressourcenorientierte und kognitiv orientierte Beratung (▶ Kap. 9), in der Frau Müller angeregt wird, ihre selbstabwertenden Überzeugungen zu hinterfragen. Wenn sie anders über sich selber denkt, wird es ihr leichter fallen, ihre abwertenden dysfunktionalen Gedanken, die ihr in der Situation in den Kopf schießen (»Sie hat Recht; Ich kann mich nicht wehren«) zu hinterfragen. Mit Hilfe des Beraters wird sie angemessenere Gedanken (z. B. »Sie hat kein Recht, mich so herunterzuputzen«) entwickeln und üben können, sodass ihre Ängste in der Situation reduziert werden und die bisherige Belohnung (kein Streit, Angstreduktion) nicht mehr wirksam ist und stattdessen ihr neues, ggf. im Rollenspiel eingeübtes selbstsicheres Verhalten (die Kollegin in angemessener Form zurückweisen) durch ein positives Selbstwertgefühl belohnt wird.

Weiterführende Literatur

Borg-Laufs, M. (2016). Störungsübergreifendes Diagnostik-System für die Kinder- und Jugendlichenpsychotherapie. Manual für die Therapieplanung (SDS-KJ). 3. Auflage. Tübingen: dgvt.
Vriends, N., Michael, T. & Margraf, J. (2005). Klinische Implikationen moderner Lerntheorien. In: Kosfelder, J. Vocks & Willutzki, U. (Hrsg.). Fortschritte der Psychotherapieforschung. Göttingen: Hogrefe. 174–196.

5.5 Analyse der Selbstregulation

Dieter Wälte

In der psychosozialen Beratung trifft man häufig auf Klienten, die erhebliche Probleme haben, ihre Gefühle und Affekte so zu kontrollieren (Emotionsregulation) wie sie das gerne möchten. Darüber hinaus kommen auch solche Personen in die Beratung, denen es schwerfällt, ihre Ziele zu verwirklichen, weil sie kurzfristige Befriedigungswünsche längerfristigen Zielen nicht unterordnen können (Belohnungsaufschub). Schließlich ist eine Reihe von Klienten durch ihre psychischen Störungen, wie Abhängigkeit von psychotropen Substanzen, Zwangsstörungen oder Borderline-Störungen, in der Regulation ihrer Verhaltensweisen und Emotionen so weit eingeschränkt, dass ihr Alltag nur noch schwer zu bewältigen ist und alles andere als selbstbestimmt abläuft. Aus psychologischer Sicht gehen diese Probleme nach Kanfer et al. (2012) mit Defiziten in der Selbstregulation einher, also mit denjenigen unbewussten und bewussten Prozessen, mit denen Personen ihre Emotionen und Verhaltensweisen steuern.

Neurobiologie der Selbstregulation

Neurobiologische Untersuchungen mit Bildgebung weisen insbesondere den präfrontalen Kortex mit seinen dorsolateralen, medialen und ventrolateralen Bereichen als Schaltstelle der Selbstregulation aus (vgl. Ochsner & Gross 2005, Phan et al. 2005), die Konzentration unter Einbeziehung von Zielen, rationaler Handlungsplanung, Selbstreflexion und Ausblendung von Störreizen ermöglichen.

Die Folgen einer Verletzung des präfrontalen Kortex zeigt eindrücklich die Krankengeschichte von Phineas Gage, einem Vorarbeiter einer amerikanischen Eisenbahngesellschaft im 19. Jahrhundert. Verursacht durch eine Sprengung durchbohrte eine 110 cm lange und 3 cm dicke Eisenstange seinen präfrontalen Kortex und führte zu einem Frontalhirnsyndrom. Wie aus dem Bericht des Arztes hervorgeht, kam es nach dem Unfall zu erheblichen Persönlichkeitsveränderungen seines Patienten. Aus einem ausgeglichenen und besonnenen Mann wurde eine impulsive und unzuverlässige Person, die kaum noch zur Selbstregulation, insbesondere zur Steuerung ihrer Emotionen, in der Lage war.

Menschliches Verhalten ist nach Kanfer et al. (2012) das Resultat einer komplexen und dynamischen Interaktion von drei Variablen, von denen die β-Variablen ein besonderes Gewicht bei der menschlichen Selbstregulation haben. Während die α-Variablen alle Einflüsse umfassen, die außerhalb der eigenen Person liegen (externe physikalische und soziokulturelle Faktoren, eingeschlossen das Verhalten anderer Personen), handelt es sich bei den β-Variablen um Faktoren, die von der Person selbst erzeugt werden, also um kognitive Prozesse und Inhalte. Sie sind stark durch entwicklungspsychologische Prozesse und die Biographie des Individuums beeinflusst. Die γ-Variablen beinhalten hingegen alle biologisch-physiologischen Faktoren, die Einfluss auf das menschliche Verhalten haben. Eingeschlossen sind sowohl aktuelle Determinanten (Müdigkeit, Hunger) als auch zeitlich überdauernde Merkmale (genetische Ausstattung).

Fallbeispiel: Variablen der Selbstregulation

Ein Student möchte sich auf eine Klausur vorbereiten und beginnt mit dem Lernen des Prüfungsstoffes morgens um 9.00 Uhr in seiner kleinen Wohnung. Er plant (β), heute bis 17.00 Uhr am Schreibtisch zu sitzen. Allerdings wird sein Lerneifer durch laute Renovierungsarbeiten unter Verwendung eines Bohrhammers beim Nachbarn jäh unterbrochen (α). Deshalb beschließt (β) er, seine Klausurvorbereitungen in der Fachbereichsbibliothek fortzusetzen. Zum Glück findet er dort einen ruhigen Arbeitsplatz (α) und kann ungestört weiterarbeiten. Gegen 13.00 Uhr verspürt er ein gewisses Hungergefühl (γ) und malt sich gedanklich aus, was er wohl zu Mittag essen könnte (β) mit der Folge, dass sein Appetit noch weiter verstärkt wird (γ). Gegen 13.15 Uhr trifft er die Entscheidung (β), in die Mensa zu gehen.

In der Regel läuft die dynamische Interaktion zwischen den α-, β- und γ-Variablen unbewusst und automatisch (z. B. hormonelle Regulation, Autofahren) ab. Bewusst werden die Prozesse allerdings dann, wenn es zu Störungen im System kommt, eine fortlaufende Aktivität unterbrochen wird oder wenn durch ein bestimmtes Verhalten selbst gesetzte Ziele nicht erreicht werden können. Dann setzt nach Kanfer et al. (2012, 29) (bewusste) Selbstregulation ein, »die Tatsache, dass eine Person ihr eigenes Verhalten im Hinblick auf selbstgesetzte Ziele steuert; die Regulation erfolgt durch eine Modifikation des Verhaltens selbst oder durch die Einflussnahme auf die Bedingungen des Verhaltens«.

Bei der Selbstregulation lassen sich drei Phasen unterscheiden: Die erste Phase bildet die Selbstbeobachtung, in der das Individuum Merkmale des eigenen Verhaltens beobachtet und somit einen Ist-Zustand erfasst. Daran schließt sich die Phase der Selbstbewertung an, in der ein Abgleich zwischen dem Ist-Wert und einem Sollwert, der durch die persönlichen Standards definiert wird, vorgenommen wird. Schließlich richtet sich die Phase der Selbstverstärkung nach dem Ergebnis der Selbstbewertung, die im negativen Fall auch zur Selbstbestrafung führen kann. Prozesse der Selbstregulation können so lange durchlaufen werden, bis ein Verhalten den persönlichen Standards entspricht (▶ Abb. 5.8).

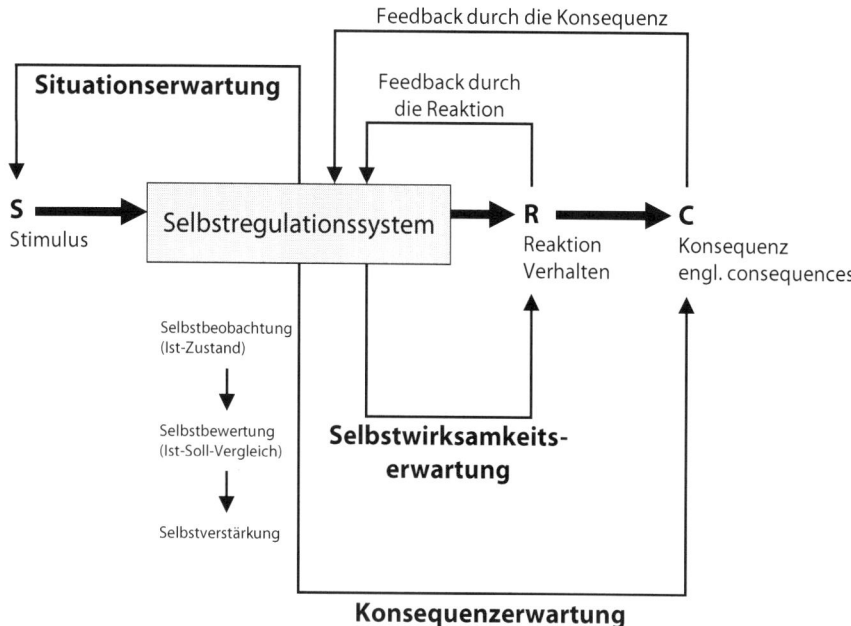

Abb. 5.8: Selbstregulationsmodell (modifiziert nach Kanfer et al. 2012)

Dieses Drei-Phasen-Modell wurde von Kanfer et al. (2012) um zwei Feedback-Schleifen und eine Feed-Forward-Schleife ergänzt. Ein erstes Feedback erhält eine Person aus der Handlung (Reaktion) selbst, es basiert auf dem Vergleich der

Handlung mit den Standards der Person (Ist-Soll-Vergleich). Durch dieses Feedback kann die Person einen Abgleich des Verhaltens mit ihren vorherigen Erwartungen über ihre Handlungsmöglichkeiten vornehmen. Damit ist die Selbstwirksamkeit bzw. Selbstwirksamkeitserwartung angesprochen. Sie kann definiert werden als das Vertrauen einer Person, aufgrund eigener Fähigkeit und Kompetenz ein Verhalten selbst ausführen zu können. (»Ich selbst bin zur Handlung in der Lage«) (vgl. Bandura 1997). Eng verknüpft mit der Selbstwirksamkeit sind Attributionsprozesse, das heißt die Einschätzung der Person, ob das Verhalten überhaupt durch sie beeinflusst werden kann. Attributionsprozesse sind dem Umstand geschuldet, dass Menschen für Handlungen und Ereignisse nach Ursachen suchen. Der Begriff ›Attribution‹ wurde von Heider (1958) geprägt und wird für derartige ›Ursachenzuschreibungen‹ verwendet, die Personen bewusst oder unbewusst vornehmen. Die zweite Feedback-Schleife ermöglicht ein korrigierendes Feedback anhand der Konsequenzen, die auf das Verhalten folgen, indem die Konsequenzen mit den vorherigen Erwartungen der Person über diese Konsequenzen (Konsequenzerwartung) abgeglichen werden. Die Konsequenzerwartung bedeutet die subjektive Einschätzung, dass auf bestimmte

Verhaltensweisen bestimmte Konsequenzen folgen (»Ich kenne die Konsequenzen«). Die Feed-Forward-Schleife umschreibt die Situationserwartungen der Person. Erfahrungen aus der Vergangenheit einer Person in ähnlichen Situationen beeinflussen dementsprechend die Wahrnehmung von Umgebungsreizen. Die Situationserwartung ist die subjektive Einschätzung, dass bestimmte Situationen eintreten werden (»Ich weiß, was auf mich zukommt«).

Fallbeispiel: Selbstregulation

Eine Klientin, 23 Jahre, befindet sich in der psychosozialen Beratungsstelle der Hochschule wegen ihrer Prüfungsangst. Bei der letzten Statistikklausur konnte sie wegen ihrer Prüfungsangst die Klausurfragen nicht beantworten. Nach ihren Kognitionen befragt, führt die Studentin aus, dass bereits auf dem Weg zum Vorlesungssaal der Gedanke sie quälte, dass die Aufgaben sehr schwer sein werden und sie deshalb nervös wird und sich nicht konzentrieren kann (Situationserwartung). Bei näherem Nachfragen wird deutlich, dass sie nur die schweren Aufgaben im Blick hatte und die leichten Aufgaben ausgeblendet hatte. Als sie die Klausur vollständig gelesen hatte, kam die Vermutung, dass sie keine Aufgaben lösen kann (geringe Selbstwirksamkeitserwartung). Sie führt das auf eine geringe Begabung für Mathematik und ihre ausgesprochene Nervosität zurück (Attribution). An ihrer Nervosität, die mit Zittern und Herzrasen einhergeht, konnte sie schon am Anfang der Klausurzeit ablesen, dass die Klausur nicht zu schaffen ist (Feedback durch die Reaktion). Bereits im Hörsaal schoss ihr die Befürchtung durch den Kopf, dass sie wegen ihres Versagens in der Klausur nun um die Fortführung des Studiums bangen muss (Konsequenzerwartung). Auch in anderen Fächern hatte sie bereits die Erfahrung gemacht, dass ihre Prüfungsangst ein schlechtes Abschneiden in den Klausuren bewirkte (Feedback durch die Konsequenzen). Nach ihren Leistungswünschen befragt (persönlicher Standard) möchte sie so leistungsstark sein wie ihre ältere Schwester, die von ihren Eltern wegen der Studienerfolge gerne als Vorbild zitiert wird. Die Klientin resümiert für sich: »Wegen meiner schlechten Studienleistungen habe ich es nicht verdient, in diesem Jahr in den Urlaub zu fahren« (Ist-Soll-Vergleich führt zur Selbstbestrafung).

Die Analyse der Probleme nach dem Modell der Selbstregulation lässt sich auch für die kognitive Umstrukturierung nutzen (▶ Kap. 9.1). Dabei formuliert der Klient/die Klientin zunächst alle negativen Erwartungen (▶ Abb. 5.9). Im zweiten Schritt hat der Klient/die Klientin die Aufgabe, für die Situation hilfreiche und realistische Gedanken zu formulieren. Dabei gibt der Berater/die Beraterin ressourcenorientierte Unterstützungen (▶ Kap. 5.3; ▶ Kap. 8).

	Kognitive Umstrukturierung	
Bereich der Erwartungen	negative Gedanken	positive Gedanken
Situationserwartung		
Kompetenzerwartung		
Konsequenzerwartung		

Abb. 5.9: Kognitive Umstrukturierung der Erwartungen (eigene Darstellung) Siehe Online-Material 5.d

Selbstkontrolle umschreibt einen Spezialfall von Selbstregulation, bei dem sich das Individuum in einer Konfliktsituation befindet und sie aus eigenem Antrieb, also ohne Druck von außen, kurzfristig auf eine positive Verstärkung verzichtet bzw. kurzfristig eine aversive Situation in Kauf nimmt (vgl. Reinecker 2011). Hier handelt es sich um eine willentliche Steuerung, bei der konkurrierende Bedürfnisse der ›Diktatur‹ des eigenen Planes unterworfen werden (vgl. Baumann & Kuhl 2013). Dabei lassen sich zwei Typen von möglichen Konfliktsituationen unterscheiden. Beim Widerstehen einer Versuchung verzichtet eine Person kurzfristig auf positive Konsequenzen zugunsten langfristiger positiver Konsequenzen (z. B.: Ein Student verzichtet auf Freizeitaktivitäten am Wochenende mit seinen Freunden, um für die Klausur zu lernen). Demgegenüber nimmt eine Person beim heldenhaften Verhalten eine kurzfristige aversive Situation in Kauf, um langfristige Ziele zu erreichen (z. B. eine Person geht ohne Beschwerden zum Zahnarzt und lässt sich den Zahnstein in den Zwischenräumen entfernen, damit langfristig die Zähne vor einem möglichen Befall mit Parodontose geschützt werden). Beide Typen der Selbstkontrolle setzen ein angemessenes Maß an Selbstmotivierung und Selbstdisziplin (»sich zusammenreißen«) voraus und die Fähigkeit, sich von Misserfolgen nicht lähmen zu lassen, die bei der Klientel psychosozialer Beratung durch motivierende Gesprächsführung zunächst angeregt werden muss (▶ Kap. 4).

Marshmallow-Test

Offensichtlich unterscheiden sich nach den Studien von Mischel (2014), die er in den 1960er und 1970er Jahren durchgeführt hat, schon etwa vier Jahre alte Kinder im Wiederstehen einer Versuchung durch Belohnungsaufschub. Ihnen wurde vom Versuchsleiter eine begehrenswerte Süßigkeit präsentiert (z. B. Marshmallows, daher der Name »Marshmallow-Test«) mit der Wahlmöglichkeit, entweder die Süßigkeit nach Betätigung einer Glocke sofort zu erhalten oder später eine zweite zusätzlich zu erhalten, wenn sie der Versuchung widerstehen konnten und so lange warten, bis der Versuchsleiter von selbst zurückkehrt. Gewöhnlich kehrte der Versuchsleiter nach etwa 15 Minuten zurück. Die Kinder unterschieden sich erheblich in ihrem Verhalten, einigen gelang dieser Belohnungsaufschub, anderen jedoch nicht. Mischel fand Anfang der 1980er Jahre heraus, dass diejenigen Kinder, die im ursprünglichen Experiment gewartet hatten, als Heranwachsende im schulischen und sozialen Bereich kompetenter waren als diejenigen Kinder, die der Versuchung durch die Süßigkeit kurzfristig nicht wiederstehen konnten. Selbst als Casey et al. (2011) die Teilnehmer des ursprünglichen Experimentes als erwachsene Mittvierziger untersuchten, schien die Fähigkeit zur Selbstkontrolle noch bei denjenigen konstant zu sein, die damals vor der Versuchung durch die Süßigkeit nicht kapitulierten.

Weiterführende Literatur

Bandura, A. (1997). Self-Efficacy. The Exercise of Control. New York: Freeman and Company.
Kanfer, F., Reinecker, H. & Schmelzer, D. (2012). Selbstmanagementtherapie. Ein Lehrbuch für die klinische Praxis. 5. Auflage. Heidelberg: Springer.
Reinecker, H. (2009). Selbstmanagement. In: Margraf, J. & Schneider, S. (Hrsg.). Lehrbuch der Verhaltenstherapie. 3. Auflage. Berlin: Springer. 629–644.

5.6 Analyse psychischer Grundbedürfnisse

Michael Borg-Laufs

5.6.1 Einführung

Klaus Grawe (2004) hat eine Konzeption psychischer Grundbedürfnisse entwickelt, die auf den Erkenntnissen der psychologischen Grundlagenforschung fußt. Die von ihm postulierten Grundbedürfnisse wurden umfangreich erforscht, und es liegt zu jedem einzelnen der Bedürfnisse eine Fülle an empirischer Evidenz vor, die belegt, dass die psychischen Grundbedürfnisse eine besondere Bedeutung für menschliches Wohlergehen haben. Als psychische Grundbedürfnisse gelten demnach die Bedürfnisse nach

- Bindung,
- Selbstwertschutz/Selbstwerterhöhung,
- Orientierung und Kontrolle,
- Lustgewinn/Unlustvermeidung.

Die Formulierung ›*Grund*bedürfnisse‹ bedeutet dabei, dass es sich um solche Bedürfnisse handelt, deren Befriedigung für den Erhalt der psychischen Gesundheit und für ein befriedigtes Leben unerlässlich ist, während ihre Nichtbefriedigung oder gar Verletzung eng mit einem unbefriedigten Leben und psychischen Störungen assoziiert ist. Dass dieser Zusammenhang nicht nur bei Erwachsenen besteht, wie es Grawe (ebd.) ausführlich belegt hat, sondern auch bei Kindern und Jugendlichen, konnten Borg-Laufs und Spancken (2010) zeigen, die bei einem Vergleich zwischen einer Gruppe psychisch kranker Kinder und Kindern aus einer repräsentativen Stichprobe signifikante und hochsignifikante Unterschiede hinsichtlich der Befriedigung psychischer Grundbedürfnisse finden konnten. Ähnlich konnte Wagner (2010) belegen, dass aggressive Jugendliche hinsichtlich der Befriedigung ihrer psychischen Grundbedürfnisse deutlich von der Normstichprobe abweichen. Die Bedeutung des Konzeptes wurde nicht nur für die Psychotherapie mit Erwachsenen (Grawe 2004) sowie Kindern und Jugendlichen (Borg-Laufs 2012), sondern auch für andere Kontexte dargestellt, beispielsweise für die Erziehung (Klemenz 2012), für die Arbeit mit Problemfamilien (Armbruster 2006) und für die Schulsozialarbeit (Rohleder 2010).

Eine Analyse der Befriedigung bzw. Nicht-Befriedigung psychischer Grundbedürfnisse hilft auch im Beratungskontext, das Verhalten der Klientinnen und Klienten besser zu verstehen. Darüber hinaus ergeben sich aus einer bedürfnisorientierten Betrachtung der Lebenslage der Beratungsklienten/-klientinnen in jedem Einzelfall Beratungsziele, die darin bestehen können, den Beteiligten wieder eine bessere Bedürfnisbefriedigung zu ermöglichen. Nicht selten ist das problematische Verhalten, welches zur Anmeldung in einer Beratungsstelle führt, letztlich ein Versuch, weitere Verletzungen von Grundbedürfnissen zu vermeiden oder Grundbedürfnisbefriedigung zu erfahren. Bei der Beratung steht dann im

Vordergrund, den Betroffenen entsprechende Erfahrungen wieder zu ermöglichen, ohne dass sie dafür auf in anderer Hinsicht problematisches Verhalten zurückgreifen zu müssen. Beispielsweise wäre bei einem jungen Mann, der durch aggressives Verhalten seinen Selbstwert ›aufpoliert‹, zu überlegen, auf welche andere Weise er selbstwertdienliche Erfahrungen machen könnte, so dass das aggressive Verhalten von ihm nicht mehr ›benötigt‹ wird.

5.6.2 Die psychischen Grundbedürfnisse im Überblick

Bindung: Bindungsbeziehungen sind tiefgehende emotionale Beziehungen zu wichtigen, nicht ohne weiteres auswechselbaren Bezugspersonen. Das von Bowlby (1975) erstmals beschriebene Bindungsbedürfnis wurde in einer Reihe von Forschungsarbeiten im Rahmen der Entwicklungspsychologie und der Entwicklungspsychopathologie umfangreich untersucht (vgl. im Überblick Grossmann & Grossmann 2008, siehe auch Brisch & Hellbrügge 2015).

Ainsworth et al. (1978, 2015) folgend, wird das Bindungsverhalten von Kindern üblicherweise in vier verschiedene Kategorien eingeteilt. Kinder mit einem *sicheren* Bindungsstil wenden sich in Not und Angst an ihre Bindungspersonen (in der Regel Elternteile, ggf. aber auch andere Personen), um sich von ihnen trösten zu lassen. Die Eltern sicher gebundener Kinder zeigen daraufhin üblicherweise feinfühliges Verhalten, d. h., sie nehmen die kindlichen Bedürfnisse wahr und reagieren schnell und angemessen (sensibel, annehmend, zusammenarbeitend) darauf (vgl. Maccoby 1980). Lerngeschichtlich betrachtet entsteht ein sicherer Bindungsstil durch die Erfahrung von emotionaler Verfügbarkeit der Bindungspersonen in belastenden Situationen.

Kinder mit einem *unsicher-vermeidenden* Bindungsstil haben sich ›abgewöhnt‹, in Notsituationen Hilfe bei ihren Bezugspersonen zu suchen, da sie die Erfahrung gemacht haben, dass sie in emotionaler Not keine Hilfe erfahren, sondern stattdessen eher abgewertet werden. Sie vermeiden daher weitere Zurückweisungen, indem sie keine Unterstützung mehr einfordern. *Unsicher-ambivalent* gebundene Kinder hingegen versuchen, durch heftiges Weinen und Anklammern die Nähe der Bindungspersonen sicher zu stellen. Sie haben gelernt, dass sie nur dann eine Chance auf Trost und Zuwendung haben, wenn sie ihre Not möglichst intensiv und dramatisch darstellen.

Kinder mit einem *desorientierten Bindungsstil* scheinen gar keine Bindungen aufgebaut zu haben, verhalten sich eher aggressiv, aber auch bizarr, ihr Verhalten ist den anderen drei Kategorien nicht zuordenbar. Es handelt sich bei der desorientierten Bindung um eine Abweichung, die vor dem Hintergrund traumatischer Erfahrungen von Misshandlung, Vernachlässigung oder häufigem Bezugspersonenwechsel in der Regel den Kriterien für eine Bindungsstörung entspricht (Gahleitner 2008).

Die psychischen Mechanismen, die den verschiedenen Bindungsstilen zugrunde liegen, prägen auch das Beziehungsverhalten während des ganzen Lebenslaufes. Grossmann und Grossmann (2008) schildern anhand empirischer Befunde, dass Menschen, die in ihrer Kindheit sicher gebunden waren, sich auch später sozial kompetent verhalten, als Freunde gemocht werden, ein realistisches, positives Weltbild aufweisen und flexible Lösungsstrategien bei Problemen zeigen.

Desorganisierte Bindungen bzw. Bindungsstörungen können sich zu massiven Störungen im Jugend- und Erwachsenenalter entwickeln. Die Betroffenen leiden an einer tiefgehenden emotionalen und sozialen Unreife und sind, wenn sie nicht mehr in ihrer Herkunftsfamilie leben, auf emotional belastbare, konfliktbereite, liebevolle und gleichzeitig konsequente Bezugspersonen (Pflege- oder Adoptiveltern, Erzieher/Erzieherinnen) angewiesen (vgl. Rygaard 2006).

Die entwicklungspsychologische Forschung hat gezeigt, dass der Wirkungsgrad relevanter Bindungserfahrungen mit zunehmendem Alter abnimmt, wenngleich Menschen über den gesamten Lebensverlauf von positiven Bindungserfahrungen profitieren können (vgl. Spangler & Zimmermann 1999; ▶ Abb. 5.10).

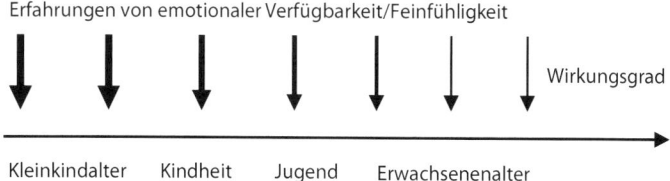

Abb. 5.10: Entwicklung der äußeren Beeinflussbarkeit der Bindung über den Lebenslauf (eigene Darstellung)

Selbstwertschutz/Selbstwerterhöhung: Menschen möchten sich selber als »gut« wahrnehmen. Viele Menschen schätzen sich selbst ein wenig besser ein, als es einer objektiven Betrachtung standhalten würde (Grawe 2004, 258ff.). Falls es sich dabei nur um geringfügige Selbstüberschätzungen handelt, stellt dies allerdings kein Problem, sondern eher einen protektiven Faktor dar (ebd.). Eine in vielen Bereichen eher negative Selbsteinschätzung kann zu vielfältigen Problemen führen. Bei depressiven oder sozial unsicheren Patienten/Patientinnen ist eine negative Selbsteinschätzung Bestandteil der primären Symptomatik. Menschen bevorzugen es in jedem Lebensalter, sich in Situationen zu begeben und mit Personen zusammen zu sein, die ihnen selbstwertdienliche Erfahrungen ermöglichen und selbstwertverletzende Situationen vermeiden.

Orientierung/Kontrolle: Menschen wollen ihre Lebenswelt verstehen, in gewissem Maße vorhersehen und sie auch beeinflussen können. Niemand möchte sich als Opfer unverständlicher, unkontrollierbarer und nicht beeinflussbarer äußerer Einflüsse erleben. Eine solche Sicht auf die Welt führt zu Hilflosigkeit, Passivität und verminderter Lebenslust. Dass dieses Bedürfnis eine besondere Rolle für menschliches Erleben und Verhalten spielt, wird auch in anderen empirisch gestützten psychologischen Konstrukten deutlich, etwa bei dem Konzept der Selbstwirksamkeit (Bandura 1997) und bei dem von Antonovsky (1997) beschriebene Kohärenzsinn. Grawe (2004, 249) resümiert: »Die angeführten Untersuchungen zeigen in großer Eindeutigkeit, dass Verletzungen des Kontrollbedürfnisses Gift für die psychische Gesundheit sind.« Erfahrungen von Kontrollverlust sind sowohl mit Anpassungsstörungen und posttraumatischen Belastungsstörungen assoziiert als auch mit Angst- und Zwangsstörungen.

Lustgewinn/Unlustvermeidung: Menschen neigen dazu, die Situationen, in denen sie sich befinden, und die Erfahrungen, die sie machen, nahezu automatisch auf einer Dimension mit den Polen ›gut‹ und ›schlecht‹ zu bewerten, und diese Bewertung führt in der Regel zu Annäherung (wenn etwas als ›angenehm‹ erlebt wird) oder zu Vermeidung (bei unangenehmen Reizen). Lust- und Unlusterfahrungen entstehen allerdings nicht durch eine vermeintlich objektive Eigenschaft von Reizen, sondern durch individuelle emotional-kognitive Bewertungsprozesse. Trotz aller biologisch naheliegender oder kulturell in hohem Maße geformter Wertungen muss hier stets der Einzelfall betrachtet werden.

5.6.3 Die Erfassung der Befriedigung, Nichtbefriedigung oder Verletzung von psychischen Grundbedürfnissen

Es liegen einzelne Fragebogenverfahren vor, die bei der Erfassung der Befriedigung psychischer Grundbedürfnisse unterstützen können (vgl. Grosse Holtforth & Grawe 2002, Borg-Laufs 2016). Darüber hinaus existiert mit der *Plananalyse* ein therapieschulenübergreifendes Diagnostikverfahren, welches ebenfalls Aussagen über die aus psychischen Grundbedürfnissen ableitbaren Handlungsmotive ermöglicht (vgl. Caspar 2007, Klemenz 1999b).

Oftmals ist aber gar kein spezifisches diagnostisches Instrumentarium notwendig. Wenn Berater die »Bedürfnisbrille« aufsetzen und das, was sie über die Ratsuchenden erfahren, vor dem Hintergrund der vier hier beschriebenen Grundbedürfnisse betrachten, wird oft schnell und unmittelbar klar, wie es um die (Nicht-)Befriedigung psychischer Grundbedürfnisse bei den zu Beratenden steht und inwiefern auch die Problematik, die zum Aufsuchen der Beratungsstelle führte, in Zusammenhang mit dem Versuch steht, Bedürfnisse zu befriedigen oder Bedürfnisverletzungen zu vermeiden.

Beraterinnen und Berater sollten sich an folgenden Leitfragen orientieren, um den Status der Befriedigung der psychischen Grundbedürfnisse ihrer Klienten/Klientinnen einzuschätzen.

Bindung:

- Wie gestalten sich die Beziehungen des Klienten bzw. der Klientin zu seinen wichtigsten Bezugspersonen (Eltern, Partner, Kinder, enge Freunde)? Erfährt der Klient bzw. die Klienten verlässliche emotionale Unterstützung oder eher Zurückweisung?
- Sind die engen Beziehungen des Klienten bzw. der Klienten konstant oder wechselhaft?
- Hat der Klient oder die Klientin in der Vergangenheit Beziehungsabbrüche zu wichtigen Bezugspersonen erlebt?

- Ist aus den biografischen Schilderungen ableitbar, dass der Klient bzw. die Klientin sich in der Kindheit bei den Eltern oder Ersatzeltern sicher, geborgen und angenommen fühlen konnte?
- Wie gestaltet der Klient oder die Klientin seine aktuellen Beziehungen?
  - Zeigt er oder sie sich eher misstrauisch und zurückhaltend in Beziehungen (unsicher-vermeidender Bindungsstil) oder
  - zeigt er bzw. sie in Beziehungen eher abhängiges Verhalten (unsicher-ambivalenter Bindungsstil) oder
  - gestaltet er oder sie Beziehungen vertrauensvoll, lässt Nähe zu und genießt sie, ohne in Abhängigkeit zu geraten (sicherer Bindungsstil), oder
  - scheint er bzw. sie vor engen Beziehungen Angst zu haben?

Fallbeispiel: Verletzung des Bindungsbedürfnisses

Herr Carstens, ein 27-jähriger ungebundener heterosexueller junger Mann, berichtet in der Beratung, dass er große Probleme habe, mit Frauen eine Beziehung einzugehen. Obwohl er gutaussehend und beruflich erfolgreich ist, hat er nach eigenen Angaben noch nie eine längere intime Beziehung erlebt. Er berichtet, dass er sich gelegentlich mit Frauen getroffen habe, die ihm auch offensichtlich Zuneigung entgegenbrachten. Stets habe er sich aber schon nach kurzer Zeit unwohl gefühlt und habe seinerseits die anfänglich durchaus angenehmen Kontakte abgebrochen. Aus der biografischen Anamnese weiß der Berater, dass Herr Carstens in seiner frühen Kindheit mehrere Bindungsabbrüche erleiden musste. In seinem ersten Lebensjahr lebte er bei seiner leiblichen Mutter, die aber ihr eigenes Leben nicht in den Griff bekam, sodass seine Großmutter mütterlicherseits ihn bei sich aufnahm. Dort lebte er ebenfalls etwa ein Jahr. Als dann seine Mutter und seine Großmutter sich verkrachten, nahm seine Mutter ihn wieder zu sich und brach jeden Kontakt zur Großmutter ab. Nach etwas mehr als einem halben Jahr wurde seiner Mutter aber klar, dass sie ihn nicht versorgen konnte, und sie wandte sich ans Jugendamt. Er kam daraufhin in eine Kurzzeitpflege, die ihn eigentlich nur für eine kurze Übergangszeit aufnehmen sollte. Diese Zeit verlängerte sich aber auf fast anderthalb Jahre. Erst im Alter von dreieinhalb Jahren kam er dann in eine Dauerpflegefamilie, die ihn eigentlich bis zur Selbstständigkeit bei sich aufnehmen sollte. Das Pflegeverhältnis dauerte dann aber doch nur zwei Jahre, weil die Pflegefamilie mit seinen Verhaltensauffälligkeiten überfordert war. Herr Carstens lebte dann ab seinem sechsten Lebensjahr im Heim. Dem Berater ist klar, dass sein Klient schon so viele Verletzungen seines Bindungsbedürfnisses erfahren hat, dass er weitere Verletzungen nicht mehr ertragen kann. Er schützt sich vor erneuten Verletzungen seines Bindungsbedürfnisses, indem er niemanden mehr nahe an sich heranlässt: Wer ihm nicht nahekommt, wird ihm nicht wehtun können. Sobald er merkt, dass eine Beziehung mit einer Frau enger wird, bekommt er Angst und bricht die Beziehung ab.

Selbstwertschutz/Selbstwerterhöhung:

- Was mag der Klient oder die Klientin an sich? Kann er oder sie positive Eigenschaften an sich benennen? Ist er/sie mit seinem/ihrem Äußeren und seinen/ihren Leistungen zufrieden?
- Lehnt der Klient bzw. die Klientin wichtige Anteile der eigenen Person ab? Äußert er oder sie sich selbstabwertend?
- Aus welchen Tätigkeiten/Eigenschaften kann der Klient oder die Klientin Selbstwert schöpfen? Ist er oder sie in etwas besonders gut? Ist er oder sie auf etwas stolz?
- Hat der Klient oder die Klientin in seiner/ihrer Kindheit selbstwertdienliche Erfahrungen machen können oder wurde er/sie häufig von wichtigen Bezugspersonen abgewertet?
- Sind problematische Verhaltensweisen des Klienten oder der Klientin dadurch erklärbar, dass sie selbstwerterhöhende Konsequenzen haben oder dass sie Selbstwertverminderungen vorbeugen?

Fallbeispiel: Verletzung des Selbstwertschutzes

Marc, ein 17-jähriger Jugendlicher, verweigert schon seit langer Zeit den Schulbesuch. Sein Auftreten ist zunächst betont lässig und überheblich. Er äußert sich herablassend über die Schule, über Freunde und auch über die Beratung. Erst nach mehreren Terminen, in denen die Beraterin geduldig und wertschätzend eine Beziehung aufgebaut hat, u. a. indem sie Interesse an seinen Stärken gezeigt hat (Computerspiele, in denen er äußerst versiert ist), kann er sich darauf einlassen, auch problematische Aspekte seiner Lebensgeschichte zu erzählen. Es wird deutlich, dass Marc eine Vielzahl an für ihn demütigenden Erfahrungen in der Schule gemacht hat. Dies betrifft Abwertungen durch verschiedene Lehrer und Lehrerinnen für sein Verhalten und auch für schlechte Leistungen, harte Strafen von seinen Eltern für schulische Misserfolge und auch Zurückweisung durch Klassenkameraden/Klassenkameradinnen. Es wird deutlich, dass er die Schule nicht mehr besucht, um in diesem Zusammenhang keine weiteren Selbstwertverletzungen mehr zu erleben. In den Computerspielen erlebt er sich als kompetent, weswegen er die meiste Zeit mit »zocken« verbringt. Durch sein überhebliches Verhalten versucht er, seinen Selbstwert zu erhöhen.

Orientierung und Kontrolle:

- Kann der Klient bzw. die Klientin in seinen Lebenszusammenhängen Orientierung erfahren oder ist er häufig unvorhersehbaren äußeren Ereignissen ausgesetzt (etwa, weil wichtige Bezugspersonen durch Alkohol- oder Drogenkonsum unvorhersehbares Verhalten zeigen oder weil er als Flüchtling mit ungesichertem Aufenthaltsstatus ständig mit einer Abschiebung rechnen muss u. a.)?

- Macht die Klientin oder der Klient die Erfahrung, dass sie/er in angemessenem Maße auf sein Leben Einfluss nehmen kann? Oder macht sie/er Erfahrungen von Kontrollverlusten, weil andere über ihn/sie bestimmen oder er/sie in seiner Entscheidungsfreiheit aus anderen Gründen (z. B. einer chronischen Krankheit) stark eingeschränkt ist?
- Kann der Klient bzw. die Klientin die Aufgaben, die sich ihm oder ihr im Leben stellen, bewältigen oder wird er/sie vor unlösbare Aufgaben gestellt (z. B. durch schulische oder berufliche Überforderung; durch Überforderung durch psychisch kranke Angehörige; u. a.)?
- Hat die Klientin bzw. der Klient in seiner Kindheit angemessene Erfahrungen von Orientierung und Kontrolle machen können oder wurden seine/ihre Bedürfnisse nach Orientierung (durch Vernachlässigung) und Kontrolle (durch Misshandlung oder Missbrauch) verletzt?
- Zeigt der Klient oder die Klientin ein auffällig unselbstständiges Verhalten (Suche nach Orientierung) oder ein auffällig autonomie-orientiertes Verhalten und fühlt sich ständig von anderen bevormundet (Kampf um Kontrolle)?

Fallbeispiele: Orientierung und Kontrolle in der Beratung

Frau Zedan, eine 45-jährige ungelernte Mitarbeiterin im Verkauf eines Supermarktes, fühlt sich durch offene Fragen ihrer Beraterin hinsichtlich ihrer kurz- und langfristigen Ziele überfordert. Sie antwortet auf solche Fragen z. B. mit »Das weiß ich wirklich nicht. Was würden Sie mir raten?« und scheint die Verantwortung für den Beratungsverlauf weitgehend an die Beraterin abgeben zu wollen. Ihre Beraterin beschließt, für einen begrenzten Zeitraum diesem Wunsch nach Orientierung nachzugeben, gibt der Klientin aktiv Ratschläge für Verhaltensänderungen und versucht behutsam in kleinen Schritten, der Klientin langsam mehr Verantwortung zu überlassen. Sie weiß, dass Frau Zedan vermutlich nicht weiter zur Beratung kommen würde, wenn sie zu schnell zu hohe Anforderungen an ihre Autonomie und Selbstverantwortung stellen würde.

Nachdem die Beratungsstunde von Frau Zedan beendet ist, kommt der nächste Klient der Beraterin, Herr Klausen, ein 50-jähriger Ingenieur. Herr Klausen reagiert sehr skeptisch auf konkrete Vorschläge der Beraterin. Er fühlt sich sehr schnell bevormundet und will grundsätzlich alle Entscheidungen selbst treffen. In der Beratung mit Herrn Klausen führt die Beraterin daher eine ausführliche Ziel- und Wertklärung durch, stellt offene Fragen und vermeidet jeden direkten Ratschlag, sondern wartet ab, bis er selber Lösungsansätze präsentiert.

Lustgewinn/Unlustvermeidung:

- Widmet sich der Klient bzw. die Klientin Aktivitäten, die ihm/ihr Spaß machen, die ihn/sie begeistern, für die sie oder er ›brennt‹? Erzählt sie oder er voller Freude über solche Tätigkeiten?

- Zeigt der Klient oder die Klientin Annäherungsverhalten in Bezug auf aktive Freizeitgestaltung? Sucht er oder sie Gelegenheiten, bei denen Freude und Lust erfahren werden kann?
- Oder scheint die Klientin bzw. der Klient sich für nichts besonders zu interessieren? Wirkt alles in ihren/seinen Schilderungen zu seinen Tätigkeiten belanglos oder beliebig?
- Zeigt der Klient oder die Klientin eher passives Verhalten, welches weniger Lust und Freude bringt, sondern letztlich der Unlustvermeidung dient? Lässt er/sie sich z. B. vor dem Fernseher oder im Internet ›berieseln‹, ohne selbst aktiv zu sein?

Fallbeispiel: Lustgewinn und Unlustvermeidung

Frau Beyer, eine alleinstehende 27-jährige Büroangestellte, ist mit ihrem Leben unzufrieden. Wenn sie von der Arbeit nach Hause kommt, lässt sie in der Regel Essen vom Lieferdienst kommen, macht es sich auf dem Sofa bequem und schaltet den Fernseher an. Das Programm findet sie nicht besonders gut, oft zappt sie zwischen verschiedenen Sendern hin und her, um sich nicht zu langweilen. Sie hat kein Hobby und keine besonderen Interessen. Sie gewinnt den Eindruck, dass ihr Leben an ihr vorbeigleitet, aber sie hat keine Idee, was sie dagegen tun kann. Ihr Berater forscht zusammen mit ihr nach, welche Tätigkeiten sie in ihrer Jugend gerne ausgeübt hat, aber auch, welche Themen sie aktuell interessieren. Sie überlegen gemeinsam, ob sie einem Verein beitreten will oder ob sie frühere Tätigkeiten wiederaufnehmen will oder ob sie etwas ganz Neues in ihrem Leben ausprobieren will …

Es empfiehlt sich, die Einschätzungen bezüglich der Befriedigung, Nicht-Befriedigung oder Verletzung aller vier psychischen Grundbedürfnisse festzustellen und bezüglich jedes Grundbedürfnisses im Hinblick auf die weitere Beratung folgende Entscheidungen zu treffen:

- Muss im Rahmen »komplementärer Beziehungsgestaltung« (Caspar 2007) während der Beratungskontakte darauf geachtet werden, dass der Klient oder die Klientin nicht mit der Beratungsperson um die Befriedigung bzw. Verletzung psychischer Grundbedürfnisse kämpfen muss? Wenn Menschen in ihren alltäglichen Lebensvollzügen um Bindung, Selbstwert oder Kontrolle kämpfen, dann tun sie das auch in der Beratung, wenn sie den Eindruck gewinnen, dass das notwendig ist. Insofern muss die Beraterin oder der Berater darauf achten, den Klienten/Klientinnen im Beratungskontakt grundbedürfnisbefriedigende Erfahrungen zu ermöglichen und keine Ängste vor Verletzungen der psychischen Grundbedürfnisse auszulösen.
- Welche Beratungsziele ergeben sich aus den Erkenntnissen über nicht-befriedigte oder verletzte psychische Grundbedürfnisse? Wie kann den Klienten/ Klientinnen dabei geholfen werden, in ihrem Alltag wieder grundbedürfnisbefriedigende Erfahrungen zu machen, ohne dabei das gewohnte Problemverhal-

ten zu zeigen? Menschen kämpfen um die Befriedigung ihrer Grundbedürfnisse oder darum, nicht weiter hinsichtlich dieser Grundbedürfnisse verletzt zu werden. Wenn ihnen keine Möglichkeit gegeben wird, dies auf akzeptable und erwünschte Weise zu tun, werden sie sich auch weiterhin in anderer Hinsicht problematische Wege suchen, ihre Bedürfnisse zu befriedigen und Verletzungen zu verhindern.

 Weiterführende Literatur

Borg-Laufs, M. & Dittrich, K. (Hrsg.) (2010). Psychische Grundbedürfnisse in Kindheit und Jugend. Perspektiven für Soziale Arbeit und Psychotherapie. Tübingen: dgvt.
Grawe, K. (2004). Neuropsychotherapie. Göttingen: Hogrefe.

5.7 Diagnostik des Familiensystems

Dieter Wälte

Während bei der Einzelfalldiagnostik der Fokus auf dem einzelnen Klienten liegt, konzentriert sich die Diagnostik des Paar- oder Familiensystems auf die interaktionelle Perspektive und schenkt damit der sozialen Dimension des bio-psycho-sozialen Modells eine besondere Aufmerksamkeit (Scheib & Wirsching 2004). Da Beraterinnen und Berater in psychosozialen Beratungsfeldern häufig mit der Diagnostik von Familien(-systemen) betraut sind, soll im Folgenden darauf der Schwerpunkt gelegt werden. Dabei können die Bedingungen, die eine Störung in der Familie aufrechterhalten, auf verschiedenen Systemebenen liegen (Perrez & Bodenmann 2009), insbesondere auf der Ebene der Gesamtfamilie, der Paarebene (Mutter und Vater) und der Ebene des Eltern-Kind-Systems.

> **Familiendiagnostik**
>
> »Die Familiendiagnostik untersucht und beschreibt die Interaktionen und ihre Veränderungen zwischen den Familienmitgliedern, den Subsystemen, und analysiert die Dynamik der Familie als systemisches Ganzes. Sie untersucht die unbewußten Phantasien, Wünsche und Ängste der Familie auf dem Hintergrund ihrer Familiengeschichte, um zu einem Verständnis über die bedeutsamen Interaktionssequenzen zu kommen« (Cierpka 1987, 2; Hervorhebungen im Original werden hier nicht berücksichtigt).

In den letzten 50 Jahren sind eine Reihe von diagnostischen Techniken und Instrumenten entwickelt worden, um das System ›Familie‹ besser zu verstehen. Dabei haben spezifische Gesprächstechniken (z. B. zirkuläre Fragen) und symbolisch-metaphorische Methoden (z. B. Genogramm) in der Beratungspraxis eine besondere Verbreitung gefunden (▶ Kap. 9.2). Demgegenüber finden strukturierte Beobachtungsverfahren und Interviewverfahren sowie Fragebogenverfahren eine stärkere Anwendung in Forschungsprojekten, obgleich diese auch bei der Evaluation von Beratungsprozessen (▶ Kap. 10) sinnvoll einzusetzen sind. Darüber hinaus sind insbesondere Fragebogenverfahren so weit fortgeschritten, dass sich damit valide Ergebnisse gewinnen lassen (vgl. Hamilton & Carr 2016). Jedoch stehen in den Praxisfeldern für die Beratung von Paaren oder Familien oft nur wenige Termine zur Verfügung, die dem Einsatz von aufwendigen Fragebogeninventaren entgegenstehen. Die weiteren Ausführungen beschränken sich deshalb darauf, aus der familiendiagnostischen Forschung solche Dimensionen zu extrahieren, die in der Praxis den Blick auf das Familiensystem schärfen können, vertiefende Informationen können allerdings nur unter Einsatz von Messinstrumenten gewonnen werden.

Zwei Grundlagenstudien liefern wichtige Hinweise darauf, welche Dimensionen für die Familiendiagnostik wichtig sind (vgl. Fisher 1976, Bloom 1985). Während Fisher (1976) eine Zusammenfassung der einschlägigen Literatur liefert, in der Dimensionen familiärer Diagnostik besprochen werden, führt Bloom (1985) eine Folge von Faktorenanalysen mit den Items von vier zentralen Messinstrumenten zur Familiendiagnostik durch, um einen begrenzten Satz von Dimensionen zu extrahieren.

Fisher (1976) konnte zeigen, dass strukturelle Aspekte (z. B. Rollenverteilung) zur Beschreibung von Familien in der Regel an erster Stelle stehen. Ebenfalls wird die Einschätzung der Kontrollen und Sanktionen in der Familie als zentraler Bereich familiärer Diagnostik angesehen. Die dritte Kategorie fasst Merkmale zusammen, die sich auf das emotionale Klima in der Familie beziehen und somit eng mit der psychischen Situation der einzelnen Familienmitglieder verknüpft sind. Kulturelle Aspekte, die unter der vierten Kategorie eingeordnet sind, werden aus der Sicht von Fisher (1976) zwar oft betont, jedoch konzentrieren sich die meisten diagnostischen Konzepte auf intra-familiäre Merkmale. Mit der fünften und letzten Kategorie soll dem entwicklungspsychologischen Aspekt Rechnung getragen werden, der in der letzten Zeit auch bei der Familiendiagnostik starkes Gewicht bekommt, da die Funktionsfähigkeit der Familie nicht losgelöst von den spezifischen Anforderungen gesehen werden kann, die sich im Verlauf der Lebensstadien einer Familien ergeben. Fisher (1976) geht davon aus, dass die fünf Dimension zwei Abstraktionsebenen zugeordnet werden können. Während die kulturellen Aspekte (Dimension IV) und die entwicklungsbezogenen Aspekte (Dimension V) hauptsächlich einen Beurteilungshintergrund konstituieren, beschreiben die anderen Aspekte (Dimension I-III) zentrale intrafamiliäre Prozesse. Fisher (1976) betont ausdrücklich, dass die von ihm zusammengestellten diagnostischen Merkmale sich stark überschneiden und auch anders klassifiziert werden könnten. Das deutet auf ein systemisches Verständnis der Funktionsweise von Familien hin, deren einzelne Lebensbereiche nicht unabhängig voneinander gesehen werden können, sondern wie Zahnräder eines Uhrwerkes ineinandergreifen.

Die empirischen Untersuchungen von Bloom (1985) lassen 15 Dimensionen erkennen, die sich den drei von Moos et al. (1974) entwickelten Kategorien – Beziehungsdimensionen, Dimensionen des personalen Wachstums oder Wertdimensionen und Dimensionen der Systemstabilisierung – zuordnen lassen. Zu den Beziehungsdimensionen zählt Bloom (1985):

- die Kohäsion (Ausmaß, in dem die Familienmitglieder zusammenhalten, sich gegenseitig unterstützen und füreinander da sind),
- die Offenheit (Ausmaß, in dem Familienmitglieder ihre Gefühle, Kritik oder Ärger zeigen; spontan und ausgelassen und bereit sind, über persönliche Probleme sowie Familienangelegenheiten zu kommunizieren),
- die Konfliktneigung (Ausmaß, in dem die Familienmitglieder Bestätigung in der Interaktion mit anderen suchen und erhalten),
- die Idealisierung der Familie (Ausmaß, in dem die Familie stolz auf Ihre Mitglieder ist)
- und Ungebundenheit (Ausmaß, in dem Familienmitglieder sich eher unabhängig als zueinander hingezogen fühlen).
- In die zweite Kategorie fallen die Dimensionen, die Wertorientierungen ansprechen:
- intellektuell-kulturelle Orientierung,
- aktive Freizeitgestaltung
- und Betonung des Religiösen.
- Die dritte Hauptkategorie fasst Informationen über die Struktur oder Organisation innerhalb der Familie und die Kontrollorientierung zwischen den Mitgliedern zusammen:
- demokratischer Familienstil (Ausmaß, in dem Entscheidungen unter Beteiligung aller Familienmitglieder gefällt werden),
- laissez-faire Familienstil (Ausmaß, in dem Regeln zur Gestaltung des Familienlebens fehlen oder nicht verstärkt werden),
- autoritärer Familienstil (Ausmaß, in dem die Eltern die Regeln und die Bestrafung bei Regelüberschreitung bestimmen),
- externe Kontrollorientierung (Ausmaß, in dem das Familienschicksal jenseits der Kontrolle der Familienmitglieder gesehen wird),
- Verstrickung (Ausmaß, in dem Familienmitglieder als voneinander abhängig gesehen werden)
- und Organisation (Ausmaß, in dem der Tagesablauf der Familie geregelt ist).

Von den Beziehungsdimensionen scheint Kohäsion das zentrale Konzept zu sein, da die anderen Dimensionen damit signifikant korrelieren. Die Dimension ›externe Kontrollorientierung‹ erwies sich als das Schlüsselkonzept unter den Dimensionen der Systemstabilisierung. Bis heute ist es noch nicht gelungen, alle von Fisher (1976) und Bloom (1985) herausgearbeiteten Dimensionen in einem Messinstrument zu integrieren. Dieser Weg ist in der aktuellen Forschung auch wieder verlassen worden zugunsten einer Entwicklung von Instrumenten, die die Funktionalität der Familie mit wenigen Items ökonomisch erfassen sollen. Ein Beispiel dafür ist der SCORE-15 (Systemic Clinical Outcome and Routine Evaluation-15), mit dem lediglich drei Dimensionen erfasst werden: Stärken und Anpassungsfähigkeit, Überforderung bei Schwierigkeiten, gestörte Kommunikation (vgl. Carr & Stratton 2017). Sollten allerdings spezifische Aspekte der Familie genau untersucht werden, so muss auf die international etablierten Messinstrumente verwiesen werden (vgl. Fisher 1976; Cierpka 1987) (▶ Tab. 5.2).

Bei den bisherigen Fragebogeninventaren wurde den Kausalattributionen in der Familie als Wirklichkeitskonstruktion über mögliche Ursachen von Problemen und Störungen der Indexklienten zu wenig Aufmerksamkeit geschenkt. Diese bestimmen jedoch mit, ob die Familie überhaupt bereit dazu ist, sich auf eine Beratung einzulassen. Vor diesem Hintergrund wurde der AFKA (Aachener Fragebogen zur Krankheitsattribution) entwickelt (vgl. Wälte & Krönchen 2017). Er misst die Überzeugungen von Klienten und ihren Angehörigen über die Ursachen ihrer Störungen, Probleme, Krisen oder Konflikte mit acht Faktoren, die in der psychosozialen Beratung von Bedeutung sind: Familie, Selbst, Partnerschaft, Stress, Finanzen, Schicksal, Körper, Sucht. Für die Diagnostik bei Einzelpatienten und im Paar- bzw. Familiensystem liegt der AFKA in zwei Fragebogenformen vor. Der AFKA_I (»I« steht für Indexpatient) erhebt die Krankheitsattributionen aus Selbstsicht, demgegenüber kann mit dem AFKA_F (»F« steht für Familienmitglied) die Fremdsicht eines Familienmitgliedes bzw. des Partners des Indexpatienten erhoben werden. Abbildung 5.11 macht deutlich, dass z. B. bei Familie ›49‹ die Eltern zwar der Meinung sind, dass die Familie einen wesentlichen Einfluss auf die Probleme ihres 15-jährigen Sohn hat, dieser das jedoch nicht so einschätzt (▶ Abb. 5.11).

Tab. 5.2: Dimensionen der Familiendiagnostik und Messinstrumente

1. Strukturelle Kriterien	• Konflikt, Konfliktverhalten, Konfliktlösung (FES, FHS, SFI) • Organisation (FES, FHS) • Problemlösung (FAD, FHS) • Kommunikation (FAD, FAM III, FHS) • Rollenverhalten (FAD, FHS, FAM III, FACES) • Aufgabenerfüllung (FAM III) • Grenzen (FACES, FHS, SFI) • Koalitionen (FACES, FHS) • Entscheidungen (FACES, FHS) • Raum und Zeit (FACES)
2. Macht und Kontrolle	• Unabhängigkeit, Autonomie (FES, FHS, SFI) • Kontrolle (FES, FAD, FAM III, FACES) • Sicherheit (FACES) • Disziplin (FACES) • Familiengesetze (FACES)
3. Affekte	• Kohäsion (FES, SFI) • Offenheit (FES, SFI) • Affektive Beziehungsaufnahme, affektive Reaktion (FAD, FAM III, FACES, FHS)
4. Kulturelle Kriterien	• Moralisch-religiöse und intellektuell-kulturelle Orientierung (FES) • Leistungsstreben (FES) • Werte und Normen (FAM III) • aktive Freizeitgestaltung (Freunde, Interessen, Freizeit) (FACES) • Eingliederung in der Gemeinde (FHS)

5 Analyse und Klärung der Probleme im Kontext von Ressourcen

Tab. 5.2: Dimensionen der Familiendiagnostik und Messinstrumente – Fortsetzung

5. Entwicklungs-psychologischer Aspekt	Wird von den Messinstrumenten nicht erfasst, jedoch müssen die Ergebnisse der Untersuchung vor dem Hintergrund des familiären Entwicklungsstadiums beurteilt werden.
FES	Family Enviroment Scale (Moos & Moos 1994), Theorie = Familienklima, sozialpsychologisches Modell
FAD	Family Assessment Device (Epstein et al. 1983) Theorie = McMaster-Modell
FAM III	Family Assessment Measure (Skinner & Steinhauer 2000), Theorie = »process model«
FACES	Family Adaptability and Cohesion Evaluation Scales (Olson 2000), Theorie = »circumplex model«
FHS	Family Health Scales (Kinston et al. 1987), Theorie = allgemeine systemtheoretische Konzepte
SFI	Self-Report Family Inventory (Beavers & Hampson 2000), Theorie = Beavers System Model of Family Functioning

Eigene Darstellung

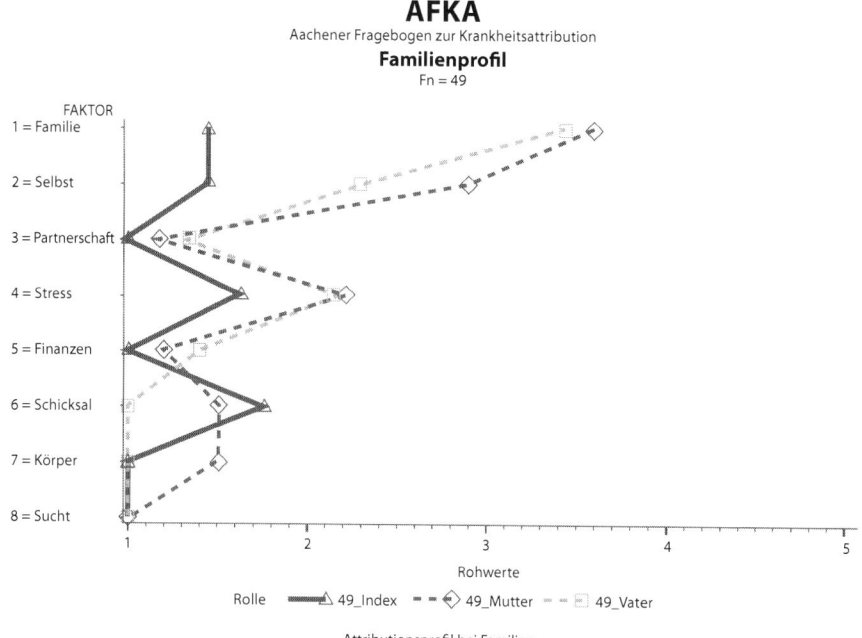

Abb. 5.11: Attributionsprofil einer Familie (eigene Darstellung)

Weiterführende Literatur

Cierpka, M. (Hrsg.) (1987). Familiendiagnostik. Berlin: Springer.
Bloom, B. L. (1985). A Factor Analysis of Self-Report Measures of Family Functioning. Family Process, 24 (2). 225–239.

6 Analyse und Vereinbarung von Beratungszielen

Dieter Wälte & Melanie Meyer

> **Was Sie in diesem Kapitel lernen können**
>
> Beratungsziele bieten eine gute Orientierung im Beratungsprozess und optimieren das Beratungsergebnis. In diesem Kapitel können Sie lernen,
>
> - wie eine Zielanalyse vorgenommen werden kann,
> - wie Ziele nach der SMART-Formel (Spezifisch, Messbar, Attraktiv, Realistisch und Terminbezogen operationalisiert werden können,
> - wie Ziele in einem Kontrakt festgelegt werden können.

Nachdem in Phase 3 (▶ Kap. 2) entsprechend des Ablaufmodelles psychosozialer Beratung ein Störungsmodell mit dem Klienten entwickelt wurde, liegt in Phase 4 (▶ Kap. 2) der Fokus auf der gemeinsamen Klärung und Vereinbarung von Beratungszielen, damit im Verlauf der Beratung immer klar ist, an welchen Problemen gerade gearbeitet wird. Allerdings können Ziele, die am Anfang der Beratung erarbeitet wurden, sich auch noch im Verlauf der Beratung ändern und den Beratungsfokus verschieben. Nach Möglichkeit sollen dabei solche Ziele im Mittelpunkt stehen, die der Klient/die Klientin selbst erarbeitet hat, weil diese eine stärkere motivationale Wirkung entfalten als Ziele, die von außen (auch vom Berater) festgelegt werden. Wichtig im gesamten Zielfindungsprozess ist, dass der Klient kein Ziel vom Berater übergestülpt bekommt, sondern seine eigenen Formulierungen findet und die Ziele selber an- und übernehmen kann. Da der Klient selbst als Experte für sein Leben und sein Problem gesehen werden kann, ist die Selbstverantwortung eines der wichtigsten (Meta-)Ziele in der Beratung (Ertelt & Schulz 2019).

In der Psychotherapieforschung wird die Einigung von Therapeut und Patient über die Therapieziele als eine Teilkomponente der therapeutischen Arbeitsbeziehung (»alliance«) gesehen und trägt mit ca. 11,5 % Varianzaufklärung zu einem guten Ergebnis bei (vgl. Norcross 2011). Kanfer et al. (2012) heben die Vereinbarung von Beratungszielen in ihrem 7-Phasen-Modell nach der Verhaltensanalyse und dem ätiologischen Modell als 4. Phase (▶ Kap. 2) explizit hervor. Damit soll unterstrichen werden, dass die Analyse und Vereinbarung von Beratungszielen im Beratungsprozess nicht ohne Aufwand nebenbei erledigt werden können. Die Praxis zeigt vielmehr, dass sich Klienten oft schwertun, Ziele für die Beratung zu formulieren und deshalb Unterstützung durch den Berater benötigen. Dabei lässt sich der Berater – wie im gesamten Beratungsprozess – von einer toleranten Haltung gegenüber den Werten und Zielen des Klienten bzw. Klientensystems leiten und nimmt sich die Zeit, die ein Klient benötigt, um sich über seine Ziele im Klaren zu werden.

6.1 Zielanalyse

Bei der Analyse von Beratungszielen kann eine Reihe von Techniken hilfreich sein, die es dem Klienten erleichtern, sich über seine Ziele bewusst zu werden (Kanfer et al. 2012). Eine Möglichkeit besteht darin, den Klienten anzuregen, er möge sich in die Situation eines Freundes hineinversetzen, der genau das gleiche Problem hätte und er würde ihn um Rat fragen. Der Klient soll sich nun überlegen, auf welches Ziel der Freund hinsteuern soll. Im weiteren Gespräch kann der Klient dann gefragt werden, ob die für den Freund vorgeschlagene Zielsetzung auch für ihn selber gelten könne oder ob es noch Unterschiede bei den Zielen gebe. Hilfreich könnte auch die Frage sein, wie der Klient sich in der Zukunft sein Leben ohne seine Probleme vorstellt. Schließlich kommen beispielsweise einige Klienten damit weiter, wenn sie sich eine Person als Vorbild nehmen und vorstellen, welche Ziele diese Person erreichen möchte. Die durch diese Imaginationsübung gewonnenen Gedanken können für den Berater dahingehend aufschlussreich sein, welche Werte und Ziele der Klient hat. Hilfreich kann auch eine Visualisierung der Ziele mit Schaubildern sein, um sowohl dem Klienten als auch dem Berater einen anderen Blickwinkel auf mögliche Zieldiskrepanzen zu ermöglichen: »Auf der einen Seite möchte ich beruflich kürzertreten, um mehr Zeit für meine Gesundheit und meine Familie zu haben, andererseits würde mir aber auch ein beruflicher Aufstieg gefallen.«

> **Ziele und Erwartungen**
>
> Mit der Analyse und Vereinbarung von Beratungszielen geht immer auch eine Klärung der impliziten oder expliziten Erwartungen einher, die Klienten oder nicht anwesende Dritte an die Beratung herantragen (vgl. v. Schlippe & Schweitzer 2013). So könnten z. B. die Lehrer (als nicht anwesende Dritte) eines Jugendlichen an die Erziehungsberatung die Erwartung haben, dass ihr Schüler durch ein Motivationstraining bessere Noten bekommt. Den Jugendlichen plagen jedoch vielmehr Sorgen, dass er von seiner Freundin nicht akzeptiert werden könnte. Er kommt explizit mit der Erwartung, dass er mit dem Berater über seine Sorgen sprechen kann, implizit und somit unausgesprochen wünscht er sich jedoch auch, dass der Berater den Lehrern vermitteln soll, dass diese ihn mit dem Leistungsdruck in Ruhe lassen sollen.

Im Prozess der Analyse der Beratungsziele kann sich auch eine Diskrepanz zwischen den Zielen ergeben, die der Klient erreichen möchte und den Zielen, die der Berater für sinnvoll hält. Darüber hinaus kann der Klient Behandlungserwartungen an den Berater richten, die seinen Kompetenzbereich überschreiten. Ansprüche und Ziele des Klienten auf der einen Seite müssen mit den Vorschlägen (und Möglichkeiten) des Beraters auf der anderen Seite verglichen werden, um herauszufinden, ob beide Seiten zusammenpassen oder ob der Berater den Klienten ggfs. weiterverweisen muss (Nußbeck 2019). Das folgende Beispiel soll diese Beratungssituation verdeutlichen:

Fallbeispiel: Klient mit ›Doppeldiagnose‹ Sucht und Schizophrenie

Die Sozialarbeiterin im sozialpsychiatrischen Zentrum berät Herrn O. (25 Jahre alt), der seit vier Jahren unter der Doppeldiagnose Schizophrenie und Abhängigkeit von psychotropen Substanzen (z. B. Cannabis, Amphetaminen) leidet. Im psychoedukativen Gespräch rät die Sozialarbeiterin dem Klienten dringend darauf hinzuarbeiten, eine Abstinenz von den psychotropen Substanzen zu erreichen, weil die psychotischen Symptome auch im Zusammenhang mit dem Konsum zu sehen sind. Für die Entgiftung empfiehlt die Sozialarbeiterin dem Klienten eine stationäre Behandlung in der ortsnahen Psychiatrie. Herr O. erwartet jedoch von der Sozialarbeiterin Hilfe bei der Zurechtweisung seiner Nachbarn, die als Agenten der russischen Mafia ihn abhören und den Vermieter beeinflussen wollen, dass ihm gekündigt wird.

Drei Monate später erscheint Herr O. zu einem weiteren Gespräch im Sozialpsychiatrischen Zentrum. Nach Neudosierung des Neuroleptikums durch den behandelnden Psychiater sind die Wahnvorstellungen des Klienten deutlich abgeklungen und der Klient gewinnt Einsicht darin, dass die Abstinenz von psychotropen Substanzen nunmehr ein wichtiges Ziel für ihn sei, um weitere psychotische Krisen abzuwenden. Durch den intensiven Beratungsprozess hat Herr O. eine vertrauensvolle professionelle Beziehung zu seiner Beraterin aufbauen können und möchte am liebsten, dass die Sozialarbeiterin die Entgiftung von den Substanzen ambulant begleitet, da er nicht so gerne in die Psychiatrie gehe.

Im Beratungsgespräch kann die Sozialarbeiterin verdeutlichen, dass eine Entgiftungsbehandlung nicht in ihrem Zuständigkeitsbereich liegt und ein Klinikaufenthalt unumgänglich sei. Nachdem Herr O. die Gewissheit hat, dass die Sozialarbeiterin ihn nach dem Aufenthalt in der Psychiatrie weiter betreuen wird, entscheidet er sich für die stationäre Aufnahme.

Acht Wochen später erscheint Herr O. – wie besprochen – bei der Sozialarbeiterin im Sozialpsychiatrischen Zentrum. Er berichtet, dass es in der Psychiatrie zwar nicht so schön war, wie in den eigenen vier Wänden, er aber durch die Optimierung der Medikation weniger Nebenwirkungen verspüre. Nun denke er auch ernsthaft darüber nach, sich in einer auf Doppeldiagnosen spezialisierten Rehabilitationsklinik behandeln zu lassen. Auf der Akutstation in der Psychiatrie habe er erfahren, dass einige Rehakliniken einen sehr intensiven Behandlungszeitraum von 4–6 Monaten bieten. Im Moment könne er sich zwar noch nicht vorstellen, so lange von Zuhause weg zu sein, aber er möchte die weiteren Beratungstermine gerne dafür nutzen, um sich auf diesen Schritt vorzubereiten.

Auch wenn dieses Fallbeispiel für den Arbeitsbereich der gemeindepsychiatrischen Versorgung nicht außergewöhnlich ist, zeigen sich in anderen Beratungssettings, wie z. B. in der Erziehungsberatung, mögliche Divergenzen bezüglich der Beratungsziele zwischen Berater und Klient nicht so extrem. Unterschiede sind jedoch zu erwarten, wenn Paare oder Familien zur Beratung kommen. So könnte z. B. bei einer Paarberatung beim Mann das Ziel im Vordergrund stehen, dass er seine sportlichen Interessen stärker durchsetzen möchte, während die Frau sich eine stärkere Beteiligung ihres Mannes bei der Erziehung der Kinder wünscht.

Neben einer möglichen Divergenz bei den Zielen zwischen Berater und Klient oder zwischen den beteiligten Klienten (Paar, Familie) müssen alle Ziele auch auf die Umsetzbarkeit überprüft werden. Dabei sind Kriterien wie Informationsstand des Klienten, ethisch-moralische Aspekte, mögliche hemmende Faktoren aus der Umgebung, die zeitlichen Möglichkeiten der Beratung und auch die subjektive Einschätzung des Klienten einzubeziehen, ob der Aufwand zur Zielerreichung vielleicht zu hoch ist und stattdessen die Nachteile, die mit den Problemen verbunden sind, in Kauf genommen werden können (▶ Kap. 4).

Da in der Beratung oft nur geringe Zeitressourcen vorhanden sind, ist es nicht immer möglich, alle Ziele des Klienten anzugehen, stattdessen ist es notwendig, die Ziele in eine Hierarchie zu bringen. Neben der Setzung von Prioritäten bieten die Beratungsziele auch eine Art ›Messlatte‹, die bei der Evaluation des Beratungsprozesses herangezogen werden kann. Der Ist-Zustand, der für den Klienten einen zum Teil sehr hohen Leidensdruck mit sich bringt, wird dem erstrebenswerten Soll-Zustand, der dem Klienten Erleichterung bringen könnte, gegenübergestellt und aus dieser Abweichung heraus lassen sich (Teil-)Ziele formulieren (vgl. Wild & Krapp 2001).

Für die Motivationssteigerung ist es wichtig, ›große Ziele‹ in Teilziele zu untergliedern, um dem Ergebnis Schritt für Schritt näher zu kommen, denn ist das Ziel zu vage, kann der Klient nicht angemessen darauf hinarbeiten (vgl. Steiner 2014). Es sollte in der Beratung eine Ausgewogenheit zwischen kurz-, mittel- und langfristigen Zielen angestrebt werden. Das Erreichen von kurzfristigen Zielen stärkt die Selbstwirksamkeit des Klienten und er bekommt eine klare Perspektive davon, was er verändern kann. Mittelfristige Ziele halten den Klienten sozusagen bei der Stange, weil er auf dem Weg zum Endergebnis immer wieder kleine Erfolge verzeichnen kann. Außerdem sind diese Zwischenziele wichtige Etappen auf dem Weg zur endgültigen Lösung (diese Einbettung in den Gesamtkontext kann den Klienten ebenfalls motivieren, nicht aufzugeben). Am langfristigen Ziel kommt der Klient erst an, wenn er sein Verhalten nach dem Motto ›Übung macht den Meister‹ nachhaltig verändern konnte (vgl. Hoffmann 2015). Manchmal sind Klienten gehemmt, einen ›ersten Schritt in die richtige Richtung‹ zu gehen, weil sie noch ungeübt sind, Ziele zu erkennen oder zu entfalten, oder sie haben (unbewusst) Angst vor Veränderung und Verantwortung – auch in Bezug auf das System, in dem sie leben (vgl. Migge 2018). Welche Beratungsziele in Frage kommen, ist abhängig davon, in welchen Situationen sich die Klienten befinden: Veränderungsmöglichkeiten, Potenzial und Leidensdruck der Klienten spielen hier eine große Rolle (Merbach & Volger 2010). In Verbindung mit der Frage, welches Ziel der Klient mit Hilfe der Beratung erreichen möchte, steht auch die Suche nach adäquaten Mitteln der Problemlösung (Steiner 2014).

Manchmal haben die Klienten Wünsche oder Bedürfnisse an ihre Umwelt, die in konkrete Ziele übersetzt werden müssen. Visionen, das heißt Träume von der Zukunft, haben die meisten Menschen, aber erst die Bereitschaft, dafür etwas zu tun, macht Wünsche zu Zielen (Migge 2018). Gerade in den Anfängen der Beratung werden zum Teil unrealistische Ziele (z. B. überhöhte Erwartungen oder Veränderungswünsche bzgl. anderer Personen, ohne sich selbst zu ändern) geäußert – diese eignen sich in dieser Form nicht für die Beratung, können allerdings als Grundlage genutzt werden und im gemeinsamen Zielfindungsprozess in Anbetracht der inter- und intrapsychischen Umstände umformuliert werden (Merbach & Volger 2010).

Zur *Zielanalyse* dienen bestimmte Fragen (vgl. Migge 2018):

- Ist Ihnen dieses Ziel persönlich wichtig oder haben Sie es von jemandem rezipiert? Wie lange verfolgen Sie dieses Ziel schon?
- Wozu kann das Ziel hilfreich sein (außer zur direkten Problembekämpfung)?
- Woran können Sie und andere erkennen, dass sie am Ziel angekommen sind?
- Können Sie mit der Handlungsveränderung zur Zielerreichung sofort beginnen oder gibt es noch Stolpersteine auf dem Weg?
- Was können Sie tun, um Ihrem Ziel näher zu kommen? In welchen Schritten vollziehen Sie die geplante Handlung? Auf was müssen Sie unter Umständen verzichten? Wann, glauben Sie, wird sich der erste Erfolg einstellen? Wer oder was kann Sie begleiten? Wie können Sie ihre Familie/Freunde auf etwaige Veränderungen einstimmen?
- Was wird sich an Ihrem Problem verändern? Welche möglichen Reaktionen aus der und Auswirkungen auf die (un-)mittelbare Umwelt (z. B. privat und beruflich) gibt es?

6.2 Zielfestlegung und Beratungskontrakt

Werden Ziele innerhalb der Beratung vereinbart, ergibt sich die Frage, wie eine genaue Zielformulierung (▶ Abb. 6.1) vorgenommen werden kann (vgl. Migge 2018):

6.2 Zielfestlegung und Beratungskontrakt

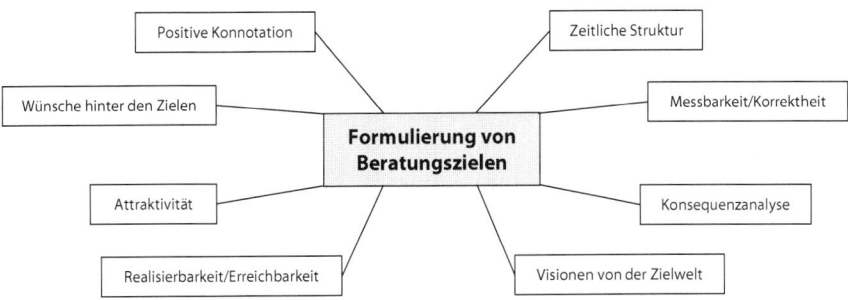

Abb. 6.1: Formulierung von Beratungszielen (eigene Darstellung)

a. *Positive Konnotation:* ›Ich möchte eine glückliche Partnerschaft führen‹ statt ›Ich will keine Eheprobleme mehr haben‹, wobei auch Vergleiche zu anderen – in diesem Fall Paaren – vermieden werden sollten.
b. *Wünsche hinter den Zielen* (›Wofür ist das Ziel gut?‹): Manchmal nennen Klienten Ziele, die ›Platzhalter‹ für andere versteckte Ziele sind, die der Klient wiederum einfacher erreichen könnte.
c. *Attraktivität:* Ein Ziel sollte für den Klienten selbst gewählt und reizvoll sein. Wenn der Sohn das Ziel des Vaters ›erbt‹ und Dinge erfüllen soll, die der Vater sich für ihn vorstellt, wird der Ansporn unter Umständen zu gering sein. Außerdem bewegt erst ein gewisser Leidensdruck dazu, sich ›aufzuraffen‹ statt ›eigentlich zu müssen‹.
d. *Realisierbarkeit/Erreichbarkeit:* Einerseits muss die Frage gestellt werden, ob der Klient das Ziel selbst erreichen kann (nur mit einer aktiven Haltung und einem Selbstwirksamkeitsdenken kann der Klient seinem Ziel näherkommen); andererseits, ob das Ziel realistisch ist, weil sich bei fehlendem Erfolg, der bei unrealistischen Zielen absehbar ist, Missmut einstellt.
e. *Zeitliche Struktur:* Wann möchte der Klient beginnen? Welche Zwischenschritte gibt es? Wann möchte er mit diesen anfangen und wann diese abschließen? Wann soll das Endergebnis erreicht sein?
f. *Messbarkeit/Konkretheit:* Um am Ende feststellen zu können, ob der Klient das Ziel erreicht hat, benötigt der Beratungsprozess gewisse ›Eckpfeiler‹, an denen der Erfolg festgemacht werden kann (wenn es beispielsweise um ein geändertes Verhalten geht, kann zirkulär gefragt werden, woran die Veränderung bemerkbar wäre oder auf emotionaler Ebene, wie sich der Klient nach der Veränderung fühlen würde).
g. *Konsequenzanalyse:* Durch Veränderungen, die die Zielerreichung möglicherweise mit sich bringt, können Beziehungen oder andere Lebensbereiche zunächst ›geschädigt‹ werden. Der Klient muss sich also im Klaren darüber sein, welche Auswirkungen ›das neue Leben‹ mit sich bringt – im Wort ›Entscheiden‹ steckt der Begriff ›scheiden‹, also kann die Zielformulierung bzw. die darauffolgende Verhaltensänderung auch Abschied von gewissen Dingen bedeuten.
h. *Vision von der Zielwelt:* Um dem Klienten ein genaueres Bild von der möglichen Zukunft geben zu können, kann er sich imaginativ in die neue Welt

nach der Zielereichung hineinversetzen, um zu spüren, was und wer ihn dort wie erwartet. Ertelt und Schulz (2019) regen an, dass bei der Zielformulierung eher das Ergebnis als die damit verbundenen Aktivitäten formuliert werden sollten.

Die genannten Kategorien können als eine Art Weiterentwicklung der SMART-Formel (Doran 1981) angesehen werden. In vielen Beratungssituationen kann es sinnvoll sein, dass die Ziele im Rahmen eines Kontraktes (▶ Abb. 6.2) festgelegt werden. Dieser kann z. B. wie folgt aussehen:

Beratungskontrakt zwischen Klient und Berater

Im Rahmen der Beratung haben wir folgende Ziele vereinbart
1. _____
2. _____
3. _____

_____   _____   _____
Ort, Datum   Unterschrift Klient   Unterschrift Berater

Abb. 6.2: Kontrakt über Ziele (eigene Darstellung)
Siehe Online-Material 6.a

Kontrakt

Bei der Festlegung eines Kontraktes kann die Unterscheidung zwischen Anlass, Anliegen, Auftrag und Kontrakt hilfreich sein (vgl. v. Schlippe & Schweitzer 2013):

- Anlass: Warum kommt der Klient gerade jetzt in die Beratung, gab es vielleicht sogar einen bestimmbaren Auslöser?
- Anliegen: Was möchte der Klient in der Beratung allgemein oder speziell in dieser Beratungsstunde erreichen?
- Auftrag: Was möchte der Klient von der Beratung bzw. vom Berater haben?
- Abmachung bzw. Kontrakt: Was bietet die Beratung bzw. der Berater konkret an und was muss der Klient in der Beratung beitragen?

Der Aufbau von globaler Handlungsfähigkeit und die Verbesserung der Problemsituation (Gerstenmaier & Nestmann 1984) sind vermutlich in den meisten Beratungsfällen wichtige Ziele, neben diesen ›Klientenzielen‹ stellt sich allerdings noch die Frage, welche übergeordneten Ziele es unter Umständen seitens des Beraters oder der Einrichtung gibt, wenn z. B. das Bearbeiten gewisser Risikofaktoren an erster Stelle steht (Heinecker et al. 2013). Am Beispiel der Beratung im Alter kann das verdeutlicht werden: Auch wenn der Klient dies nicht als eigenes Ziel nennen mag, kann es trotzdem sinnvoll sein, eine beginnende Depression als komorbide Störung der Demenz im Auge zu behalten und dieser dementsprechend vorzubeugen. Außerdem kann im Zuge der Beratung älterer Menschen und ihrer Familien die Sturzprävention einen Teil der Beratung einnehmen, womit das Ziel anvisiert wäre, den Klienten vor Schäden zu schützen und seine Autonomie weitestgehend beizubehalten. Für den Pflegebedürftigen und/oder die Angehörigen mögen Fragen der Unterbringung und der Finanzierung wichtiger sein, jedoch sollten auch solche Themen, die dem Klienten selbst als nachrangig vorkommen (z. B. der Erhalt der Gesundheit der pflegenden Angehörigen), Ziele der Beratung sein, die der Berater aus seinem Expertenwissen ableitet.

Schließlich ist es wichtig zu beachten, wie viele Institutionen am gesamten Beratungsgeschehen und der Begleitung des Klienten beteiligt sind. Einerseits ist es sinnvoll, im Vorfeld Zuständigkeiten innerhalb der Netzwerkarbeit zu klären, um Dopplungen oder Lücken im Beratungsverlauf zu vermeiden. Andererseits sollten die Ziele innerhalb bzw. im Vergleich mit den anderen Ebenen homogen sein, damit alle Beteiligten an einem Strang ziehen.

Weiterführende Literatur

Migge, B. (2018). Handbuch Coaching und Beratung. Wirkungsvolle Modelle, kommentierte Falldarstellungen, zahlreiche Übungen. 4. Auflage. Weinheim, Basel: Beltz.

Ertelt, B.-J. & Schulz, W. E. (2019). Handbuch Beratungskompetenz. Mit Übungen zur Entwicklung von Beratungsfertigkeiten in Bildung und Beruf. 4. Auflage. Wiesbaden: Springer Fachmedien.

7 Problemaktualisierung

> **☞ Was Sie in diesem Kapitel lernen können**
>
> 1. Problemaktualisierende Methoden sind ein wichtiger Bestandteil von Beratung, mit denen Probleme im Beratungszimmer erfahrbar gemacht werden können.
> 2. Rollenspiele können insbesondere für die Bewältigung sozialer Problemsituationen eingesetzt werden.
> 3. Konfrontative Techniken aus dem Methodenkoffer der Verhaltenstherapie lassen sich in psychosozialen Beratungsstellen bei solchen Problemen von Klientinnen und Klienten nutzen, die mit Vermeidungsverhalten oder Verhaltensexzessen einhergehen.
> 4. Der Einsatz von konfrontativen Techniken in der psychosozialen Beratung setzt eine intensive Fort- und Weiterbildung der Beraterin/des Beraters in verhaltenstherapeutischen Methoden voraus.
> 5. In der psychosozialen Beratung können schematherapeutische Konzepte oder Interventionen bei Klienten hilfreich sein, die unter einer Persönlichkeitsakzentuierung oder Persönlichkeitsstörung leiden.
> 6. Dysfunktionale Schemata haben zeitlich überdauernd einen starken Einfluss auf das Erleben und Verhalten des Klienten und wirken sich auf die Beziehung zwischen Berater und Klient aus. Sie sind hauptsächlich geprägt durch die Verletzung von psychischen Grundbedürfnissen, die der Klient im Laufe seiner Kindheit und Jugend erfahren hat.
> 7. Bei einer Schemaaktivierung können Klienten/Klientinnen drei verschiedene Reaktionsarten zeigen: Überkompensation, Vermeidung und Unterwerfung.
> 8. Erlebnisorientierte bzw. emotionsfokussierte Techniken bilden in der Schematherapie Schwerpunkte der Arbeit.

7.1 Rollenspiel

Michael Borg-Laufs

Das Rollenspiel ist eine in vielen Therapieschulen verwendete Methode der Problemaktualisierung: Es wird nicht nur über ein Problem *gesprochen*, sondern im Rahmen eines Rollenspiels wird das Problem auch in das Therapie- oder Beratungszimmer hineingetragen. Erstmals von Moreno (1959) im Rahmen des Psychodramas als therapeutische Methode eingesetzt, wird das Rollenspiel heute in vielen therapeutischen Schulen verwendet, etwa in der Gestalttherapie, der Transaktionsanalyse, der Tiefenpsychologie, der Systemischen Therapie und in der Verhaltenstherapie. Insbesondere in verhaltenstherapeutisch orientierten Trainings (z. B. Training Sozialer Kompetenz) spielen Rollenspiele methodisch eine zentrale Rolle (▶ Kap. 9.3).

Das Hauptziel des Einsatzes von Rollenspielen in Beratung und Therapie ist einerseits das Erlernen und Üben *neuer* Verhaltensweisen, andererseits das *Aktualisieren* von bereits verfügbaren Verhaltensweisen, die aus verschiedenen Gründen im Alltag nicht gezeigt werden. Rollenspiele können aber auch sinnvoll zur diagnostischen Klärung eingesetzt werden, etwa indem eine Problemsituation, die ein Klient oder eine Klientin nicht so schildert, dass die Beratungsperson sie gut verstehen kann, im Beratungszimmer nachgestellt wird. Wenn die Methode des Rollentausches angewendet wird, die Klientin oder der Klient im Spiel also nicht sich selber spielt, sondern die Rolle ihres/seines Interaktionspartners übernimmt, so ist das Rollenspiel auch eine sehr gute Methode zur Förderung von Empathie und Perspektivenübernahme.

Haupteinsatzgebiet von Rollenspielen sind soziale Probleme aller Art. Sowohl aggressive Verhaltensprobleme als auch sozial unsicheres Verhalten in verschiedener Ausprägung können im Rollenspiel gewinnbringend bearbeitet werden. Soziale Probleme spielen in vielfältigen Beratungskontexten eine große Rolle, etwa in der Erziehungsberatung (z. B. Wutausbrüche der Kinder oder Nachgeben der Eltern, wo kompetentes Erziehungsverhalten gefragt wäre), in der Suchtberatung (wenn es z. B. darum geht, keinen Alkohol zu trinken, obwohl man dazu aufgefordert wird) und in vielen anderen Beratungskontexten, in denen Menschen lernen wollen, sich angemessen (nicht zu aggressiv und nicht zu nachgiebig) in sozialen Situationen zu verhalten.

Fallbeispiel: Rollenspiel

Herr Ohlmann leidet darunter, dass er sich immer wieder dazu hinreißen lässt, Bekannten und Arbeitskollegen auch dann zu helfen, wenn seine Bedürfnisse und Ressourcen das eigentlich nicht zulassen. Er berichtet aus der letzten Woche, dass ein Arbeitskollege mit einem Stapel Akten zu ihm kam und zu ihm sagte: »Guck mal, das hat der Chef mir aufgebrummt, die muss ich bis morgen fertig haben. Das schaffe ich bis Dienstschluss aber nicht und länger machen geht echt nicht, ich habe heute Abend wieder so ein Date, du weißt schon, von der Partnersuche-Seite, und ich glaube, diesmal ist das echt ein Volltreffer. Du musst das für mich übernehmen.« Obwohl Herr Ohlmann mit seiner Frau zum Kino verabredet war, sagte er sofort zu: »Ist okay. Mensch, ich wünsch' dir Glück, dass das was wird.« Während er Überstunden machte, um die Akten abzuarbeiten, war er wütend, auf seinen Kollegen und auf sich selbst. Als seine Frau erfuhr, dass aus dem schon länger geplanten Kinobesuch nichts wurde, war sie zudem furchtbar wütend auf ihn. »Aber ich kann das nicht!«, sagte er zu seinem Berater, »Ich würde in solchen Momenten so gerne ›nein‹ sagen, aber ich krieg das einfach nicht hin.« Im Beratungsgespräch überlegten der Berater und Herr Ohlmann gemeinsam, wie er dem Kollegen gegenüber seine Ablehnung begründen könnte. Es gab hervorragende Begründungen, aber Herr Ohlmann sagte, dass er sich einfach nicht traue, seinem Kollegen eine »Abfuhr« zu erteilen. Im weiteren Verlauf der Beratungsstunde spielte der Berater den Arbeitskollegen und Herr Ohlmann hatte die Aufgabe, freundlich, aber bestimmt abzulehnen. Bei dem ersten Versuch druckste Herr Ohlmann herum, sprach leise und schaute den Berater in der Rolle des Arbeitskollegen während des Gesprächs nicht an. Der Berater gab ihm ein entsprechendes verhaltensbezogenes Feedback: »Sie haben sehr leise gesprochen und mir nicht in die Augen gesehen, für mich sahen Sie wie ein williges Opfer aus, obwohl sie gute Gründe angegeben haben. Was glauben Sie, könnten Sie bei einem erneuten Versuch anders machen?« Die beiden spielten die Situation mehrmals durch, wobei Herr Ohlmann in jedem Durchgang kompetenter zu werden schien. Am Ende sprach er laut und deutlich (aber freundlich), sah dem Berater in die Augen, begründete sachlich und freundlich, aber vollkommen klar seine Ablehnung. Er war von sich selber positiv überrascht und konnte sich vorstellen, das auch in der Realsituation so zu verwirklichen. Der Berater klärte im weiteren Gespräch noch, ob und was ihn davon abhalten könnte. Bei der Besprechung wurde Herr Ohlmann immer sicherer, dass er das bei der nächsten sich bietenden Gelegenheit umsetzen würde.

Rollenspiele sind insofern problemaktualisierend, als dass sie als Modell einer realen Problemsituation gesehen werden können. Klienten/Klientinnen reden nicht nur über Situationen, die in ihnen starke Gefühle (z. B. Angst oder Wut) auslösen und in denen sie möglicherweise nicht wissen, wie sie sich verhalten können/wollen, sondern sie begeben sich im Spiel in die Situation hinein, was die unangenehmen Gefühle und Verhaltensunsicherheiten in der Beratungssituation erlebbar macht, wenngleich in der Regel weniger stark als in der Alltagssituation oder bei Konfrontationsverfahren (▶ Kap. 7.2).

Funktion von Problemaktualisierungen

Nach Grawe (1998) sind Problemaktualisierungen, wie sie in Kapitel 7 dargestellt werden, wichtige Bedingungen für Veränderungen, da sie an einem impliziten (unbewussten) Funktionsmodus ansetzen. Aktivierungen dieses impliziten Funktionsmodus erleichtern die anschließende explizite (bewusste) Bearbeitung der Probleme.

Die Wirksamkeit des therapeutischen Rollenspiels kann lerntheoretisch differenziert erklärt werden: Insbesondere operantes Lernen (▶ Kap. 5.4), also das Lernen am Erfolg, spielt eine zentrale Rolle. Die zufriedenstellende Bewältigung schwieriger Situationen wird durch Gefühle von Freude und Stolz belohnt, die Klienten/Klientinnen erfahren sich als selbstwirksam – oft zu ihrer eigenen Überraschung. Zusätzlich kommt soziale Verstärkung durch die Beratungsperson oder – in einem Gruppensetting – durch die anderen Gruppenmitglieder hinzu. Im Zusammenhang mit Varianten wie etwa dem Rollentausch, bei dem der Berater oder die Beraterin die schwierige Situation löst, oder auch im Gruppensetting ist das Lernen am Modell eine wichtige Lernbedingung. Dabei ist allerdings wichtig, dass die Person, die als Modellperson beobachtet wird, das Problem nicht »hervorragend« löst, also weit besser, als die Klientin oder der Klient es nach eigener Einschätzung könnte. Stattdessen sollte die Modellperson das Problem nur *etwas* besser als die Klientin oder der Klient bewältigen können. Dies erleichtert die Identifikation mit dem Modell und verhindert, dass ein *zu gutes Modell* als unerreichbar erscheint, was die Resignation der Klienten/Klientinnen fördern könnte. Da die Rollenspiele häufig in verschiedenen Variationen durchgeführt werden, kommt es auch zu Diskriminationslernen: Die Klientin oder der Klient lernt, dass unterschiedliche situative Anforderungen unterschiedliches Verhalten erfolgreich sein lässt.

Der »Als-ob-Charakter« (vgl. Kelly 1955) des Rollenspiels sorgt dafür, dass Klienten/Klientinnen in einem geschützten Rahmen spielerisch unterschiedliche Sichtweisen einnehmen und alternative Verhaltensweisen ausprobieren und einüben können. Dieser einübende Umgang mit angstbesetzten oder kritischen Situationen (»prehearsal« nach Kanfer 1979) hilft den Klienten/Klientinnen, auch außerhalb des Beratungszimmers adäquater auf Anforderungen der Umwelt reagieren zu können (Kluge & Schmitz 1982). Smith et al. (1999) weisen aufgrund ihrer empirischen Forschungsergebnisse darauf hin, dass Rollenspiele dann besonders effektiv sind, wenn in der Beratungsstunde vor dem Rollenspiel Ressourcen aktiviert wurden (▶ Kap. 8).

Die Durchführung von Rollenspielen lässt sich in fünf verschiedene Phasen aufteilen (▶ Abb. 7.1), die im Folgenden näher beschrieben werden (vgl. Hungerige & Borg-Laufs 2007).

Einführung: Die Einführung in ein Rollenspiel sollte relativ unspektakulär erfolgen. Viele jugendliche und erwachsene Klienten/Klientinnen empfinden Rollenspiele als emotionale Herausforderung (während Kinder Rollenspiele häufig gerne durchführen). Möglicherweise sollte der Begriff ›Rollenspiel‹ gar nicht genannt werden, stattdessen könnte die Beratungsperson sagen: »Ich würde das gerne mal mit Ihnen ausprobieren.« In der Einführung wird die Situation bzw. Problematik ausgewählt, die im Rollenspiel bearbeitet werden soll.

7 Problemaktualisierung

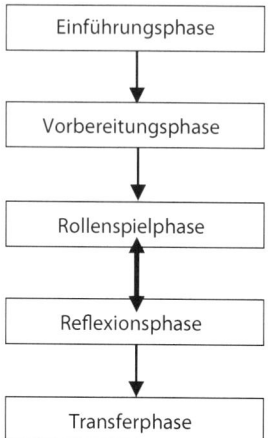

Abb. 7.1: Phasen des Rollenspiels nach Hungerige und Borg-Laufs (eigene Darstellung)

Vorbereitung: Es wird dann geklärt, wer welche Rolle übernimmt, bzw. es werden Hilfsmittel (z. B. hilfreiche Selbstinstruktionen, s. u.) besprochen. In einer Gruppensituation können die Rollenspielpartner von der Klientin bzw. dem Klienten ausgesucht werden.

Rollenspiel: Die Situation wird dann gespielt. Das Spiel sollte eher kurz und fokussiert sein, die Situation klar umrissen. Neben der einfachsten Form des Spiels (der Klient bzw. die Klientin spielt sich selber, die Beratungsperson spielt den/die Interaktionspartner/Interaktionspartnerin) können vor allem folgende Methoden zum Einsatz kommen.

- Selbstinstruktionen: Im Rahmen von Rollenspielen können zuvor besprochene Selbstinstruktionen zum Einsatz kommen, die die Auftretenswahrscheinlichkeit des Zielverhaltens erhöhen können (z. B. »Ich habe das Recht, meine eigenen Bedürfnisse ernst zu nehmen«).
- Rollentausch: Die Klienten/Klientinnen spielen nicht sich selber, sondern ihre Interaktionspartner; die Beratungsperson (oder ein Gruppenteilnehmer) spielt die Rolle des Klienten bzw. der Klientin. Dadurch können die Klienten/Klientinnen erkennen, wie ihr Verhalten auf andere wirkt.
- Prompting: Der Berater bzw. die Beraterin unterstützt den Klienten oder die Klientin durch praktische Hilfestellung (z. B. wird die Hand auf den Rücken der Klientin oder des Klienten gelegt, um diese/n in Körperhaltung oder Vorwärtsbewegung zu unterstützen).
- Coaching: Unterstützung der Klientin oder des Klienten durch verbale Hinweise, z. B. »Jetzt näher heran« oder »Schauen Sie mir in die Augen« etc.
- Verstärkung: Die Beraterin oder der Berater äußert Lob für das gezeigte neue Verhalten.

Reflexion: Die Beratungsperson fragt zunächst, wie der Klient oder die Klientin sich gefühlt hat. Danach werden *verhaltensbezogene* Hinweise für die nächste

Runde des Rollenspiels gegeben (Lautstärke, Körperhaltung, Mimik, Gestik). Die Reflexion sollte tendenziell eher kurz ausfallen. Langes ›Zerreden‹ der Situation führt zu nichts. Stattdessen sollte schnell die nächste Spielsequenz mit veränderten Verhaltensweisen eingeleitet werden. Dieser Wechsel zwischen kurzem Spiel und kurzer Reflexion wird in der Regel mehrmals hintereinander durchgeführt.

Transfer: Es ist wichtig, im Nachgang zum Rollenspiel den Alltagstransfer sehr konkret zu besprechen. Bei proaktivem Verhalten (z. B. zum Chef gehen und ihn oder sie auf eine Gehaltserhöhung anzusprechen) sollte geklärt werden, wann genau (Wochentag, Uhrzeit) das Verhalten umgesetzt wird. Bei reaktivem Verhalten (z. B. Umgang mit Wünschen oder mit Provokationen anderer) kann der Zeitpunkt nicht genau festgelegt werden, hier sollte aber detailliert besprochen werden, in welchen Situationen das Verhalten im Alltag gezeigt werden soll. Wichtig ist bei beiden Varianten, dass eventuelle Schwierigkeiten vorab im Beratungszimmer besprochen werden (»Was könnte schlimmstenfalls passieren, was Sie davon abhalten könnte, das heute Geübte umzusetzen?«), dabei die Bedenken der Klienten/Klientinnen ernst zu nehmen und gemeinsam zu überlegen, ob und wie das Verhalten trotzdem umgesetzt werden kann.

Weiterführende Literatur

Smith, E., Regli, D. & Grawe, K. (1999). Wenn Therapie wehtut. Wie können Therapeuten zu fruchtbaren Problemaktualisierungen beitragen? Verhaltenstherapie und psychosoziale Praxis, 31. 227–251.

7.2 Konfrontative Techniken (Verhaltensexperimente)

Dieter Wälte & Lara Sieben

In der Alltagssprache bedeutet das Wort ›Konfrontation‹ die Gegenüberstellung von mindestens zwei Personen, jedoch meint man damit auch, dass eine Person in eine Situation gebracht wird, damit sie sich mit etwas auseinandersetzen muss, das ihr unangenehm ist. Diese Art der Konfrontation ist in Settings, in denen psychosoziale Beratung angeboten wird, nicht ungewöhnlich. So könnte ein Schuldnerberater einen Klienten etwa darauf hinweisen, dass seine monatlichen Ausgaben für Konsumgüter im Zusammenhang mit der Schuldenfalle stehen. Ein weiteres Beispiel könnte aus einer Drogenberatungsstelle kommen, in der ein Klient/eine Klientin mit Abhängigkeit von Heroin auf die Gefahr hingewiesen wird, die durch den gleichzeitigen Gebrauch von Methadon und Heroin entstehen könnte.

In der Verhaltenstherapie wird spezifischer der Begriff ›Reizkonfrontation‹ verwendet, der solche Techniken umfasst, bei denen Patientinnen/Patienten externen oder internen Reizen nach bestimmten Regeln hinreichend häufig und lange ausgesetzt (exponiert) werden mit dem Ziel, das Verhalten in bestimmten Situationen, bei Objekten oder Problemen zu modifizieren. Dabei können konfrontative Techniken eingesetzt werden, um zum einen Meidungsverhalten abzubauen (z. B. bei Problemen, die mit Ängsten einhergehen) und zum anderen Verhaltensexzesse (z. B. Kaufsucht) zu reduzieren. Bei Angststörungen gelten konfrontative Techniken kombiniert mit kognitiver Umstrukturierung als Methoden der Wahl (vgl. Emmelkamp 2013, Bandelow et al. 2014), es konnten sogar leichte Vorteile der Exposition (Wolitzky-Taylor et al. 2008) gegenüber kognitiver Umstrukturierung nachgewiesen werden. Auch bei anderen psychischen Störungen, wie z. B. Zwangsstörungen oder der Posttraumatischen Belastungsstörung, bilden konfrontative Techniken wesentliche Therapiebausteine. Da viele Probleme von Klienten und Klientinnen in psychosozialen Beratungsstellen mit Vermeidungsverhalten (z. B. ›Aufschieberitis‹) oder Verhaltensexzessen (z. B. zu viel Essen) einhergehen, lassen sich konfrontative Techniken auch in diesem Setting sinnvoll nutzen.

Fallbeispiel: Konfrontation bei Vermeidungsverhalten

Eine 22-jährige Studentin stellt sich in der psychosozialen Beratungsstelle der Hochschule vor. Sie berichtet, dass sie erhebliche Probleme habe, in Seminaren Referate zu halten. Wenn die Prüfungsform es erlaubt, dann weicht sie lieber auf schriftliche Hausarbeiten aus. Schriftliche Klausuren bereiten ihr aber keine Probleme, obgleich sie es gar nicht gerne hat, wenn Dozenten sie bei der Lösung von Aufgaben beobachten. Da sie sich kürzlich für die Bachelorarbeit angemeldet hat, denkt sie jetzt schon mit Sorge an das bald bevorstehende Kolloquium. Mit dem S-O-R-K-C-Modell klärt die Beraterin die Studentin über die Wirkung der negativen Verstärkung durch die bisherige Vermeidung von mündlichen Referaten auf. Die Klientin möchte für die Veränderung der Angst vor mündlichen Prüfungen zunächst keine Psychotherapie in Anspruch nehmen, sondern lieber das Angebot der Beraterin annehmen, 5–10 Beratungstermine an der Angst vor mündlichen Prüfungen zu arbeiten. Nach eingehender psychosozialer Diagnostik vereinbaren Klientin und Beraterin eine Reihe von abgestuften konfrontativen Techniken zur Reduzierung des Vermeidungsverhaltens, die vorher durch kognitive Übungen (z. B. ›Veränderung der Selbstinstruktion‹) vorbereitet wurden:

- im Rollenspiel einen Vortrag bei der Beraterin halten,
- einen Vortrag mit Video aufnehmen und der Beraterin zeigen,
- der besten Freundin einen Vortrag von 45 Minuten halten,
- in der Bachelor-Arbeitsgruppe einen Vortrag über die bisherigen Ergebnisse zur Bachelor-Arbeit halten.

Mit der Studentin wurde das Prinzip der Habituation besprochen und erklärt, dass diese Übungen den Charakter von Verhaltensexperimenten haben, um zu überprüfen, ob die ängstlichen Erwartungen tatsächlich eintreten. Bereits nach einigen Sitzungen kam die Studentin zu dem Schluss, dass ihre Erwartungsangst ein viel größeres Ausmaß hatte als die Realitätstestung ergeben hat.

In den folgenden Abschnitten werden zunächst die wichtigsten Erklärungskonzepte über die Wirkungsweise der Konfrontationsverfahren dargestellt und die Systematik der Methoden der Exposition bei Ängsten nach den Dimensionen in sensu vs. in vivo und abgestuft vs. in höchster Intensität erläutert. Im Anschluss daran werden Methoden dargestellt, bei denen eine Reduktion unerwünschter Verhaltensweisen im Mittelpunkt steht (wie z. B. ›Cue Expose‹). Den Abschluss bildet die Darstellung der sogenannten ›Konfrontativen Pädagogik‹, die Ähnlichkeiten mit den konfrontativen Techniken der Verhaltenstherapie aufweist, aber darüber hinaus noch wichtige Konzepte aus der Pädagogik implementiert, die Optionen für mögliche Handlungsstrategien in der Sozialen Arbeit erweitern.

7.2.1 Erklärung der Wirkung der Konfrontationsverfahren

Klienten mögen dem psychosozialen Berater vermutlich wohl Glauben schenken, dass Konfrontationsverfahren bei Ängsten eine hohe Erfolgsquote haben (vgl. Ogles 2013), allerdings werden sie sich noch stärker motivieren lassen, wenn man ihnen erklärt, warum eine Konfrontation mit gefürchteten Stimuli wirksam ist. Bei der Klärungsarbeit könnte der Berater z. B. zunächst die folgende Passage aus ›Dichtung und Wahrheit‹ (Goethe 1809ff.) vorlesen und dann dem Klienten erläutern, warum Goethe mit seiner Methode seine Höhenphobie besiegen konnte. Dafür bieten sich im Wesentlichen drei Erklärungskonzepte an, die plausibler sind als das Konzept der Löschung, das aus neurobiologischer Perspektive von der fraglichen Prämisse ausgeht, dass Angstreaktionen ›vergessen‹ werden. Darüber hinaus konnte bei Goethe vermutlich auch nicht das ›Modelllernen‹ wirken, da er »allein den höchsten Gipfel des Münsterturms« erstieg.

> **Wie Goethe seine Höhenangst besiegte**
>
> »Besonders aber ängstigte mich ein Schwindel, der mich jedes Mal befiel, wenn ich von einer Höhe herunter blickte. (…)
> Ich erstieg ganz allein den höchsten Gipfel des Münsterturms, und saß in dem sogenannten Hals, unter dem Knopf oder der Krone, wie man's nennt, wohl eine Viertelstunde lang, bis ich es wagte, wieder heraus in die freie Luft zu treten, wo man auf einer Platte, die kaum eine Elle ins Gevierte haben wird, ohne sich sonderlich anhalten zu können, stehend das unendliche Land vor sich sieht, indessen die nächsten Umgebungen und Zieraten die Kirche und alles, worauf und worüber man steht, verbergen. Es ist völlig, als wenn man sich auf einer Montgolfiere in die Luft erhoben sähe.

> Dergleichen Angst und Qual wiederholte ich so oft, bis der Eindruck mir ganz gleichgültig ward, und ich habe nachher bei Bergreisen und geologischen Studien, bei großen Bauten, wo ich mit den Zimmerleuten um die Wette über die freiliegenden Balken und über die Gesimse des Gebäudes herlief, ja in Rom, wo man eben dergleichen Wagstücke ausüben muß, um bedeutende Kunstwerke näher zu sehen, von jenen Vorübungen großen Vorteil gezogen.« (Goethe 1809ff., Dichtung und Wahrheit, 374.)

Eine mögliche Erklärung für den Selbstheilungsprozess bei Goethe bietet das Konzept der Erwartungsänderung. Durch die Reizkonfrontation (Höhe) veränderte Goethe seine Erwartung an die Gefährlichkeit der Angstreize. Die Befürchtung, dass etwas passieren könnte, wurde bei Goethe durch sein Symptom ›Schwindel‹ beflügelt. Die meisten Menschen verbinden mit dem Symptom ›Schwindel‹ Kontrollverlust, der weitere Gedanken an die Gefahr von Stürzen befeuert. Durch seine sich wiederholenden Verhaltensexperimente hat Goethe jedoch mit der Zeit gelernt, dass seine Befürchtungen unbegründet sind und er ohne negative Folgen diese Übungen überstehen kann. Dadurch konnte er seine Selbstwirksamkeit steigern, dass er nunmehr in der Lage ist, von Höhen herunter zu blicken.

Eine weitere Erklärung ist mit dem Konzept der Habituation verbunden, nach dem durch wiederholte Präsentation des Stimulus ein Rückgang der Reaktionsstärke (neuronalen Aktivitäten) eintritt. Es erfolgt stimulusspezifisch eine Abnahme der Reaktionsstärke von Mal zu Mal. Genau das beschreibt Goethe bei seinem Selbstversuch: »Dergleichen Angst und Qual wiederholte ich so oft, bis der Eindruck mir ganz gleichgültig ward ...«

Schließlich könnte sich bei Goethe auch ein Effekt eingestellt haben, der von Wolpe (1958) als reziproke Hemmung bezeichnet wird. Danach ist Angst als sympathikotone Aktivierung nicht kompatibel mit Entspannung als parasympathische Reaktion. Entspannung kam bei Goethe am Anfang seiner Verhaltensexperimente wohl kaum auf (»dergleichen Angst und Qual«), jedoch könnte der Blick in die weite Landschaft auf ihn mit fortschreitendem Übungserfolg auch entspannend gewirkt haben.

7.2.2 Methoden der Exposition zur Veränderung des Meidungsverhaltens

Goethe (1809ff.) verrät seinen Lesern auch die Methode, mit der er seine Ängste bewältigt hat: »Allen diesen Mängeln suchte ich abzuhelfen, und zwar, weil ich keine Zeit verlieren wollte, auf eine etwas heftige Weise.« Er wählte die Situation, die bei ihm die größte Angstreaktion auslöste und setzte sich immer wieder der Höhe des Münsterturms aus. Diese Methode wird in der Verhaltenstherapie ›Flooding‹ (Reizüberflutung) genannt, bei der für die Exposition die Situation gewählt wird, die von dem Klienten/der Klientin als am schwersten eingeschätzt wird. Ganz anders geht man bei der graduierten Konfrontation vor, die auch als Habituationstraining bezeichnet wird. Hier nähert sich die Klientin/der Klient in kleinen Schritten der höchsten Reizintensität an. Hätte sich Goethe einem Habituationstraining unterzogen, dann hätte er vielleicht mit einem milderen Angstreiz angefangen, z. B. indem er sich auf dem Balkon eines zweistöckigen Hauses aufgehalten hätte. Beide Methoden zielen darauf ab, dass der Klient kein Vermeidungsverhalten in realen Situationen (in vivo) zeigt, er muss also so lange in der Situation bleiben, bis die Angst deutlich nachlässt bzw. die Angstreaktion abklingt, nur so können Habituation oder Erwartungsänderung eintreten (▶ Tab. 7.1).

Tab. 7.1: Konfrontative Techniken bei Meidungsverhalten

Konfrontation in der Realität	Intensität	
	abgestuft (graduiert)	höchste Intensität (massiert)
nein, in sensu	Systematische Desensibilisierung	Implosion
ja, in vivo	Habituationstraining = graduierte Konfrontation	Flooding

Die Tabelle bietet nur eine stark vereinfachende Grobeinteilung der Konfrontationstechniken. Bereits Wolpe (1958) hat auf die Variante der Systematischen Desensibilisierung in vivo hingewiesen, diese lässt sich somit besser in dem Feld abgestuft/in vivo einordnen. Darüber hinaus ist die Systematische Desensibilisierung nicht nur graduiert, sondern ihr Kern besteht darin, dass die Angst durch die Entspannung (oder bei jungen Kindern: Ablenkung) nicht auftritt (reziproke Hemmung), während bei der graduierten Konfrontation die Angst auftreten und ausgehalten werden soll (Habituation). Auch bei konfrontativen Verfahren in der virtuellen Realität verschwimmen die Dichotomisierungen, wie sie in der Tabelle vorgenommen werden (Michael et al. 2009; Neudeck & Lang 2011; Maerker & Weike 2009).

Zwei weitere Methoden können dem Klienten helfen, seine Ängste abzubauen, obgleich er sich dazu nicht den Situationen in der Realität stellen muss. Bei der ›Implosion‹ (vgl. Stampfl & Levis 1967) wird der Klient in der Vorstellung (in sensu) den Reizen ausgesetzt, die den höchsten Angstlevel haben. Die bekannteste Methode in sensu stellt die systematische Desensibilisierung dar, die von Wolpe (1958) entwickelt wurde. Die Behandlung orientiert sich an dem Prinzip der reziproken Hemmung und vermittelt in einem ersten Schritt der Klientin/dem Klienten ein Entspannungstraining (Progressive Muskelrelaxation). Danach erstellt der Berater oder Therapeut zusammen mit dem Klienten eine Angsthierarchie von neutralen bis hin zu maximal angstauslösenden Items. Im dritten Schritt erfolgt eine systematisch gesteigerte Reizkonfrontation (in sensu) gekoppelt mit Entspannung. Im Unterschied zur graduierten Konfrontation ist bei der Systematischen Desensibilisierung darauf zu achten, dass die Angst durch die Entspannung gar nicht erst auftritt. Sobald sich Angstsymptome zeigen, wird die beängstigende Vorstellung zugunsten einer Entspannungsübung beendet und erst, wenn die Angstsymptome wieder vollständig einer Entspannung gewichen sind, wird die Vorstellung des angstauslösenden Stimulus wiederaufgenommen.

Alle vier Methoden beginnen mit einer S-O-R-K-C – Analyse (▶ Kap. 5.4), an die sich eine Psychoedukation anschließt. Hier wird die Klientin/der Klient über alle Methoden informiert und die einzelnen Schritte werden erläutert. Wegen der möglichen Nebenwirkungen sollten ›Flooding‹ und ›Implosion‹ nur in den Händen von erfahrenen Psychotherapeuten liegen. Für Klienten, die sich mit Ängsten in der psychosozialen Beratung vorstellen, sind die abgestuften Verfahren (systematische Desensibilisierung, graduierte Konfrontation) zu bevorzugen, die auch in Kombination zur Anwendung kommen können. Dabei ist allerdings streng zu beachten, dass auch die Durchführung von gestuften Konfrontationsverfahren in sensu oder in vivo erhebliche Kompetenzen erfordert, die im Rahmen einer verhaltenstherapeutisch orientierten Fort- oder Weiterbildung erworben werden sollten. Eine Konfrontation in sensu ist weniger geeignet für Klienten, bei denen die Imaginationsfähigkeit eingeschränkt ist. Kontraindiziert ist das Habituationstraining dann, wenn Klienten eine Reizkonfrontation in vivo ablehnen oder (körperliche) Einschränkungen haben.

7.2.3 Methoden der Exposition zur Veränderung von unerwünschtem Verhalten bzw. Verhaltensexzessen

Die bisher dargestellten Methoden dienen dem Zweck, Vermeidungsverhalten abzubauen. In der Verhaltenstherapie sind jedoch auch Methoden und Techniken entwickelt worden, mit denen unerwünschtes Verhalten oder Verhaltensexzesse abgebaut werden können. Sie lassen sich danach unterscheiden, wo der Berater in der Verhaltenskette (S-O-R-K-C) ansetzt. Die folgende Abbildung 7.2 gibt einen Überblick (▶ Abb. 7.2).

Cue Exposure

›Cue Exposure‹ wird bei problematischem Annäherungs- und Konsumverhalten mit Kontrollverlust eingesetzt, wie es beispielsweise bei Substanzmissbrauch bzw. -abhängigkeit, Bulimie, Binge Eating Disorder, Kaufsucht oder Spielsucht der Fall ist. ›Cue‹ bedeutet dabei Hinweisreiz oder auch Signal (vgl. Lörch 2015). Die Neigung, auf einen dargebotenen Stimulus mit Verlangen zu reagieren, wird als Cue-Reagibilität (Cue Reactivity) bezeichnet. Die Methode zielt auf eine Reduktion des Verlangens durch Löschung der Cue-Reagibilität. In der Beratung oder Therapie spielt die ›Cue Exposure‹ bei Störungen durch Alkohol eine große Rolle, da diese Störung besonders häufig verbreitet ist.

7.2 Konfrontative Techniken (Verhaltensexperimente)

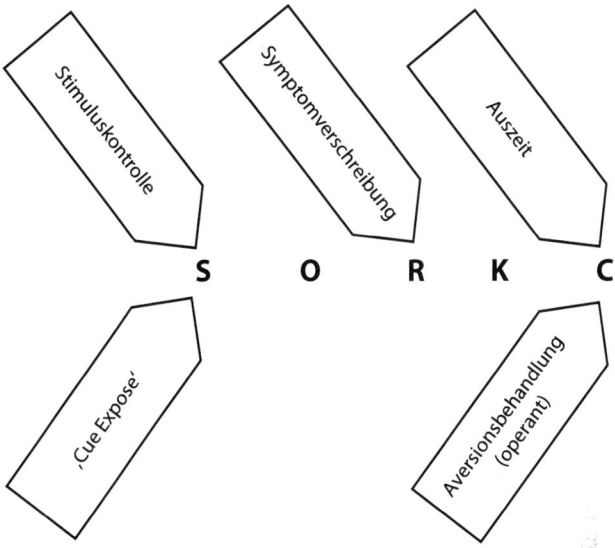

Abb. 7.2: Expositionsmethoden zur Veränderung von unerwünschtem Verhalten bzw. Verhaltensexzessen (eigene Darstellung)

Fallbeispiel: ›Cue Exposure‹

Ein 42-jähriger alkoholsüchtiger Klient stellt sich in der Drogenberatungsstelle vor. Die zuständige Sozialarbeiterin exploriert zu Beginn genau die Situationen, in denen der Klient Alkohol konsumiert und es fällt auf, dass er immer dann zu Alkohol greift, wenn er mit einer schwierigen Situation konfrontiert wird und diese im ersten Moment nicht lösen kann. Im Anschluss daran erklärt sie ihrem Klienten die Technik der ›Cue Exposure‹. Nachdem der Klient sich mit der Methode einverstanden erklärt hat, erarbeiten Klient und Beraterin gemeinsam Alternativverhalten, mit dem der Klient in den kritischen Situationen anders als mit Alkoholkonsum reagieren kann. Während der Sitzungen konfrontiert sie ihn immer wieder mit alkoholischen Getränken und hält den Klienten dazu an, in der Situation zu verbleiben und diese auszuhalten. Nach einiger Zeit wird das Verlangen des Mannes immer weniger und die Sozialarbeiterin wiederholt diese Methode so lange, bis eine Gewöhnung erreicht ist und der Klient kein Verlangen mehr verspürt, Alkohol in kritischen Situationen zu konsumieren. Zudem hält sie ihn an, die alternativen Verhaltensweisen im Alltag weiter zu üben.

Kontraindiziert ist diese Technik allerdings, wenn durch die Konfrontation mit dem Reiz keine Löschung zu erwarten ist, sondern lediglich das Verlangen nach dem ›Cue‹ im Sinne von ›Craving‹ (Suchtdruck) erhöht wird.

Stimuluskontrolle

Auch wenn menschliches Verhalten nach der S-O-R-K-C- Formel nicht lediglich durch bestimmte Stimuli ausgelöst werden kann, sondern auch kognitiv vermittelt und durch die Konsequenzen des Verhaltens beeinflusst wird, so bilden Stimuli doch wichtige Bedingungen, die eine Auswirkung auf erwünschtes oder auch unerwünschtes Verhalten haben. Dementsprechend konzentriert sich die Methode der Stimuluskontrolle bei unerwünschtem Verhalten auf diejenigen situativen Reize (Stimuli), die dem problematischen Verhalten von Klienten vorausgehen (vgl. Hautzinger 2015). Sie kann jedoch auch eingesetzt werden, wenn erwünschtes Verhalten induziert werden soll (z. B. morgendliches Aufstehen nachdem der Wecker geklingelt hat).

Bei der technischen Durchführung der Stimuluskontrolle nicht erwünschter Verhaltensweisen müssen durch eine Verhaltensbeobachtung und eine anschließende funktionale Verhaltensanalyse (SORKC) solche Stimuli exploriert werden, auf die das Problemverhalten folgt.

Fallbeispiel: Stimuluskontrolle

Ein 15-jähriges Mädchen in einer sozialpädagogischen Wohngruppe eines Heimes hat erhebliche Schwierigkeiten, ihre Hausaufgaben zu machen und für Klausuren zu lernen. Sie beschreibt, dass sie sich nicht länger als 10 Minuten konzentrieren kann. Das Mädchen und die im Heim tätige Sozialarbeiterin beschließen, die Lernumgebung im Zimmer des Mädchens näher unter die Lupe zu nehmen. Bei der Begehung fällt auf, dass die Gestaltung des Schreibtisches noch suboptimal ist. Dort stehen viele Fotos und auch die Tischplatte ist mit vielen bunten Bildern zugeklebt. Zudem liegen dort mehrere Bücher und ein Laptop, auf dem permanent ein Chatprogramm aufleuchtet und Nachrichten ankündigt. Gemeinsam entscheiden das Mädchen und die Sozialarbeiterin, den Schreibtisch aufzuräumen und übersichtlicher zu gestalten. Die Fotos und Bücher werden ins Regal gestellt und der Laptop wird während der Lernphase ausgeschaltet und solange im Büro der Mitarbeiter aufbewahrt, bis das Mädchen ihre Hausaufgaben erledigt und den Erziehern vorgezeigt hat.

Die Methode der Stimuluskontrolle zur Reduktion oder Beseitigung von Problemverhalten führt nur dann zum Erfolg, wenn die auslösenden Stimuli genau identifiziert werden können und funktional im Zusammenhang mit dem Problemverhalten stehen.

Symptomverschreibung

Die bisher beschriebenen Methoden zielen direkt auf eine Reduktion von unerwünschtem Verhalten bzw. Verhaltensexzessen. Insofern scheint es auf den ersten Blick unplausibel, den Klienten zu instruieren, er möge das problematische Zielverhalten in der Intensität oder der Frequenz steigern. Genau diesen Weg geht allerdings die Methode der Symptomverschreibung (Hand 2015). Durch die Anleitung der Klientin/des Klienten, das Problemverhalten häufiger oder stärker zu zeigen, soll das Problemverhalten langfristig reduziert werden. Die einfache Formel lautet: »Zeigen Sie das Problemverhalten noch häufiger oder intensiver!« So kann etwa ein Klient mit Schlafstörungen von dem Berater die Anweisung erhalten, möglichst lange wach zu bleiben mit der Folge, dass der Klient dieser Anweisung nicht lange Folge leisten kann und dann doch einschläft. Vermutlich liegen dem Effekt von Symptomverschreibungen hauptsächlich drei Wirkmechanismen zu Grunde. Zum einen kann bei Intensivierung des Problemverhaltens eine gewisse Sättigung bzw. Erschöpfung des Verhaltens eintreten und zum anderen kann eine kognitive Umstrukturierung (▶ Kap. 9.1.1) stattfinden. Der Klient mit Einschlafstörungen steht dadurch nicht mehr unter dem Diktat, unbedingt einschlafen zu müssen, sondern erlaubt sich stattdessen, nicht einzuschlafen. Dadurch wird der Vorsatz des Klienten, unbedingt einschlafen zu müssen, relativiert. Schließlich wird durch die Symptomverschreibung das Vermeidungsverhalten des Klienten gegenüber störenden Reaktionen, die aus seiner Perspektive unerwünscht sind und mit allen Mitteln abgestellt werden sollen, unterbunden. Die Methode der Symptomverschreibung wird in der Psychotherapie z. B. erfolgreich bei der generalisierten Angststörung eingesetzt, bei der sich der Patient seine Sorgen von einem Tonträger immer wieder anhört, statt die Sorgen zu unterdrücken (Becker 2018). Symptomverschreibung ist bei gefährlichen oder schädlichen Verhaltensweisen (z. B. Drogen- oder Alkoholkonsum) strikt kontraindiziert.

Instruktion bei Symptomverschreibung

In der Praxis besteht die Gefahr, dass Klienten auf Unverständnis stoßen, wenn man sie über die Intention der Methode der Symptomverschreibung im Dunkeln lässt. Warum sollte sich ein Klient auch darauf einlassen, ein unerwünschtes Verhalten, das ihn in die Beratung geführt hat, noch stärker oder häufiger zu zeigen? Dieser Gefahr kann man mit der folgenden Instruktion entgegenwirken: »Sie haben für sich festgestellt, dass Sie Ihr unerwünschtes Verhalten (z. B. lange Wachbleiben, Sorgen, Erröten) nicht dadurch verändern können, indem Sie es mit allen Mittel unterbinden möchten. Viele Klienten haben langfristig davon profitiert, indem sie genau das Gegenteil gemacht haben. Sie haben das Problemverhalten häufiger oder intensiver gezeigt. Dadurch haben sie (kognitiv) das Problemverhalten nicht mehr so dramatisch gesehen. Bei einigen Menschen stellt sich auch eine gewisse Sättigung des Problemverhaltens ein.«

Aversionsbehandlung

Die Aversionsbehandlung ist eine Technik zur Reduzierung unerwünschten Verhaltens, indem dieses mit einem aversiven Reiz gekoppelt wird (Sandler 2011). Dabei werden zwei Vorgehensweisen unterschieden:

1. Koppelung eines (ausgewählten) aversiven Reizes mit einem Stimulus, der ein unerwünschtes Verhalten auslöst (klassisches Konditionieren),
2. Einsatz eines aversiven Reizes direkt nach einer problematischen Verhaltensweise (operantes Konditionieren).

Besonders die erste Variante wird in einem Beratungskontext wohl kaum eingesetzt. Selbst im Rahmen der Psychotherapie sollte sie nur in Ausnahmefällen zur Anwendung kommen, wenn Problemverhalten gezeigt wird, das (langfristig) für den Patienten oder seine Umwelt erhebliche negative Konsequenzen hat (vgl. Sandler 2011). So könnte sich z. B. ein Kettenraucher, der unter Lungenkrebs leidet, für eine Aversionsbehandlung entscheiden, bei der die Zigaretten in einer überriechenden Schachtel aufbewahrt werden und nur beim gleichzeitigen Anblick aversiver Bilder geraucht werden darf (z. B. Erbrochenes).

Auch die zweite Vorgehensweise sollte nur zum Einsatz kommen, wenn andere Methoden das unerwünschte Verhalten nicht unterbinden können. Hier könnten allerdings zwei Vorgehensweisen im Beratungssetting von Bedeutung sein.

Eine Methode ist die Kompensation (Overcorrection), bei der es sich um den Ausgleich und die Entschädigung für die Folgen unerwünschten Verhaltens handelt (Sandler 2011). Im Sinne einer Überkompensation wird die Klientin/der Klient dazu angehalten, eine ausgeprägte Wiedergutmachung für ihr/sein Verhalten zu leisten. Hat beispielsweise ein Schüler eine Beleidigung gegen seine Lehrerin ausgesprochen, wird er nicht nur nachsitzen und sich entschuldigen, sondern ebenfalls noch eine Woche lang das Klassenzimmer aufräumen müssen.

Bei der zweiten Methode, der Auszeit, werden einer Person soziale Verstärker (Aufmerksamkeit, Zuwendung) entzogen, indem sie aus einer sozialen Situation entfernt und in eine möglichst reizarme Umgebung gebracht wird.

Fallbeispiel: Auszeit

Ein 8-jähriger Schüler stört wiederholt den Kunst- und Bastelunterricht, indem er beim Malen immer wieder Mitschüler ablenkt und provoziert. Er läuft im Klassenzimmer umher, um die Bilder der anderen zu betrachten und manchmal malt er auch im Bild eines Mitschülers. Um sein Verhalten zu unterbrechen, nimmt die Lehrerin dem Jungen seine Malsachen weg und er muss abseits der anderen für 10 Minuten an einem Einzeltisch sitzen. Diese Prozedur wiederholt die Lehrerin so lange in den Unterrichtseinheiten, bis der Junge gelernt hat, sich an die Regeln des Unterrichts zu halten und die anderen Schüler nicht mehr zu stören.

Bei dieser Methode erhält nicht nur der Junge Gelegenheit, sein Verhalten zu unterlassen, die Lehrerin vermeidet zudem unangenehme Diskussionen und kann weiterhin den Unterricht gestalten.

Wirkmechanismus der Auszeit ist hauptsächlich die Löschung im Sinne einer operanten Konditionierung, da durch die Wegnahme eines Verstärkers (Zuwendung, Aufmerksamkeit) das problematische Verhalten weniger häufig oder gar nicht mehr gezeigt wird.

> **Löschung**
>
> Löschung beim klassischen Konditionieren geschieht (anders als bei der operanten Konditionierung) durch das Darbieten des konditionierten Reizes ohne den unkonditionierten Reiz, was ein Ausbleiben der (problematischen) konditionierten Reaktion nach sich zieht.

7.2.4 Methoden der Konfrontativen Pädagogik

Die Konfrontative Pädagogik wurde im sozialpädagogischen Kontext aus bestehenden Konzepten der akzeptierenden, klientenzentrierten und verstehenden Pädagogik entwickelt. Sie konzentriert sich auf Kinder und Jugendliche mit externalisierendem, dissozialem und aggressiv-gewalttätigem Problemverhalten, begangenen Straftaten sowie auf rechtsgesinnte, gewaltbereite Gruppen (Walkenhorst 2010). Nach Kilb (2011) steht hinter der Konfrontativen Pädagogik die pädagogische Haltung, Person und Tat zu trennen, indem die Täter direkt mit ihrem Fehlverhalten konfrontiert, jedoch gleichzeitig als Person respektiert werden.

Im Wesentlichen lassen sich nach Walkenhorst (2010) drei Ziele der Konfrontativen Pädagogik unterscheiden:

1. Erweiterung von Handlungskompetenzen, wie Empathie, Frustrationstoleranz, Ambiguitätstoleranz und Rollendistanz,
2. Förderung prosozialer Verhaltensweisen wie Unterstützung anderer durch das Erlernen der Fähigkeit der Perspektivenübernahme,
3. Erlernen einer moralischen Urteilsbildung.

Durch die Konfrontation soll der Klient soziale Grenzen erfahren und vorhandenes Fehlverhalten bearbeiten. Gleichzeitig wird er ernstgenommen und seine situativen Gefühle werden aufgegriffen, eine Erfahrung, die aggressive Kinder und Jugendliche in ihrer Biographie meistens nicht gemacht haben, da sie in der Vergangenheit sogar häufig für ihre Emotionen bestraft wurden. Konfrontative Pädagogik ermöglicht dadurch simultan eine Bearbeitung des Konflikts und der damit verbundenen Gefühle mit dem Ziel, dass der Klient zur eigenverantwortlichen Gestaltung seiner Biografie aktiviert wird (Stiels-Glenn & Glenn 2010).

Elaborierte Trainings, die auf der Basis der Konfrontativen Pädagogik entwickelt wurden, finden hauptsächlich im schulischen und im strafrechtlichen Sektor Anwendung. Hier sind insbesondere das Coolness-Training und das Anti-Aggressivitäts-Training zu nennen. Während das Coolness-Training häufig in Schulen und Einrichtungen der Jugendhilfe eingesetzt wird, um gewaltbereite Jugendliche zu Alternativverhalten anzuleiten, kommt das Anti-Aggressivitäts-Training bei aggressiven Intensivtätern zum Einsatz (Gall 2011; Weidner 2011). Das folgende Beispiel stellt das Vorgehen des Coolness-Trainings im schulischen Bereich vor.

Beispiel: Coolness-Training (vgl. Gall 2011)

- Leitsatz: Verstehen der Person und ihres (gewalttätigen) Handelns, mit diesem aber nicht einverstanden sein.
- Ziele der Methode: Stärkung des friedvollen Miteinanders, kompetenter Umgang der Klasse mit konflikthaften Situationen, Stärkung der Opfer, Sensibilisieren der Täter. Insgesamt: Erweiterung der Fähigkeiten zum kompetenten Umgang mit Konflikten.
- Dauer: zwischen drei und fünf Monaten bei wöchentlich zwei bis drei Schulstunden.
- Trainingsphasen:
  - Aufklärung der Lehrer über die Methode und Informationssammlung über die Probleme der Klasse durch die Lehrer;
  - Information und Einholung der Zustimmung der Erziehungsberechtigten, da das Coolness-Training auch auf kritische Probleme fokussiert (z. B. sexuelle Provokationen);
  - Information der Schüler über das Training und seine Besonderheiten;
  - Motivation der Schüler zur Teilnahme und verbindliche Entscheidung der Schüler für die Methode;
  - Ablauf der Trainings: Die erste Trainingseinheit widmet sich der Klärung wichtiger Begriffe wie Coolness und Konfrontation. Durchführung des Trainings mit typischen Techniken.
- Typische Techniken, z. B.
  - *Durchführung des »Elefantenspiels«:* Zur Durchführung dieser Übung werden zwei Gruppen gebildet. Gruppe A sitzt mit untergehakten Armen auf dem Boden und übt passiven Widerstand aus, während Gruppe B versucht, diesen zu durchbrechen. Auch hier geht es darum, ans Ziel zu gelangen und seine Kräfte einzusetzen solange dies für alle Beteiligten akzeptabel ist.
  - *Kampfspiel »Territorium suchen«:* Hierbei werden Vierer- oder Fünfergruppen gebildet, die sich ebenfalls unterhaken müssen, um als Gruppe die Aufgabe zu erfüllen, sich ein Gebiet anzueignen. Bei diesem Spiel kommen Fragen nach den Grenzen von aggressivem Verhalten auf. Ebenfalls sollen sich die Schüler innerhalb dieser Übung mit Nähe und Distanz und ihrer Körpersprache auseinandersetzen.

 Weiterführende Literatur

Maercker, A. & Weike, A. I. (2018). Systematische Desensibilisierung. In: Margraf, J. & Schneider, S. (Hrsg.). Lehrbuch der Verhaltenstherapie. Bd. 1: Grundlagen, Diagnostik, Verfahren und Rahmenbedingungen psychologischer Therapie. 4., vollständig überabeitete und aktualisierte Auflage. Berlin, Heidelberg: Springer. 403–409.

Michael, T., Munsch & Margraf, J. (2009). Exposition und Konfrontation. In: Hautzinger, M. & Pauli, P. (Hrsg.). Psychotherapeutische Methoden (Enzyklopädie der Psychologie). Göttingen: Hogrefe. 325–386.

Neudeck, P. & Lang, T. H. (2011). Reizkonfrontationsmethoden. In: Wittchen, H.-U. & Hoyer, J. (Hrsg.). Klinische Psychologie & Psychotherapie. Heidelberg: Springer. 530–542.

7.3 Schematherapeutische Interventionen in der Beratung

Anja Lübeck & Dieter Wälte

Auch wenn die meisten Beratungen bei Klienten mit einer (subklinischen) Persönlichkeitsstörung eher niederschwellig und von geringer Dauer sind, gibt es Beratungs-Settings, in denen sehr lange und hochfrequent mit diesen Klienten gearbeitet wird. Ein Beispiel hierfür ist das Ambulant Betreute Wohnen (Konrad & Rosemann 2011), bei dem die psychosoziale Beratung allerdings nur eine Querschnittsmethode neben anderen Interventionen darstellt. Für die Arbeit mit persönlichkeitsakzentuierten oder persönlichkeitsgestörten Klienten können schematherapeutische Konzepte und Interventionen hilfreich sein. Die Schematherapie kann die Handlungssicherheit des Beraters in schwierigen Beratungssituationen fördern, sodass dieser den Klienten bei seiner Problemlösung besser unterstützen kann, selbst dann, wenn in der Beratung nicht explizit an der Persönlichkeitsstruktur gearbeitet werden kann und soll.

Die Schematherapie ist ein noch relativ junger Ansatz der Psychotherapie, der von Jeffrey E. Young in den 1990er Jahren in den USA entwickelt wurde. Sie stellt eine Weiterentwicklung der kognitiven Verhaltenstherapie dar und integriert auf Grundlage der explizit ausgearbeiteten Art der Therapeuten-Klienten-Beziehung bewährte kognitive, behaviorale und emotionsfokussierte bzw. erlebnisorientierte Techniken in einem eigenständigen Gesamtkonzept (Zens & Jacob 2014; Einsle & Hummel 2015).

7.3.1 Grundlagen

Ursprünglicher Gegenstand der Schematherapie ist das Schemamodell mit den sogenannten frühen maladaptiven Schemata.

> **Begriff Schema**
>
> Der Begriff Schema entstammt nicht der Psychologie, sondern findet in verschiedenen Bereichen Anwendung und bedeutet »Muster, Struktur, Konzept, vereinfachte Darstellung« (Scholze-Stubenrecht & Wermke 2009). In der Psychologie fand er bereits früh und deutlich vor Youngs Entwicklung der Schematherapie Einzug, so z. B. bei Piaget & Bernhard (1976) oder Aaron T. Beck (1979). Schemata bezeichnen im psychologischen Kontext Muster, die sich im Laufe des Lebens eines Menschen auf Grundlage der individuellen Erlebnisse entwickelt haben und die der jeweiligen Wahrnehmung und dem Erleben auferlegt werden. Damit beeinflussen sie, auf welche Art und Weise eine Person sich selbst und die Umwelt wahrnimmt. Diese Muster sind notwendig, damit eine Person die Komplexität des Lebens ordnen, organisieren und ver-

stehen kann. Dabei kann ein Schema grundsätzlich sowohl positiv bzw. anpassbar als auch negativ bzw. hinderlich sein (Young et al. 2008, Rafaeli et al. 2013).

> »Frühe maladaptive Schemata sind sehr umfassende, die eigene Person und die Beziehungen zu anderen Menschen betreffende Themen und Muster, die in signifikantem Maße dysfunktional sind. Schemata umfassen Erinnerungen, Emotionen, Kognitionen und Körperempfindungen. Sie entstehen in der Kindheit oder Adoleszenz und entwickeln sich während des ganzen Lebens weiter.« (Young et al. 2008, 99)

Anders formuliert ist ein frühes maladaptives Schema also ein umfassendes, lang andauerndes und dysfunktionales Muster mit affektiver und kognitiver Komponente, das sich sowohl auf die Person selbst als auch auf ihre soziale Interaktion bezieht. Dementsprechend ergibt sich ein bestimmtes Verhalten einer Person auf Grundlage ihrer spezifisch vorhandenen und aktivierten Schemata und wird durch diese angetrieben.

Young et al. (2008) konnten in der klinischen Praxis insgesamt 18 Schemata identifizieren, betont aber, dass die Schematherapie vom Grundsatz her offen für mögliche Modifikationen auf Grundlage empirischer oder klinischer Erkenntnisse ist. Jedes Schema entsteht aus der Interaktion von Umwelt und angeborenem emotionalem Temperament. Dabei gilt, dass, je größer die temperamentsbezogene Anfälligkeit ist, umso weniger umweltbezogener Einfluss zur Entwicklung eines Schemas notwendig ist. Eine zentrale umweltbezogene Rolle spielt die Nichterfüllung von universellen, seit der Kindheit vorhandenen, emotionalen Grundbedürfnissen. Mit Überschneidungen zur Konzeption von Grawe (2004) unterscheidet Young fünf solcher Grundbedürfnisse: Sichere Bindung; Autonomie, Kompetenz und Identitätsgefühl; Freiheit, berechtigte Bedürfnisse und Emotionen auszudrücken; Spontanität und Spiel sowie Selbstkontrolle und realistische Grenzen. Jedes der 18 Schemata lässt sich der Nichtbefriedigung eines dieser zentralen Grundbedürfnisse zuordnen. Daraus entstehen fünf Hauptbereiche für Schemata, die sogenannten Schemadomänen (vgl. Young et al. 2008; Rafaeli et al. 2013). Tabelle 7.2 gibt einen Überblick über die 18 Schemata in den jeweiligen Schemadomänen, die sich aus der Nichtbefriedigung der Grundbedürfnisse ergeben (▶ Tab. 7.2).

Neben der Nichtbefriedigung von Grundbedürfnissen nennen Young et al. (2008) drei weitere Arten früher Erlebnisse, die die Entstehung von maladaptiven Schemata begünstigen. Dazu zählen die »Traumatisierung oder Viktimisierung« (das Kind wird geschädigt oder zum Opfer gemacht), »Zuviel des Guten« (das Kind wird verhätschelt, verwöhnt, bekommt zu viel von eigentlich positiven Dingen) und die »selektive Internalisierung oder Identifikation mit wichtigen Bezugspersonen« (das Kind identifiziert sich mit Emotionen, Verhaltensweisen oder Kognitionen einer Bezugsperson).

Häufig liegen bei einer Person mehrere Schemata vor, die auch gleichzeitig aktiv sein können. Dies ist gerade bei komplexen Störungsbildern wie z. B. der Borderline-Persönlichkeitsstörung der Fall. Gleichzeitig ist es so, dass weder von

Tab. 7.2: Überblick – Frühe maladaptive Schemata

1. Domäne: Abgetrenntheit und Ablehnung (Nicht befriedigtes Grundbedürfnis: sichere Bindung)	01. Verlassenheit/Instabilität 02. Misstrauen/Missbrauch 03. Emotionale Entbehrung/Vernachlässigung 04. Unzulänglichkeit/Scham 05. Soziale Isolierung/Entfremdung
2. Domäne: Beeinträchtigung von Autonomie und Leistung (Nicht befriedigtes Grundbedürfnis: Autonomie, Kompetenz und Identitätsgefühl)	06. Abhängigkeit/Inkompetenz 07. Verletzbarkeit/Anfälligkeit für Schädigungen oder Krankheiten 08. Verstrickung/unterentwickeltes Selbst 09. Versagen
3. Domäne: Fremdbezogenheit (Nichtbefriedigtes Grundbedürfnis: Freiheit, berechtigte Bedürfnisse und Emotionen auszudrücken)	10. Unterwerfung 11. Selbstaufopferung 12. Streben nach Zustimmung und Anerkennung
4. Domäne: Übertriebene Wachsamkeit und Gehemmtheit (Nicht befriedigtes Grundbedürfnis: Spontanität und Spiel)	13. Negativität/Pessimismus 14. Emotionale Gehemmtheit 15. Überhöhte Standards/Übertrieben kritische Haltung 16. Bestrafungsneigung
5. Domäne: Beeinträchtigung im Umgang mit Begrenzungen (Nicht befriedigtes Grundbedürfnis: Selbstkontrolle und realistische Grenzen)	17. Anspruchshaltung/Grandiosität 18. Unzureichende Selbstkontrolle/Selbstdisziplin

Eigene Darstellung

einer Störung unbedingt auf das Vorliegen bestimmter Schemata geschlossen werden kann noch dass aus dem Vorhandensein bestimmter Schemata zwingend eine bestimmte Störung folgt. Trotzdem liegen vielfältige Ähnlichkeiten zwischen einzelnen Schemata und einzelnen Persönlichkeitsstörungen vor.

Fallbeispiele: Schemata

Beispiel 1
Frau Meier ist vor einiger Zeit in die Beratung gekommen, da sie immer wieder Probleme mit ihrer besten Freundin habe. Sie werde von dieser häufig getadelt und runtergemacht. Manchmal ziehe Frau Meier sich daraufhin für einige Zeit zurück, eigentlich kann sie ihre Freundin aber verstehen. »Ich bin es doch auch nicht wert, dass sie mich anders behandelt«, erzählt sie der Sozialarbeiterin beim heutigen Termin. Frau Meier berichtete schon häufiger davon, sich nutzlos und unbedeutend zu fühlen. Auch eine frühere Beziehung scheiterte nach ihren Aussagen daran. Da die Sozialarbeiterin aus dem Erstgespräch außerdem weiß, dass die Eltern von Frau Meier sie in der Kindheit wohl sehr kühl und ablehnend behandelt haben und sie dadurch keine sichere Bindung

zu ihnen aufbauen konnte, vermutet sie u. a. das Schema »Emotionale Entbehrung und Vernachlässigung« hinter den wiederkehrenden Problemen ihrer Klientin.

Beispiel 2
In der Paarberatung ärgert sich die Klientin M. über ihren Mann. Dieser sei mal wieder zu spät zu einer Verabredung gekommen. Sie berichtet: »Für Paul ist es selbstverständlich, dass ich ständig auf ihn warte. Immer wieder beansprucht er Ausnahmen für sich. Wenn ich ihn dann zur Rede stelle, möchte er seine Fehler und Schwächen nicht eingestehen. Das ist schwierig für mich. Und überhaupt, ständig redet er nur darüber, was er heute wieder Tolles geleistet hat. Mich und meine Bedürfnisse sieht er gar nicht. Wie ich den Erzählungen meiner Schwiegermutter entnehmen konnte, hat sich schon in der Kindheit immer alles nur um ihn gedreht. Meine Schwiegermutter hat ihn immer so verwöhnt. Langsam verstehe ich, warum seine erste Ehe in die Brüche ging.« Der Sozialarbeiter will aufgrund dieser Aussagen nun gemeinsam mit dem Paar eruieren, ob bei Paul das Schema »Anspruchshaltung und Grandiosität« vorliegt und ggf. an diesem gesondert gearbeitet werden müsste.

Schemata dienen den Menschen dazu, die Welt aus individueller Sicht vorhersehbar und kontrollierbar zu machen und erzeugen ein Gefühl von Sicherheit und Beständigkeit. Dies führt dazu, dass Menschen sehr selektiv eher solche Informationen wahrnehmen, die möglichst widerspruchsfrei in die jeweilig vorhandenen Schemata passen und entgegenlaufende Informationen übergehen. Damit erneuern Schemata sich ständig selbst und bleiben erhalten (Young et al. 2008; Rafaeli et al. 2013). Um mit den negativen Erinnerungen, Gedanken und Gefühlen, die mit einer Schemaaktivierung verbunden sind, umzugehen, entwickeln Betroffene verschiedene Möglichkeiten der Bewältigung. Als Bewältigungsreaktion werden grundsätzlich alle Verhaltensweisen, Kognitionen oder Emotionen verstanden, mit denen eine Person auf eine Schemaaktivierung reagiert. Diese sind ausdrücklich nicht Bestandteil des Schemas selbst, sondern eher deren Folge oder ›logische‹ Konsequenz. Die Bewältigung hat dementsprechend reagierenden oder kompensierenden Charakter, der das dahinterliegende Schema an sich nicht infrage stellt oder auflöst, sondern aufrechterhält oder sogar verstärkt (Young et al. 2008; Rafaeli et al. 2013).

In der Schematherapie werden drei verschiedene Bewältigungsstile unterschieden, die in der Kindheit (überlebens-)notwendig und damit angemessen sind, um entsprechend schwierige Situationen der Bedürfnismissachtung aushalten zu können. Diese Bewältigungsstile werden aber dysfunktional, wenn sie im weiteren Lebensverlauf beibehalten werden, obwohl sich die Lebensbedingungen mit zunehmendem Alter verändern (vgl. Young et al. 2008, 67). Sie sind angelehnt an die möglichen physiologischen Reaktionen des Menschen auf Bedrohung bzw. Stress und sind in der folgenden Tabelle dargestellt (Jacob & Arntz 2015; Roediger 2011; Young et al. 2008) (▶ Tab. 7.3).

Tab. 7.3: Bewältigungsstile

	Bewältigungsstil	Erläuterung
Kampf (Fight)	Überkompensation (Schemakompensation)	Der Betroffene verhält sich übertrieben gegenteilig zu dem, was dem Schema eigentlich entsprechen würde und versucht, es dadurch zu bekämpfen.
Flucht (Flight)	Vermeidung (Schemavermeidung)	Der Betroffene vermeidet Personen und Situationen, die das Schema aktivieren (könnten) oder versucht, sich bei Eintreten solcher Situationen abzulenken und das Schema nicht zu spüren.
Erstarren (Freeze)	Sich-fügen, Unterwerfung (Schemabestätigung)	Der Betroffene gibt dem Schema nach, akzeptiert es, denkt, handelt, fühlt in diesem Sinne und bestätigt damit das Schema.

Eigene Darstellung

Der Bewältigungsstil als grundlegende Tendenz der Schemabewältigung manifestiert sich in individuellen Bewältigungsreaktionen, die u. a. die spezifischen Verhaltensweisen einer Person umfassen. Dabei kann sich der Bewältigungsstil nicht nur von Person zu Person unterscheiden, sondern auch bei einer Person z. B. innerhalb verschiedener Schemata in unterschiedlichen Situationen oder im Verlauf des Lebens variieren. Daraus ergeben sich vielfältige und komplexe Möglichkeiten der Art und Weise, wie ein aktiviertes Schema in Erscheinung treten kann.

So kann eine Person mit dem Schema Unzulänglichkeit/Scham z. B. den Kontakt zu anderen Menschen möglichst komplett vermeiden (Schemavermeidung), sich überkritische Freunde oder entwertende Partner suchen (Schemaerduldung) oder aber auch andere Personen übermäßig kritisieren oder zurückweisen und sich dabei selbst als großartig und unfehlbar darstellen (Schemakompensation). Gleichzeitig kann letzteres Verhalten aber auch z. B. eine schemaerduldende Bewältigungsreaktion auf das Schema Anspruchshaltung/Grandiosität sein.

Bestimmte Personen in Beratung oder Therapie zeigen ein komplexes Muster von Schemata und Bewältigungsreaktionen, das von dem starren Trait-Konstrukt des Schemamodells, welches sich eher auf grundlegende Persönlichkeitseigenschaften bezieht, nicht abgedeckt werden kann. Dafür wurde mit dem Modusmodell ein flexibleres State-Konstrukt erarbeitet. Dieses bezieht sich auf den augenblicklich vorliegenden emotionalen Gesamtzustand einer Person. Ein Modus (synonym: Schemamodus) ist in diesem Sinne ein bestimmtes vorliegendes Cluster aus möglichen Kombinationen verschiedener aktivierter Schemata und/oder Bewältigungsreaktionen, welches den aktuellen Zustand einer Person benennt. Das Modell liefert sowohl dem Berater bzw. Therapeuten als auch dem Klienten damit ein Werkzeug zum gemeinsamen Verständnis sowie auch zur Kommunikation aktueller psychischer Zustände. Es stellt eine Strukturierungshilfe von bis dahin unübersichtlichem, wechselhaftem Erleben und Verhalten von Klienten

(z. B. bei Borderline-Symptomatik) dar (Arntz & van Genderen 2010; Young et al. 2008; Zarbock 2014).

Young et al. (2008) haben für die Schematherapie zehn verschiedene Modi identifiziert. Bezüglich der genauen Darstellung einzelner Modi liegen inzwischen verschiedene Konzepte vor. Gleich ist allen die Zuordnung zu einer von insgesamt vier von Young et al. (2008) postulierten Hauptkategorien und deren Bedeutung. Zu diesen gehören die Kindmodi, die dysfunktionalen Elternmodi, die dysfunktionalen Bewältigungsmodi und – als einzelner Modus – der Modus des gesunden Erwachsenen. Dabei geht die Schematherapie grundsätzlich davon aus, dass alle Menschen sich zwischen verschiedenen Modi – also verschiedenen emotionalen Zuständen – hin und her bewegen und bei psychischer Gesundheit in der Lage sind, verschiedene Modi auszubalancieren, zu vereinen und nahtlos statt abrupt zwischen ihnen zu wechseln (Rafaeli et al. 2013; Jacob & Arntz 2015; Zarbock 2014).

Kindmodi sind insbesondere gekennzeichnet durch intensive, überwältigende und situativ als nicht angemessen betrachtete Gefühle wie Angst, Verzweiflung, Wut oder Trotz und sind häufig verbunden mit starken körperlichen Wahrnehmungen. Sie hängen häufig eng mit zugrundeliegenden aktivierten Schemata bzw. Schemadomänen sowie dem Nacherleben nichtbefriedigender bzw. schädlicher biographischer Erfahrungen zusammen. Im Rahmen der Schematherapie erhält die emotionsfokussierte Arbeit mit Kindmodi daher auch einen besonderen Stellenwert. Wenn diese Modi aktiv sind, fühlen sich Betroffene häufig wie Kinder und können teilweise sogar spezifische Altersangaben dazu machen.

Fallbeispiel: Kindmodus

In der Beratung fängt Frau S. plötzlich an zu weinen und zu schreien. Sie erscheint der Beraterin ganz plötzlich und unangemessen wütend und ist auf der Sachebene kaum ansprechbar. »Ich fühle mich wie ein kleines Mädchen, wie damals nach der Schule, als ich Angst hatte, wieder alleine zu Hause zu sein, bitte lassen Sie mich jetzt nicht alleine«, sagt Frau S. weinend. Die Beraterin erkennt, dass Frau S. sich in einem Kindmodus befindet und versucht deshalb, sie erst einmal zu beruhigen und emotional zu stabilisieren.

Der funktionale Modus des glücklichen Kindes stellt einen positiven Zustand gegenwärtiger Bedürfnisbefriedigung dar (vgl. Young et al. 2008; Zarbock 2014).

Dysfunktionale Elternmodi sind gekennzeichnet durch Zustände von Selbsthass, Selbstvorwürfen/Schuld und stark übertriebenen Anforderungen an sich selbst. Hintergrund sind häufig die Internalisierung sozialer Rückmeldungen durch enge Bezugspersonen in der Kindheit und Jugend. Wenn dysfunktionale Elternmodi aktiv sind, erleben Personen starke negative Emotionen, haben aber auch kognitive Anteile und führen z. B. innere Selbstgespräche (Jacob & Arntz 2015; Young et al. 2008).

Fallbeispiel: dysfunktionaler Elternmodus

Die Beraterin bemerkt, dass Peter sich grade sehr schlecht fühlt. Auf ihre Nachfrage äußert er, dass er die Stimme seines Vaters im Ohr hat, die immer wieder sagt »Du bist zu nichts zu gebrauchen!«

Dysfunktionale Bewältigungsmodi repräsentieren Zustände, in denen versucht wird, emotional schwieriges Erleben anderer dysfunktionaler Modi nicht zuzulassen. Ihre möglichen Ausprägungen entsprechen den Bewältigungsstilen (Rafaeli et al. 2013).

Der Modus des gesunden Erwachsenen benennt den funktionalen Zustand des Selbst, verschiedene emotionale Zustände kontrollieren und vereinen zu können und steht bei gesunden Menschen im Sinne einer funktionierenden Selbstregulation (▶ Kap. 5.5) im Vordergrund. Dazu ist es notwendig, diesen Modus intern und extern z. B. durch positives Feedback zu verstärken und zu unterstützen (Rafaeli et al. 2013).

7.3.2 Methoden

Alle Techniken der Schematherapie setzen eine professionelle Beziehungsgestaltung (▶ Kap. 3) voraus, die durch die beiden Konzepte bzw. Techniken des limited Reparenting (übersetzt meist mit begrenzter Nachbeelterung oder begrenzter elterlicher Fürsorge) sowie der empathischen Konfrontation geprägt ist.

Bei der begrenzten Nachbeelterung übernimmt der Therapeut/Berater phasenweise eine elterliche Fürsorge für den Klienten und versucht – im Sinne eines guten Elternteils –, die Bedürfnisse des Klienten zu erkennen und zu erfüllen. Hierzu ist es notwendig, dass der Berater dem Klienten wirklich authentisch und empathisch gegenübertritt, sich mit ihm wie in einer guten Eltern-Kind-Beziehung solidarisch zeigt und manchmal auch eigene Bedürfnisse hinter die des Klienten zurückstellt. Besonders wichtig sind diese Zuwendung und der damit verbundene Schutz bei Vorliegen von Kindmodi. Es gilt aber in der Beratung/Therapie genau darauf zu achten, welche Bedürfnisse – insbesondere aus der Kindheit – vom Klienten wirklich nicht selbst erfüllt werden können und damit ohne therapeutische Nachbeelterung unbefriedigt bleiben würden. Ziel ist außerdem, dass der Klient über die begrenzte elterliche Fürsorge des Therapeuten und die darauf aufbauenden Interventionen zunehmend selbst die Rolle übernehmen kann, angemessen für seine Bedürfnisbefriedigung zu sorgen. An das Modusmodell angelehnt übernimmt der Berater zeitweise den Modus des gesunden Erwachsenen des Klienten. Aber nur so lange und insoweit dieser selbst dazu nicht in der Lage ist (Jacob & Arntz 2015; Zarbock 2014). Die konkrete Ausgestaltung der ›elterlichen‹ schematherapeutischen Beziehungskonzeption ist immer von der aktuellen Beratungssituation und von dem gegenwärtig vorliegenden Modus des Klienten abhängig. Bei Kind- und Elternmodi steht die begrenzte Nachbeelterung im Mittelpunkt, wobei diese bei Kindmodi eher tröstend, zuwendungsorientiert und bedürfnisbefriedigend ist und der Klient in Elternmodi vielmehr geschützt werden muss. Bei Bewältigungsmodi liegt der Fokus auf der empathischen Konfrontation.

Im Sinne einer elterlichen Fürsorge ist auch eine angemessene Grenzsetzung gleichermaßen Bestandteil des Konzeptes der begrenzten Nachbeelterung. Insbesondere gegenüber Kindmodi mit impulsiv-undisziplinierten Anteilen, Elternmodi mit strafenden Anteilen und einigen überkompensierenden Bewältigungsreaktionen sind Grenzsetzungen gegenüber unverhältnismäßigen Verhaltensweisen des Klienten notwendig und wichtig. Dieses Vorgehen sollte dem Klienten aber – wie auch alle anderen Interventionen im Rahmen der Schematherapie – transparent gemacht und ggf. erklärt werden (Jacob & Arntz 2015; Roediger 2011).

Der Zusatz ›begrenzt‹ weist in diesem Beziehungskonzept auf zwei Einschränkungen hin: Zum einen ist es im Rahmen der Therapie/Beratung nicht möglich, schädliche Erfahrungen aus der Kindheit und fehlende elterliche Fürsorge, die sich im Laufe der Entwicklung zu Schemata und dysfunktionalen Verhaltensweisen manifestiert haben, im Sinne einer echten und wahren Eltern-Kind-Beziehung zu erneuern. Die begrenzte Nachbeelterung und die damit verbundene Bedürfnisbefriedigung durch den Therapeuten können immer nur eine gewisse Veränderung ab dem gegebenen Zeitpunkt ermöglichen (Roediger 2011). Zum zweiten bezieht sich der Zusatz ›begrenzt‹ auch auf die Grenzwahrung des Therapeuten. Denn auch im Rahmen der schematherapeutischen Forderung nach intensiven, ehrlichen und bedürfnisbefriedigenden Beziehungen zu dem Klienten hat der Therapeut ein Recht auf Einhaltung seiner persönlichen Grenzen (Rafaeli et al. 2013).

Der zweite Pfeiler der schematherapeutischen Beziehungsgestaltung umfasst die Technik der empathischen Konfrontation, bei der der Therapeut den Klienten in empathischer Art und Weise mit dysfunktionalen Verhaltensweisen (also aufrechterhaltenden Bewältigungsreaktionen) und dysfunktionalen Kognitionen konfrontiert. Vorausgesetzt wird dazu echtes und uneingeschränktes Mitgefühl, Akzeptanz und Wertfreiheit des Therapeuten, eine Grundhaltung die stark an der Konzeption von Rogers (1977) (▶ Kap. 3) angelehnt ist. Mit der gemeinsamen Kommunikationsbasis von Schemata und Modi ist es in der Schematherapie sprachlich besonders gut möglich, die Klienten wertfrei und weniger defizitär zu konfrontieren. Es kann gemeinsam über Bewältigungsreaktionen in Form dysfunktionalen Verhaltens oder zugrundeliegender dysfunktionaler Muster gesprochen werden, die zwar ein Teil des Menschen sind, aber nicht den gesamten Menschen als solches treffen (Rafaeli et al. 2013). In der praktischen Arbeit ist darauf zu achten, dass der Therapeut möglichst eine Balance zwischen Empathie und Konfrontation einhält, da nach Young et al. (2008) nur dieses eine Weiterentwicklung des Klienten ermöglicht.

Schritte empathischer Konfrontation

Reiss et al. (2013) stellen den Verlauf einer erfolgreichen empathischen Konfrontation in sechs Unterpunkten dar:

- Erkennen und klares, bestimmtes Benennen des dysfunktionalen Bewältigungsmodus und -verhaltens seitens des Beraters. Wichtig: Dabei freundlich und zugewandt bleiben.
- Bindungsverstärkung und Absichtsklärung: Dem Klienten deutlich machen, dass er nicht verletzt oder abgewertet werden, sondern die Konfrontation unterstützt werden soll.
- Biographische Validierung: Benennung der Entstehungsbedingungen des Schemas/Modus und Herausstellung damaliger Funktionalität. Gleichzeitig Benennung der Sorge des Beraters, dass dies aktuell nicht zur Bedürfnisbefriedigung führt.
- Pro-/Contra-Liste: Erarbeitung der Vor- und Nachteile des Zustandes im aktuellen Alltag. Dabei mit den Vorteilen beginnen.
- Entscheidungsfindung des Klienten: Der Berater sollte dem Klienten absolute Unterstützung zusichern und die Entscheidung ihm selbst überlassen und respektieren (auch wenn der Klient ein Verhalten beibehalten möchte, ggf. muss, kann darüber nachgedacht werden, ob eine Beratung weiterhin sinnvoll ist).
- Konkrete Verhaltensänderung: Der Berater bietet hierzu einen Vorschlag an und sichert dem Klienten seine Unterstützung zu. Ggf. erstes Ausprobieren des Alternativverhaltens in der Beratung (z. B. über Rollenspiel).

Für die Phase der Veränderung stehen in der Schematherapie verschiedenste kognitive, emotionsfokussierte und verhaltensorientierte Interventionen zur Verfügung, die auf Basis der schematherapiespezifischen Therapiebeziehung eingesetzt werden können. Als Weiterentwicklung der kognitiven Verhaltenstherapie bezieht die Schematherapie alle üblichen kognitiven Techniken (▶ Kap. 9.1.1) in den Therapieprozess ein. Der Fokus liegt dabei auf der Informationsvermittlung bzw. Psychoedukation sowie auf der Gültigkeitsprüfung von Schemata, Modi und Bewältigungsreaktionen. Welche spezifische Technik sich jeweils anbietet, ist abhängig vom Klienten und dem Berater/Therapeuten sowie der aktuellen Beratungssituation. Grundsätzlich empfiehlt sich der Einsatz von z. B. pro-/contra-Listen, Dialogen zwischen dysfunktionaler und funktionaler Seite, kognitiver Umstrukturierung sowie die Entwicklung von Schema-Memos oder Schema-Tagebüchern (Jacob & Arntz 2015; Young et al. 2008).

Ein Schwerpunkt der schematherapeutischen Behandlung, der die kognitive Verhaltenstherapie deutlich erweitert, liegt auf erlebnisorientierten bzw. emotionsfokussierten Techniken (▶ Kap. 9.1.2). Die intensiven negativen Gefühle der Kindmodi, die direkt mit der Nichtbefriedigung von Grundbedürfnissen und den entstandenen Schemata verbunden sind, stellen einen Schwerpunkt der schematherapeutischen Behandlung dar. Menschen verarbeiten Informationen, die sich auf Affekte beziehen, besser, wenn die entsprechenden Affekte aktiviert sind. In einem ersten Schritt geht es deshalb um die Aktivierung der mit den Schemata verbundenen negativen Gefühle. Darauf aufbauend findet dann eine zumindest teilweise und nachträgliche Befriedigung der dahinterstehenden Bedürfnisse mittels begrenzter Nachbeelterung durch den Berater/Therapeuten statt. Emotionsfokussierte Interventionen sollen den Klienten unterstützen, eigene Emotionen zu erleben, auszudrücken und zu ertragen bzw. ggf. durch angemessenere adaptive Emotionen zu ersetzen sowie auch eigene Grundbedürfnisse ernst zu nehmen. Die Schematherapie nutzt dazu insbesondere Imaginationsübungen (*Imagery Rescripting*) und Stuhldialoge, aber auch Rollenspiele oder das Schreiben von Briefen (Young et al. 2008; Zarbock 2014).

Zur Bearbeitung dysfunktionaler Verhaltensweisen, die die ›sichtbare Ausprägung‹ zugrundeliegender Schemata und Modi darstellen, setzt die Schematherapie das Spektrum behavioraler Techniken ein. Darunter fallen z. B. Expositionsübungen, Rollenspiele, Verstärkerpläne, Hausaufgaben, Verhaltensexperimente, Kompetenz- bzw. Skillstraining, Aktivitätenaufbau oder Entspannungstechniken. Das Hauptziel ist dabei, dass der Klient schemabestimmte dysfunktionale Verhaltensmuster durch positivere Verhaltensweisen ersetzt. Dadurch verbringt er mehr Zeit im Modus des gesunden Erwachsenen (Jacob & Arntz 2015; Young et al. 2008).

Obwohl es in einzelnen Phasen der Schematherapie Schwerpunktsetzungen gibt, werden sowohl die Interventionsbereiche als auch die verschiedenen Modi nicht einzeln für sich betrachtet behandelt, sondern miteinander verflochten. Es ist erforderlich, dass der Berater/Therapeut während des Beratungsprozesses stets den gerade vorliegenden Modus des Klienten im Blick hat und die verschiedenen Techniken flexibel anwenden kann. Dabei sollte der Klient die Möglichkeit haben, das grundsätzliche Vorgehen des Beraters/Therapeuten nachzuvollziehen und im Sinne der Transparenz der Schematherapie insbesondere bei emotionsfokussierten Interventionen darüber informiert sein, warum diese durchgeführt werden.

Schema- bzw. Modus-Memos (oder auch Schema- bzw. Modus-Erinnerungskarten) und Schema-Tagebücher stellen unterschiedlich stark strukturierte und lösungsorientierte Hilfen für die Unterstützung des Klienten außerhalb der Therapie dar. Ein Schema- oder Modus-Memo wird unter Anleitung des Beraters/Therapeuten, aber vom Klienten selbst für eine konkret, in der Imagination oder Klärungsarbeit auftauchende, schwierige Situation des Klienten schriftlich erstellt (▶ Abb. 7.3). Es stellt eine Art der Situationsanalyse dar und enthält vier konkrete Schritte, die emotionale mit kognitiven Prozessen verbinden: Das aktuelle Gefühl und dessen Auslöser werden wahrgenommen und benannt (1) sowie einem Modus bzw. Schema und dessen biographischem Hintergrund und der bisherigen Bewältigungsreaktion zugeordnet (2). Es erfolgt eine Anerkennung der Dysfunktionalität bzw. Prüfung der Realität (3) und darauf aufbauend mögliches Alternativverhalten (4) (Young & Klosko 2008).

Imaginationen können sowohl zu Einschätzungszwecken als auch zur Förderung von Veränderungen, aber vor allem zur nachträglichen Bedürfnisbefriedigung und zum ›Umschreiben‹ schmerzlicher Erinnerungen (*Imagery Rescripting*) genutzt werden (▶ Abb. 7.4). Dabei unterscheidet sich das Vorgehen bei der Imagination in der Schematherapie von dem in anderen Kontexten. So ist es strukturierter und zielgeleiteter als z. B. Imaginationen in der EMDR und weniger auf das tatsächliche Wiedererleben konkreter traumatischer Vorstellungen

7.3 Schematherapeutische Interventionen in der Beratung

Arbeitsblatt Modus-Memo

1. Aktuelles Gefühl identifizieren:
   - Ich fühle mich gerade (Gefühl) _____
   - Weil (Auslöser) _____

2. Modus identifizieren:
   - Das ist vermutlich der Modus _____
   - Den habe ich erworben durch _____
   - Normalerweise verhalte ich mich _____

3. Realität prüfen:
   - Ich glaube eigentlich, dass _____
   - Aber die Realität ist _____
   - Dafür habe ich diese Beweise _____

4. Alternativverhalten umsetzen:
   - Obwohl ich jetzt gerne _____
   - Mach ich stattdessen _____

Abb. 7.3: Arbeitsblatt Modus-Memo (eigene Darstellung)
Siehe Online-Material 7.a

ausgerichtet als z. B. die verlängerte Exposition in der Verhaltenstherapie. Stattdessen liegt der Fokus auf schnellen Interventionen in der Imagination, bei denen der Berater/Therapeut eine wichtige aktive Rolle einnimmt. Er kann z. B. selbst, vor allem zum nachträglichen Schutz oder zur Bedürfnisbefriedigung des Klienten, in die Imagination eintreten. Schwerpunkt der Imagination ist dabei, dem Klienten im Sinne der begrenzten Nachbeelterung korrigierende emotionale Erfahrungen zu ermöglichen. Dies kann zu positiven Veränderungen auf der emotionalen Ebene der Kindmodi führen (Young et al. 2008; Rafali et al. 2013).

Eine andere Erweiterung der Verhaltenstherapie durch die Schematherapie stellt die Arbeit mit Stuhldialogen dar, die u. a. der Gestalttherapie entnommen ist. In der schematherapeutisch durchgeführten Form sind sie eine Art von Rollenspielen mit eigenen Schemata bzw. Modi unter Aktivierung eben dieser. Dies ermöglicht eine emotional tiefere Bearbeitung als durch rein kognitive Techniken (Young et al. 2008). Gleichzeitig wird durch das fiktive Heraussetzen innerer Zustände auf Stühle eine Distanz geschaffen, die sich für metakognitive Interventionen anbietet (Young et al. 2008; Roediger 2011). Dabei kann die Arbeit mit Stuhldialogen der Diagnostik, der Klärung innerer Konflikte oder der Erarbeitung konkreter Lösungsmöglichkeiten dienen. Dabei wird jedem beteiligten Modus ein eigener (leerer) Stuhl zugeordnet, wobei der Sitzplatzwechsel des Klienten (oder ggf. auch des Beraters) während der Dialoge zu empfehlen ist, da dann starre Denkmuster und einseitige Sichtweisen besser aufgelöst werden können. Es ist darauf zu achten, dass dem Modus des gesunden Erwachsenen bei jedem Dialog ein Stuhl zugewiesen wird, da dieser im Sinne des Modusmodells die zentral unterstützende, vermittelnde und funktionale Rolle übernimmt (Roediger 2011).

Arbeitsblatt Imagination (vgl. Jacob & Arntz 2011; Roediger 2011)

1. Entspannungsanleitung, möglichst mit geschlossenen Augen.

2. Imagination der aktuell belastenden Situation: detaillierte Erzählung durch den Klienten in erster Person Präsens, Vertiefung der Gefühle und körperlichen Empfindungen durch genaues Nachfragen. Bei Dissoziationen in der Imagination wieder einen Schritt zurückgehen und die dissoziationsauslösenden Fragen auslassen.

3. Affektbrücke in die Kindheitserinnerung durch Fokussierung auf die Emotion; ggf. Unterstützung durch entspannte Verstärkung und Konkretisierung und Exploration vager Bilder. Dem Klienten hierbei viel Zeit lassen.

4. Imagination der Kindheitserinnerung: Erzählungen durch den Klienten möglichst aus Ich-Sicht des Kindes. Entscheidend ist die emotionale Imagination, belastende Erinnerungen (z. B. Missbrauchserfahrungen) müssen in der Imagination nicht vollständig wiedererlebt werden.

5. Helferfigur zur Unterstützung hinzufügen: Die Wahl erfolgt durch den Klienten, z. B. der Berater als Helfer, externe Helferfiguren oder der Klient selbst als Erwachsener.

6. Überschreibung der Situation: Mit Unterstützung der Hilfsperson, die für Schutz und Bedürfnisbefriedigung in der imaginierten Kind-Situation sorgt, wird die Situation so lange und weit verändert, bis es dem Kind gut geht. Dabei sind alle Vorstellungen erlaubt. Klienten mit gering ausgeprägtem gesundem Erwachsenen-Modus benötigen hier die aktive und direktive Unterstützung des Beraters (die aber ständig auf Funktionalität für den Klienten hin überprüft werden muss). Im Laufe der Beratung wird die Helferfigur immer weiter auf den Klienten übertragen, bis er selbst in der Lage ist, sich in der Imagination zu schützen und seine Bedürfnisse zu befriedigen.

7. Vertiefung der positiven Gefühle von Sicherheit und Bindung in der Imagination.

8. Abschluss der Übung durch Rückführung des Klienten aus der Imagination heraus in die Realität.

Abb. 7.4: Arbeitsblatt Imagination (eigene Darstellung)
Siehe Online-Material 7.b

Ähnlich wie bei den Übungen zu den Imaginationen kann auch bei den Stuhldialogen der Berater in diesem Zusammenhang, vor allem zu Beratungsbeginn, eine aktive und direktive Rolle im Geschehen einnehmen. Wenn der Klient selbst (noch) nicht dazu in der Lage ist, fungiert der Berater als Vorbild und übernimmt die Rolle des gesunden Erwachsenen. Wie auch bei den Übungen zu den Imaginationen ist dabei genau darauf zu achten, dass die Vorschläge für den Klienten nachvollziehbar und förderlich sind (vgl. Jacob & Arntz 2015; Roediger 2011). Wenn dies nicht der Fall ist, sollte die Intervention des Beraters zurückgenommen und es sollten Alternativen vorgeschlagen oder gemeinsam mit dem Klienten erarbeitet werden. Wichtig in der Arbeit mit Stuhldialogen ist, dass der Modus des gesunden Erwachsenen immer das ›Schlusswort‹ haben sollte (Roediger 2011).

Weiterführende Literatur

Jacob, G. & Arntz, A. (2015). Schematherapie in der Praxis. 2., überarbeitete Auflage. Weinheim, Basel: Beltz.
Young, J. E, Klosko, J. S. & Weishaar, M. E. (2008). Schematherapie. Ein praxisorientiertes Handbuch. 2. Auflage. Paderborn: Junfermann.
Roediger, E. (2011). Praxis der Schematherapie. Lehrbuch zu Grundlagen, Modell und Anwendung. 2., vollständig überarbeitete und erweiterte Auflage Stuttgart: Schattauer.
Zarbock, G. (2014). Einladung zur Schematherapie. Grundlagen, Konzepte, Anwendung. 1. Originalausgabe. Weinheim: Beltz.

8 Ressourcenaktivierung

Franz-Christian Schubert

> ☞ **Was Sie in diesem Kapitel lernen können**
>
> Ressourcenaktivierung gehört zu den wichtigsten Wirkvariablen in Psychotherapie und Beratung (▶ Kap. 1.4). Dieses Kapitel beschäftigt sich mit
>
> - der Bedeutung von Ressourcen für Menschen: Gelingende Lebensgestaltung, Bedürfnisbefriedigung sowie Anforderungs- und Problembewältigung erfolgen durch ein wechselseitiges Zusammenspiel aus personellen, interaktionellen, sozialen, ökonomischen und umweltlichen Ressourcen. Menschen verfügen mehr oder weniger über solche Ressourcen;
> - dem Ziel von ressourcenorientierter Beratung: Menschen zu befähigen, Ressourcen wahrzunehmen, zu aktivieren, zu erweitern und untereinander wechselseitig zu nutzen;
> - der Frage, wie Ressourcen aktiviert werden können: Früher Beginn im Beratungsprozess und prozessbegleitete kontinuierliche Weiterentwicklung, Entwicklung von positiven (kleinen) Veränderungszielen, Wahrnehmung vorhandener Ressourcen, Thematisierung von gegenwärtigen oder früher erfahrenen Entlastungs- und Bewältigungsstrategien. Mentales Probehandeln, bildhafte Vorstellungen (Imagination), Symbole (Gegenstände, Gestaltungen, Handlungen) helfen, die Wahrnehmung und Handhabung von personellen und sozialen Ressourcen zu festigen;
> - der Frage, wie Ressourcenperspektive, Problemerfassung und Veränderungswissen aufeinander bezogen werden können: Die Problemperspektive erfasst, was geändert werden soll; die Ressourcenperspektive zeigt zusammen mit dem Veränderungswissen auf, wie es geändert werden kann.

Ressourcenaktivierung ist keine eigene Beratungstechnik, sondern ein spezifischer *Prozess*, der die Aufmerksamkeit des Klienten und des Beraters/Therapeuten gezielt auf die Ressourcen lenkt und beides – Ressourcen und die darauf fokussierte Aufmerksamkeit – für den Beratungs- und Hilfeprozess nutzt (▶ Kap. 5.3).

In Psychotherapie und Beratung hat sich zunehmend der Begriff »Ressourcenaktivierung« etabliert, in der Sozialen Arbeit eher die Bezeichnung »ressourcenorientierte Arbeit«. Aktivierung von Ressourcen ist zu unterscheiden von der stetigen karriereorientierten und letztlich selbstüberfordernden Aktivierung von Arbeitsmotivation und Arbeitsleistung, wie sie für die Arbeitswelt der neuen kapitalistischen Moderne kritisch beschrieben wird (vgl. z. B. Ehrenberg 2015).

8.1 Theoretische Fundierung

Eine theoretische Fundierung der Ressourcenorientierung erfolgt über zwei Ansätze, den transaktionalen stresstheoretischen und den persönlichkeitspsychologischen Ansatz.

8.1.1 Transaktionaler stresstheoretischer Ansatz

Hobfoll (1989), als Begründer dieses Ansatzes, rückt die Bedeutung von Ressourcenverlusten ins Zentrum seiner Forschungen und Handlungsansätze. Bewältigung von Lebensanforderungen und von Problemen gelingt nur über den ständigen Einsatz von personellen, sozialen und ökonomischen Ressourcen. Verlust oder Beeinträchtigung solcher Ressourcen, »die eigentlich zur Aufrechterhaltung des Individuums selbst, dessen Familien oder des (…) sozialen Kontextes gedacht waren« (Hobfoll & Buchwald 2004, 13), führen zu stresshaften Belastungen und zu weiteren Lebensrisiken sowohl beim Individuum wie auch in der sozialen Gemeinschaft, die diese Einschätzung teilt. Ressourcenverluste haben bedeutsame Auswirkungen im Sinne einer progredienten »Ressourcenverlustspirale«. In vielfacher Hinsicht beeinflussen, d. h. begünstigen oder beeinträchtigen sich personelle, soziale, ökonomische und andere Ressourcen wechselseitig. Das hat zentrale Bedeutung für Soziale Arbeit und psychosoziale Beratung: Personen mit wenigen Ressourcen oder mit beginnenden Ressourcenverlusten sind vulnerabel für weitere Ressourcenverluste. Sie können sich zudem schlechter gegen weitere Verluste schützen oder von Verlusten erholen als solche Personen, die hinreichend mit Ressourcen ausgestattet sind. Ressourcen können nur über den Einsatz von Ressourcen wiedererlangt und aufgebaut werden (ausführlich Schubert 2016a).

Zusätzliche Fundierungen erfolgen durch transaktionale Stressforschungen (vgl. Lazarus 1990) und durch das Salutogenesemodell (vgl. Antonovsky 1997). Wesentliche Ressourcen für die Bewältigung belastender Anforderungen, für Gesundheit und gelingende Lebensgestaltung sind demnach günstige kognitiv-emotionale Bewertungen der Situation und der enthaltenen Anforderungen, der eigenen und sozialen Bewältigungsmöglichkeiten und die Überzeugung von Sinn und Bedeutung des Handelns. Antonovsky (1997) erweitert den transaktionalen Ressourcenansatz konzeptionell, indem er das Konstrukt des »Kohärenzgefühls« (sense of coherence) und die Bedeutung von »generalisierten Widerstandsressourcen« (general resistance resources) in den Fokus rückt. Letztere sind biologische, psychische, soziale, kulturelle und sozioökonomische Ressourcen, die auch unter Belastung zum Erhalt von Gesundheit und Lebensqualität wie auch zur gelingenden Handhabung von Lebensanforderungen verhelfen. Mit dem transaktionalen Ressourcenansatz rückt die Wechselbeziehung von Person und Umwelt in den Fokus und die Person als biopsychosozialer »Ort« der Gestaltung und Verarbeitung dieser Transaktionen (vgl. Schubert 2016b).

8.1.2 Persönlichkeitspsychologischer Ansatz

Der Ansatz basiert auf der *Konsistenztheorie psychischen Funktionierens* (vgl. Grawe 1998, 2004). Nach der Konsistenztheorie ist die Aktivität einer Person stetig darauf ausgerichtet, die psychischen Grundbedürfnisse angemessen zu befriedigen, Bedürfnisverletzungen zu vermeiden und die damit gekoppelten Motive und Verhaltensziele in gegenseitige Vereinbarkeit zu bringen. Die vier zentralen psychischen Grundbedürfnisse sind Bedürfnis nach Orientierung und Kontrolle, nach Lustgewinn und Unlustvermeidung, nach Bindung und nach Selbstwerterhöhung und Selbstwertschutz. Psychische Stabilität und Funktionsfähigkeit, Handlungsfähigkeit, Wohlbefinden und Gesundheit werden im Rahmen der individuellen Lebensführung wesentlich durch eine angemessene und nachhaltige Befriedigung der psychischen Grundbedürfnisse hergestellt und stabilisiert (vgl. Borg-Laufs & Dittrich 2010) (▶ Kap. 5.6).

Auf ihre individuelle Art und Weise setzt eine Person Strategien und Mittel ein, um diese Ziele und Bedürfniserfüllung zu erreichen (Annäherungsschemata) oder sich gegen Bedürfnisbeeinträchtigung zu schützen (Vermeidungsschemata). Ressourcen sind unter diesem Ansatz somit die Potenziale, die der Person in ihrem Möglichkeitsraum zur Befriedigung seiner Grundbedürfnisse und damit zur Erhaltung seiner psychischen Stabilität und Funktionstüchtigkeit zur Verfügung stehen (Grawe & Grawe-Gerber 1999). Der persönlichkeitspsychologische Ressourcenansatz wird vor allem in der ressourcenorientierten psychotherapeutischen Arbeit mit dem Verweis auf die empirisch belegte Wirksamkeit von Ressourcenarbeit herangezogen (▶ Kap. 1.4).

Gegenwärtig erfolgt eine Integration beider Ansätze. Mit dem Fokus auf die psychischen Grundbedürfnisse formuliert Becker (2006) das »Systemische Anforderungs-Ressourcen-Modell« (SAR-Modell). Schubert (2013a, 2014b, 2016b, Schubert et al. 2019) entwickelt ein systemisch-transaktionales Modell von Lebensführung als eine grundlegende Bezugsgröße für psychosoziale Beratung und Soziale Arbeit und insbesondere zur Erfassung der Bedeutung von Ressourceneinsatz für gelingende Lebensgestaltung. Die Ansätze beider Autoren gehen davon aus, dass Individuum und soziale Umwelt wechselseitige Anforderungen und Erwartungen aneinander haben, zu deren Bewältigung bzw. (Bedürfnis-)Erfüllung sie Ressourcen einsetzen und in einen gegenseitigen Austausch von Ressourcen treten. Bei der Befriedigung psychischer Grundbedürfnisse wird die Bedeutung von zwischenmenschlichen Ressourcen und gegenseitigem Ressourcenaustausch besonders augenfällig.

8.2 Indikation von Ressourcenaktivierung

Ressourcenaktivierung ist als hoch bedeutsamer therapeutischer Wirkfaktor nachgewiesen. Erfolgreiche Ressourcenaktivierung hat »überragende Wichtigkeit für ein gutes Therapieergebnis« und hat »eine mindestens ebenso große Bedeutung für das Therapieergebnis... wie die Bearbeitung der relevanten Probleme mit dafür geeigneten Vorgehensweisen« (Grawe & Grawe-Gerber 1999, 72). Ressourcenaktivierung wirkt über zwei Hauptfunktionen (vgl. Schmied & Grawe, 2013): (1) Förderung des vorhandenen Potenzials: Die Aufmerksamkeit der Klienten wird direkt auf die vorhandenen Ressourcen (Fähigkeiten, Verhaltensweisen, externe Unterstützungen) gelenkt und fördert so günstige Entwicklungen und eigene Problemlösungen. Über eine förderliche Gestaltung der Beratungs- bzw. Therapiebeziehung werden zusätzlich verdeckte Stärken beim Klienten gezielt aktiviert. (2) Förderung korrektiver Erfahrungen bei der Problemlösung: Ressourcenaktivierung unterstützt nachweislich die Wirkung der übrigen Wirkfaktoren.

Ressourcenaktivierung unterbricht beim Adressaten somit die auf Defizite und Problemerleben ausgerichtete Aufmerksamkeit und setzt eine positive und zuversichtliche Ausrichtung in Gang. Klienten (und Berater/Beraterinnen) nehmen somit mehr Möglichkeiten wahr und nutzen sie für die Planung und Umsetzung von Veränderungszielen. Die anfänglich noch kleinen Erfolgserlebnisse fördern zunehmend Selbstwirksamkeitserfahrung, die zu (Wieder-)Gewinnung von Vertrauen in sich selbst und in die eigenen Handlungsmöglichkeiten führen und den Zugang zu (mehr) Selbstakzeptanz und Selbstwertgefühl erleichtern. Über diesen Prozess ist Ressourcenaktivierung somit als ein Fundament für Problembewältigung, bedürfnisbefriedigende Erfahrungen und gesundheitsstabilisierendes Wohlbefinden zu verstehen.

8.2.1 Ressourcenaktivierende Arbeitsmodelle

Ressourcenerfassung und Problembetrachtung stehen nicht in einem Gegensatz zueinander, sondern ergänzen sich: Während störungsbezogene Denk- und Handlungsmodelle vielfältige Erkenntnisse über Entstehung, Aufrechterhaltung und Strategien zur Veränderungen von Defiziten und Störungen liefern, lenken ressourcenorientierte Ansätze den Blick auf die vielfältigen Potenziale und Stärken der Klienten und ihrer Lebensführungssysteme, die für eine Problem- und Störungsüberwindung, für Bedürfniserfüllung und Wohlbefinden bedeutsam sind. Aus der Art, wie die Problemperspektive einbezogen wird, ergeben sich zwei ressourcenorientierte Arbeitsmodelle (vgl. Schürmann 2011):

Im *Ein-Prozessmodell* steht die Arbeit mit Ressourcen und an Veränderungszielen explizit im Fokus, wie beispielsweise im lösungsorientierten Ansatz (vgl. Bamberger 2015). Lediglich eine kurze Problembeschreibung des Klienten liefert das ›Ausgangsmaterial‹ für den Arbeitsprozess.

Im *Zwei-Prozessmodell* werden ressourcenaktivierende und problemspezifische Prozesse umgesetzt. (1) Im Mittelpunkt des ressourcenaktivierenden Vorgehens steht die Suche nach Stärken und Entdecken von Ressourcen durch Einsatz von Strategien zur Identifizierung und Aktivierung von Ressourcen bei den Klienten und durch eine ressourcenfördernde Beziehungsgestaltung. (2) Parallel dazu erfolgen (a) Problemerfassung und Problemverständnis, einschließlich der Erfassung von Ressourcenschädigung und (b) die Umsetzung von indikationsspezifischen Interventionen zur Problembewältigung. Aus der Problemperspektive lässt sich ableiten, was geändert werden soll, aus der Ressourcenperspektive und aus dem Veränderungswissen ergibt sich, wie es geändert werden kann (▶ Kap. 5.3).

8.2.2 Indikationen für ressourcenorientiertes Vorgehen

Ressourcenaktivierung kann in unterschiedlichsten interventiven und präventiven Handlungsfeldern von Sozialer Arbeit, psychosozialer Beratung, Psychotherapie, Coaching, Gesundheitsförderung, Supervision etc. eingesetzt werden. Für *therapeutisch-beraterische Handlungsfelder* sind drei Indikationsbereiche angezeigt:

1. Eine allgemeine Indikation liegt bei beginnendem oder auch ausgeprägtem »Demoralisierungssyndrom« vor, einem »Teufelskreis« aus Hoffnungslosigkeit, Verlust des Zutrauens in die eigene Handlungsfähigkeit und in eine gelingende Gestaltung der Zukunft, negativer Interpretation der Lebenserfahrungen, negativem Selbstbild und sozialem Rückzug.
2. Spezifische Indikationen ergeben sich bei Motivationsproblemen, z. B. bei mangelnder Motivation oder Fähigkeit der Klienten, sich auf eine Therapie/Beratung einzulassen, bei mangelnder Kooperation, um Therapieziele zu erreichen oder bei wenig Bereitschaft, eigene Beiträge zur Problembewältigung zu leisten. Diese Indikationsperspektive ermöglicht, solche Klientenmerkmale nicht als »problematisch« oder als »Beratungswiderstand« zu bekämpfen.
3. Ein weiterer Indikationsbereich fokussiert die positive Gestaltung der Beratungsbeziehung, indem der Berater spezifische, zum Ausdruck kommende Merkmale des Klienten, wie seinen Interaktionsstil oder kognitiven Stil, als Ressourcen für eine differenzierte und positive Gestaltung der Beratungsbeziehung und des Beratungsprozesses aufnimmt (vgl. Grawe & Grawe-Gerber 1998; Willutzki & Teismann 2013).

Aufgrund der Wirkweisen kann Ressourcenaktivierung störungsübergreifend und (therapie-) schulen- bzw. verfahrensübergreifend eingesetzt werden. Sie sollte bereits mit Beginn des Arbeitsprozesses initiiert werden und über den gesamten Beratungsprozess erfolgen (▶ Kap. 2).

Indikationsgrenzen für ressourcenaktivierende Verfahrensweisen bestehen dort, wo es Beratern/Therapeuten aufgrund ihrer Einstellung nicht gelingt, eine zuversichtliche, ressourcenorientierte Haltung gegenüber ihren Klienten zu realisieren.

8.3 Basisinterventionen zur Ressourcenaktivierung

Ressourcenaktivierung setzt eine differenzierte Ressourcenanalyse voraus (▶ Kap. 5.3). Ressourcenorientierte Interventionen zielen darauf ab, die Hoffnungslosigkeit oder bereits eingetretene Demoralisierung von Klienten zu überwinden und den Blick auf eigene Stärken und Potenziale zur Bewältigung von Problemen, zur Lebensgestaltung und für eine gelingende Zukunftsgestaltung zu öffnen. Konkret geht es darum,

- eine erhöhte Sensibilität und Aufmerksamkeit für zur Verfügung stehende Möglichkeiten und Ressourcen zu schaffen,
- diese bewusst zu machen und zu identifizieren,
- einprägsam zu benennen und zu versprachlichen,
- sie zu stärken und zu erweitern, neue Ressourcen zu entwickeln und Ressourcenverluste zu beenden,
- Ressourcen in sozialen Systemen wahrzunehmen und zu erfassen, wie und mit wem es gelingt, angemessen Bedürfnisse zu befriedigen,
- die aktivierten Ressourcen in das Alltagsleben z. B. für Bedürfnisbefriedigung, Problembewältigung oder Gesundheitsstabilisierung zu transferieren, zu nutzen und angemessen zu pflegen.

8.3.1 Arbeit mit personellen Ressourcen

Ressourcenaktivierung über die Beziehungs- und Prozessgestaltung

Eine ressourcenorientierte Gestaltung der Beratungsbeziehung, des Beratungsprozesses und der Gesprächsführung ermöglicht dem Klienten sich und seine Potenziale positiv wahrzunehmen und sich von der Fixierung auf Defizite und Nichtgelingen zu lösen. Dadurch werden im Sinne der Konsistenztheorie Selbstwert, Erfahrungen von Orientierung und Kontrolle bzw. Selbstwirksamkeitserfahrungen und Wohlbefinden beim Klienten aktiviert (Grundbedürfniserfüllung) und darüber hinaus Offenheit für eine ressourcenorientierte Arbeitsweise und weitere motivationale Voraussetzungen für eine Änderungsbereitschaft gefördert.

Ressourcenorientierte Gesprächsführung und Prozessgestaltung: Anhand von konkret oder ›nur so nebenbei‹ zum Ausdruck gebrachten Reaktionsbereitschaften und motivationalen Tendenzen des Klienten, seiner Ziele und Haltung, erfasst der Berater die dahinterliegenden Potenziale und Ressourcen und bezieht sie in den beraterischen bzw. therapeutischen Prozess ein. Bei einem allgemein schlechten Befinden des Klienten wird der Berater vor allem auf die vom Klienten eingebrachten Ideen und Ziele eingehen. Bei geringem Klientenengagement werden im Arbeitsprozess hingegen mehr die persönlichen Fähigkeiten des Klienten in den Fokus gerückt. Weiterhin verweist der Berater auf verdeckte oder aufscheinende Potenziale, spiegelt sie direkt oder indirekt mit positiver Konnotation oder stellt Fragen, die dem Klienten seine Potenziale und Ressourcen verdeutlichen. Es wird also ein Vorgehen gewählt, das den Klienten nicht ihr Unvermögen (erneut) verdeutlicht, sondern ihnen die Möglichkeit gibt, sich als kompetent und wertvoll zu erfahren.

In einer *indirekten* Weise kann der Berater solche Begriffe, Bilder oder Metaphern ins Gespräch wertschätzend einfließen lassen, die für den Klienten positiv besetzt sind und eine positive Selbstwahrnehmung fördern. Je nach den zum Ausdruck gebrachten Interessen und Motiven des Klienten, kann der Berater seine Formulierungen beispielsweise auf Technik, Computer, kulturelle oder religiöse Aktivitäten etc. ausrichten. Zudem sollen sich die Sprache und Metaphern des Beraters an der vorrangigen Wahrnehmungsmodalität des Klienten orientieren: bei visuell orientierten Personen eine bildhafte, bei gefühlsorientierten eine eher gefühlsbezogene, bei rationalen eine mehr abstrakte, bei haptischen eine eher gegenständlich orientierte Sprache und Metaphorik.

Deutlicher erkennbare positive Seiten, Bereitschaften, Fähigkeiten sowie Lebensbereiche, in denen Klienten Kompetenzen erkennen lassen, können vom Berater in *direkter* Weise aufgegriffen und positiv konnotiert werden, z. B. als Beharrlichkeit bzw. Gründlichkeit (z. B. bei ausgedehnter Problemdarstellung), als Autonomie oder umsichtige Selbstkontrolle (z. B. bei Überwiegen von Rationalität und Vermeiden von Gefühlsausbruch) oder als Kreativität bzw. Phantasiereichtum (z. B. bei ungewöhnlicheren Zukunftsperspektiven). Positive Bewertungen und positives Erleben können als angestrebte Ziele und Veränderungsbereitschaft konnotiert und für den Beratungsprozess weiter ausgebaut und aktiviert werden.

> »Je besser es gelingt, (…) an die Hoffnung, Motivation, Erwartungen und Ziele der Klienten anzuknüpfen sowie die Therapie an die Stärken und Fähigkeiten, an die Persönlichkeit, Vorlieben und Umstände etc. der Klienten anzupassen, umso wahrscheinlicher wird ein erfolgreicher Abschluss dieser Therapie.« (Schemmel et al. 2013, 138)

Aktivierung konkreter Potenziale und Ressourcen

Ein Schwerpunkt ressourcenaktivierender Arbeit ist auf konkret erfassbare Ressourcen ausgerichtet. Über diese Interventionsform werden Klienten angeregt, ihre Lebensbereiche in Gegenwart und Vergangenheit und darin ablaufende Handlungen und Erlebnisse auf Ressourcenhaftigkeit zu erforschen und dabei zu erfassen, wo sie sich – auch zufällig – als kompetent erleben bzw. erlebt haben oder welche Bewältigungsstrategien in früheren Belastungssituationen geholfen haben. Narrationen über seine frühere und gegenwärtige Lebensgestaltung sensibilisieren den Klienten für eigene Potenziale und Stärken und aktivieren Wissen über eigene Entlastungs- und Bewältigungsstrategien oder über entsprechende Strategien nahestehender Personen (vgl. z. B. Ständer & Schubert 2020). Selbst erfahrene oder bei anderen beobachtete Strategien zur emotionalen Entlastung und Stabilisierung lassen vermuten, dass Unterstützungsmöglichkeiten verfügbar waren, die Gefühlsäußerungen ermöglichten, und Geschehnisse oder Gedanken geordnet werden konnten, ohne beschuldigt zu werden.

Über spezifische Frageformen können *Ressourcen zur Bewältigung von erlebten Belastungen* rückblickend identifiziert und verankert werden, z. B.: »Wie haben

Sie die vielen schwierigen Situationen, die Sie gerade beschrieben haben, bewältigt und nicht aufgegeben?« »Wie schaffen Sie es, derartig schwierige Zeiten durchzustehen, ohne die Hoffnung aufzugeben? Welche Ihrer Fähigkeiten oder welche Hilfen waren Ihnen dabei besonders nützlich?«

Fallbeispiele

Ressourcen im Gespräch verbalisieren und erlebbar machen:

Herr M.: Diese Situation mit meinen Kindern, die jetzt nur noch das schönere Leben bei ihrer Mutter sehen und nicht mehr bei mir, das macht mir sehr zu schaffen – macht mich eigentlich fertig.
Ressourcenaktivierende Intervention: Ja, das ist wirklich eine schwierige Situation. Was ist es, was Ihnen bisher die Kraft gegeben hat, ihr Alltagsleben so umfassend auf Ihre Kinder einzustellen.

Selbstwert aktivieren:

Herr M. berichtet, dass er seiner neuen Lebenspartnerin verschwiegen habe, dass er einen Schuldenberg vor sich herschiebe, bis sie ihn direkt darauf angesprochen habe. Er habe ihr seine Situation gestanden und dass er den Überblick verloren habe. Sie komme seitdem sogar jedes Wochenende und helfe ihm, wo sie könne.
Ressourcenaktivierende Intervention: Was glauben Sie schätzt Ihre Lebenspartnerin an Ihnen, wenn sie weiterhin bei Ihnen bleibt und mit anpackt und auch Finanzpläne für die Kreditrückzahlungen macht?

Über diesen Fragetypus erfassen Klienten wie und unter welchen Bedingungen sie Situationen bewältigt haben, welche Stärken sie in anscheinend ausweglosen Situationen oder bei belastenden Ereignissen aufbringen können. Über eine wertschätzende und positiv konnotierende Rückmeldung durch den Berater werden die Ressourcen in der Wahrnehmung des Klienten verankert (siehe Kasten: EARS-Modell). Eine einprägsame sprachliche Bezeichnung der Ressourcen verstärkt den Effekt und macht die Ressourcen zudem erinnerungsmäßig besser zugänglich. Im weiteren Verlauf können die identifizierten Stärken und Kompetenzen breiter exploriert und nutzbar gemacht werden. Das kann beispielsweise über systemische Frageformen und lösungsorientierte Strategien erfolgen.

EARS-Modell: Vier Schritte zur Ressourcenidentifizierung und -aktivierung (vgl. Bamberger 2015)

- *Elicit* (ans Licht bringen): Ressourcen über explizites Benennen, Verbalisieren und Fokussieren bewusstmachen, z. B. über Fähigkeiten und Kompetenzen sprechen.

- *Amplify* (vergrößern): Ressourcen hervorheben durch konkretes Nachfragen, Anregungen geben oder durch Reframing, wie z. B. die Aufmerksamkeit auf die »guten Dinge im Leben« lenken, Tagebuch schreiben über gut erlebte bzw. gestaltete Situationen, über schöne Wahrnehmungen, Beobachtungen an sich selbst, an der Natur u. a.
- *Reinforce* (verstärken): Ressourcen durch Ermutigen, wertschätzende Konnotationen, unterstützende Verbalisierungen, (ehrliche) Komplimente verstärken, z. B. »Es ist bewundernswert, wie Sie …«
- *Start again* (wieder von vorne beginnen): mit dem gleichen Prozess weitere Ressourcen erfassen und fokussieren.

In der Praxis sind zahlreiche, oftmals sehr kreative Verfahren zur Erfassung und Aktivierung von Ressourcen entwickelt worden. Vielfache Anregungen finden sich – um nur einige zu nennen – bei Beushausen (2010), Flückiger und Wüsten (2008), Klemenz (2003), Ständer (2016), Ständer und Schubert (2020); von Wachter und Hendrischke (2017), in verschiedenen Sammelbänden (z. B. Schaller & Schemmel 2013a; Lenz 2011c; Möbius & Friedrich 2010) und in systemisch orientierten Publikationen (z. B. Bertolino et al. 2015).

Hilfreiche Hinweise zur Vorgehensweise bei der inhaltlichen Ressourcenaktivierung

Klient und Berater müssen sich darüber einig sein, dass die fokussierten Stärken und Kompetenzen Ressourcenqualität haben. Schwierig wird es, wenn Klienten langfristig eine reservierte Haltung demgegenüber haben, was Berater als Ressourcen betrachten (vgl. Grawe & Grawe-Gerber 1999).

Klienten sind es häufig gewohnt, ihrem negativen Erwartungsmodell zu folgen. Unter dieser Orientierung lassen sie sich nicht selten lediglich in einem ›Ja, aber …‹-Modus auf die inhaltliche Thematisierung von Ressourcen ein. Wenn Klienten für positive Aspekte (noch) nicht aufnahmebereit sind, sollte das im Beratungsprozess akzeptiert und in nicht abwertender Weise thematisiert werden. Vielmehr könnte exploriert werden wie die Situation stattdessen sein sollte oder wo Klienten in einer ähnlichen Situation (einigermaßen) zurechtgekommen sind.

Klienten erleben das Problem häufig als ›zufällig‹ oder ›über sie kommend‹. Schwankungen im Auftreten des Problems oder in ihrer Problembefindlichkeit werden von ihnen zumeist nicht als bedeutsam aufgefasst. Daher sollte im Beratungs-/Therapieprozess eine »aktive Sprache« benutzt werden, die das »aktive Verhalten« der Person hervorhebt und Problemauftreten und die Befindlichkeitsschwankungen mit aktivem Verhalten sprachlich in Verbindung bringt, wodurch eigene Einflussmöglichkeiten (Ressourcen) zunehmend erkannt werden (z. B. »Sie haben sich dann entschieden, nicht länger zu bleiben/abzuwarten, und sind nach Hause gegangen« anstelle »Sie konnten es einfach nicht mehr aushalten und mussten nur noch weg«) (Willutzki & Teismann 2013).

Gestalterische Ressourcenaktivierung

Klienten können ihre Stärken, Handlungsfähigkeiten und Talente direkt zeigen und anschaulich darstellen, z. B. anhand von Bildern, Aktionen oder erstellten Werken. Damit können sprachliche, kognitive oder emotionale Barrieren relativ gut überwunden werden, beispielsweise wenn Kinder oder Jugendliche nicht darüber sprechen wollen, worauf sie stolz sind oder was ihre Stärken sind (vgl. Klemenz 2003). Berater bekommen darüber einen ganz konkreten Zugang zu oftmals auch völlig unerwarteten Ressourcen, können diese dann selbstwertförderlich konnotieren und aktivierend in die weitere Arbeit einbeziehen.

Systemisch-lösungsorientierte Strategien zur Ressourcenaktivierung

Systemisch-lösungsorientierte Strategien sind ein wesentliches Instrument zur Ressourcenaktivierung (vgl. Bamberger 2015). Ausgangspunkt ist die Entwicklung von handlungswirksam formulierten Veränderungszielen (»weg von der Problemfixierung hin zur Änderungsorientierung«). Solche Ziele sollen verhaltensbezogen und positiv als Annäherungsziele (nicht als Vermeidungsziele) formuliert sein, persönlich bedeutsam sein und motivierend wirken, unter eigener Kontrolle stehen und möglichst viele Anwendungsbereiche einschließen. Derartige Veränderungsziele sind einerseits bedeutsame motivationale Ressourcen und liefern andererseits auch Hinweise auf konkrete Ressourcenpotenziale bzw. Bewältigungsressourcen, die auf dem Weg zur Zielerreichung aktiviert werden können.

Zielvorstellungen können über drei lösungsorientierte Hauptstrategien aktiviert werden:

- Herausarbeiten bzw. Aktivieren von Ausnahmen (»Gibt es Zeiten/Situationen, in denen das Problem weniger stark oder sogar überhaupt nicht auftritt?«).
- Aktivieren von hypothetischen Lösungen, von (konkreten) Vorstellungen über eine zukünftige positive Lebensgestaltung nach Überwindung des Problems (»Wunderfrage«).
- Unmittelbares Erarbeiten bzw. Aktivieren von Zielvorstellungen als brauchbare Alternative zum erlebten Problem (»Gibt es irgendetwas, das in der Problemsituation bzw. an dem Problemmuster anders gemacht werden könnte?«).

Ein weiterer Schritt zur Erfassung von Bewältigungsressourcen kann über die Frage »Was können Sie davon schon jetzt ein klein wenig tun?« erfolgen. Die Entwicklung konkreter positiver Zukunftsvisionen (z. B. sich die Situation in drei/fünf Jahren vorstellen) kann weitere Ressourcen für eine positive Lebensgestaltung deutlich werden lassen.

Systemische Frageformen sind ein wichtiges Instrument zur Identifizierung und Benennung von Ressourcen und Veränderungszielen und bilden zugleich eine wichtige Interventionsform. Fragen zur Ressourcenidentifizierung aus der Außenperspektive sind hilfreich, um bei den Klienten den Zugang zu einer ressourcenorientierten Denkweise zu bahnen. »Woran erkennen Ihre Eltern/besten Freunde Ihre Stärken?« »Was haben die schon über Ihre Stärken gesagt?«

Skalierungsfragen dienen zur Erfassung von Ressourcen zur Zielerreichung. Sie können zu Beginn und im Verlaufe des Veränderungsprozesses eingesetzt werden. Auf einer Skala von 0 bis 10 ordnet der Klient seine aktuell empfundene Problemausprägung ein. Anschließend erarbeitet der Klient, was er tun kann, um auf der Skala in Richtung Besserung eine Stufe höher zu gelangen (subjektiv verfügbare Änderungsressourcen). Die Perspektive emotional wichtiger Bezugspersonen ermöglicht weitere Veränderungsressourcen zu identifizieren: »Wenn Ihre Freundin hier wäre, was würde sie sagen, was Sie tun können, um eine Stufe weiter zu kommen?« Über konkrete Handlungsvereinbarungen (›Hausaufgaben‹) werden die erarbeiteten Schritte/Ressourcen in der Realität ausprobiert.

Im Verlauf des Beratungsprozesses gilt der Auswertung von erzielten Fortschritten besondere Aufmerksamkeit (»Was hat sich seit der Anmeldung zur Beratung bis heute schon verändert?«). Fragen zur Ressourcenidentifizierung auch bei kleinen Veränderungen sind beispielsweise:

- »Was hat Sie auf diese gute Idee gebracht?«
- »Wann war das zum ersten Mal so?«
- »Wie haben Sie das genau gemacht?«
- »Wie sind Sie darauf gekommen, es gerade so zu machen?«
- »Welche Ihrer Fähigkeiten waren Ihnen dabei besonders nützlich?«
- »Wie hat sich das weiter positiv ausgewirkt?«
- »Wann werden Sie das erneut versuchen?« (Bamberger 2015, 190)

Fortschritte sind ein Reservoir für die Ableitung weiterer Schritte und Ressourcen und für positive und zielrelevante Veränderungen. Eine wichtige Aufgabe des Beraters ist es dabei, Klienten darin zu unterstützen, den eigenen Anteil an den Fortschritten zu sehen und in eine positive Selbstbewertung zu integrieren.

Reframing bedeutet die gewonnenen Auffassungen aus einer anderen, hilfreicheren Perspektive zu betrachten. Beispielsweise wird das Geschehen in einen anderen Rahmen gestellt und erhält darüber einen hilfreichen Sinngehalt. Reframing dient auch zur Identifizierung von Ressourcen im Problem (»Das Gute im Schlimmen finden«): »Welchen ›Sinn‹ macht das Problem in der Alltagsgestaltung, welche (versteckten) Vorteile bringt es mit sich?«. Oder: »Unter welchem Kontext wäre das Problem sogar sinnvoll, würde sogar eine brauchbare Lösung darstellen?«

»Statt-dessen«-Fragen dienen zur »Aufweichung« einer verfestigten Problemfixierung und zur Entwicklung alternativer Sichtweisen, Kognitionen, Verhaltensweisen, Ziele.

Verschlimmerungsfragen helfen dem Klienten, in humorvoller Weise herauszufinden, wie er daran beteiligt ist, das Problem bzw. die Problemdeterminanten aktiv (wieder) herzustellen. Im Umkehrschluss können daraus Ressourcen für eine Rückfallprophylaxe bzw. zur Problemprophylaxe abgeleitet werden.

Hausaufgaben sind ein wichtiges Instrument, um den Umgang mit den identifizierten Ressourcen einzuüben und zu festigen. Dazu zählen beispielsweise

- eigene Stärken aufschreiben und sichtbar in der Wohnung aufhängen,
- solche Aktivitäten aufschreiben, die man gerne tut, die entspannen oder innerlich öffnen und solche ›Kraftquellen‹ auch umsetzen,
- mit anderen Personen über eigene Stärken sprechen,
- Kontakt zu Freunden aufnehmen, die man schon länger nicht gesehen hat.

8.3.2 Arbeit mit sozialen Ressourcen

Aktivierung von sozialen Ressourcen ist indiziert, wenn belastende Veränderungen im Beziehungsnetz und im sozial-emotionalen Lebensbereich einer Person eingetreten sind und auch bei zwischenmenschlichen Defiziten und Belastungen (z. B. soziale Isolation, stresshafte Alltagsanforderungen, stigmatisierter Status wie Behinderungen, ethnische Zugehörigkeit). Zu unterscheiden ist die Aktivierung von interaktionellen Ressourcen und von sozialen Netzwerk- und Unterstützungsressourcen (▶ Kap. 5.3).

Aktivierung sozialer Netzwerk- und Unterstützungsressourcen

Die Aktivierung sozialer Netzwerk- und Unterstützungsressourcen betrifft das persönliche Netzwerk mit den sozial-emotional engeren Bezugspersonen des Klienten (Familienmitglieder, Freunde) und auch soziale Ressourcen im weiteren sozialen Netzwerk (Nachbarschaft, Wohnviertel, formelle und informelle soziale Hilfeangebote und Unterstützungseinrichtungen). Konkrete Interventionsziele lassen sich aus den graphischen Verfahren zur Identifizierung von sozialen Ressourcen ableiten.

Ressourcenaktivierende Interventionen sind generell darauf ausgerichtet, vorhandene Beziehungen bzw. Netzwerke dort zu stärken und wieder zu beleben, wo es sinnvoll und möglich ist. Das erfolgt über (a) die Identifikation und Verbesserung von vorhandenen sozialen Interaktionen (Verbesserung hinsichtlich Zugänglichkeit, Nutzung, Kontaktdichte und Unterstützungsqualität), (b) Ermutigung zur Intensivierung bestehender sozialer Ressourcen und zur Reaktivierung früherer Beziehungen, (c) Entfaltung von Möglichkeiten zur Erweiterung sozialer Beziehungen und Unterstützungssysteme und zu deren Gestaltung, Nutzung und Pflege. Aus diesen Schritten resultiert zumeist (d) eine Umgestaltung des persönlichen Netzwerkes, ein Ausbau von hilfreichen Beziehungen mit einer oft bewusst reziprok ausgerichteten Nutzung und Beziehungspflege und eine ›Verabschiedung‹ von schädigenden Beziehungen und (e) die Wahrnehmung und angemessene Nutzung von sozialen Hilfe- und Unterstützungssystemen.

Einleitete Schritte sind, die im eigenen Netzwerk enthaltenen Beziehungen, Strukturen und Unterstützungspotenziale zu erfassen, auch solche, die nicht oder nur teilweise genutzt werden. Über explorierende Fragen werden Klienten angeregt, ihre Netzwerkgraphiken differenziert auf verfügbare oder brachliegende Unterstützungsressourcen zu analysieren und mögliche weitere Ressourcen zu erkennen (vgl. Kasten: Aktivierung und Gestaltung von Ressourcen in sozialen Netzwerken). Diagnostische Fragen und veränderungsorientierte Fragen bauen hierbei aufeinander auf. Weiterhin gilt es, fragwürdige, schädigende (insbesondere selbstwertschädigende und ressourcenbeeinträchtigende) Beziehungen und Strukturen zu identifizieren und zu verstehen und sich auch mit Beziehungsdefiziten und mit Wünschen, Erwartungen, Ängsten im Hinblick auf andere Personen auseinanderzusetzen. Ausführliche Darstellungen von klientenbezogenen Netzwerkinterventionen bringen Röhrle et al. (1998), Röhrle und Laireiter (2009), Beushausen (2012), Friedrich (2010) und Lenz (2011b). Weitere Formen von sozialer Ressourcenaktivierung sind in spezifischen systemischen Handlungsfeldern entwickelt worden, z. B. multisystemische Familientherapie, Multifamilientherapie, aufsuchende Familientherapie.

Aktivierung und Gestaltung von Ressourcen in sozialen Netzwerken

Eine Aktivierung und Gestaltung von Ressourcen in sozialen Netzwerken erfolgen anhand folgender Themenbereiche:

- *Allgemeine Analyse des Netzwerkes:*
  Welche Veränderungen haben sich in den letzten 5 Jahren in meinem Netzwerk ergeben? (Welche Personen sind nicht mehr da; wer hat wen ›ersetzt‹, stimmt mich das traurig bzw. eher froh?) Wer nimmt in meinem Netzwerk bestimmte wichtige Kommunikationsrollen ein (Star, Ratgeber, ›Gatekeeper‹, Vermittler)?
- *Verfügbarkeit und Erweiterung von sozialer Unterstützung:*
  Gibt es Personen, die als besonders wichtig und hilfreich eingeschätzt werden? An wen kann ich mich bei den vorliegenden Problemen bzw. Krisen wenden? Wie ist ein Zugang zu diesen Personen möglich? Welche Möglichkeiten sind vorstellbar, um Kontakt herzustellen, den Kontakt zu verbessern und auch zu pflegen?
- *Zufriedenheit, Wünsche und Erwartungen hinsichtlich sozialer Unterstützung:*
  Welche soziale Unterstützung erwarte ich mir von meinem Netzwerk und welche habe ich tatsächlich erfahren? Von wem wurde ich selbst um Unterstützung gebeten, wem habe ich sie gewährt?
- *Ressourcenbeeinträchtigung durch soziale Netzwerke:*
  Wo sind in meinem Netzwerk relevante Abhängigkeiten oder schädigende Beziehungen (materiell, sozial, emotional)? Woraus resultieren sie, will ich sie ändern, lassen sie sich ändern?

Aktivierung interaktioneller Ressourcen

Für eine Aktivierung und Gestaltung von Unterstützungsressourcen in Familie, Schule, Arbeitswelt und Nachbarschaft ist oft auch eine Förderung und Aktivierung der interaktionellen Ressourcen und Kompetenzen bei den Hilfesuchenden nötig. Das umfasst die Art des eigenen Hilfesuchverhaltens, der individuellen Bereitschaft, sich anderen gegenüber zu öffnen, auf soziale Unterstützungsressourcen zuzugehen, um soziale Hilfe zu ersuchen, wie auch sie anzunehmen. Dazu gehören auch die Aktivierung sozialer und kommunikativer Kompetenzen (Zuhören und Feedback geben, Interessen aushandeln, Wertschätzung ausdrücken, ausgleichend handeln) und die Bereitschaft, Reziprozität (Ausgeglichenheit von Geben und Nehmen) im sozialen Interaktionsverhalten zu handhaben. Nicht zuletzt sind Pflege von Beziehungen und Netzwerken in diesem Zusammenhang wichtig.

Ressourcentransfer

Im Verlaufe der Beratung geht es darum, die erarbeiteten Ressourcen nicht nur im thematisierten Problembereich einzusetzen, sondern sie in andere Kontexte zu übertragen. Klienten werden ermutigt, verschiedene Situationen ausfindig zu machen, in denen die identifizierten Ressourcen hilfreich sind und eingesetzt werden können. Über mentales Probehandeln oder Imagination der angestrebten motivationalen, emotionalen oder kognitiven Ausrichtung kann der Ressourcentransfer in die neue Zielsituation innerlich vorbereitet und aktiviert werden. Auch gilt es zu entdecken, welche Ressourcen zur Aktivierung/Entwicklung weiterer Ressourcen genutzt werden können. Ressourcentransfer kann schrittweise zunächst in Beratungsgesprächen oder auch konkreter über ›Experimentieren‹ in neuen Realsituationen ausprobiert werden. Metaphorische Verfahren bieten weitere Unterstützungen: Bildhaft kann erarbeitet werden, wie z. B. hilfreiche Ressourcen in einen Koffer eingepackt und in der neuen Situation ausgepackt und dort eingesetzt werden. Oder es können symbolhafte Gegenstände als Erinnerung bzw. Vergegenwärtigung der eigenen Stärken oder zwischenmenschlichen Unterstützungsressourcen in die neue Situation mitgenommen werden, die so zu einer Transferstärkung dienen (vgl. dazu Beiträge in Möbius & Friedrich 2010, Lenz 2011b, Schaller & Schemmel 2013b). Gut durchdachte Anleitungen und Übungsaufgaben sind generell hilfreiche Instrumente für einen Ressourcentransfer.

Fallbeispiel: Überwinden von Hoffnungslosigkeit und sozialem Rückzug

In der Beratungsstunde der betrieblichen Sozialarbeit berichtet Herr M., dass seine Kinder zu Ihrer Mutter gezogen sind und seit einigen Wochen sogar jeden Kontakt mit ihm ablehnen. Seitdem fühle er sich sehr hilflos und erlebe sich zunehmend antriebslos und depressiv. Seine Eltern sind vor einem dreiviertel Jahr kurz hintereinander gestorben. Eigentlich sei nur noch seine Lebenspartnerin da und er habe Angst, sie durch »Klammern« und seine depressive Stimmung zu überfordern.

Möglichkeiten ressourcenaktivierender Interventionen: Biographisch früher gelungene und/oder bei anderen beobachtete Entlastungsstrategien in Situationen von ›sich verlassen fühlen‹ identifizieren;

anhand von Netzwerkzeichnung und Netzwerkkarte soziale Kontakte und Unterstützungsmöglichkeiten identifizieren (▶ Kap. 5.3) und aktivieren: emotionale Bedeutsamkeit von vorhandenen und vernachlässigten sozialen Kontakte zu Personen und Sportverein erfassen, konkrete Umsetzbarkeit z. B. über Skalierung erarbeiten und konkrete Ziele hinsichtlich Wiederbeleben und Aufnahme sozialer Kontakte erstellen;

- über ressourcenorientierte Gesprächsführung eigene interaktionelle Ressourcen identifizieren, auf Umsetzbarkeit prüfen und konkrete Ziele für Handlungstransfer im Alltag erstellen;
- Aktivierung von Phantasie für eine subjektiv erstrebenswerte Lebensgestaltung ohne Einschränkungen durch Kinder/pflegebedürftige Eltern; was davon kennt er teilweise schon: Inwiefern können eigene Ressourcen und die seiner Lebenspartnerin dazu beitragen?

8.4 Schlussbetrachtung

Aktivierung von Ressourcen ist ein generelles Wirkprinzip, das in Sozialer Arbeit, Beratung und Psychotherapie und in weiteren Anwendungsbereichen störungsübergreifend und (therapie-)schulen- und verfahrensübergreifend eingesetzt werden kann. Bedeutsam wird dabei die Haltung des Beraters, ob er bereit ist, anzuerkennen, dass Unterstützung in der Wahrnehmung, Ausgestaltung und Handhabung von Ressourcen den Menschen auch in schwierigen Lebenssituationen befähigt, Problemlösungen, persönliche Stabilität und (wieder) gelingende Lebensgestaltung zu realisieren. Konsequenterweise verlangt das auch, Widersprüchlichkeiten zu anderen Konzepten und den impliziten Anforderungen zu ertragen, die misslingende Lebensgestaltung vorrangig unter dem Fokus persönlicher Defizite und Defekte verstehen und behandeln. Im Vergleich damit bringt Ressourcenorientierung mindestens einen Vorteil: Berufliches Handeln in den genannten Feldern verliert an Schwere, wird freudiger und optimistischer für Klienten und für Professionelle.

Weiterführende Literatur

Flückiger, C. & Wüsten, G. (2008). Ressourcenaktivierung. Ein Manual für die Praxis. Göttingen: Huber.

Knecht, A. & Schubert, F.-C. (Hrsg.) (2012). Ressourcen im Sozialstaat und in der Sozialen Arbeit. Zuteilung – Förderung – Aktivierung. Stuttgart: Kohlhammer.

Lenz, A. (Hrsg.) (2011). Empowerment. Handbuch für die ressourcenorientierte Praxis. Tübingen: dgvt.

Möbius, T. & Friedrich, S. (Hrsg.) (2010). Ressourcenorientiert Arbeiten. Anleitung zu einem gelingenden Praxistransfer im Sozialbereich. Wiesbaden: Verlag für Sozialwissenschaften.

Ständer, N. & Schubert, F.-C. (2020). Arbeit mit Ressourcen in Beratung, Coaching und Psychotherapie – Konzepte und Fallbeispiele. Online abrufbar unter: https://www.researchgate.net/publication/340477761_Arbeit_mit_Ressourcen_in_Beratung_Coaching_und_Psychotherapie_-_Konzepte_und_Fallbeispiele oder https://www.doi.org/10.13140/RG.2.2.10538.98246

Wachter, von M. & Hendrischke, A. (2017). Das Ressourcenbuch. Selbstheilungskräfte in der Psychotherapie erkennen und von Anfang an fördern. Stuttgart: Klett-Cotta.

Willutzki, U. & Teismann, T. (2013). Ressourcenaktivierung in der Psychotherapie. Göttingen: Hogrefe.

9 Hilfe zur Problembewältigung

> ☞ **Was Sie in diesem Kapitel lernen können**
>
> Hilfe zur Problembewältigung wurde in Kapitel 1.4 als einer der zentralen Wirkfaktoren herausgestellt. In der psychosozialen Beratung wird diese Hilfe in unterschiedlichen Settings angeboten, in der Regel bei Einzelklienten und Klientinnen, jedoch auch bei Paaren und Familien sowie in Gruppen. In diesem Kapitel lernen Sie Methoden der Einzelberatung, der Paar- und Familienberatung sowie den Einsatz von Trainings kennen.
>
> In der Einzelberatung können insbesondere folgende Methoden erfolgreich zum Einsatz gebracht werden:
>
> - Kognitive Umstrukturierung lässt sich von der Grundannahme leiten, dass psychisches Leid durch negative Gedanken beeinflusst wird. Im Beratungsprozess werden diese Gedanken aufgedeckt und so verändert, dass der Klient oder die Klientin eine andere Einstellung über sich, die Umwelt und die Zukunft bekommt.
> - Methoden der Affekt- und Emotionsregulation greifen auf Entspannungsmethoden, achtsamkeitsbasierte Methoden und Methoden des Aktivitätsaufbaus zurück.
> - Operante Methoden lassen sich davon leiten, dass menschliches Verhalten stark von dessen Konsequenzen gesteuert wird. Sowohl für den Aufbau bzw. für die Stabilisierung als auch für den Abbau von Verhaltensweisen sind eine Reihe von spezifischen Methoden entwickelt worden, die sich in der psychosozialen Beratung nutzen lassen.

Methoden der systemischen Paar- und Familientherapie sind für psychosoziale Beratungen besonders geeignet, wenn die Probleme der Klienten und Klientinnen hauptsächlich durch Interaktionsstörungen und ›Erwartungs-Erwartungen‹ in ihren sozialen Bezugssystemen bedingt sind und aufrechterhalten werden.

- Im systemischen Ansatz sind Techniken und Methoden erarbeitet worden, die den subjektiven Wirklichkeitskonstruktionen der Klienten und Klientinnen einen besonderen Respekt zollen.
- Vor dem Hintergrund von Neutralität und Allparteilichkeit haben Hypothesen die Funktion, den Handlungsspielraum sowohl der Ratsuchenden wie auch der Beraterinnen und Berater zu erweitern.

- Ähnlich wie in der verhaltenstherapeutisch orientierten Beratung beginnt der systemisch orientierte Berater mit der Schaffung günstiger Ausgangsbedingungen nach den Konzepten ›Joining‹, ›Auftragsklärung‹ und ›Reframing‹.
- Beziehungsmuster im Klientensystem lassen sich über systemische Fragen und weitere spezifische Methoden aufdecken: Genogramm, Zeitlinien, Familienbrett oder Familienskulptur.
- Das ›Reflecting Team‹ kann als Methode eingesetzt werden, den Klientinnen und Klienten auf einer Metaebene eine Rückmeldung zu geben.
- Abschließende Kommentare am Schluss einer Beratungssitzung können dem Klientensystem helfen, alte bzw. ›problematische‹ Kommunikations- und Interaktionsmuster zu durchbrechen.

Für bestimmte Konflikt- und Problembereiche kann der Berater auf strukturierte Trainings zurückgreifen, die systematisch auf bestimmte Themen bei bestimmten Adressaten und ausgewählten Altersgruppen ausgerichtet sind. Sie lassen sich von dem Grundsatz leiten ›Übung macht den Meister‹ und realisieren in einem ausgesprochen hohen Maß das Wirkprinzip der Problemaktualisierung.

- In der psychosozialen Beratung haben hauptsächlich Eltern-, Kommunikations-, Selbstsicherheitstrainings bzw. Trainings sozialer Fertigkeiten und Stressbewältigungstrainings Eingang gefunden.
- Akute Krisen oder chronische Konflikte in der Familie bilden einen Indikationsbereich für Elterntrainings, an denen Eltern zur Stärkung ihrer Erziehungskompetenz teilnehmen können.
- Ein Kommunikationstraining ist besonders geeignet für Paar- oder Familienprobleme, wenn das Ziel im Mittelpunkt steht, die Interaktionspartner durch das Einüben bestimmter Sprecher- und Zuhörerfertigkeiten wieder zu befähigen, sich konstruktiv zu unterhalten.
- Selbstsicherheitstrainings und Trainings sozialer Fertigkeiten können von dem Berater genutzt werden, wenn Klienten einen Mangel an Selbstsicherheit, Selbstvertrauen oder sozial kompetentem Verhalten zeigen.
- Stress kann bis zum Burnout führen und erhebliche gesundheitliche Probleme nach sich ziehen. Dafür kann der Berater/die Beraterin Stressbewältigungstrainings einsetzen, die eine individuelle Stressbewältigung zum Ziel haben, um den Klienten bzw. die Klientin wieder für seinen/ihren Alltag zu stabilisieren.
- In der psychosozialen Beratung sind Trainings allerdings oft nur ein Teilangebot innerhalb des Beratungsprozesses, weil die Probleme der Klienten oft weitere Interventionseinheiten erfordern.
- Schließlich kann der Berater/die Beraterin entsprechend der Problemlage des Klienten auch Teilmodule eines strukturierten Trainingsmanuals benutzen, um sich dem Bedarf des Klienten oder auch den Möglichkeiten der Institution anzupassen. Das gilt insbesondere für Teilbausteine, die in verschiedenen Programmen genutzt werden, wie dem Problemlösetraining oder dem Entspannungstraining.

9.1 Methoden der Einzelberatung

Michael Borg-Laufs & Barbara Beck

9.1.1 Methoden der kognitiven Umstrukturierung

Ein kognitives Modell der Entstehung psychischen Leids

In der kognitiven Therapie und Beratung, deren Pioniere Albert Ellis (1913–2007) und Aaron T. Beck (* 18.07.1921) sind, steht im Fokus, wie Menschen ihre Umwelt wahrnehmen, was sie darüber denken und wie diese Gedanken ihre Gefühle und ihr Verhalten beeinflussen. Es wird davon ausgegangen, dass psychisches Leid häufig durch verzerrte kognitive Prozesse, vor allem dysfunktionale automatische Gedanken, kognitive Stile und irrationale Grundüberzeugungen hervorgerufen wird. Diese oft unbewussten kognitiven Prozesse können aufgedeckt und verändert (umstrukturiert) werden, weshalb kognitive Methoden auch in der psychosozialen Beratung eine sehr wirksame Vorgehensweise darstellen.

Die theoretischen Konzepte etwa von Aaron Beck, Albert Ellis und anderen Pionieren der kognitiven Theorie unterscheiden sich zwar ebenso wie ihre Vorgehensweisen in Details, sind aber mit dem hier vorgestellten Grundmodell kompatibel. Im Folgenden wird daher nicht die kognitive Beratung »nach Ellis« oder »nach Beck« dargestellt, sondern eine übergreifende und zusammenfassende Darstellung kognitiver Theorie und Intervention vermittelt.

Kognitive Methoden beziehen sich auf die Grundannahme, dass die Interpretation einer Situation und eben nicht die Situation als solche die nachfolgenden Gefühle und Verhaltensweisen sowie körperlichen Reaktionsweisen beeinflusst. Damit werden alte Ideen der griechischen Stoiker aufgegriffen, wie in dem Epiktet (50–125) zugeschriebenen Zitat »Nicht die Dinge selbst beunruhigen die Menschen, sondern ihre Meinungen und Urteile über die Dinge« deutlich wird.

Fallbeispiel: Automatische Gedanken

Frau Kaserna, eine 32-jährige, als Büroangestellte tätige Klientin, berichtete in der Beratung, dass sie auf kleine Fehler, die sie bei ihrer Arbeit macht, häufig mit extrem schlechter Stimmung reagiere, zu weinen beginne und sich lange nicht beruhigen könne. Auf Nachfrage zu den Gedanken, die ihr in diesen Situationen in den Sinn kämen, berichtete sie, dass sie dann häufig Gedanken der Art »Das kann auch nur mir passieren, was bin ich nur für eine blöde Kuh! Jeder Idiot kann das, sogar die Aushilfe hat das letztens fehlerfrei gemacht« produziere. Wenn sie dann weint und sich gar nicht beruhigen kann, denkt sie darüber hinaus »Es ist immer das gleiche mit mir. Ich bin einfach zu blöd für jeden Job! Ich sollte kündigen und gar nichts mehr machen, dann kann auch keiner sehen, wie bescheuert ich bin! Ich kann das nicht mehr ertragen, dass alle hier denken, die Kaserna kriegt aber auch gar nichts gebacken, die soll mal lieber zu Hause bleiben!« Die emotionale Überwältigung der Klientin wird angesichts ihrer verzerrten automatischen Gedanken schnell verständlich. Ebenso klar wird aber auch: Eine Kollegin, die den gleichen Fehler gemacht hätte und der der Gedanke gekommen wäre »Na, das ist ja ein Ding! Heute bin ich aber unkonzentriert, da muss ich aber ab jetzt ein bisschen besser aufpassen« würde völlig anders (und: angemessener) fühlen und handeln als Frau Kaserna. Diese Kollegin wäre nicht verzweifelt und würde nicht weinen, sie würde vermutlich stattdessen ihre Aufgaben nun hochkonzentriert angehen und sich nach einiger Zeit besonders gut fühlen, weil sie im weiteren Verlauf keine Fehler mehr macht. Dieses Beispiel belegt unmittelbar die Idee der Stoiker, dass es nicht die Situation selbst ist, die die schlechten Gefühle macht, sondern die individuelle Bewertung der Situation.

Diese sogenannten automatischen Gedanken sind unmittelbar da, scheinen plausibel, wiederholen sich und sind ideosynkratisch (vgl. Young et al. 2008). Bei psychisch belasteten Menschen sind sie häufig verzerrt (katastrophisierend, überinterpretierend, irrational), sodass sie häufig auch neutrale oder positive Situationen falsch interpretieren. Bei Menschen mit Depressionen beinhalten sie z. B. häufig eine negative Sicht auf die eigene Person (»Ich bin ein Versager«, »Mir gelingt nichts«, »Mein Gegenüber denkt, ich bin dumm«) (vgl. Beck et al. 2001). Auch gesunde Menschen haben automatische Gedanken, sie sind im Vergleich zu psychisch belasteten Menschen jedoch eher in der Lage, sich diese bewusst zu machen und sie zu reflektieren (vgl. Hautzinger 2008). Darüber hinaus sind sie eben auch weniger häufig oder weniger intensiv verzerrt.

Im kognitiven Modell spielen neben der auslösenden Situation und den darauffolgenden negativen Gefühlen und Verhaltensweisen also insbesondere die moderierenden automatischen Kognitionen eine zentrale Rolle. Diese automatischen Kognitionen zu verändern, ist ein zentrales Ziel der kognitiven Beratung. Um die automatischen Gedanken besser zu verstehen und ihre Veränderung zu ermöglichen, muss häufig eruiert werden, welche dysfunktionalen oder irrationalen Grundüberzeugungen diese automatischen Gedanken hervorrufen und wie diese Grundüberzeugungen entstanden sind. Bei Frau Kaserna zeigte sich, dass sie tief verwurzelte Überzeugungen der eigenen Wertlosigkeit verinnerlicht hatte. Nach ihren Beschreibungen konnte sie es in ihrer Kindheit ihren Eltern, insbesondere ihrem Vater, nie recht machen. Lob hat sie nie erfahren, stattdessen wurde ihr von ihrem Vater ›bewiesen‹, wie dumm sie doch eigentlich sei, indem er ihre Fehler herausstellte und sie lächerlich machte. So entstanden ihre irrationalen Grundüberzeugungen »Ich kann nichts richtigmachen. Ich bin eine Versagerin und Idiotin und werde es immer bleiben.« Diese irrationalen Grundüberzeugungen verzerren nun ihre Wahrnehmung in allen leistungsrelevanten Lebenssituationen, vor allem am Arbeitsplatz. Sobald sie einen Fehler machte, wurden ihre Grundüberzeugungen aktiviert und führten zu ihren automatischen negativen Bewertungen und ihren starken negativen Gefühlen, die sie kaum beherrschen konnte. Das kognitive Grundmodell kann also vereinfacht (siehe differenzierter Beck 2014, 42ff.) folgendermaßen dargestellt werden (▶ Abb. 9.1).

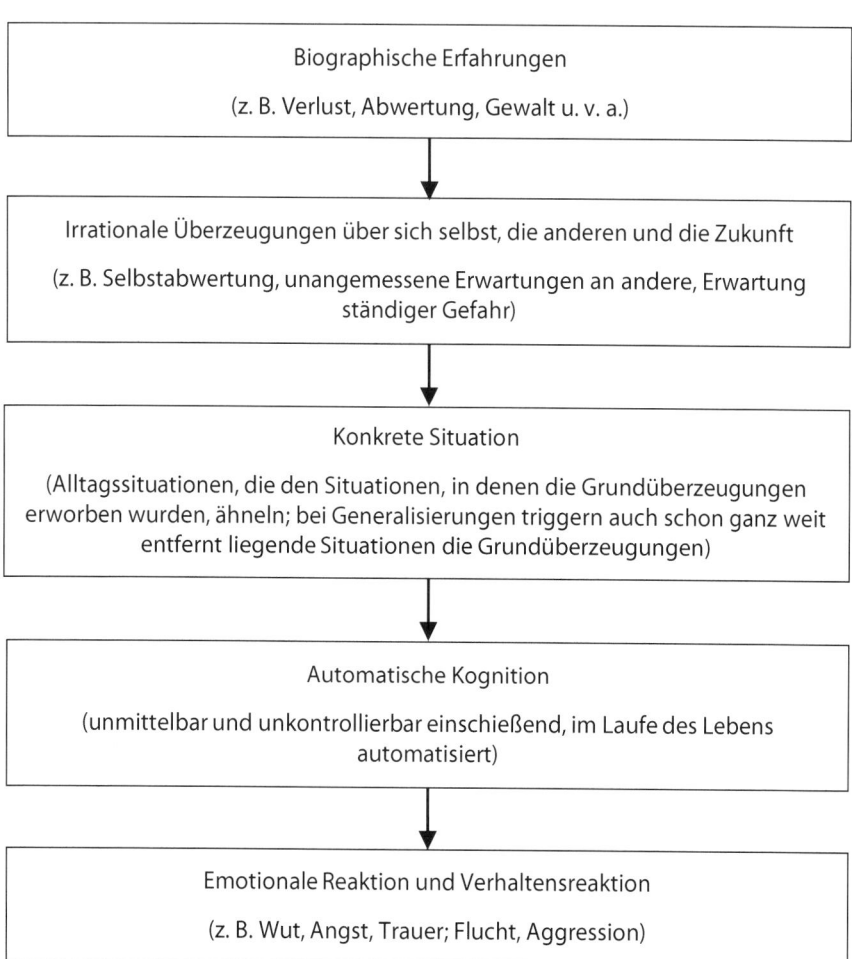

Abb. 9.1: Kognitives Modell (eigene Darstellung)

> **Einfluss der Kognitionen**
>
> Unsere Kognitionen beeinflussen unsere Gefühle und Verhaltensweisen. Psychisches Leid wird häufig nicht durch die ›Situation an sich‹, sondern durch biografisch erworbene dysfunktionale Gedanken und irrationale Überzeugungen verursacht.

Der Prozess der kognitiven Beratung

Zentral ist, diesen Prozess nicht als einen Prozess des »Überredens« zu missverstehen. Zunächst geht es darum, sich empathisch zu der Klientin oder dem Klienten in Beziehung zu setzen, ihre/seine Sicht der Dinge wirklich verstehen zu wollen. Erst danach werden behutsam Angebote gemacht, die den Ratsuchenden die Gelegenheit geben sollen, ihre bisherigen Sichtweisen selbstständig zu überdenken und eventuell zu Neubewertungen zu kommen.

Die kognitive Umstrukturierung dysfunktionaler oder irrationaler Gedanken im engeren Sinne beinhaltet in aller Regel folgende – je nach Vorgehensweise sich teilweise überlappende – fünf Phasen (▶ Abb. 9.2):

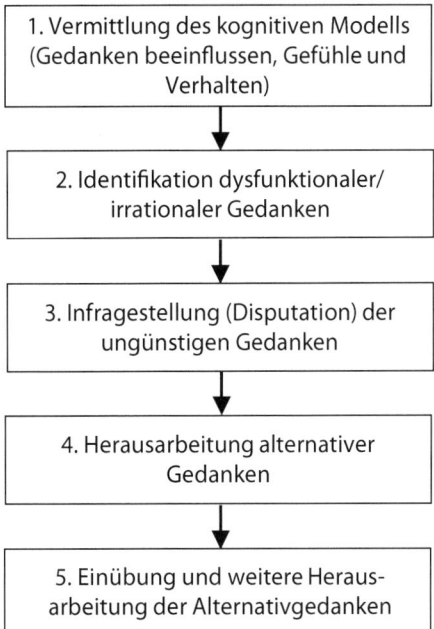

Abb. 9.2: Prozess der kognitiven Beratung (eigene Darstellung)

Vermittlung des kognitiven Modells (Gedanken beeinflussen Gefühle und Verhalten)

Es handelt sich um eine hoch transparente Vorgehensweise in der Beratung. Die Klienten/Klientinnen werden über das Grundmodell aufgeklärt, denn es ist wichtig, dass sie sich auf die Sichtweise »Gedanken machen Gefühle« einlassen können, damit die kognitive Beratung wirken kann. Es empfiehlt sich allerdings, hier nicht auf lange theoretische Erläuterungen zu setzen, sondern dies am Beispiel konkreter Problemsituationen der Klientinnen und Klienten zu verdeutlichen (s. u.).

Identifikation dysfunktionaler/irrationaler Gedanken

Im Anschluss daran (oder, wenn wie oben beschrieben, beispielhaft gearbeitet wird: gleichzeitig) werden die Gedanken herausgearbeitet, die Gefühle und Verhalten negativ beeinflussen. Dabei wird zwischen dysfunktionalen und irrationalen Kognitionen unterschieden. Dysfunktionale Kognitionen können durchaus logisch »richtig« sein, aber trotzdem negativen Einfluss ausüben. Wenn etwa ein Dozent oder eine Dozentin annimmt, dass es schädlich für seine/ihre Reputation sei, sich bei seinen/ihren Redebeiträgen in einem Seminar zu verhaspeln und auf Fragen der Teilnehmer/Teilnehmerinnen keine Antworten zu wissen, dann ist das kein »falscher« Gedanke. Es wäre aber trotzdem ausgesprochen *dysfunktional*, wenn er oder sie im Seminar ständig an diese Gefahr denken würde (»Wenn ich das jetzt nicht richtig erkläre, werden die Studierenden es nicht verstehen und sie werden an meiner Kompetenz zweifeln«). Dieser an sich nicht falsche Gedanke würde den Dozenten bzw. die Dozentin vermutlich nervös machen; die Wahrscheinlichkeit, dass er/sie *tatsächlich* unverständlich erklärt und ängstlich wird, würde steigen. Es ist einfach nicht sinnvoll, sich als Dozent oder Dozentin im Seminar solchen Gedanken hinzugeben. Eine irrationale Kognition wäre darüber hinaus auch ›falsch‹, etwa der Gedanke »Alle Studenten werden mich hassen, wenn ich nicht eloquent und elegant erkläre« oder die noch weitergehende Selbstabwertung »Wenn ich im Seminar einen Fehler mache, bin ich ein wertloser Idiot« oder eine Grundüberzeugung wie »Ich mache immer alles falsch und bin ein totaler Versager« Alle diese Gedanken sind nicht nur ungünstig, sie stimmen einfach nicht.

Beck et al. (2010) beschreiben folgende typische Denkfehler, nach denen wir gemeinsam mit den Klienten/Klientinnen suchen sollten:

- *Willkürliche Schlussfolgerungen*; Beispiel: »Ich hab im Internet gelesen, dass sowieso alles bergab geht bei uns. Also brauche ich mir ja nun auch keine Mühe mehr zu geben.« Es werden Schlüsse ohne sinnvolle Belege gezogen.
- *Selektive Abstraktion*; Beispiel: »Das mag ja sein, dass auf meiner Party viel gelacht und getanzt wurde, aber als Jan schon vor Mitternacht gegangen ist, wurde mir klar, dass ich mal wieder alles falsch gemacht hatte und die Party ein totaler Reinfall war.« Ein einzelnes Detail einer Situation bestimmt deren gesamte Bewertung.
- *Übergeneralisierung*; Beispiel: »Seit ich bei der Klausur durchgefallen bin, weiß ich, dass ich einfach nicht für ein Studium geeignet bin.« Eine weitreichende Schlussfolgerung wird aufgrund eines einzigen Ereignisses oder weniger Ereignisse gezogen.
- *Maximierung/Minimierung*; Beispiel: »Mag ja sein, dass ich einen Preis für die beste Abschlussarbeit meines Jahrgangs bekommen habe. Aber über meine akademischen Fähigkeiten sagt das ja nun gar nichts aus.« Die Bedeutung eines Ereignisses wird in verzerrter Weise zu stark oder zu gering bewertet.
- *Personalisierung*; Beispiel: »Das ist doch klar, dass ausgerechnet mir das passiert, dass erst alle Ampeln rot sind und dann auch noch der Stau dazukam.

So was passiert nur mir.« Äußere Ereignisse werden der eigenen Person zugeschrieben.
- *Dichotomes Denken*; Beispiel: »Letztens habe ich meinen Chef angelogen, also bin ich ja wohl kein ehrlicher Mensch, sondern ein verdammter Lügner.« Bei diesem Denkfehler werden nur zwei sich gegenseitig ausschließende Kategorien in Erwägung gezogen. Wer kein Heiliger ist, ist ein Sünder; wer nicht hochintelligent ist, ist ein Dummkopf; wer in jeder Situation die Wahrheit sagt, ist ein ehrbarer Mensch, wer jemals lügt, ist verdammungswürdig. Es gibt nur die Extreme, keine ›Graustufen‹.

All diese kognitiven Fehler können in der Beratung hinterfragt und durch sinnvollere Einschätzungen ersetzt werden. Weitere Denkmuster, die Gegenstand von Disputationen in der kognitiven Beratung sein sollten, und die bereits an den Formulierungen erkannt werden können, sind:

- *Forderungen und Absolutismen:* Häufig sind Sätze, in denen die Worte »muss« oder »darf nicht« vorkommen, gute Ansatzpunkte für eine kognitive Umstrukturierung. Denn tatsächlich gibt es kaum ein absolutes »muss« oder »darf nicht«. Sätze wie »Ich *muss* meine Wohnung sauber hinterlassen, wenn ich ausgehe« oder »Mein Chef *muss* gerecht allen Mitarbeitern gegenüber sein« oder »Ich muss alles richtigmachen« oder »Menschen dürfen sich nicht über andere lustig machen« sind Absolutismen, deren wahrer Kern in der Regel eine nachvollziehbare Vorliebe ist: Es wäre schön, wenn die Wohnung sauber ist, und es wäre wohl auch angenehm, wenn ein Chef gerecht ist. Auch wäre es sehr erfreulich, keine Fehler zu machen, und es ist nicht nett, sich über andere lustig zu machen. Die Richtung der Aussage kann also durchaus angemessen sein, die absolute Forderung allerdings ist es nicht und führt häufig zu heftigen unangenehmen Gefühlen. Wer etwa denkt, dass der Chef gerecht sein *muss*, wird verzweifelt und wütend sein, wenn er es nicht ist. Wer hingegen nur denkt, es wäre angenehm, einen gerechten Chef zu haben, wird viel weniger negative Gefühle haben. In beiden Fällen kann der Chef gleich ungerecht sein, aber die Wirkung auf die Klienten/Klientinnen ist eine völlig andere.
- *Übertreibungen:* Sätze, in denen die Worte »alle«, »keiner«, »immer« oder »nie« vorkommen, sind ebenfalls kaum je angemessen. Es wird fast immer Ausnahmen geben, die die Aussagen erheblich relativieren. »Alle sind schlauer als ich. Keiner kann mich leiden. Immer mache ich nur Fehler. Nie gelingt mir mal etwas.« Wenn solche Aussagen in der Beratung konkret hinterfragt werden, wird oft deutlich, dass »alle« zwei oder drei andere sind oder dass jemand gelegentlich mal fehlerhaft arbeitet (nicht aber »immer« Fehler macht …).
- *Katastrophisierungen:* Hier geht es um Bewertungen von unerhörtem Ausmaß, etwa, wenn Klienten/Klientinnen bestimmte Sachverhalte als »furchtbar«, »absolut katastrophal«, oder »nicht zum Aushalten« beschreiben. In aller Regel sind solche Kognitionen stark relativierbar und eine bestimmte Entwicklung wäre z. B. nicht »katastrophal« und »nicht zum Aushalten«, sondern lediglich unangenehm.

Eine gängige Methode, um relevante Kognitionen zu erarbeiten, ist das von Albert Ellis (1977) entwickelte »ABC-Schema«. Dabei steht »A« für den Anlass des Verhaltens oder der Emotionen, »B« für die kognitiven Bewertungen und »C« für die verhaltensmäßigen oder emotionalen Konsequenzen (engl. Consequences). Die Beraterin bzw. der Berater kann für die Erarbeitung eines ABC-Schemas ein leeres Blatt Papier in drei Spalten unterteilen. Nachdem sie oder er die Buchstaben A, B und C über die Spalten geschrieben hat, folgt eine sehr kurze Erläuterung, etwa: »Sehen Sie, das ›A‹ steht für den äußeren Anlass, der ihre Wut zur Folge hatte, das ›C‹ für die Konsequenzen, bei Ihrem heutigen Beispiel die Wut. Die meisten Menschen glauben nun, dass es eine direkte Verbindung von A zu C gibt, aber eigentlich ist es so, dass erst unsere inneren Bewertungen, die wir gleich bei ›B‹ eintragen, die unangenehmen Gefühle auslösen und nicht der äußere Anlass.« Sodann wird die zu Beratende aufgefordert, die Sequenz zu berichten, die ihre starke Wut, von der sie vorher berichtet hat, ausgelöst hat.

Fallbeispiel: ABC-Analyse

Frau Losek berichtet in einem Beratungsgespräch, wie wütend sie am vorigen Abend gewesen war. Als Anlass erläutert sie, dass ihr Partner am Vorabend nach dem Abendessen all sein Geschirr auf dem Tisch stehengelassen hat und keinerlei Anstalten unternahm, ihr beim Abräumen des Tisches zu helfen. Die von ihr geschilderte Konsequenz war eine ungeheure Wut (Intensität 10 auf einer Skala von 1–10). Auf Nachfrage, was ihr denn in diesem Moment durch den Kopf gegangen sei, antwortet sie zunächst: »Das ist doch nicht gerecht« und »Männer und Frauen sollten sich doch den Haushalt teilen.« Der Berater notierte diese Gedanken, konnte damit aber nicht zufrieden sein. Es ist vielmehr zu überprüfen, ob die dargestellten Gedanken die emotionalen Konsequenzen erklären können. Dies ist hier eindeutig nicht der Fall, daher sagte der Berater: »›Das ist nicht gerecht‹, das denke ich auch manchmal. Ich würde sagen, wenn ich so etwas denke, dann bin ich ärgerlich mit einer Intensität von 1–2, aber nicht wütend mit einer Intensität von 10. Sie müssen noch etwas anderes gedacht haben.«

Manchmal fällt es Klientinnen und Klienten sehr schwer, die Kognitionen zu erinnern, die die intensiven Gefühle hervorgerufen haben. Hier können Imaginationsübungen oder Hausaufgaben (ein ABC-Schema in der Situation im Alltag ausfüllen) weiterhelfen. Es ist aber durchaus auch angemessen, der Klientin vorsichtig Vorschläge zu unterbreiten, solange strikt darauf geachtet wird, dass der Berater der Klientin nichts »einredet«, sondern tatsächlich nur Vorschläge macht.

Schließlich traute die Klientin sich dann doch noch, ihre tatsächlichen Gedanken mitzuteilen: »Was bildet sich das Arschloch eigentlich ein?!? Der denkt wohl, ich bin seine Sklavin!« Und resümierend: »Ich bin eine verdammte Idiotin, die immer auf solche Typen hereinfällt!« Dies sind sogenannte ›heiße‹ Kognitionen, die die beschriebenen ›heißen‹ Gefühle (Wut 10/10) erklären können.

Zuletzt fragt der Berater oder die Beraterin danach, wie sehr die Klientin oder der Klient die unter »B« gesammelten Gedanken wirklich glaubt (Skalierung von 1–10). Das Ergebnis gibt wichtige Hinweise dahingehend, wie intensiv an einer Einstellungsänderung gearbeitet werden muss. Würde Frau Losek etwa angeben, dass sie sich eigentlich darüber im Klaren ist, dass ihre Gedanken bestenfalls in geringem Maße stimmen (z. B. Skalierung 2/10), so könnte relativ schnell die Suche nach alternativen Gedanken und die Implementierung der Alternativgedanken in den Alltag versucht werden. Glaubt sie hingegen nicht nur in der Situation, in der sie so wütend war, sondern auch beim Gespräch im Beratungszimmer immer noch, dass die Kognition »Ich bin eine verdammte Idiotin, die immer auf solche Typen hereinfällt« stimmt (z. B. 10/10), so wird eine ausführliche Disputation ihrer Annahme erfolgen müssen (s. u.).

Infragestellung (Disputation) der ungünstigen Gedanken

Es wird deutlich, dass dysfunktionale Gedanken nicht immer völlig falsch und irrational sind. In der kognitiven Arbeit geht es nur manchmal darum, vorhandene Kognitionen völlig in ihrer Ausrichtung zu verändern und aus unangenehmen Kognitionen angenehme Kognitionen zu machen. Ein ungerechter Chef ist ärgerlich, aber er muss keine Katastrophe sein. Ein unangenehmes Gefühl wie »leichter Ärger« (Intensität 4 auf einer Skala von 1–10) wäre sicher angemessen, wenn man vom Chef ungerecht behandelt wurde. Wut mit der Intensität 10 (von 1–10) hingegen bedeutet, dass man selbst die unangenehme Situation noch viel schlimmer macht und erheblich mehr darunter leidet, als es in der Situation von außen betrachtet angemessen wäre. Mit einem Ärger der Stärke ›4‹ kann man sich arrangieren und manchmal ärgert man sich eben im Leben und ein solcher Ärger kann sinnvolle Handlungen in Gang setzen. Eine Wut der Stärke 10 hingegen kann einen Menschen völlig aus dem Tritt bringen, die daraus resultierenden Verhaltensweisen werden höchstwahrscheinlich nicht hilfreich sein.

Wie aber können solche dysfunktionalen oder irrationalen Gedanken geändert werden? Stavemann (2006) unterscheidet vier Disputationstechniken, die im Folgenden beschrieben werden sollen.

Empirische Disputation

Empirische Disputationen werden eingesetzt, wenn der Realitätsbezug einer Aussage geprüft werden soll. Wenn in Klientenaussagen die bereits genannten Übertreibungen (keine, alle, immer, nie) vorkommen, sind dies typischerweise Anlässe für eine empirische Disputation, aber auch andere Fehleinschätzungen von Wahrscheinlichkeiten. Der oder die Beratende wird hier nach Ausnahmen fragen (»Wirklich *niemand* war jemals gut zu Ihnen?« oder »Also heute z. B.: Haben Sie heute wirklich alles falsch gemacht, oder war auch etwas dabei, was in Ordnung war?«) oder in anderer Weise genauer nachfragen (»Zählen Sie mal auf, wer kann Sie nicht leiden? (...) Aha, und was ist mit all den anderen, die Sie jetzt nicht aufgezählt haben?«). Eine Möglichkeit besteht auch darin, die Klienten/Klientinnen zu weiteren Recherchen zu veranlassen (»Wie können Sie herausbekommen, ob es wirklich so gefährlich ist, abends das Haus zu verlassen? Gibt es dazu glaubwürdige Statistiken?«).

Logische Disputation

Wenn Klienten/Klientinnen z. B. die oben genannten Denkfehler des willkürlichen Schlussfolgerns oder der selektiven Abstraktion machen, ganz allgemein, wenn die Logik in den Gedankengängen der Klienten/Klientinnen zweifelhaft ist, wird dies hinterfragt. Häufig sind auch fehlerhafte Attribuierungen der Anlass für eine logische Disputation, etwa wenn Klienten/Klientinnen die Verantwortung für negative Ereignisse ganz auf sich selbst attribuieren (»Ich bin ein schlechter Vater, da meine Tochter sich so schlecht benimmt«) und positive Ereignisse sich *nicht* selbst zuschreiben (»Dass ich einen so guten Studienabschluss geschafft habe, war ja nur Zufall«).

Die Beraterin bzw. der Berater wird in diesen Fällen die Logik hinterfragen (»Woraus schließen Sie das?«) oder auf Widersprüche hinweisen (»Eben sagten sie x, nun sagen Sie y ... Ich verstehe nicht, wie das zusammenpasst«).

Die Technik der Reattribuierung hilft, Verzerrungen aufzudecken und zu verändern. Menschen, die sich immer wieder selbst für Fehler und Misserfolge verantwortlich machen oder sich selbst stark abwerten, erlernen, Situationen mit mehr Objektivität zu betrachten und die Selbstverantwortlichkeit sowie Selbstherabsetzung zu verringern. Gemeinsam werden im Gespräch alle Fakten bezogen auf eine Situation zusammengefasst und einer logischen Analyse unterzogen, um dann ein Modell der Verantwortlichkeit zu erstellen. Hierüber kann verdeutlicht werden, dass für die bisherige Ursachenzuschreibung des Klienten/der Klientin nur wenige und einseitige Informationen vorhanden sind. Es kann gezeigt werden, dass Informationen häufig absolutistisch angesehen oder in eine für sich passende Richtung verzerrt werden. Häufig wird auch deutlich, dass unterschiedliche Kriterien zur Beurteilung der eigenen Person und zur Beurteilung Dritter herangezogen werden (sogenannte Doppelstandards). Meist sind die Erklärungen für das Verhalten dritter Personen wesentlich nachsichtiger und multifaktorieller, was für die eigene Beschreibung nicht gilt. Die Möglichkeit, Situationen möglichst objektiv zu betrachten, hilft die Selbstverantwortlichkeit und die Selbstherabsetzung zu verringern sowie neue bzw. andere Wege der Beurteilung oder der Problemlösung in den Blick zu nehmen (vgl. Hautzinger 2008).

Eine elegante Weiterentwicklung der logischen Disputation besteht darin, weniger die logische Stimmigkeit als die katastrophalen Bewertungen der Klienten/Klientinnen zu hinterfragen (vgl. z. B. Winiarski 2012): »Angenommen, Sie haben Recht damit, dass Ihr Chef Sie nicht mag. Was wäre daran eigentlich so furchtbar?« Bei solchen Fragen ist damit zu rechnen, dass die Klienten/Klientinnen zunächst weitere katastrophisierende Äußerungen tätigen, etwa »Nun, weil ich es einfach nicht ertragen kann, wenn mich jemand so ablehnt, das war schon immer so.« Weitere Nachfragen (»Was meinen Sie genau damit: Sie können es nicht ertragen?«) führen dann zu einer Konkretisierung der Konsequenzen, die sich häufig viel weniger dramatisch darstellen, als es die ursprüngliche Formulierung erwarten lassen würde. Häufig gelingt es, die Katastrophisierungen durch realistischere Einschätzungen zu ersetzen. Hilfreich können dabei auch Methoden sein, die dazu dienen, das Ereignis in Relation zu anderen, schlimmeren Ereignissen zu setzen. »Sie sagen, Sie können es nicht ertragen, wenn ihr Chef Sie nicht mag. Für mich hört sich das so an, als ob eine solche Zurückweisung so ziemlich das Schlimmste ist, was Ihnen passieren könnte. Stimmt das?« Wenn ein Klient oder eine Klientin dies bejaht, können andere mögliche Ereignisse dazu in Relation gesetzt werden, z. B. »Nehmen wir mal an, ihre zwei Kinder würden sich dazu entscheiden, nie mehr etwas mit Ihnen zu tun haben zu wollen und würden den Kontakt zu Ihnen vollständig abbrechen. Wie schlimm fänden Sie das im Vergleich mit der Zurückweisung durch Ihren Chef?« Oder: »Nehmen wir an, Sie hätten morgen einen Unfall und wären vom Hals ab abwärts gelähmt ... Wie wäre das im Vergleich mit einer Zurückweisung durch Ihren Chef?« Solche Vergleiche erfordern eine tragfähige Beratungsbeziehung, damit die Klienten/Klientinnen sich nicht völlig missverstanden fühlen. Vor dem Hintergrund einer solchen Beziehung können Vergleiche dieser Art aber schlagartige Veränderungen der Einschätzung einer solchen Situation bewirken. Als hilfreich hat sich hier erwiesen, das Gespräch mit einer Grafik zu unterstützen, in der zunächst eine Katastrophen-Skala (1–100) eingetragen wird und dann das ursprüngliche Ereignis (hier: Zurückweisung durch den Chef) von der Klientin oder dem Klienten sehr weit oben (nahe der 100) eingeordnet wird. Wenn dann die genannten viel schlimmeren Ereignisse nahezu auf der gleichen Stufe stehen, wird die Zurückweisung durch den Chef neu eingetragen, z. B. bei 50. Durch weitere Vergleiche mit schlimmen Ereignissen können viele Situationen, die von Klienten/Klientinnen zunächst als »katastrophal« oder »nicht aushaltbar« eingeschätzt wurden, am Ende bei Werten unter 10 landen. Die Visualisierung mithilfe einer solchen Graphik unterstützt die veränderte Sichtweise häufig in beeindruckender Weise.

Normative Disputation

Normative Disputationen sind insbesondere bei rigiden Denkmustern, die z. B. in der häufigen Verwendung der Worte »muss« und »darf nicht« zum Ausdruck kommen, indiziert. Der/die Beratende wird vor allem versuchen, die Klienten/Klientinnen die Subjektivität eigener Normen erkennen zu lassen. Mögliche Fragen, die – je nach konkretem Problem – zum Einsatz kommen können, sind etwa:

- »Wer bestimmt, dass das so sein *muss*?«
- »Warum *muss* Ihr Chef Ihre Vorstellungen von Gerechtigkeit teilen?«
- »*Wollen* Sie wirklich Ihren gerechten Anteil an allem haben, also auch an Krankheiten und Elend?«

- »Was *muss* man eigentlich wissen und können, damit alle Entscheidungen, die man trifft, immer richtig sind und sich auch in der Zukunft nicht als falsch erweisen?«

Generell besteht das Ziel darin, forderndes Denken durch präferenzielles Denken zu ersetzen (vgl. Winiarski 2012). Das heißt, es wird der Unterschied zwischen einer Forderung (Es *muss* so sein) und einer nachvollziehbaren Präferenz (Es wäre schön, wenn es so wäre) herausgearbeitet, was zu einer enormen Entlastung führen kann.

Funktionale bzw. Hedonistische Disputation

Anlass für solche Disputationen sind Anzeichen, dass der Klient oder die Klientin sich so verhält, dass er oder sie seine Ziele nicht erreichen kann und/oder dass stets kurzfristige Befriedigung einer langfristigen Zufriedenheit vorgezogen wird.

Zielklärungen sind in diesem Zusammenhang häufig sinnvolle Strategien (vgl. z. B. Stavemann 2008). Themen sind darüber hinaus der Vergleich der Konsequenzen von kurzfristiger Erleichterung im Gegensatz zu langfristiger Befriedigung.

Herausarbeitung alternativer Gedanken

Nicht selten ergeben sich durch die oben aufgeführten Disputationsformen nicht nur Infragestellungen alter Perspektiven, sondern auch die Entwicklung neuer, funktionalerer Sichtweisen. Wichtig ist, herausgearbeitete hilfreich erscheinende Alternativgedanken auch festzuhalten, ggf. auf gesonderten Listen zu sammeln. Bestimmte Fragen können generell helfen, Alternativgedanken zu entwickeln, etwa:

»Würden eigentlich all ihre Freunde genauso reagieren wie Sie, wenn Sie sich in Ihrer Situation befänden?« Häufig können die Klienten/Klientinnen jemanden benennen, der in einer vergleichbaren Situation viel ruhiger und gelassener bliebe. In diesem Fall kann nachgefragt werden:

- »Was vermuten Sie, was Ihrem Freund Max in einer solchen Situation durch den Kopf gehen würde?«
- »Was würden Sie einer Freundin sagen, die sich in einer solchen Situation befände und so verzweifelt wäre wie Sie im Moment?« Nicht selten werden dann viel mildere Kognitionen von den Klienten/Klientinnen vorgeschlagen.

Wie bei den dysfunktionalen Gedanken empfiehlt es sich auch bei herausgearbeiteten funktionaleren Gedanken, deren Stimmigkeit für die Klientin oder den Klienten von 1–10 skalieren zu lassen. Hier deuten hohe Werte daraufhin, dass die Arbeit an einer veränderten Einsicht relativ einfach werden kann, während niedrige Werte ein Indiz dafür sind, dass weitere Disputationen notwendig sein werden.

Einübung und weitere Ausarbeitung der Alternativgedanken

In der Regel ist es hilfreich, möglichst viele Alternativgedanken zu sammeln. Es sollten daher verschiedene relevante Alltagssituationen besprochen werden und immer wieder die Sammlung der funktionaleren Gedanken ergänzt und erweitert werden. Allein diese stetige Auseinandersetzung mit funktionalen Alternativgedanken erhöht die Wahrscheinlichkeit, dass diese auch in Problemsituationen wirksam werden können. Allerdings ist es häufig so, dass die Gedanken weiter eingeübt werden müssen, damit sie auch in Stresssituationen zur Verfügung stehen können. Den Klienten/Klientinnen kann erklärt werden, dass sie die schlechten Gedanken schon so oft gedacht haben, dass diese fast automatisch in Stresssituationen produziert werden. Damit die funktionalen Gedanken die gleiche Chance bekommen, müssen sie ebenfalls oft gedacht werden.

Dies kann durch verschiedene Übungen und Techniken unterstützt werden. Nachdem hilfreiche Alternativgedanken identifiziert wurden, die von der oder dem Beratenen gut angenommen werden können (als stimmig empfunden werden), können diese z. B. auf eine Liste übertragen werden, die der Klient oder die Klientin mehrmals täglich zu bestimmten Tageszeiten (nach dem Frühstück, nach dem Mittagessen, zum Kaffee, nach dem Abendessen, vor dem Zu-Bett-Gehen) lesen soll. Bei Klienten/Klientinnen, die genügend technikaffin sind, um ihr Handy entsprechend einzurichten, lassen sich die wichtigsten Gedanken als Push-Nachrichten einrichten, die mehrmals täglich automatisch auf dem Display erscheinen und durchgelesen werden können. Es können Übungen durchgeführt werden, bei denen die funktionalen Kognitionen laut ausgesprochen werden müssen. Es kann vereinbart werden, wie diese im Sinne einer Konfrontation bei Verhaltensübungen unterstützend eingesetzt werden.

Kognitive Methoden für die Bearbeitung von Schemata

Kognitive Methoden können auch in der Arbeit mit den sogenannten Schemata (▶ Kap. 7.3) eingesetzt werden. Die dysfunktionalen Überzeugungen (Schemata), die ähnlich wie die automatischen Gedanken zu Verzerrungen der Informationsverarbeitung führen können, sollen mit rationalen Argumenten bekämpft werden. Zu den kognitiven Techniken in der Schemaarbeit gehören z. B. die Prüfung des Schemas, das Umdeuten der Beweise, die ein Schema stützen, die Beurteilung der Vor- und Nachteile der bisherigen Bewältigungsstile, das Initiieren eines Dialogs zwischen der Schema- und der gesunden Seite sowie die Entwicklung von Erinnerungskarten mit Merksätzen (Memo-Karten) (vgl. Young et al. 2008).

Zur Prüfung der Schemata und anschließenden Umdeutung der hierfür sprechenden Beweise werden zunächst alle Informationen gesammelt, die ein Schema unterstützen oder aus Sicht des Klienten/der Klientin beweisen (vgl. Young et al. 2008). Hierfür wird die Beratungsperson mit dem Klienten/der Klientin auf das gesamte Leben zurückblicken und die Schemaursprünge aus der Kindheit sowie die Weiterentwicklung in der Jugendzeit bis zum aktuellen Stand aufrufen. Verstärkt wird die Beweissammlung darüber, dass der Klient/die Klientin in einem Rollenspiel das Schema (aus Sicht des Schemas) verteidigen soll, während die Beratungsperson versucht zu erläutern, dass die Ansichten fehlerhaft sind. In einem weiteren Schritt sollen dann die gesammelten Beweise im Gespräch kritisch überprüft werden. Jedes einzelne von dem Klienten bzw. der Klientin vorgebrachte Argument wird dahingehend überprüft und zurechtgerückt, dass es das Schema nicht mehr unterstützt. Außerdem kann dem Klienten/der Klientin verdeutlicht werden, dass die Denkweisen früher unter den gegebenen Umständen gut und richtig waren, dass sie heute jedoch eher störend sind und häufig nicht mehr sinnvoll sind. Es ist auch möglich, dass der Klient/die Klientin aufgrund der schemagetriebenen Verhaltensweisen gar keine Möglichkeit zur Widerlegung der Beweise hatte. Durch solche und ähnliche Erklärungen kann die Beratungsperson den Klienten/die Klientin einerseits emotional auffangen und begleiten, andererseits zum Nachdenken und Bekämpfen von dysfunktionalen Verhaltensweisen anregen. Die Klienten/Klientinnen haben die Möglichkeit zu verstehen, wie ein Schema entstanden ist und sich langsam hiervon zu distanzieren. Um den Schemaveränderungsprozess weiter fortzuführen, ist es dann schließlich notwendig, positive Informationen mit den Klienten/Klientinnen zu erarbeiten, die dem Schema direkt widersprechen. Es ist davon auszugehen, dass Klienten/Klientinnen diesen positiven Informationen keinen Glauben schenken. Dies sind typische Verhaltensweisen im Schemaaufrechterhaltungsprozess (ebd.). Auch hier ist es hilfreich, den Klienten/Klientinnen zunächst die Gelegenheit zu geben, diese Verhaltensweise selbst zu sehen und nachzuspüren. Durch ein Rollenspiel kann z. B. aufgezeigt werden, wie Klienten/Klientinnen die Gegenbeweise missachten oder in die eigene Richtung verzerren: Zunächst soll die Klientin oder der Klient das eigene Schema spielen und die Beratungsperson versucht, mit Argumenten dagegen zu halten. Dann werden die Rollen getauscht. Manche Klienten/Klientinnen können diese Übung auch allein z. B. in einem schriftlichen Dialog durchführen. Häufig erfahren sie hierüber, wie einfach es ihnen gelingt, das eigene Schema zu spielen und wie schwer es manchmal ist, aus Sicht des gesunden Anteils (kompetenter Erwachsener) Worte zu finden. Hier bedarf es häufig einer kleinschrittigen Anleitung durch die Beratungsperson. Für die Klienten/Klientinnen ist es oft sehr wertvoll zu erkennen, wie stark ein Schema sein kann und dass sie über die Ebene der Logik und Vernunft Zugang zu diesem erhalten können (ebd.).

Nach Beendigung des Schemaumstrukturierungsprozesses können die gesunden Reaktionen auf bestimmte Schematrigger aufgeschrieben werden. Denn die fortwährende Wiederholung rationaler Antworten z. B. durch sogenannte Memokarten ist eine der effizientesten Techniken zur Veränderung von frühen Schemata, wann immer diese aktiv sind (vgl. Young et al. 2008). Auf die Karten, die die Klienten/Klientinnen bei sich tragen können (z. B. Karteikarten), werden die Beweise und Argumente gegen die Gültigkeit des betreffenden Schemas notiert. Wann immer Zeit und Bedarf ist, kann auf diese zurückgegriffen werden. Ein Beispiel für eine Memokarte:

»Im Moment fühle ich mich nervös dabei, mich einer Frau zu nähern, weil ich mir Sorgen darüber mache, daß sie mich nicht attraktiv finden könnte und daß ich nicht in der Lage wäre, ihr gegenüber liebevoll zu sein. Außerdem mache ich mir Sorgen, ich könnte ihr nicht zutrauen, daß sie ehrlich und vertrauenswürdig ist. Aber ich weiß, daß es so ist, weil meine Schemata Unzulänglichkeit/Scham und Mißtrauen/Mißbrauch aktiviert werden. Sie basieren auf den Gefühlen, die ich meiner Mutter gegenüber hege, und haben nichts mit meinem Wert oder mit der Vertrauenswürdigkeit dieser Frau zu tun. In Wahrheit bin ich ein sehr warmherziger Mensch und durchaus in der Lage, herzlich und liebevoll zu sein. (Beispielsweise bin ich meinem Sohn gegenüber sehr warmherzig). Außerdem können Frauen sehr vernünftig und vertrauenswürdig sein, genauso wie Männer. Deshalb muss ich mich dieser Frau zuwenden, auch wenn ich mich dabei nervös fühle, denn nur so kann ich erreichen, daß meine emotionalen Bedürfnisse erfüllt werden.« (Young, Klonsko & Weishaar 2008, 149)

Unterschied zwischen Überredung und kognitiver Beratung

Durch die verschiedenen Methoden der kognitiven Beratung können ungünstige kognitive Schemata verändert werden. Dabei geht es allerdings nicht um ›Überredungsversuche‹. Beraterinnen und Berater versuchen zunächst, die Überzeugungen und Schemata ihrer Klienten/Klientinnen auch in ihrer biografischen Bedingtheit zu *verstehen* und versuchen daran anschließend, durch die beschriebene Art der Gesprächsführung, den Klienten/Klientinnen zu ermöglichen, alternative Sichtweisen zu entwickeln, die weniger Leid hervorrufen.

9.1.2 Methoden der Affekt- und Emotionsregulation

Während kognitiv orientierte Methoden indirekt auf die Gefühle der Klientinnen und Klienten Einfluss nehmen sollen, setzen andere Methoden direkter an Emotionen bzw. Affekten (intensive Emotionen mit geringerer Möglichkeit der Impulskontrolle) an (vgl. Berking 2010). Im Folgenden sollen vor allem Entspannungsmethoden, achtsamkeitsbasierte Methoden und Methoden des Aktivitätsaufbaus vorgestellt werden.

Entspannungsmethoden

Entspannungsmethoden wie Autogenes Training (AT) (vgl. Lindemann 2004), Progressive Muskelrelaxation (PMR) (vgl. Lippert 2007) oder Meditation können unterstützend bei verschiedenen Problemen eingesetzt werden, etwa zur Verbesserung von Konzentration und Aufmerksamkeit, zur Unterstützung bei dem Umgang mit Stressoren, aber auch bei psychosomatischen Erkrankungen, Schlafproblemen, Ängsten oder im Zusammenhang mit einem erhöhten Erregungsniveau bzw. Erregbarkeit bei aggressiven Verhaltensauffälligkeiten. Kontraindiziert können Entspannungsverfahren vor allem bei posttraumatischen Belastungsstörungen (ohne Abstimmung mit dem Psychotherapeuten bzw. der Psychotherapeutin), bei akuten psychotischen Zuständen, bei bestimmten asthmatischen Erkrankungen (Small-Airway-Asthma), akuten Herz-Kreislauf-Erkrankungen, chronischen Magen-Darm-Erkrankungen und akutem Fieber sein.

Der Zielzustand von Entspannungsverfahren geht mit einer Reihe von neurobiologischen Veränderungen und physiologischen Umschaltreaktionen des vegetativen Nervensystems einher, die als angenehm empfunden werden. Wenn Klienten/Klientinnen ein Entspannungsverfahren erlernen, werden sie dadurch in die Lage versetzt, diesen Zustand selbst herbeizuführen.

Üblicherweise werden derartige Entspannungsverfahren allerdings nicht im Rahmen von Beratungsterminen ausführlich vermittelt, eher erfolgt der Hinweis auf entsprechende Entspannungskurse, die begleitend zur Beratung aufgesucht werden sollen. In Entspannungsverfahren geschulte Beratungspersonen können aber im Einzelfall auch Entspannungsmethoden in der Beratungsstunde durchführen, etwa als initiale Anleitung für Klientinnen und Klienten, die sich solche Verfahren dann selbst anhand von Selbsthilfeliteratur beibringen wollen, zur akuten Affektregulation oder zur Einleitung von Imaginationen.

Neben den bekannten komplexeren Entspannungsverfahren (AT, PMR) können auch einfache Atemübungen eingesetzt werden, um in der Beratungsstunde Entspannung herbeizuführen. Eine Anleitung zu einer Atemübung könnte z. B. folgendermaßen lauten: *Atmen Sie gleichmäßig etwa 5 Sekunden lang durch die Nase ein und genausolang durch den Mund aus. Stellen Sie sich beim Einatmen vor, dass Sie einen wohltuenden Duft aufsaugen, der dann ihren ganzen Körper erfüllt. Legen Sie eine Hand auf ihren Bauch und atmen Sie tief in ihren Bauch hinein.*

Noch entspannender wird gelegentlich empfunden, wenn doppelt so lange aus- wie eingeatmet wird. Im Anschluss an eine Entspannungsinduktion können imaginative Verfahren angewendet werden (vgl. Kirn et al. 2015), die nicht nur als Intervention angewendet werden können, sondern auch bei Imagination von Problemsituationen diagnostisch genutzt werden können.

Eine weitere Einsatzmöglichkeit von Entspannungsverfahren liegt darin, Klienten/Klientinnen schnelle Entspannungsmöglichkeiten im Alltag zu ermöglichen. Im Sinne einer ›*Cue Controlled Relaxation*‹ werden Klienten/Klientinnen zunächst in Entspannung versetzt und dann aufgefordert, ein Ruhebild zu imaginieren oder im entspannten Zustand eine einfach durchzuführende Geste anzuwenden. Bewährt hat sich, dass die Klienten/Klientinnen ein Handgelenk mit den Fingern einer anderen Hand umfassen. Wenn diese Geste mehrmals in der entspannten Situation durchgeführt wird oder das Ruhebild in der Entspannungssituation imaginiert wird, dann kann das Entspannungsgefühl umgekehrt im Alltag durch die Geste oder das Ruhebild hervorgerufen werden. Zur kurzfristigen Affektregulation bei steigender Erregung kann – insbesondere bei Kindern und Jugendlichen – auch eine »Blitzentspannung« hilfreich sein, bei der alle Muskeln im Körper gleichzeitig angespannt und anschließend entspannt werden (vgl. Borg-Laufs & Hungerige 2009).

Achtsamkeitsbasierte Methoden

Achtsamkeitsbasierte Verfahren und Prinzipien werden zunehmend in der Beratung oder Therapie eingesetzt (vgl. Heidenreich & Michalak 2009; Zarbock et al.

2019). Den Start für die Einführung eines aus dem spirituellen und kulturellen Kontext stammenden Konzepts in den therapeutischen und medizinischen Kontext machte Kabat-Zinn (2013) in den 1970 Jahren mit der Entwicklung der ›mindfulness based stress reduction (MBSR)‹. Seither sind eine Reihe von empirisch überprüften achtsamkeitsbasierten Programmen zur Behandlung von Menschen mit verschiedenen psychischen, aber auch körperlichen Erkrankungen entwickelt worden (vgl. Heidenreich & Michalak 2009; Michalak et al. 2012; Meibert 2013).

Die Ursprünge einer achtsamkeitsbasierten Haltung finden sich in der Buddhistischen Lehre. Allerdings unterscheiden sich die Elemente in therapeutischen oder beraterischen Programmen deutlich von den achtsamkeitsbasierten Elementen in den spezifischen spirituellen und kulturellen Kontexten (ebd.). Nach Kabat-Zinn (2013) bedeutet Achtsamkeit, offen und neugierig mit den Momenten des Lebens umzugehen. Die besondere innere Haltung, welche Mitgefühl, Zuwendung und Achtung gegenüber allen Lebensformen beinhaltet, fördert die Konzentrationsfähigkeit und den Zugang zu der eigenen und der inneren Welt Dritter (vgl. Lützenkirchen 2004; Kabat-Zinn 2013; Meibert 2013). Heidenreich und Michalak (2012, 570) fassen den Achtsamkeitsbegriff wie folgt zusammen: »Achtsamkeit bedeutet, die eigene Aufmerksamkeit absichtsvoll und nichtwertend auf das bewusste Erleben des gegenwärtigen Moments zu richten.« Den drei Aspekten »absichtsvoll«, »nichtwertend« und »auf den gegenwärtigen Moment gerichtet« kommt eine entscheidende Bedeutung zu. Sie werden im Folgenden weiter beschrieben:

Im Alltag richten Menschen ihre Aufmerksamkeit häufig nur sehr selten auf die unmittelbaren Erfahrungen. Sie beschäftigen sich mehr mit der Vergangenheit oder der Zukunft, hängen Tagräumen nach oder beschäftigen sich mit abstrakten Gedankengebäuden (vgl. Michalak et al. 2012). Den gegenwärtigen Moment zu erleben bedeutet dagegen, die Erfahrungen im Hier-und-Jetzt in den Mittelpunkt zu stellen und den derzeit vorhandenen Bewusstseinsinhalten – Wahrnehmungen, Gedanken, Gefühlen, Körperempfindungen – Aufmerksamkeit zu schenken (vgl. Heidenreich & Michalak 2009; Michalak et al. 2012). Dafür ist es notwendig, den sogenannten Autopilotenmodus steuern zu lernen. Den Begriff ›Autopilotenmodus‹ hat Kabat-Zinn geprägt. Hiermit wird die häufig im Alltagsleben beobachtbare Tendenz beschrieben, Tätigkeiten nur halbbewusst auszuführen. Während der Körper wie bei einem Autopiloten der aktuellen Tätigkeit nachgeht, ist der Geist mit etwas anderem beschäftig (vgl. Michalak et al. 2012): Beim morgendlichen Duschen wird beispielsweise nicht mehr allein auf das Duschen geachtet, d. h. das Wasser auf der Haut, der Geruch der Seife, die Empfindungen auf der Haut etc. wahrgenommen, sondern an andere Dinge gedacht, wie z. B. die anstehenden Aufgaben im Tagesverlauf (vgl. Heidenreich & Michalak 2009). Dieser Autopilotenmodus begünstigt das ineffiziente Beschäftigen mit Vergangenem oder der Zukunft und erschwert situationsangemessene und bewusste Reaktionsweisen. Um mit all seinen Sinnen bei der aktuellen Tätigkeit verweilen zu können, ist es notwendig, absichtsvoll zu handeln. Die Aufmerksamkeit wird bewusst auf die Empfindungen im gegenwärtigen Moment gelenkt und zwar unabhängig davon, ob es sich um angenehm oder unangenehm erscheinende Situationen handelt (ebd.). Hierzu bedarf es in der Regel konsequenter Übung. Auch wenn davon ausgegangen werden darf, dass Achtsamkeit als eine natürliche Möglichkeit im Menschen angelegt ist, muss die Haltung der Achtsamkeit kultiviert werden. Dieses Einüben ist nach Zarbock et al. (2019) kein zeitlich begrenzter Prozess, sondern bedarf einer ständigen Wiederholung, da ansonsten die Qualität der Achtsamkeit verloren gehe. Die im gegenwärtigen Moment wahrgenommenen Empfindungen werden nicht bewertet, d. h., sie werden nicht in die Kategorien ›positiv/negativ‹ eingeordnet. Das Benennen des Wahrgenommen hilft, die Fluchttendenzen wie Vermeidung, Verdrängung oder den Drang nach Veränderung zu verringern (ebd.). Achtsamkeit hilft, den Moment als solchen anzunehmen, der er ist. Der Zustand wird als solcher akzeptiert. Dies bedeutet nicht, dass darin passiv verharrt bleibt. Es ermöglicht aus der Akzeptanz der jetzigen Situation heraus neue Wege zu entdecken und mit der Situation umgehen zu können (vgl. Meibert 2013).

> **Ein Zen-Mönch**
>
> Ein Mann wurde einmal gefragt, warum er trotz seiner vielen Beschäftigungen immer so glücklich sein könne. Er sagte:
> »Wenn ich stehe, dann stehe ich,
> wenn ich gehe, dann gehe ich,
> wenn ich sitze, dann sitze ich,
> wenn ich esse, dann esse ich,
> wenn ich liebe, dann liebe ich …«
>
> Dann fielen ihm die Fragesteller ins Wort und sagten:
> »Das tun wir auch, aber was machst Du darüber hinaus?«
>
> Er sagte wiederum:
> »Wenn ich stehe, dann stehe ich,
> wenn ich gehe, dann gehe ich,
> wenn ich …«
>
> Wieder sagten die Leute:
> »Aber das tun wir doch auch!«
>
> Er aber sagte zu ihnen:
> »Nein –
> wenn ihr sitzt, dann steht ihr schon,
> wenn ihr steht, dann lauft ihr schon,
> wenn ihr lauft, dann seid ihr schon am Ziel.«

Die Einnahme einer achtsamen Haltung innerhalb des Beratungskontextes kann sowohl für die Beratenden als auch für die Klientinnen und Klienten hilfreich sein (vgl. Heidenreich & Michalak 2009; Meibert 2013):

Eine achtsame Haltung hilft, sich mit den Bewusstseinsinhalten der Gegenwart zu beschäftigen. Hierdurch kann die Beratungsperson viel näher an dem Geschehen innerhalb des Beratungsprozesses sein und den zu Beratenden zuhören. Auch das Abdriften in negative Grübeleien kann frühzeitig erkannt und unterbrochen werden. Hierdurch kann z. B. aufseiten der Klienten/Klientinnen ein negativ depressiver Aufschaukelungsprozess unterbrochen werden. Durch die Einnahme einer achtsamen Haltung können angenehme Situationen bewusster und lebendiger wahrgenommen werden und sich positiv auf das Selbstbild auswirken. Unangenehme Gedanken und negative Grübeleien können als vorübergehende mentale Ereignisse wahrgenommen werden. Innerhalb des Beratungsprozesses könnte dies bedeuten, dass nicht die Änderung der Inhalte der Gedanken im Vordergrund steht, sondern die Änderung der Haltung bezogen auf die kognitiven Gedanken. Meibert (2013) führt zudem weiter aus, dass eine zugewandte, annehmende Haltung mit schwierigen Erfahrungen auf Dauer stabilisierend und heilsam wirkt.

Achtsamkeitsbasierte Programme beziehen sich nicht nur auf die kognitive Ebene. Sie beziehen sehr stark die körperbezogene Ebene mit ein, z. B. durch Atemübungen oder Bodyscan und fordern damit einen achtsamen Umgang mit dem eigenen Körper. Hilfreich für die Klienten/Klientinnen ist die Anleitung der Übung. Bei der Atemübung soll die Wirbelsäule der ganzen Länge nach aufgerichtet sein (liegen oder stehen eignet sich besonders), die Schultern sind entspannt, die Handflächen sind geöffnet und zeigen im Liegen nach oben oder im Stehen nach vorne. Die Aufmerksamkeit soll nun auf den Atem gerichtet werden. Jedes Ein- und Ausatmen soll intensiv gespürt werden. Dies kann mit Worten begleitet werden: »Nehmen Sie einen tiefen Atemzug, spüren Sie, wie beim Einatmen die Luft in Ihren Köper hineinströmt.« Wichtig ist der Hinweis darauf, dass spontan auftauchende Gedanken wie Wolken am Himmel vorbeiziehen sollen. Sie werden wahrgenommen, ohne bewertet und festgehalten zu werden. Solche Übungen sollen für einige Minuten wiederholt werden. Dann wird bewusst angesagt, dass die Übung jetzt beendet wird und ins Hier und Jetzt zurückgekehrt werden soll. Auch die Bodyscanübung kann im Stehen oder Liegen durchgeführt werden. Wichtig ist auch hier, dass die angeleitete Person während der gesamten Übung wach bleibt. Wenn die Person dazu neigt, einzuschlafen, sollten die Augen besser offengelassen werden. Während der Übung geht es darum zu beobachten und das, was ist, von Augenblick zu Augenblick so anzunehmen, wie es ist. Die Aufmerksamkeit wird auf jeweils bestimmte Teile des Körpers gelenkt, z. B. auf den Atem, das Heben der Bauchdecke, den Kontakt zum Boden, die Zehen, Füße, Beine, Finger, Hände, Arme, das Gesäß, den Rücken, den Schädel usw. Beobachtet wird das, was wahrgenommen werden kann: die Temperatur, die Berührung, die Stellung usw. Alle Empfindungen werden registriert und dann sogleich wieder losgelassen, und es wird mit der Übung fortgefahren. Wenn Gedanken auftauchen, ist es hilfreich, die Aufmerksamkeit auf den Atem zu lenken und dann zur Körperregion zurückzukehren. Zum Schluss wird wieder die Übung bewusst beendet und in das Hier und Jetzt zurückgekehrt.

Ein achtsamkeitsbasiertes Arbeiten stellt hohe Anforderungen an die Beratungsperson. Sie selbst sollte die Bereitschaft haben, eine achtsame Haltung einzunehmen. Hierzu gehört, dass auch sie regelmäßig Achtsamkeitsübungen durchführt – formelle Übungen wie Atemmediation, Yoga usw. oder informelle Übungen in Form von Achtsamkeit bei alltäglichen Handlungen – und die eigenen Übungserfahrungen reflektiert (vgl. Heidenreich & Michalak 2009).

Vor dem Einsatz von achtsamkeitsbasierten Verfahren in der Beratung sollte stets geklärt sein, ob die Klienten/Klientinnen sich in akuten psychotischen oder suizidalen Krisen befinden. Hier wäre ein solches Verfahren kontraindiziert. Bei bestehenden Traumata sollte zuvor ebenfalls abgeklärt werden, inwiefern die körperbezogenen Übungen ggf. Überforderungen für die Klientinnen und Klienten darstellen. Ansonsten haben achtsamkeitsbasierte Verfahren einen breiten Indikationsbereich. In verschiedenen empirischen Überprüfungen konnte die Wirksamkeit nachgewiesen werden (vgl. Heidenreich & Michalak 2009).

Aktivitätsaufbau

Viele Klienten/Klientinnen befinden sich in einem ungünstigen Kreislauf: Ihre Stimmung ist schlecht und daher sind sie wenig aktiv. Durch ihre geringe Aktivität machen sie zu wenig stimmungsaufhellende Erfahrungen, sodass sie noch weniger Lust empfinden, sich zu Aktivitäten aufzuraffen. Dieses Muster ist für depressive Erkrankungen typisch (vgl. Hautzinger 2012), und der Aktivitätsaufbau ist in diesem Kontext von besonderer Bedeutung, aber auch bei Klientinnen und Klienten, die keine klinische Depression aufweisen, kann es im Sinne eines ressourcenorientierten Vorgehens wichtig sein, durch Aktivitätsaufbau wieder mehr positive und dadurch stimmungsaufhellende Erfahrungen zu machen.

In vielen Fällen ist es sinnvoll, zunächst einmal das bisherige Aktivitätsniveau zu erfassen. Dies geschieht in der Regel in Form eines Wochenprotokolls, in welchem alle Aktivitäten sowie das dabei empfundene Vergnügen (skaliert von 1–10) erfasst werden (▶ Abb. 9.3). Bei sehr unstrukturierten oder niedergestimmten Klienten/Klientinnen wird ein solches Protokoll möglicherweise nicht oder nicht vollständig bearbeitet. Falls aber der Aufbau von Aktivitäten ein im Verlauf der Beratung zu verfolgendes Ziel darstellt, sollte die Beratungsperson hartnäckig das Führen eines solchen Protokolls anregen, denn es dient nicht nur zur Diagnostik, sondern im weiteren Verlauf der Beratung auch zur Verlaufskontrolle und durch das am Aktivitätenprotokoll angelehnte Beratungsgespräch auch als Interventionsmaßnahme (s. u.).

Ein weiterer wichtiger Schritt ist dann, in der Beratung zu erfahren, welche Aktivitäten Vergnügen bereiten könnten. Da die Betroffenen häufig wenig Aktivitäten angeben können, die ihnen aktuell Vergnügen bereiten, kann es sehr hilfreich sein, einerseits die Ausnahmen zu erfassen, d. h. Tätigkeiten, die aktuell als erfreulich beurteilt werden, und zu besprechen, wie es gelingen kann, diese häufiger auszuüben. Darüber hinaus sollte aber auch nach Aktivitäten gefragt werden, die früher einmal Vergnügen bereitet haben, zurzeit aber nicht mehr ausgeübt werden.

In der Regel reichen nur im Beratungsgespräch angesprochene Ideen nicht aus, um das Aktivitätsniveau der Klientinnen und Klienten zu erhöhen. Sinnvoll

9.1 Methoden der Einzelberatung

Aktivitätenprotokoll von _____

Tag	Aktivität	1–10	Aktivität	1–10	Aktivität	1–10	Aktivität	1–10	Aktivität	1–10	Aktivität	1–10	Aktivität	1–10	Aktivität	1–10	Aktivität	1–10
6.00 Uhr																		
7.00 Uhr																		
8.00 Uhr																		
9.00 Uhr																		
10.00 Uhr																		
11.00 Uhr																		
12.00 Uhr																		
13.00 Uhr																		
14.00 Uhr																		
15.00 Uhr																		
16.00 Uhr																		
17.00 Uhr																		
18.00 Uhr																		
19.00 Uhr																		
20.00 Uhr																		
21.00 Uhr																		
22.00 Uhr																		
23.00 Uhr																		

Abb. 9.3: Wochenprotokoll der Aktivitäten (eigene Darstellung)
Siehe Online-Material 9.a

ist vielmehr, sich viel Zeit dafür zu nehmen, die Aktivitäten genau zu planen und bereits im Wochenplan festzuhalten, wann sie genau durchgeführt werden. Dabei sollte das Aktivitätsniveau nur langsam gesteigert werden, um die Klienten/Klientinnen nicht zu überfordern. Zum Abschluss der Planung sollte explizit besprochen werden, was den Klienten oder die Klienten *daran hindern könnte*, die vorgenommenen Aktivitäten auszuführen. Auf diese Weise können mögliche Hindernisse und ihre Überwindung im Beratungsgespräch vorweggenommen werden. Die Klienten/Klientinnen werden dann gebeten, direkt im Anschluss jeder Aktivität einzuschätzen, wie viel Vergnügen die Aktivität bereitet hat (Skalierung von 1–10).

In der nächsten Beratungsstunde wird das Protokoll besprochen, insbesondere wird dabei der Fokus darauf gelegt, dass die Aktivitäten die Stimmung aufgehellt haben (auch wenn die Stimmungsaufhellung nur geringfügig war). Die genaue Besprechung dieses Erfolges der Aktivitäten erhöht die Wahrscheinlichkeit, dass auch zukünftig wieder vermehrt Aktivitäten aufgenommen werden.

9.1.3 Operante Methoden

Menschliches Verhalten ist in hohem Maße davon geprägt, welche Konsequenzen es hat. Wer eine neue Süßigkeitenmarke probiert, vom Geschmack aber enttäuscht ist, wird sie kein zweites Mal kaufen. Zu Menschen, die nett und freundlich zu uns sind, nehmen wir gerne Kontakt auf. Wenn wir hingegen trotz mehrfachen freundlichen Bemühens von jemandem stets abweisend behandelt werden, werden wir unsere Bemühungen einstellen. In der Sprache der Lerntheorie findet in jedem dieser Beispiele eine *operante Konditionierung* statt. Üblicherweise finden diese operanten Konditionierungen mehr oder weniger ungeplant statt. In vielen Beratungssituationen, insbesondere bei der Arbeit mit Kindern, Jugendlichen und Familien, geht es darum, diese operanten Konditionierungsprozesse – in der Regel für einen begrenzten Zeitraum – bewusst und geplant umzusetzen.

Die vom Prinzip des Verstärkungslernens abgeleiteten operanten Methoden haben keinen guten Ruf. Unterstellt wird, dass es sich um eine oberflächliche, manipulative Vorgehensweise handele. Operante Verfahren sind allerdings in hohem Maße transparent. Die Kinder und Jugendlichen, deren gewünschte Verhaltensänderung über operante Methoden verändert werden sollen, haben daher bei diesem Verfahren eine hohe Kontrolle bezüglich des Veränderungsprozesses. Gleichzeitig sind die Methoden hoch effektiv und in vielen Fällen unverzichtbar zur Verhaltensänderung.

Operante Verfahren wurden erstmals 1898 von Thorndike beschrieben und später vor allem durch Burrhus F. Skinner systematisch weiterentwickelt (vgl. etwa Skinner 1938, 1974). Entscheidend sind nach diesem Paradigma die einem Verhalten nachfolgenden verstärkenden Konsequenzen (*Consequences* = C). Prinzipiell können vier Verstärkerarten unterschieden werden (▶ Tab. 9.1): Folgt mit einer bestimmten Regelmäßigkeit (Kontingenz = K) auf ein Verhalten eine positive Konsequenz (C^+) oder das Nachlassen eines negativen Zustandes ($\mathcal{C}^-$), so wird dieses Verhalten in Zukunft häufiger auftreten. Kommt es hingegen zu einer negativen Konsequenz (C⁻) oder zur Entfernung eines positiven Zustandes (₵⁺), wird die Auftretenswahrscheinlichkeit des Verhaltens verringert. Die operanten Vorgehensweisen unterscheiden sich danach, ob sie dem Aufbau bzw. der Stabilisierung von Verhalten dienen oder ob sie zum Verhaltensabbau eingesetzt werden (Borg-Laufs & Hungerige 2007).

Tab. 9.1: Vier Arten der Verstärkung nach Borg-Laufs & Hungerige (2007)

Konsequenz	Darbietung			Entzug		
	Bezeichnung	Symbol	p (R)	Bezeichnung	Symbol	p (R)
positiv	Belohnung positive Reinforcement	C⁺	↑	Löschung Omission training	₵⁺	↓
negativ	Bestrafung Punishment	C⁻	↓	Vermeidung negative Reinforcement	₵⁻	↑

Eigene Darstellung
p(R) bezeichnet die Wahrscheinlichkeit, mit der das der Konsequenz vorausgehende Verhalten (Reaktion) zukünftig gezeigt wird.

Fallbeispiel: Verstärkung und Bestrafung

Eine Jugendliche, die ihre schulischen Hausaufgaben nicht erledigt, erlebt in der Regel zwei verstärkende kurzfristige Konsequenzen: Erstens muss sie die anstrengenden Hausaufgaben nicht erledigen (₵⁻), zweitens kann sie stattdessen etwas tun, was ihr Freude bereitet (C⁺). Die gleiche Jugendliche zieht sich vielleicht für ein Treffen mit ihren Freundinnen eine neue Hose an, die zwar nicht der aktuellen Mode entspricht, von der sie aber glaubt, dass sie ihr so gut steht, dass die Freundinnen ihre gute Figur bewundern werden. Stolz auf ihr Aussehen und gut gelaunt geht sie zu dem Treffen. Dort wird sie von den Freundinnen mit spöttischen Bemerkungen wegen ihrer Hose empfangen, was sie als Bestrafung (C⁻) erlebt. Gleichzeitig ist sie schlagartig nicht mehr stolz und gut gelaunt (₵⁺). Zukünftig wird sie diese Hose nicht mehr anziehen.

Verstärker sind alle Reize, die die Auftretenswahrscheinlichkeit eines vorher gezeigten Verhaltens erhöhen. Es können verschiedene Arten von Verstärkern unterschieden werden: Primäre Verstärker befriedigen Grundbedürfnisse (essen, trinken, schlafen, Sexualität). Sekundäre Verstärker erhalten ihre verstärkende Wirkung erst durch einen Lernprozess (z. B. Schulnoten, Aktivitäten, Bücher u. v. a.). Generalisierte Verstärker sind sekundäre Verstärker, die eine besonders breite Wirksamkeit haben (z. B. Geld, Zuwendung).

Von besonderer Bedeutung für die Wirksamkeit von Verstärkungsprozessen ist einerseits der enge zeitliche Zusammenhang zwischen Verhalten und Verstärkung (Kontiguität). Menschliches Verhalten wird im Wesentlichen durch sehr kurzfristig erfolgende Konsequenzen gesteuert. Aus diesem Grund werden auch solche Verhaltensweisen häufig ausgeführt, die langfristig schädlich sind (Glücksspiel, Süßigkeiten essen, rauchen usw.), da sie sehr kurzfristig belohnt werden. Das Essen von Schokolade wird z. B. in der gleichen Sekunde durch den süßen Geschmack belohnt, in dem die Handlung ausgeführt wird. Die eventuell unerfreuliche Gewichtszunahme durch häufiges Schokoladeessen hingegen ist erst Monate später wahrnehmbar. Ebenso verhält es sich mit der Vermeidung von als unangenehm empfunden Aufgaben, wie z. B. Hausaufgaben erledigen oder für Klausuren lernen. Der Verzicht auf diese Tätigkeiten wird in der Regel unmittelbar belohnt, indem freie Zeit genossen wird und die unangenehme Anstrengung entfällt, die schlechten Noten Wochen oder Monate später sind auch hier nicht verhaltenswirksam. Umgekehrt sind gute Noten auf dem Zeugnis am Schuljahresende eben nicht motivierend genug für unangenehme Anstrengung im Hier und Jetzt.

Die zweite zentrale Verstärkungsbedingung betrifft die Regelmäßigkeit, mit der ein Verhalten verstärkt wird. Für die beraterische Praxis ist hier der Unterschied zwischen kontinuierlich erfolgender Verstärkung und nur gelegentlicher Verstärkung (intermittierend) relevant. Zum Verhaltensaufbau ist eine kontinuierliche Verstärkung hilfreich, allerdings wird ein kontinuierlich verstärktes Verhalten schnell beendet, wenn die Verstärkung aufhört. Erheblich löschungsresistenter ist hingegen intermittierend verstärktes Verhalten (bei dem die Verstärkung also nur von Zeit zu Zeit erfolgt). Aus diesem Grund lässt der von Eltern in der Erziehungsberatung geäußerte Satz »*Eigentlich* sind wir konsequent« befürchten, dass ein kindliches Fehlverhalten besonders löschungsresistent ist. Auf genaue Nachfrage ergibt sich nämlich dann häufig, dass dieser Satz bedeutet: Wenn das Kind eine bestimmte Aufgabe zu erledigen hat, etwa den Tisch abends zu decken, und das Kind sich stets weigert und oppositionell auf die Aufforderung zum Tischdecken reagiert, dann setzen die Eltern sich meistens durch (z. B. an 5 von 7 Wochentagen), an einigen Tagen finden sie die Auseinandersetzung aber zu anstrengend und decken den Abendbrottisch selber, wenn das Kind sich weigert. Das oppositionelle Verhalten des Kindes ist dadurch besonders löschungsresistent geworden. Es hat nämlich gelernt, dass es sich lohnt, immer wieder zu opponieren. Anstatt täglich das Spiel früher beenden zu müssen, um den Tisch zu decken, schafft das Kind es, mit ein bisschen Quengelei immerhin 2 Tage pro Woche noch einige Minuten länger spielen zu können. Die enorme Macht der intermittierenden Verstärkung ist am besten beim Glücksspiel zu beobachten. Menschen können ausgesprochen ausdauernd Glücksspiele spielen, obwohl sie meistens verlieren und nur von Zeit zu Zeit gewinnen.

Operante Verhaltensverstärkung wird sicherlich am häufigsten in der Erziehungs- und Familienberatung sowie in pädagogischen Kontexten angewendet. Aber auch in der Rehabilitation, bei der Unterstützung chronisch psychiatrisch kranker Menschen, in der Arbeit mit Menschen mit Behinderung, bei der Förderung autistisch erkrankter Menschen oder bei der Aktivierung von depressiven Klientinnen und Klienten haben sich operante Methoden als hoch wirksam erwiesen. Letztlich ist jedes Problem hinsichtlich der Auftretenshäufigkeit eines

Verhaltens über operante Methoden günstig beeinflussbar. So kann bei *Verhaltensdefiziten* die Auftretenshäufigkeit erwünschten Verhaltens (z. B. Selbstständigkeitsverhalten, Sauberkeitsverhalten, Erledigung notwendiger Aufgaben usw.) erhöht werden, während bei *Verhaltensexzessen* unerwünschtes Verhalten (z. B. Aggression) verringert werden kann.

Kontraindiziert sind operante Verstärkungsmethoden, wenn Rahmenbedingungen wie die familiäre Interaktion massive Stressoren sind und zuerst geändert werden müssen, bevor einzelne Verhaltensweisen auf diese Weise verändert werden sollen. Wenn Eltern oder in Institutionen Erzieher/Erzieherinnen oder andere Beteiligte in den Verstärkungsplan einbezogen werden sollen, so ist zu klären, ob die Beteiligten dazu willens und in der Lage sind und ob ggf. die institutionellen Rahmenbedingungen dies ermöglichen. So erfordert ein in der Familie durchgeführtes Verstärkungsprogramm Eltern, die genügend strukturiert sind, ein solches Programm auch angemessen durchzuführen. In Institutionen ist die interne Kooperation von besonderer Bedeutung. Verstärkungspläne in Institutionen funktionieren nur dann, wenn alle Beteiligten ›an einem Strang ziehen‹, sich gegenseitig informieren und die Verstärkerpläne in der gleichen Weise umsetzen.

Darüber hinaus können operante Methoden nur dann zum Ziel führen, wenn sie auf den Kompetenzen der Betroffenen aufbauen. Wenn ein Kind oder Jugendlicher oder auch erwachsener Klient gar nicht in der Lage ist, das gewünschte Verhalten zu zeigen, weil er es nicht zeigen *kann*, dann läuft auch eine operante Verstärkung ins Leere.

Schließlich sei noch darauf hingewiesen, dass Verstärkerpläne, bei denen erwünschtes Verhalten belohnt wird, in vielerlei Hinsicht wünschenswerter sind als Verstärkerpläne, bei denen nur mit Bestrafung gearbeitet wird. Bereits Skinner (1974, 53) hat darauf aufmerksam gemacht, dass Bestrafungsmethoden »auch zu einem Kampf um Selbstkontrolle führen, der häufig ermüdend und zeitraubend ist«. Wenn in Familien oder pädagogischen Kontexten im Übermaß oder gar ausschließlich mit Sanktionen gearbeitet wird, leidet die Beziehung zu dem Kind oder Jugendlichen und es besteht die Gefahr, dass sich eine Art ›Kampfbeziehung‹ um Fremd- und Selbstkontrolle entwickelt. Allerdings zeigt die Praxis durchaus, dass eine Kombination von Verstärkerentzug bei unerwünschtem Verhalten und Verstärkergabe bei erwünschtem Verhalten in vielen Fällen die beste Wirkung zeigt.

Sinnvoll ist eine genaue Beschreibung der Funktionalität eines Verhaltens (vgl. die funktionale Verhaltensanalyse in Kapitel 5.4), um die vorhandenen Verstärkungsbedingungen zu ermitteln und diese gezielt zu verändern.

Nicht selten wird in der Elternberatung von den Eltern angegeben, sie hätten es schon mit Belohnungen versucht, es habe alles nichts genutzt. Auch die Mitarbeiter und Mitarbeiterinnen pädagogischer Institutionen verweisen häufig auf erfolglose Versuche, mit Verstärkerplänen zu arbeiten. Dies liegt daran, dass bei der Einführung operanter Methoden viele Details beachtet werden müssen. So einfach die Methode auf den ersten Blick erscheint, so störanfällig ist sie doch, wenn nicht sehr sorgfältig alle Bedingungen für das Gelingen operanter Verhaltensverstärkungen beachtet werden.

1. Es sollten nicht zu viele Verhaltensweisen gleichzeitig in einen Verstärkerplan einbezogen werden (Richtwert: maximal 3 Regeln bzw. Verhaltensweisen auswählen, die zunächst verändert werden sollen).
2. Die vorgesehenen Belohnungen müssen für den Betroffenen belohnenden Charakter haben, ggf. vorgesehene Bestrafungen müssen auch als unangenehm empfunden werden. Dies mag banal klingen, ist aber von zentraler Bedeutung. Was wünscht der- oder diejenige sich *wirklich*? Unabhängig davon, ob bestimmte Belohnungen aus anderer Perspektive als ›pädagogisch sinnvoll‹ angesehen werden oder nicht, muss ein Kind, Jugendlicher oder auch Erwachsener eine Belohnung erhalten, die er oder sie auch unbedingt haben will. Dies können verlängerte Mediennutzungszeiten sein, bestimmte Spielzeuge, zusätzliches Taschengeld oder gemeinsame Aktivitäten (Schwimmbadbesuch, Gesellschaftsspiel).
3. Damit diese Verstärker wirken können, müssen sie exklusiv sein, d. h. nur durch das angestrebte Verhalten zu erreichen sein. Ist ein Ausflug ins Schwimmbad die Belohnung in einem Verstärkerplan, darf ein solcher Ausflug auch wirklich nur stattfinden, wenn das gewünschte Verhalten gezeigt wurde. Geht es um materielle Zuwendungen (Taschengeld), so muss sichergestellt sein, dass eine aufgrund mangelnder Verhaltensänderung nicht erreichte Belohnung nicht anderweitig erreicht wird (etwa, indem Oma oder Opa dem Kind ›Extrageld‹ zukommen lassen).
4. Die Eltern (bzw. Erzieher oder Lehrerinnen) müssen bereit und in der Lage sein, die Verstärkung jeweils *zeitnah* einzusetzen. Kleine Belohnungen sollten sofort erfolgen, ggf. vorgesehene Bestrafungen bei Fehlverhalten ebenfalls. Große Belohnungen, die über länger andauernde Verhaltensänderungen erreicht werden, müssen etwa im Rahmen von Tokenvergaben (Smilys o. Ä.) schrittweise erreicht werden. Die einzelnen Tokens aber müssen zeitnah vergeben werden.
5. Die Verstärkung muss *eindeutig* erfolgen, d. h., allen Beteiligten muss klar sein, welches konkrete Verhalten verstärkt oder bestraft wird. Das Verhalten muss daher in der Beratungsstunde mit allen Beteiligten gemeinsam konkret besprochen werden. Was genau wird erwartet?
6. Die Verstärkung muss *unabhängig* von anderem Verhalten erfolgen. In der Praxis kommt es z. B. immer wieder vor, dass ein Kind sich durch Einhalten einer Regel eine Belohnung verdient hat, die Eltern aber die Belohnung nicht geben, weil es aus anderen Gründen Streit oder Ärger gegeben hat.
7. Verstärkungen müssen für die Betroffenen *erreichbar* sein. Es ist eine zentrale Gelingensbedingung, dass Verstärkungsprogramme schnell erste Erfolge bringen müssen. Ausgangspunkt muss daher stets das bisher gezeigte Verhalten sein und nicht der avisierte Zielzustand. Wenn Belohnungen zu schwer zu erreichen sind, sich gerade am Anfang eines Verstärkerplanes Misserfolge aneinanderreihen, sinkt die Motivation der Beteiligten sehr schnell.
8. In der Regel sollten die Vereinbarungen schriftlich festgehalten werden. Idealerweise wird dann eine Liste angelegt, in der die Entwicklung des Verhaltens kontinuierlich festgehalten wird.

In Tabelle 9.2. sind nun die verschiedenen Methoden des Verhaltensaufbaus und des Verhaltensabbaus dargestellt, die im Folgenden kurz beschrieben werden (▶ Tab. 9.2).

Tab. 9.2: Übersicht operanter Verfahren

	Stabilisierung und Aufbau von Verhalten	Abbau von Verhalten
Verstärkerkontrolle (Kontingenzmanagement)	Shaping Chaining Token Economics	Löschung Checking Bestrafung Response Cost

Eigene Darstellung

Strategien zum Verhaltensabbau

Um unerwünschtes Verhalten abzubauen, kommen verschiedene Strategien in Betracht.

Löschung: Bei der Löschung eines unangemessenen Verhaltens werden die Verstärker, die das Verhalten bislang aufrechterhielten, entfernt. Entscheidend für die erfolgreiche Durchführung von Löschung im Alltag der Kinder bzw. ihrer Familien sind folgende Bedingungen: Es ist wichtig, dass die zentralen (wirksamsten) Verstärker identifiziert werden. Dies kann die Aufmerksamkeit sein, die ein Kind durch sein Verhalten erzielt, es kann der Erfolg sein, der mit dem Verhalten verbunden ist (z. B. Aufgaben nicht erledigen müssen, wenn man dabei einen Streit anfängt) u. v. a. Darüber hinaus muss gerade bei einer Löschung mit größter Konsequenz vorgegangen werden. Werden die Verstärker immer mal wieder zwischendurch erreicht, so wird das Problemverhalten intermittierend verstärkt und dadurch besonders löschungsresistent. Aus diesem Grund ist es wichtig, dass diejenigen Personen, die die Löschung durchführen sollen (Eltern, Lehrerinnen/Lehrer, Erzieher/Erzieherinnen, …), besonders gut darauf vorzubereiten sind. Es ist sehr sinnvoll, nur eine oder sehr wenige Verhaltensweisen gleichzeitig löschen zu wollen, damit genug Energie vorhanden ist, hier wirklich *immer* dafür zu sorgen, dass das ungewollte Verhalten in keinem Falle mehr verstärkt wird.

Checking: Beim Checking handelt es sich um eine Variante der Löschung, die gelegentlich als ›graduierte Löschung‹ bezeichnet wird. Ein typisches Einsatzgebiet sind Einschlafschwierigkeiten von Kindern, die mit elterlicher Aufmerksamkeit belohnt werden (vgl. Wolke 1994). In diesen Fällen erreichen die Kinder durch Schreien und Weinen, dass die Eltern sich ihrem Kind zuwenden, es trösten, bei ihm bleiben oder es gar wieder aus dem Bett nehmen und zu sich holen. Eine Löschung dieses Verhaltens würde bedeuten, dass die Eltern das Verhalten überhaupt nicht mehr verstärken, sondern das Kind möglicherweise sehr lange schreien und/oder weinen lassen, ohne sich ihm zuzuwenden. Diese Vorgehensweise ist für alle Beteiligten sehr belastend. Stattdessen werden die Eltern zunächst in sehr kurzen Abständen in das Zimmer des Kindes gehen und ihm durch ein freundliches Lächeln und/oder ein liebes Wort Zuwendung geben – unabhängig davon, ob das Kind weint oder nicht. Wenn das Kind den kurzen Zeitraum nach einiger Zeit sicher, ohne zu weinen bewältigen kann, werden die Abstände etwas ausgedehnt. Wird der größere Zeitraum auch ohne zu weinen bewältigt, wird der Abstand weiter ausgedehnt. Auf diese Weise wird die emotionale Belastung aller Beteiligten deutlich verringert. Gleichzeitig wird die Belohnung (Anwesenheit der Eltern, Zuwendung) von dem Fehlverhalten entkoppelt. Die Zuwendung erfolgt für das Kind erkennbar völlig unabhängig von seinem Problemverhalten und dieses wird dadurch nicht weiter verstärkt.

Bestrafung: Als Bestrafung wird die konsequente Anwendung eines aversiven Reizes nach dem Zeigen des Problemverhaltens bezeichnet. Bestrafende Verfahren sollten nur dann eingesetzt werden, wenn fremd- oder selbstgefährdendes Verhalten nicht anders unterbunden werden kann bzw. sofort beendet werden muss.

Response Cost (Verstärkerentzug): Es wird zunächst eine bestimmte Anzahl Verstärker gegeben, die dann für vorher vereinbartes Fehlverhalten wieder entzogen werden. Response-Cost-Prozeduren haben in der Regel nicht die unerwünschten negativen Auswirkungen auf die Beziehung, die direkte Bestrafungsverfahren zeigen (vgl. Kazdin 1972), sind aber sehr gut zeitnah einsetzbar und teilweise sogar belohnenden Verfahren überlegen. Während bei Belohnungsverfahren etwa so vorgegangen wird, dass eine Belohnung erfolgt, wenn das Fehlverhalten eine vereinbarte Zeit lang nicht gezeigt wurde, wobei der direkte Zusammenhang zwischen Fehlverhalten und nicht erfolgender Belohnung weniger unmittelbar ist, kann (und soll) bei Response Cost bei Fehlverhalten ein sofortiger Verstärkerentzug erfolgen. Ein typisches Beispiel für das Vorgehen ist problematisches Verhalten beim gemeinsamen Einkauf von Eltern und Kind: Das Kind quengelt, weint und schreit möglicherweise am Süßigkeitenregal, um Schokolade oder Bonbons zu erhalten. Eine Responce-Cost-Prozedur würde so aussehen, dass das Kind sich bereits beim Betreten des Supermarktes eine kleine Süßigkeit aussuchen darf, die in den Einkaufswagen gelegt wird. Kommt es im weiteren Verlauf des Einkaufes zu dem oben beschriebenen Fehlverhalten, wird die Süßigkeit wieder aus dem Wagen genommen und in das Regal zurückgelegt.

Strategien zum Verhaltensaufbau

Shaping (Verhaltensformung): Häufig ist eine Zielverhaltensweise sehr komplex, etwa ›selbstständig die Hausaufgaben erledigen‹. Beim Shaping wird dieses komplexe Gesamtverhalten in kleine bewältigbare Teilverhaltensweisen aufgeteilt, die dann verstärkt werden. So könnte zunächst eine Verstärkung dafür erfolgen, dass der Arbeitsplatz von Spielsachen freigeräumt wird und die benötigten Hefte und Bücher ordentlich darauf platziert werden. Das Kind erhält die Verstärkung und bei der weiteren Hausaufgabenerledigung hilft – wie bisher – ein Elternteil. Wenn das betroffene Kind das Verhalten nach einigen Tagen sicher zeigt, wird der nächste selbstständige Schritt erwartet, etwa: Das Kind muss nicht nur den Arbeitsplatz wie beschrieben vorbereiten, sondern auch selbstständig planen, in welcher Reihenfolge es welche Aufgaben erledigt. Tut es das, wird es verstärkt. Im nächsten Schritt wird erwartet, dass das Kind nach der Vorbereitung des Arbeitsplatzes und der Planung der Hausaufgaben die Aufgaben in dem für es einfachsten Schulfach selbstständig erledigt, und erhält nur dann einen Verstärker, wenn es diese drei Aufgaben absolviert hat. Auf diese Weise kann das Gesamtverhalten in kleinen Schritten erlernt werden, bis am Ende nur dann eine Belohnung erfolgt, wenn das gewünschte komplexe Gesamtverhalten (hier: selbstständige Erledigung der Hausaufgaben) geschafft wurde.

Chaining (Verhaltensverkettung): Beim Chaining wird in der Regel umgekehrt vorgegangen wie beim Shaping. Es wird häufig in der Arbeit mit geistig retardierten Menschen eingesetzt. Bei einem komplexen Gesamtverhalten (z. B. dem morgendlichen Anziehen) wird der Betroffene unterstützt, nur das letzte Glied der Verhaltenskette (etwa das Anziehen der Jacke) alleine zu bewältigen, und wird dann belohnt. Wenn dies sicher klappt, erfolgt die Belohnung nur, wenn die letzte und die vorletzte Verhaltenssequenz alleine bewältigt wurden (z. B. Schuhe und Jacke anziehen), usw.

Tokenverfahren: Bei Tokenverfahren werden generalisierte Verstärker (z. B. Smileys) vergeben, die später gegen vorher vereinbarte Belohnungen eingetauscht werden können. Diese Vorgehensweise hat wichtige Vorteile:

- Es kommt nicht so schnell zu einer »Sättigung« (ein ursprünglich positiver Anreiz verliert seinen Wert durch häufige Erreichung desselben), da die gegen die Token eintauschbaren Verstärker im Laufe der Zeit geändert werden können.
- Die Token können immer sofort nach dem Zeigen des vereinbarten Verhaltens gegeben werden, was bei anderen Verstärkern oft nicht möglich ist.
- Darüber hinaus können sehr einzelfallspezifische Verstärkerpläne erarbeitet werden.

Es können differenzierte Pläne für den Tausch der Token gegen Belohnungen entwickelt werden, z. B. für 1 Token gibt es eine Süßigkeit, für 10 angesparte (und nicht gegen Süßigkeiten eingetauschte) Token ein kleines Spielzeug, für 25 angesparte Token einen gemeinsamen Kinobesuch o. Ä.

Dabei ist es motivationsfördernd, wenn die Token sichtbar aufbewahrt werden, z. B. in einem passenden Behälter gestapelt, auf dem auch eine Marke angebracht ist, die anzeigt, wann die für bestimmte Verstärkungen benötigte Anzahl von Token erreicht ist.

Motivation zur Durchführung von operanten Methoden

Während diejenigen, die für Verhaltensänderungen belohnt werden, häufig bereit sind, sich auf operante Methoden einzulassen, wenn es eben attraktive Verstärker für sie gibt, reagieren viele derjenigen, die aus Berater- bzw. Beraterinnensicht die Verstärkungsprogramme durchführen sollten (z. B. Eltern, Erzieher/Erzieherinnen, Lehrerinnen/Lehrer), sehr zurückhaltend und mit vielen Bedenken, etwa, das führe doch nur zu einer materiellen Einstellung, das Kind solle das Verhalten aus Einsicht zeigen, man könne doch nicht für jede Kleinigkeit belohnen, man wolle doch niemanden ›dressieren‹, usw. Auf die unterschiedlichen Wünsche, Befürchtungen und Erfahrungen, die damit zum Ausdruck gebracht werden, muss die Beratungsperson differenziert und angemessen reagieren (vgl. ausführlich Borg-Laufs et al. 2012, 116ff.). Ein häufig hilfreiches Argument, welches die Sichtweise der Betroffenen zu verändern helfen kann, soll hier genannt werden:

Aus der Lerntheorie ergibt sich, dass Verhalten ständig verstärkt wird, ob bewusst oder unbewusst. Es handelt sich dabei um einen natürlichen, ständig stattfindenden Prozess. »Wir können es nicht *nicht* tun« (ebd., 119). In vielen Fällen, etwa in der Erziehungsberatung, wird aber klar, dass die Kinder oder Jugendlichen bislang ungewollt ständig für das Verhalten verstärkt werden, das von Eltern oder Pädagogen/Pädagoginnen in Einrichtungen abgelehnt wird. Dies ist etwa der Fall, wenn sich die Kinder oder Jugendlichen mit ihrem Fehlverhalten ›durchsetzen‹ können, also z.B. von ihnen erwartete Pflichten nicht erfüllen müssen, weil sie so stark opponieren, dass die Eltern aufgeben. Wenn dies häufig passiert, handelt es sich im Prinzip um eine zwar ungewollte, aber dennoch regelmäßige Verstärkung des oppositionellen Verhaltens. In manchen Fällen wird dann sogar das erwünschte Verhalten nicht belohnt, sondern ungewollt bestraft: Das Kind erledigt ausnahmsweise einmal seine Pflichten und die überraschten Eltern reagieren statt mit einem Lob mit Vorhaltungen (»Meine Güte, war das denn so schwer? Musst du denn da sonst immer so ein Theater machen, das ist ja kaum auszuhalten!«) und löschen so das gewünschte Verhalten. Im Rahmen der Beratung zu operanten Methoden soll diese ungewollte Verstärkung unerwünschten Verhaltens für einen begrenzten Zeitraum durch geplante und systematische Verstärkungen des eigentlich erwünschten Verhaltens ersetzt werden. Man kann dies auch mit Beispielen aus dem Verhalten der Eltern selber verdeutlichen (für Geld arbeiten gehen; etwas nicht tun, weil man negative Erfahrungen gemacht hat, z.B. zum Zahnarzt gehen; u.v.a.). Wichtig ist oft der Hinweis, dass die systematische Verstärkung nur für einen begrenzten Zeitraum nötig sein wird, weil die Fremdmotivation bei erfolgreichem Verhalten in der Regel in Eigenmotivation übergeht.

Wirkung kurzfristiger Konsequenzen

Menschliches Verhalten wird sehr häufig durch kurzfristige Konsequenzen gelenkt, während langfristige Konsequenzen kaum verhaltenswirksam sind. Deswegen zeigen viele Menschen langfristig schädliche Verhaltensweisen (zu viel und zu fettreich essen; zu viel Alkohol trinken; rauchen; sich nicht anstrengen, um langfristige Ziele zu erreichen), die ihnen kurzfristig positive Gefühle vermitteln. Mit Hilfe operanter Methoden kann eine externe Motivation Verhaltensänderungen unterstützen, für die aufgrund der kurzfristigen Verstärkung schädlichen Verhaltens zunächst zu wenig intrinsische Motivation vorhanden ist.

Weiterführende Literatur

Beck, J. (2014). Probleme in der Therapie – was tun? Kognitive Therapie für schwierige Fälle. Tübingen: dgvt.
Borg-Laufs, M. & Hungerige, H. (2007). Operante Methoden. In: Borg-Laufs, M. (Hrsg.). Lehrbuch der Verhaltenstherapie mit Kindern und Jugendlichen. Bd. 2: Interventionsmethoden. Tübingen: dgvt. 415–452.
Ellis, A. (1977). Die rational-emotive Therapie. Das innere Selbstgespräch bei seelischen Problemen und seine Veränderung. München: Pfeiffer.
Michalak, J., Heidenreich, T. & Williams, J. (2012). Fortschritte der Psychotherapie. Bd. 48 Achtsamkeit. Göttingen: Hogrefe.
Stavemann, H. H. (2006). Differentialindikation für Disputationstechniken und Sokratische Dialoge in der Kognitiven Verhaltenstherapie. Verhaltenstherapie und psychosoziale Praxis, 38. 337–349.

9.2 Methoden der systemischen Paar- und Familienberatung

Franz-Christian Schubert, Dieter Wälte & Melanie Meyer

Systemische Beratung legt den Schwerpunkt auf den sozialen Kontext von Problemen, da sie im Zusammenhang mit sozialen Bezügen stehen und sich gegenseitig beeinflussen (›Zirkularität‹). Deshalb wird nicht nur der einzelne Klient (Indexklient bzw. Indexpatient) einbezogen, sondern weitere Personen, die für den Klienten im sozialen System bedeutsam sind. Das trifft z. B. für die Familie zu, daher wird systemische Therapie häufig im ›Familiensetting‹ realisiert (Paar- und Familienberatung/-therapie). Methoden und Techniken der systemischen Beratung versuchen über die Beeinflussung (›Verstörung‹) von Kommunikations- und Interaktionsmustern im System Veränderungen anzuregen.

Dieser Abschnitt befasst sich mit den Methoden der systemischen Paar- und Familienberatung, die sich aus grundlegenden wissenschaftstheoretischen Konzepten und der spezifischen Grundhaltung der systemischen Therapie und Beratung ableiten lassen und in der systemischen Orientierung eine besondere Fundierung erfahren haben. Die systemische Orientierung basiert nicht auf einer einheitlichen Metatheorie, sondern ist als eine Bündelung relativ heterogener Strömungen und Konzepte zu verstehen, die als ›systemischer Ansatz‹ begrifflich zusammengefasst werden.

9.2.1 Systemische Grundlagen

Aus wissenschaftstheoretischer Perspektive wird die systemische Denk- und Handlungsweise stark von der systemtheoretisch-konstruktivistischen Theorie inspiriert, die sich in Grundzügen wie folgt kurz zusammenfassen lässt (Bökmann

2000; Hanswille 2015; von Schlippe & Schweitzer 2013; Schubert 2015; Schubert et al. 2019):

1. Die Wirklichkeit ist ein subjektives Konstrukt unserer Wahrnehmung und wird durch soziale Interaktion hergestellt und definiert, da Wissen erfahrungsbasiert konstruiert und kontextsensitiv ist. Kontexte werden als von Individuen gestaltete Subsysteme gesehen, die definiert werden durch gemeinsam geteilte Bedeutungen. (Man beachte: Wenn die Wirklichkeit eine Konstruktion ist, dann kann diese Aussage auch auf den Konstruktivismus übertragen werden. Der Konstruktivismus wird dann selbst zur Konstruktion und gerät in eine Paradoxie.)
2. Systeme werden durch Beobachtung konstruiert, wobei die Beobachtung die Anwendung einer Unterscheidung ist.
3. Jedes System ist notwendige Umwelt für die anderen Systeme. Zudem ist jedes System Teilsystem eines größeren Systems und integriert wiederum mehrere Teilsysteme (Subsysteme) in sich.
4. Soziale Systeme entstehen und erhalten sich durch Kommunikation.
5. Lebende Systeme haben die fundamentale Fähigkeit zur Autopoiese (vgl. Maturana & Varela 1987): Sie haben eine auf Selbsterhalt und Stabilität orientierte Eigendynamik (Selbstreferenzialität). Wahrnehmung und Kommunikation mit der Umwelt erfolgen nicht direkt, sondern selektiv und beziehen sich auf das eigene innere Abbild (Konstrukt) von der Welt. Autopoietische Systeme versuchen immer wieder, ihre Denk- und Lebensweise auf ihre eigene, gleiche Art und Weise zu handhaben (funktionale Strukturdeterminiertheit und operationale Geschlossenheit). Das hat zur Folge, dass sie nur solche Informationen bzw. Anleitungen aufnehmen, die zu ihrer Struktur (Kognition, Auffassung) passen, d. h. ›anschlussfähig‹ sind (›strukturelle Koppelung‹) und damit der Selbstreproduktion, dem eigenen Fortbestand dienen. Eine Beeinflussung oder Veränderung von psychischen und sozialen Systemen kann von außen somit nur über ›strukturelle Koppelung‹ erreicht werden, z. B. über das Verfahren der ›Verstörung‹ (Perturbation).

Aus diesen theoretischen Grundpositionen lässt sich eine Reihe von Konsequenzen für die Beratung ableiten:

a) Berater kommen zu höchst eigenwilligen Konstruktionen von Beobachtungen über ein für sie fremdes (Klienten-)System, welche die Wirklichkeit nicht objektiv abbilden, sondern als möglicherweise hilfreiche Beschreibungen in Form von Hypothesen und Angeboten nutzbar gemacht werden können, um darüber Anstöße für Veränderungen oder Problemlösungen beim Klientensystem zu erreichen.
b) Der Beobachtungsfokus der Beratung ist abhängig von dem Kontext des Beraters.
c) Von diesem Fokus kann sich die Beratung versuchen zu lösen, indem sie eine Beobachtungsperspektive 2. Ordnung einnimmt. Allerdings ist diese Beobachtung ebenfalls selbstreferentieller Natur und kann ihr eigenes Operieren nicht

selber beobachten, sodass sich der mögliche blinde Fleck der Beobachtung lediglich verschiebt, jedoch auf keinen Fall aufheben lässt. Selbst die Einbeziehung eines Supervisors vermag den infiniten Regress nicht aufzulösen.
d) Die zu bearbeitenden Konflikte der Ratsuchenden haben eine Autopoiesis von besonderer Qualität, die eine enorme Sogwirkung entfaltet (›Problemtrance‹). Deshalb liegt ein Schwerpunkt in der systemischen Beratung darin, neue Sichtweisen einzuführen, die einen Unterschied zur bisherigen Sichtweise machen.
e) Auf welcher Stufe sich die Ratsuchenden auch befinden, intervenieren kann die Beratung nicht unmittelbar, sie kann allenfalls im Sinne einer Verstörung einen Anstoß für neue Erfahrungen geben. Berater können die Klientensysteme somit nicht instruktiv lenken, also keine gezielten Änderungen von außen herbeiführen, sondern über den Beratungsprozess nur Anregungspotenzial für die Selbstveränderung dynamischer, selbstorganisierter Systeme geben.

9.2.2 Systemische Grundhaltungen

Systemisches Handeln ist mit einer grundlegenden beraterisch-therapeutischen Haltung sowie mit bestimmten Denk- und Verhaltensweisen verbunden und wird durch eine Reihe von therapeutischen/beraterischen Regeln geleitet.

1. Folgende Grundhaltungen bringen die systemische Perspektive zum Ausdruck.
   - *Erfassen von Zirkularität:* Basis für systemisches Arbeiten ist die Fähigkeit, vernetzt zu denken und komplexe Muster in ihrer wechselseitigen Abhängigkeit und Auswirkung zu erfassen und in den Beratungsprozess einzubeziehen.
   - *Kontext- und Beziehungsorientierung:* Anstehende Probleme und Störungen werden in ihrem jeweiligen Kontext erfasst und verstanden. Das beinhaltet zum einen Verständnis für die unterschiedlichen Lebenskontexte der Ratsuchenden, für vielfältige Lebensmodelle und Familienformen und für die oftmals widersprüchlichen sozialen, institutionellen, sozialökologischen und -ökonomischen Einflussfaktoren auf die Problementstehung und Problementwicklung. Zum anderen erfordert das auch Verständnis für den Sinn des Problems im gegebenen Beziehungs- und Lebenskontext. Diese Haltung basiert auf einer kritischen Distanz zu ideologischen sowie politisch und fundamentalistisch-religiös motivierten Gesellschaftsmodellen.
   - *Multiperspektivität* verlangt, die verschiedenen (Problem-)Sichtweisen, Überzeugungen, Wirklichkeiten der beteiligten Systemmitglieder (einschließlich die des Beraters/der Beraterin selbst) und auch deren Engagement zur Problembewältigung zu erfassen, zur Sprache zu bringen und anzuerkennen.
2. Die Grundhaltungen basieren auf einer achtsamen, wertschätzenden und auf Gleichrangigkeit ausgerichteten Haltung gegenüber den Klienten:
   - *Achtung vor der Autonomie und Selbstorganisation* des Klientensystems folgt aus der Haltung, die Funktion der Störung bzw. des Problems aus der In-

nenperspektive des Klientensystems und aus der Autopoiese des Systems zu erfassen.
- *Klientenorientierung* schließt unmittelbar daran an: Beraterinnen und Berater orientieren sich vorrangig an den Ziel- und Lebensvorstellungen der Klienten/Klientinnen und nicht an dem, was sie unter ihrem eigenen Lebensverständnis als ›gelingendes Leben‹ oder ›gutes Beratungsergebnis‹ ansehen.
3. Die Haltung impliziert grundlegend förderliche Beratungshandlungen:
- *Erweiterung der Möglichkeiten und Handlungsspielräume der Klienten:* Diese Haltung folgt dem Postulat von v. Foerster (1988): »Handle stets so, dass Du die Zahl der Möglichkeiten vergrößerst.« Das erfolgt z. B. über Ressourcenaktivierung, Lösungsanregungen und Perspektivenänderung.
- *Ressourcenorientierung* beinhaltet die Suche nach verfügbaren wie auch nach vernachlässigten oder noch nicht entdeckten Ressourcen beim Klientensystem und seinen Umweltsystemen, die zur Problembewältigung und Verbesserung der Lebensgestaltung eingesetzt bzw. aktiviert werden können.
- *Lösungsorientierung* fokussiert weniger die Problemerkundung, sondern setzt an Lösungsmustern, den Ausnahmen vom Problem und an Zielvisionen der Klienten/Klientinnen an.
4. Systemisches Denken und Handeln ist auf mehrere Personen und Systeme ausgerichtet. Das verlangt *Neutralität und Allparteilichkeit*. Der Berater/die Beraterin vertritt nicht einseitig die Anliegen einzelner Systemmitglieder, vielmehr ist er/sie den Sichtweisen und Wirklichkeitskonstruktionen aller gegenüber empathisch sowie unterstützend zugewandt und bewahrt gleichzeitig eine neutrale Perspektive von außen.
5. Systemisches Handeln basiert auf einer zentralen Verfahrensregel, dem sogenannten *Hypothetisieren*. Das soll im Folgenden ausführlicher betrachtet werden.

9.2.3 Systemische Hypothesenbildung

Die Erstellung systemischer Hypothesen ist eine spezifische Haltung und Vorgehensweise im systemischen Ansatz. Sie erfolgt in Form von Annahmen und Erklärungen über das Zustandekommen, die wechselseitigen Wirkungen und die Funktion von problematischen Strukturen, Beziehungsmustern und Überzeugungen, die im Klientensystem wie auch in Wechselwirkung mit anderen beteiligten Systemen zu beobachten sind. Dabei wird zwischen Inhalt und Kontext eines Ereignisses und zwar unter bestimmten situativen, biographischen und systemhistorischen Kontextbedingungen unterschieden (›Was passiert in diesem spezifischen Kontext zu dieser spezifischen Zeit?‹). Zu den Kontextbedingungen zählen auch die Einflüsse beteiligter Helfersysteme. Erfasst werden also nicht das Individuum oder die Umwelt für sich, sondern die beobachtbaren zirkulären Wechselwirkungen, die Muster und Prozesse in und zwischen den Systemebenen Individuum, Subsystem, (Familien-)System und Umweltsystemen: Wahrnehmungen, Erzählungen und Überzeugungen bzw. Wirklichkeitskonstruktionen der

Systemmitglieder sowie Beobachtungen des Beraters/Therapeuten über Systemmuster, Strukturen und Prozesse und sein Fachwissen über Konstellationen in spezifischen Problemsystemen (z. B. über Co-Abhängigkeit, Kinder psychisch kranker Eltern, Kollusionen in Paarbeziehungen u. a.). Daraus werden Hypothesen über das System, über seine Ressourcen und über seine Änderungsmöglichkeiten entwickelt. Hypothesen bilden somit den roten Faden im beraterischen Prozess, sie werden fortlaufend überprüft und wenn nötig verworfen und neu gebildet (›Hypothetisieren‹).

Im Unterschied zu klassischen Behandlungswissenschaften dient systemische Hypothesenbildung nicht primär als diagnostisches Erkenntnisinstrument, das eindeutige Wirkzusammenhänge erfasst, aus dem dann das ›richtige‹ Behandlungsverfahren abgeleitet wird. Hypothesen haben vor dem Hintergrund des Konstruktivismus keinen Wahrheitsanspruch, wie z. B. in naturwissenschaftlich-empirischen Wissenschaften, sie werden vielmehr nach ihrer Nützlichkeit für Veränderungsprozesse beurteilt.

Hypothesenbildung hat zum einen *Ordnungsfunktion*. Sie dient dem Berater wie auch dem Klientensystem dazu, die gesammelten Informationen über das System zu strukturieren, das Bedeutsame herauszufiltern, mögliche Zusammenhänge und Wechselwirkungen zu erfassen und schließlich eine kognitive Ordnung beim Berater und beim Klientensystem herzustellen. Zum anderen hat Hypothesenbildung *Anregungsfunktion*. Sie soll den Berater und das Klientensystem aus festgefahrenen Auffassungen lösen und zu neuen, brauchbaren Sichtweisen und Interaktionsmustern anregen, also die Möglichkeiten erweitern. Zudem sollte eine Hypothese »möglichst so formuliert sein, dass sie entweder *gute Absichten* mit unbeabsichtigten *negativen Folgen* oder umgekehrt das *Leiden* an einem Problem mit *positiven Nebenwirkungen* des Problems verknüpft« (v. Schlippe & Schweitzer 2013, 204, kursiv im Original). Im systemischen Beratungs- und Therapieprozess besteht damit *keine* klare Trennung zwischen Hypothesenbildung (›Diagnoseerstellung‹) und Intervention, sie wechseln sich vielmehr gegenseitig ab: Beobachtungen aus Veränderungsprozessen führen zu weiteren Hypothesen usw.

Systemische Hypothesen

Systemische Hypothesen bestehen aus

a) Annahmen über Zusammenhänge bzw. Wechselwirkungen zwischen
   - den Beziehungen/Interaktionen und Überzeugungen in und zwischen den verschiedenen Ebenen im Klientensystem (Individuum, Subsystem, Familie),
   - Symptom und Beziehungen,
   - Symptom und Geschichte des Systems,
   - internalisierten Mustern aus früheren Systemen, die der/die Betreffende im aktuellen System reproduziert,
   - Klientensystem und Umweltsystemen (z. B. Helfersystem).

b) Annahmen über
- die Nützlichkeit des Problems für die verschiedenen Systemebenen und den Kontext,
- die Nützlichkeit der hypothetischen Erkenntnisse für bessere und erweiterte Möglichkeiten in der Lebensgestaltung der Betroffenen.

Fragestellungen für systemische Hypothesenbildung:

- Wie erfolgt die Kommunikation innerhalb des Systems (auch in Wechselwirkung mit dem Symptom) und wie mit den Umwelt-Systemen (z. B. Helfer-System)?
- Wie werden systemspezifische Aufgabenstellungen und Sinngestaltung (interne und externe Anpassungsanforderungen) ins System integriert und gehandhabt unter Berücksichtigung der beziehungs- bzw. systemhistorischen Zeit?
- Wie werden Identität, Beziehungssicherheit, Zugehörigkeit (z. B. unter belastenden Anpassungsanforderungen, Aufgabenstellungen) hergestellt?
- Wie werden interne Regeln, Werte, handlungsleitete Überzeugungen, die System- bzw. Familiengeschichte, die individuelle und mehrgenerationale Geschichte u. a. systemintern gehandhabt (z. B. über Rituale, Mythen, ›Absprachen‹ über Funktionen und deren Handhabung)? (vgl. Ritscher 2011, Schwing & Fryszer 2012)

Hypothesenbildung wird insbesondere aus Beobachtungen über Strukturen, Interaktions- und Beziehungsmustern, aus Kontextinformationen und aus den zum Ausdruck gebrachten Wirklichkeitskonstruktionen und Überzeugungen abgeleitet. Im Folgenden werden aus diesen drei Bereichen wesentliche Merkmale angeführt, die in der Paar- und Familientherapie für Hypothesenbildungen genutzt werden.

Hypothesenbildung aus Strukturen, Interaktions- und Beziehungsmustern und ihren Wechselwirkungen

Relevant sind hierbei die Zusammensetzung von Familiensystemen (z. B. Patchworkfamilien), die Bedeutung abwesender oder ausgegrenzter Familienmitglieder, die emotionale und handlungsmäßige Ausgestaltung der familialen Subsysteme (z. B. Ehe-, Eltern-, Geschwister-, Geschlechter-Subsysteme), Abgrenzungs- und Bindungsmuster zwischen den Systemmitgliedern, Umgang mit Konflikten in offener oder verdeckter Form, offene oder verdeckte Koalitionen und Triangulationen, Umgang mit Generationsschranken sowie die Verteilung von Einfluss, Macht und Verantwortungsübernahme unter den Systemmitgliedern (vgl. Minuchin 1977). Fehlende Übereinstimmung in den Auffassungen über Bedeutung und Ausgestaltung einzelner familialer *Subsysteme* greift häufig auch auf andere Subsysteme über. Z. B. wirken sich Störungen im Ehesubsystem häufig auf das elterliche Erziehungsverhalten und auch auf die geschwisterliche Umgangsweise aus.

Bedeutung erhält die Art der *Abgrenzung* innerhalb eines Familiensystems, d. h. zwischen den Subsystemen wie auch zwischen den einzelnen Mitgliedern und die Art der Abgrenzung nach außen. *Diffuse Grenzen* zwischen den Mitgliedern werden von außen oftmals als emotional enges Sich-umeinander-Kümmern oder auch als diffuse Harmonie erlebt. Familienintern können diffuse Grenzen zu übermäßig engen Familien(ein-)Bindungen führen, die sich behindernd auf eine Identitätsentwicklung und auf eine gelingende altersgemäße psychosoziale Entwicklung und Verselbständigung auswirken können (z. B. Ablösungsprobleme Jugendlicher). Manche Familien vermitteln dabei das Bild einer ›Festung‹, andere das eines ›Theaters‹ (z. B. emotional-theatralisch oder ›alle gegen alle‹), wieder andere das eines abschirmenden ›Sanatoriums‹. Grenzt sich ein Familienmitglied gegen diese diffuse Vereinnahmung ab, wird es als *Sündenbock* ausgegrenzt, und der Rest des Systems kann wieder eng zusammenhalten. *Starre Abgrenzungen* können hingegen zu einem Gefühl fehlender Geborgenheit und Bindung bei allen oder auch zu Isolierung oder Ausstoßung einzelner Mitglieder führen.

Konflikte sind häufig mit *Koalitionen* gekoppelt. Eine Koalition stellt ein Bündnis zweier gegen einen Dritten dar, wobei einer der beiden auch gezwungenermaßen einbezogen sein kann. *Triangulation* ist eine Koalition über Generationsgrenzen hinweg, wenn ein Kind in die elterlichen Streitigkeiten einbezogen ist und zusammen mit einem Elternteil gegen den anderen Elternteil agiert oder agieren muss. Bei einem *Loyalitätskonflikt* steht das Kind zwischen den streitenden Elternteilen.

Die Verteilung von Macht, Einfluss und Verantwortungsübernahme unter den Systemmitgliedern äußert sich auf verschiedenen Ebenen. Störungsrelevant sind z. B. fehlende oder unzureichende Orientierungsvermittlung und Strukturgestaltung durch die Eltern, *Parentifizierung* von Kindern (ein Kind bekommt Aufgaben übertragen, die normalerweise von einem Elternteil ausgeübt werden), ›Macht‹ von Symptomträgern auf die Gestaltung des alltäglichen Familienablaufs. Erheblichen Einfluss auf diesen Merkmalsbereich haben Koalitionen, insbesondere verdeckte Triangulationen. Erfasst wird auch, inwieweit Einfluss bzw. ›Macht‹ und Verantwortungsübernahme bei Systemmitgliedern übereinstimmen oder auseinanderklaffen und altersgemäß bzw. generationsgemäß sind.

Verdeckte Konflikte können durch viele Anzeichen in der Art und Weise der *Kommunikation* erfasst werden. Z. B. hinterrücks über nicht anwesende Systemmitglieder reden, Andeutungen machen, plötzliches Schweigen bei Hinzukommen weiterer Personen, Inkongruenz zwischen Inhalts- und Beziehungsebene, zwischen Reden und Handeln, Verschiebung von Inhalts- und Beziehungsaspekten (Konfusion), Vermeidung, Verwerfung, Entwertung der Beziehungsdefinition (Ich-Du-Definition). Die Umgehung einer Konfliktaustragung ist die Umlenkung des Konfliktes zwischen Zweien auf einen Dritten, einen ›Sündenbock‹. Willkürliche Ursachenzuschreibung (Interpunktion) und symmetrische oder komplementäre Beziehungseskalation bringen Konflikte offen zum Ausdruck.

Schwerwiegende Beziehungsstörungen kommen unter anderem über *Paradoxien* und paradoxe Handlungsaufforderungen (»Du sollst mich lieben«; »Sei nicht so gehorsam«), *Doppelbindungen* (double-bind, ›Beziehungsfalle‹) und über *Mystifizierungen* zum Ausdruck. Bei einer Mystifizierung nimmt eine emotional relevante Person (z. B. Vater oder Mutter) Zuschreibungen über das Erleben, Denken und Fühlen an einer emotional gebundenen, ›unterlegenen‹ Person vor (»So bist du nicht, das bildest du dir nur ein, sondern du bist ...«) und beeinflusst (›mystifiziert‹) damit deren Selbst- und Fremdwahrnehmung, wobei der mystifizierende Partner den Anspruch auf Kompetenz und Objektivität erhebt.

Unter einer *Mehrgenerationenperspektive* (vgl. z. B. Stierlin 1978; Boszormenyi-Nagy & Spark 1981) sind weitere relevante Muster zu erfassen: *Delegation* ist ein oft unbewusster Auftrag eines Elternteils an ein Kind, eigene unerfüllte Wünsche oder über Generationen tradierte Ziele zu leben (z. B. ein bestimmtes Studium aufnehmen, den elterlichen Betrieb weiterführen, vgl. Genogrammarbeit). Aufgrund seiner früh angelegten loyalen Gebundenheit erfüllt das Kind den elterlichen Auftrag. Delegation an sich ist nicht pathologisch, kann aber in eine pathologische Struktur entgleisen. Das ist der Fall, wenn das Kind in Aufträge und Rollen delegiert wird, die es nicht ausfüllen kann oder will, wenn es sich unter Preisgabe der eigenen Lebensziele und unter anhaltenden innerpsychischen Konflikten anpassen muss, wenn die Delegation in anhaltende Rollen- oder Loyalitätskonflikte führt oder wenn das Kind sich in der Rolle an das Selbst- bzw. Fremdbild eines Elternteils anpassen muss (z. B. Rolle des idealen oder des negativen Selbst, vgl. Richter 1972) und so seiner Integrität beraubt wird. Bei einer systemischen Beratungs-/Therapiearbeit ist eine lineare Schuldzuschreibung an die Eltern unzulässig. Solcherart gestörte Beziehungsstrukturen können über mehrere Generationen hinweg aufrechterhalten werden, indem pathologische ›Lösungsversuche‹ über Loyalitätsbindungen als ›Generationenvermächtnis‹ an die Kinder weitergegeben werden (Mehrgenerationenperspektive von Vermächtnis und Verdienst).

Belastende mehrgenerationale Muster werden teilweise als *Familiengeheimnis* gewahrt. Das sind Themen, die einem familienübergreifenden Tabu unterliegen und über die nicht gesprochen werden darf. Andere Muster kommen in Form von *Familienmythen* zum Ausdruck. Das sind Geschichten über die Familie oder über einzelne Mitglieder, die dazu dienen, die Familienmitglieder und Außenstehende über spezielle Familienereignisse oder Eigenschaften im Unklaren zu lassen oder zu täuschen.

Hypothesenbildung aus den internen und externen Familienkontexten

Auf dieser Ebene bezieht Hypothesenbildung zum einen die unterschiedlichen Strukturen und Aufgaben ein, die sich aus unterschiedlichen familialen Lebensformen ergeben, ob alleinerziehend, nichteheliche Lebensgemeinschaft, Scheidungs- oder Fortsetzungsfamilie, Migrantenfamilie, Adoptions- oder Pflegefamilie. Zum anderen erfasst sie die vielfältigen Veränderungen innerhalb und außerhalb des Familiensystems, die sich auf das Familiensystem auswirken. Veränderungen verlangen von der Familie und ihren Mitgliedern vielfältige Bewältigungs- und Anpassungsleistungen in ihren Strukturen und Aufgaben, die über

Umgestaltung ihrer Systemregeln und Beziehungsmuster zum Ausdruck kommen. Nötig werden Anpassungsleistungen bei *familieninternen* Entwicklungen, wie z. B. bei Veränderungen im familialen und individuellen Lebenszyklus (z. B. Geburt von Kindern, Tod eines Familienmitgliedes; Entwicklungsübergänge oder Verarbeitung kritischer Lebensereignisse bei Familienmitgliedern) und Auswirkungen von mehrgenerativen Belastungen (Familienaufträge, Familientabus, Verstrickungen in Schuld und Scham).

Familienexterne Einwirkungen und Veränderungen sind zahlreich, wie z. B. Wohnortwechsel, Wegzug von Freunden, Krisenereignisse, Veränderungen in Schule, Arbeitsplatz und Nachbarschaft oder der sozioökonomischen Lage. Nicht zu vernachlässigen sind die sozioökologischen und sozioökonomischen Anforderungen, die aus den sozialstrukturellen, arbeitsweltlichen und kulturellen Bedingungen auf die Familie einwirken.

Im Zuge der Bewältigung solcher internen und externen Kontextveränderungen müssen zumeist auch die bisherigen Auffassungen über Sinn und Funktion des Systems und der einzelnen Mitglieder überdacht und ggf. verändert werden. Diagnostisch relevant ist die Frage, inwieweit es dem System und seinen Mitgliedern in einer ausbalancierten Weise gelungen ist, die nötigen Anpassungsleistungen zwischen Veränderung und Zusammenhalt bzw. Beständigkeit umzusetzen, oder ob Interaktionsmuster und Auffassungen (Sinn- und Wirklichkeitskonstruktionen) entwickelt wurden, die eine gesunde Weiterentwicklung des Systems und seiner Mitglieder behindern oder verunmöglichen.

Hypothesenbildung aus den Sinn- und Wirklichkeitskonstruktionen

In umfassender Weise bezieht Hypothesenbildung die Art der Kommunikation und die Konstruktion von ›Wirklichkeiten‹ ein. *Wirklichkeitskonstruktionen* sind Geschichten, Auffassungen und Überzeugungen der Systemmitglieder über sich selbst wie auch ihre Zuschreibungen gegenüber anderen Personen, über Beziehungen und Konflikte und über die unterschiedlichen Familien- bzw. System- ›Realitäten‹. In Familien mit Symptomträgern werden diese Beschreibungen nicht mehr angemessen untereinander rückgekoppelt, sondern die Auffassungen und Erwartungen einer Person darüber, wie die andere Person ›ist‹, erstarren gleichsam zu einem ›Überzeugungsmuster‹. In solchen Fällen reagieren die Mitglieder einer Familie nicht mehr auf die Gefühle und Gedanken des anderen, sondern auf das, was sie selbst denken und fühlen, was der andere denken und fühlen würde (vgl. »Die Geschichte mit dem Hammer«, Watzlawick 1983). Diese Muster enthalten für die Individuen einen Sinn, worin weitere Wahrnehmungen und Narrationen eingebunden werden. Schließlich entstehen ›feste‹ Geschichten und individuelle bzw. das gesamte System ergreifende Überzeugungen über sich, die anderen, die Welt und wie andere einen selbst sehen (›Erwartungs-Erwartungen‹, vgl. v. Schlippe & Schweitzer 2013). In konflikthaften Systemen werden Interaktionen dafür genutzt, sich gegenseitig das ›Schema‹ vom anderen zu bestätigen und so eine selbst geschaffene Ordnung herzustellen. Andersartige Wahrnehmungen werden ignoriert oder als ›Ausnahme‹ beiseitegeschoben. Dabei handelt es sich nicht nur um einfache Bewertungsprozesse, sondern um komplexe kognitiv-emotionale Geschichten (Narrationen) über unsere Identität und ›Wirklichkeit‹ sowie über die anderer, die über Erzählungen und Gespräche ausgetauscht und stabil gehalten werden. Solche erstarrten Muster verhindern bei den beteiligten Personen und Systemen die Entwicklung von brauchbaren Interaktionen und Handlungsabläufen wie auch die nötige Flexibilität zur Bewältigung von Aufgabenstellungen. Sie behindern darüber hinaus die individuelle Entwicklung und eine neue Sinnentwicklung. Diese erstarrten und einengenden Wahrnehmungs- und Bewertungsmuster sind ein zentraler Gegenstandsbereich von systemischer Hypothesenbildung und Intervention. Unter diesem dritten Ansatzpunkt zur Hypothesenbildung können auch die oben beschriebenen Kommunikationsweisen einschließlich der kommunikativen Umgangsweise mit mehrgenerationalen Familienthemen aufgenommen werden.

Im Handbuch der Familiendiagnostik von Cierpka (2008) werden vielfältige familiale Beziehungsmuster und Kontextmerkmale und besonders die mehrgenerationalen familiendynamischen Merkmale beschrieben, die zur familientherapeutischen Hypothesenbildung herangezogen werden. Hypothesenbildungen aus den Sinn- und Wirklichkeitskonstruktionen werden in den bekannten Lehrbüchern von v. Schlippe & Schweitzer (2013) und Levold & Wirsching (2016) behandelt.

9.2.4 Systemische Funktion des Problems

Der klassische familientherapeutische Ansatz versteht Störungen, Probleme oder psychische Erkrankung eines System- oder Familienmitgliedes als Ausdruck einer notwendig gewordenen, jedoch nicht ausbalancierten Anpassungsleistung des Systems an veränderte familieninterne oder externe Bedingungen. Unter den Belastungen, die mit Veränderungsanforderungen gekoppelt sind, werden oftmals nicht angemessene, ›dysfunktionale‹ Interaktionsregeln, Beziehungsmuster und Auffassungen (Konstrukte) entwickelt, die eine Weiterentwicklung des Familiensystems und seiner Mitglieder behindern oder verunmöglichen. Unter systemischer Perspektive ist die Symptomentwicklung somit nicht Ausdruck einer genuin individuellen Störung, sondern ist Ausdruck ›gestörter‹ Interaktionsregeln, Beziehungs- und Deutungsmuster. Daher wird das ›gestörte‹ Systemmitglied als *identifizierter Patient (Indexpatient)* oder als *Symptomträger* bezeichnet.

Die symptomatischen, als ›dysfunktional‹ oder ›gestört‹ bewerteten Auffassungen, Regeln und Muster fokussieren die Systemmitglieder auf das Problemverhalten und halten sie gleicherweise von den anstehenden Struktur- und Prozessveränderungen im System ab. Derartige Veränderungen werden von Systemmitgliedern häufig auch als Gefährdung der bisherigen Beziehungsform oder als Selbstwertbedrohung erlebt und befürchtet (z. B. Ablösung Jugendlicher, ›Empty Nest‹ nach Auszug der erwachsenen Kinder). Damit ›schützt‹ quasi das Problem das System bzw. die Familie vor den anstehenden, als bedrohlich erlebten Struktur- und Prozessveränderungen. Weiterhin entsteht über diese Problemfokussierung ein spezifischer Zusammenhalt im System, worüber das

Problem zusätzlich aufrechterhalten wird. So beendet z. B. das symptomatische Verhalten eines Kindes (z. B. Angstzustände, Einnässen, kurzfristig auftretendes Schulversagen) den als hoch bedrohlich erlebten Streit zwischen den Eltern, indem sich die Eltern beispielsweise gemeinsam um das Kind und um seine ›Störung‹ kümmern und von ihrem eigenen Streit ablassen. Daraus entwickelt sich ein Kreislauf, der die ›Störung‹ aufrechterhält und auch eine langfristige Chronifizierung von Symptomen erklären kann. Unter diesem Aspekt erhalten problematische Muster (das ›Problem‹, die ›Störung‹) einen Sinn und eine ›systemerhaltende‹ Funktion. Somit können Probleme bzw. Symptome als ein ›sinnhaftes‹ bzw. ›passendes‹ Verhalten in einem spezifischen gegenwärtigen oder auch system-historischen Kontext verstanden werden. Sie sind damit nicht ›dysfunktional‹, sondern haben gegenwärtig bzw. hatten ›damals‹ eine bestimmte sinnhafte, zumeist stellvertretende Bewältigung- und Lösungsfunktion in diesem systemischen Gefüge (die ›guten Gründe‹ für das Symptom, ›Bedeutung des Symptoms‹).

Allerdings wird nicht selten der Kontext einseitig als Ursache des Problems gesehen, im Sinne einer linearen, einseitigen Verursachungszuschreibung. Beispielsweise wird das Symptom oftmals als Ausdruck der Beziehungsstörung der Eltern interpretiert, also eigentlich im Sinne einer ›linearen Folge‹. Eine derartige einseitige Kontextualisierung kann auch mehr oder weniger verborgene Schuldzuschreibungen beinhalten. Die zirkuläre Betrachtungsweise hingegen erfasst zusätzlich die rekursive Wirkung des Symptoms auf den Kontext, hier also die Rückwirkung des symptomatischen Verhaltens des Kindes auf das Verhalten der Eltern (Beendigung des Streites, Gemeinsamkeit durch gemeinsames Kümmern). Damit tritt eine wechselseitige Stabilisierung von Ehe- bzw. Eltern-Problem und Kind-Problem ein. Solche Wechselwirkungen können zu einer erheblichen Chronifizierung der Störung führen. Das bedeutet somit: Nicht das einzelne Systemmitglied ›hat‹ das Problem oder ›ist krank‹, vielmehr bringt das Mitglied die Systemstörung zum Ausdruck und übernimmt damit zugleich auch spezifische Funktionen für das System.

Zirkuläre Wechselwirkung von Problemen und Störungen mit dem Kontext

Probleme und Störungen werden systemisch immer in ihrer zirkulären Wechselwirkung mit dem Kontext aufgefasst und verstanden:

- mit den Anforderungen zur Anpassung der System-Strukturen, -Beziehungsmuster und -Interaktionsregeln an anstehende interne oder externe Veränderungen,
- die wiederum zu einer bestimmten beziehungs- bzw. systemhistorischen Zeit auftreten oder auftraten und die damals wie auch noch gegenwärtig eine bestimmte, allerdings eben stellvertretende Lösungs- bzw. Sinnfunktion in diesem Beziehungsgefüge hatten und haben (die ›guten Gründe‹ für das Symptom).

9.2.5 Beratungsziele

Systemische Beratung zielt darauf ab, die systemische Funktion und den Sinn der Störung und die damit gekoppelten problematischen (Verhaltens-/Beziehungs-) Muster und Überzeugungen (Konstrukte) möglichst gemeinsam mit dem System zu erfassen und zu vermitteln sowie über systemische Verfahren zu unterbrechen (›verstören‹, dekonstruieren). Zusammen mit dem System sollen bessere, brauchbarere Lösungen (Muster, Konstrukte) gefunden werden, die die bisherige Funktion bzw. den ›Sinn der Störung‹ ersetzen sowie nötige Änderungen und Entwicklungsschritte bei den einzelnen Mitgliedern und dem System wieder in Gang setzen. Das erfolgt über Veränderung von problematischen Beziehungsmustern, Verhaltensweisen, Interaktionsregeln, Überzeugungen, Zuschreibungen und Wirklichkeitskonstruktionen, über die Beibehaltung von bisher brauchbaren Mustern, Konstrukten und Lösungsansätzen sowie über die Aktivierung von Ressourcen bei Familienmitgliedern, im Familiensystem und im sozialen wie strukturellen Umfeld. Zudem ist es nötig, die Vorteile der Störung, den Symptomgewinn zu erkennen und von diesen Vorteilen abzulassen.

9.2.4 Standardmethoden der systemischen Beratung

In der folgenden Darstellung werden solche Standardmethoden systemischer Beratung vorgestellt, die in der Praxis häufig zum Einsatz kommen. Es gibt dabei keinen standardisierten Beratungsablauf, sondern je nach der Prozessentwicklung einer Beratung werden die Interventionen geplant und durchgeführt. Die Standardmethoden systemischer Beratung lassen sich grob in vier Gruppen zusammenfassen, die allerdings gewisse Überschneidungen haben (vgl. auch v. Sydow et al. 2007):

1. Strukturelle und strategische Methoden wie Joining, Auftragsklärung, Hypothesenbildung und Reframing.
2. Symbolisch-metaphorische Methoden, wie Genogramm, Zeitlinie, Familienbrett und Familienskulptur.
3. Systemische Fragen, wie zirkuläre Fragen, lösungsorientierte Fragen, Differenzierungsfragen, problemorientierte Fragen, Fragen zu Wirklichkeits- und Möglichkeitskonstruktionen und hypothetische Fragen.
4. Narrative und dialogische Methoden, wie das Reflecting Team.

Die Methoden systemischer Beratung können nicht nur in der Paar- oder Familienberatung eingesetzt werden, sondern eignen sich auch für die Beratung von einzelnen Klienten/Klientinnen. Sie dienen nicht nur der Intervention, sondern liefern auch das notwendige Material zur Konstruktion der Hypothesen.

Strukturelle und strategische Methoden

Zu Beginn der Beratungsarbeit stellt der Berater einen kognitiv-emotionalen Zugang zu jedem Systemmitglied her *(Joining)*, der dem Paar oder der Familie einen vertrauensvollen Beginn ermöglicht. In einem weiteren Schritt geht es um die Klärung des *Zuweisungskontextes*. Wer gab den Anstoß zur Beratung? Wer will die Beratung und wer nicht? Außerdem müssen die Erwartungen und Wünsche der einzelnen Personen erfasst werden, sodass Berater und Systemmitglieder das gleiche Ziel verfolgen. Es können immer wieder Situationen auftreten, in denen nicht alle an einem Strang ziehen, allerdings können diese mit Hilfe der *Auftragsklärung und -aushandlung (Contracting)* ausbalanciert werden (vgl. Schweitzer et al. 2007). Aufträge bedeuten im systemischen Verständnis die verschiedenen Wünsche, Erwartungen und Hoffnungen, die an die Beratung von den Teilnehmern und auch von Außenstehenden (z. B. Schule, Arbeitsplatz, Nachbarn, Verwandte) gestellt werden.

Fallbeispiel: Auftragsklärung

Familie Müller besteht aus vier Mitgliedern: Mutter (40 Jahre), Vater (45 Jahre), Peter (15 Jahre), Maike (13 Jahre).

In der Elternsprechstunde des örtlichen Gymnasiums erfährt Frau Müller, dass die Versetzung von Peter wegen einer möglichen ›5‹ in Mathematik und in Deutsch gefährdet sein könnte. Wegen der extremen Müdigkeit von Peter während des Schulunterrichts und seiner ausgeprägten Schüchternheit rät die Klassenlehrerin dazu, die städtische Psychosoziale Beratungsstelle aufzusuchen. Da Frau Müller und Herr Müller den Ratschlag der Klassenlehrerin sehr ernst nehmen, bemühen sie sich um einen Termin in der Beratungsstelle. Die Sozialarbeiterin lädt am Telefon alle Familienmitglieder zum Erstgespräch ein.

Nach der Begrüßung der einzelnen Familienmitglieder eröffnet die Sozialarbeiterin die Sitzung mit der Frage nach den Erwartungen der einzelnen Familienmitglieder an die Beratung und stellt die Regel auf, dass jeder sein Anliegen (ohne Bewertungen durch die anderen) vortragen darf.

Frau und Herr Müller möchten (wie die Schule), dass die Schulleistungen von Peter wieder besser werden. Maike wünscht sich, dass Sie genau so lange im Internet surfen darf wie ihr Bruder. Peter beklagt sich darüber, dass sein Vater den Internetzugang durch eine Router-Einstellung für die Kinder ab 22.00 Uhr gesperrt habe. Da er sein Handy ab 22.00 Uhr abgeben muss, fühle er sich von den wichtigen Mitteilungen seiner Freunde völlig abgeschnitten. Frau Müller beklagt sich darüber, dass sie alleine für den Haushalt zuständig sei, obgleich sie auch 20 Stunden in der Woche berufstätig ist. Herr Müller ist in der letzten Zeit äußerst genervt darüber, dass er immer unter Murren der Kinder das Handy eintreiben müsse.

Die Sozialarbeiterin lobt die Familienmitglieder dafür, dass alle so offen ihre Probleme und Wünsche ansprechen und formuliert die Hypothese, dass die Familie durch die Entwicklung der Kinder in eine neue Lebensphase eingetreten sei, in der die Familienregeln entsprechend den Bedürfnissen aller Familienmitglieder neu ausgehandelt werden müssen.

Paare und Familien kommen in die Beratung, weil sie an ihrem Zusammenleben und ihrer Beziehung, an einem Systemmitglied oder vielleicht an sich etwas zu beklagen haben. Probleme, Symptome oder Störungen werden von ihnen nahezu ausschließlich negativ bewertet, selten ist bewusst, dass sie eine *Funktion* im System erfüllen. Unter systemischer Perspektive haben Probleme immer auch positive Aspekte.

Mit der Methode des *Reframing* wird deshalb versucht, dass der Klient/die Klientin die bisherigen negativen Auffassungen in einem neuen Licht sehen kann, d. h. den Sinn und die Funktion des Problems erkennt (vgl. Schwing 2014b). Der Begriff leitet sich aus dem Englischen ab und bedeutet Umdeutung. Der Berater versucht, einem ›Problem‹ einen anderen Sinn zu geben, indem er es in einen anderen Kontext stellt (Kontextreframing), eine andere Bedeutung zuschreibt (Bedeutungsreframing) oder die positive Absicht herausstellt (Inhaltsreframing) (vgl. v. Schlippe & Schweitzer 2013). Beim *Kontextreframing* wird ein Bezugsrahmen gefunden, in dem ein ›Problemverhalten‹ sinnvoll sein könnte: Nachdem eine Frau sich in der Eheberatung über das pedantische Verhalten ihres Ehemannes beklagt hat, betont der Berater den Vorteil dieses Verhaltens z. B. bei der Steuererklärung. Das *Bedeutungsreframing* versucht das beklagte Verhalten in einen nützlichen Blickwinkel zu rücken: Seitdem die Tochter unter einer Anorexie leidet, streiten sich die Eltern deutlich weniger, weil sie nur noch damit beschäftigt sind, ihr zu helfen. Bei dem *Inhaltsreframing* wird die negative Beschreibung des ›Problemverhaltens‹ zwar beibehalten, jedoch liegt der Fokus auf der möglich positiven Funktion, die mit dem Verhalten intendiert ist: Die laute Musik im Zimmer der 16-jährigen Tochter mag zwar für die anderen Familienmitglieder nervend sein, hat jedoch die Funktion, sich von den Lebensgewohnheiten der Eltern zu lösen, um autonomer zu werden. Fließt diese Technik des Reframing immer wieder im Verlauf des Beratungsprozesses ein, können auch die Systemmitglieder lernen, das Symptom aus einem anderen Blickwinkel zu betrachten. Durch den neuen Bezugsrahmen für bestimmte Ereignisse entstehen Denkanstöße für die Familie, nicht alles immer nach den vorgefertigten Problemmustern anzuschauen (vgl. Liechti 2008).

Symbolisch-metaphorische Methoden

Das *Genogramm* gehört zu den verbreitetsten symbolisch-metaphorischen Methoden. Ähnlich einem Stammbaum bildet das Genogramm das Familiensystem über mindestens drei Generationen hinweg grafisch ab (z. B. Großeltern, Eltern, Kinder). Für die Darstellung werden unterschiedliche Symbole benutzt, Frauen werden über einen Kreis und Männer über ein Quadrat dargestellt. Geschwister werden gewöhnlich in ihrer Geburtsreihenfolge von links nach rechts angeordnet. Eine Linie kann zeigen, wer zusammen in einem Haushalt lebt. Zu jedem

Personensymbol werden der Name und das Geburts- und ggf. ein Todesdatum eingetragen. Auch Hochzeits- oder Scheidungsdaten, Wohnorte, Berufe, gesundheitliche Probleme, Charaktereigenschaften und besondere Fähigkeiten werden meist mit aufgenommen, um einen umfassenden Blick über die Familienverhältnisse zu erhalten (vgl. Schweitzer et al. 2007; v. Schlippe & Schweitzer 2013) (▶ Kap. 5.3). Mit dem Genogramm erhält der Berater eine Übersicht und Informationen über das Paar- oder Familiensystem, woraus er Hypothesen über mögliche Zusammenhänge zwischen der Familiengeschichte, den Beziehungsstrukturen und der Problementwicklung ableiten kann. Die Genogrammarbeit erleichtert es allen an der Beratung beteiligten Personen, die wechselseitige Stabilisierung von Problem und System zu erkennen (vgl. McGoldrick et al. 2009; v. Sydow et al. 2007) und führt damit auch zu einer Entlastung des Symptomträgers von den Schuldzuschreibungen durch Systemmitglieder. Auch Probleme um das Thema ›Grenzen und Grenzverletzungen‹, z. B. zwischen den Generationen oder den Mitgliedern innerhalb des Systems oder zur Außenwelt, können damit besser erkannt werden.

Zeitlinien (bzw. Timeline oder Zeitstrahl) werden in der systemischen Beratung genutzt, um biographische Ereignisse, z. B. auf Papier oder auf einer Linie im Beratungsraum, darzustellen (vgl. Schindler 2014, Lindner 2015). Der Klient/die Klientin hat die Aufgabe, sowohl positive als auch negative Ereignisse aus der Vergangenheit, aber auch gewünschte Ziele für die Zukunft auf einem Zeitstrahl einzutragen (▶ Kap. 5.2). Besondere Sorgfalt muss der Berater walten lassen, wenn traumatische Erlebnisse aufgedeckt werden (vgl. Lindner 2015). Die Bearbeitung von Traumata erfordert in der Regel den geschützten Rahmen eines Einzelsettings, in dem eine hinreichende Stabilität des Klienten/der Klientin erarbeitet werden kann. Im Paar- oder Familienkontext kann die Zeitlinie z. B. dafür benutzt werden, die Störungsentwicklung sowie bisherige Bewältigungs- und Lösungsversuche darzustellen und zu verfolgen. Dadurch können Ressourcen aufgedeckt werden, die zurzeit brachliegen oder verschüttet sind und nicht genutzt werden.

Eine weitere symbolisch-metaphorische Methode stellt das *Familienbrett* dar, das aus einem Brett (etwa so groß wie ein Schachbrett) und Figuren in unterschiedlichen Formen, Größen und Farben besteht (vgl. Caby & Caby 2016). Die Klienten/Klientinnen werden gebeten, die Familie entsprechend ihrer Beziehung zueinander auf dem Brett zu platzieren. Das kann insbesondere durch die Entfernung zwischen den Figuren, der Blickrichtung der jeweiligen Figuren, aber auch durch die Größe und die Form zum Ausdruck gebracht werden. Über dieses Medium können Klienten/Klientinnen relativ schnell zu einer szenischen Abbildung der Familie kommen. Wenn die Familienmitglieder nacheinander die Familie aus ihrer Perspektive darstellen, dann bietet diese Methode eine elegante Möglichkeit, die unterschiedlichen Wahrnehmungen im System und der Systemmitglieder kennen zu lernen.

In der *Familienskulptur* werden in ähnlicher Weise Körperhaltung, Entfernungen und Blickrichtungen dazu genutzt, um die Beziehungsdynamik zwischen den Familienmitgliedern darzustellen (vgl. Kleve 2016; Lindner 2015). Einzelne Mitglieder werden aufgefordert, die übrigen anwesenden Familienmitglieder im

Beratungsraum so aufzustellen, dass über deren Körperhaltung, Gestik, Blickrichtung und Mimik die Beziehungsdynamik der Familie zum Ausdruck kommt, so wie dieses Mitglied sie erlebt. Nähe, Distanz, Dominanz oder Überlegenheit können durch Gesten noch unterstrichen werden. Wegen des besonderen erlebnisaktivierenden Charakters der Methode betont der Berater in der Anleitung, dass die in Szene gesetzte Familienstruktur lediglich die subjektive Wahrnehmung und Erlebnisweise des jeweils gestaltenden Familienmitgliedes, des ›Bildhauers‹ ist. Sobald die Familie aufgestellt ist, auf welche Weise auch immer, fragt der Therapeut jeden Einzelnen, wie er sich fühlt, wie die Aufstellung auf ihn wirkt und ob ggf. jemand eine andere Sichtweise vertritt. Eine weitere Abwandlung ist die ›Simultanskulptur‹, bei der alle Systemteilnehmer sich selbst zueinander positionieren sollen. Bei der ›Outside-in-Perspektive‹ stellt der Berater die Familie aus seiner Sicht dar. Die Familienskulptur kann auch dysfunktionale Muster zum Vorschein bringen, wie z. B. nicht eingehaltene Generationsgrenzen zwischen Eltern und Kindern. Eine Familienskulptur kann dazu anregen, dass die Familie neue Interaktionsmuster ausprobieren möchte und somit erleben kann, wie alte pathologische Muster durch brauchbarere abgelöst werden können.

Systemische Fragen

In der systemischen Therapie und Beratung sind eine Reihe besonderer Fragetechniken entwickelt worden, die so gestellt werden, dass nicht Dinge, Eigenschaften oder Fakten im Mittelpunkt stehen, sondern die Wirklichkeitskonstruktionen der Akteure (vgl. Schweitzer et al. 2007; v. Schlippe & Schweitzer 2013; Hanswille 2015). Sie dienen bei den beteiligten Akteuren dazu, neue Sichtweisen zu generieren.

Zirkuläre Fragen geben Auskunft über Beziehungen, über familiäre Dynamiken innerhalb des Systems und sind Denkanstöße für die Betroffenen, über die geredet wird. Die Frage wird nicht an den gestellt, dessen Gedanken oder Gefühle der Berater/Therapeut erfahren will, sondern an ein anderes Familienmitglied, das die (vermuteten) Gedanken oder Gefühle des anderen zum Ausdruck bringen soll. (»Was denkst du, wie fühlt sich dein Vater, wenn du sagst, du bist zu dick?«). Zirkuläre Fragen liefern nicht nur Erkenntnisse über die Konstrukte (Wahrnehmung, Auffassung) der antwortenden Person im Hinblick auf diese andere Person, sondern zugleich auch Erkenntnisse über die Beziehungsdefinition und Erwartungs-Erwartungen gegenüber dieser Person. Über diese Fragetechniken entstehen neue Informationen im System. Sie transformieren Haltungen in Handlungen, vor allem, wenn Wenn-Dann-Situationen erfragt werden (»Wie verhält sich deine Mutter, wenn deine Schwester nichts essen möchte?«). Das bringt mehrere Vorteile: Zum einen hören alle gespannt zu, um nicht zu verpassen, wie man selbst wahrgenommen und erlebt wird. Zum anderen muss sich zunächst niemand selbst über erfragte Ich-Botschaften offenbaren (»Wir zerbrechen an der Sorge um unser Kind«), sondern es stehen zunächst einmal ›nur‹ Vermutungen einzelner über andere im Raum (‹Wie schaffen deine Eltern es, die Sorge um dein Wohl auszuhalten?‹). Die zirkuläre Fragetechnik kann mit einem nestbauenden Vogel verglichen werden: Ein Zweig hat kaum Gewicht und wird dem Vogel kein Heim sein, trägt er jedoch viele zusammen, entsteht ein komplexes für ihn sehr wichtiges Nest. Wird also eine ganze Einheit mit zirkulären Fragen in die Therapiesitzung eingebaut, sodass nacheinander alle Beteiligten über andere befragt werden können, bildet sich schnell das Gefühls-, Gedanken- und Beziehungsgeflecht im System ab, mit dem alle einverstanden sein müssten, weil eben alle schon länger betroffen sind. Gefühlsäußerungen und Handlungen sind nicht als statische Merkmale der Person zu betrachten, sie sind vielmehr immer Herausforderungen und Angebote zu Interaktion und Auffassungen in zwischenmenschlichen Beziehungen. Eine Frage, die z. B. in anorektischen Familien gut passt, könnte lauten:»Wenn ich Ihr Kind nun fragen würde, ob Sie eine glückliche Beziehung führen, was meinen Sie, wie die Antwort lauten könnte?« Durch die Antworten werden Informationen und Beziehungsmuster ›sichtbar‹ und können gesammelt werden. Da diese Art von Frage manches Mal jedoch recht kompliziert erscheint und eben auch die Familienmitglieder ›anstrengt‹, sollte immer wieder mit direkten Fragen abwechselnd gearbeitet werden.

Lösungsorientierte Fragen (›**Verbesserungsfragen**‹): Diese Fragen stehen in der lösungsorientierten Tradition der systemischen Therapie. Sie sollen aufzeigen, wo schon in der aktuell belastenden Situation ›Inseln‹ problemfreien Erlebens existieren. Damit wird der Blick abgewandt von der Frage, wann und wo das Problem auftritt, und darauf gelenkt, wann und wodurch es dem Betroffenen besser geht. Das kann z. B. durch Fragen nach den Ausnahmen vom Problem geschehen: »Wann und unter welchen Umständen ist das Problem nicht aufgetreten?« oder auch durch Fragen nach den Ressourcen des Klienten: »Wie haben Sie es geschafft, dass die Beschwerden nicht auftraten?« (▶ Kap. 8.3). Zu den lösungsorientierten Fragen gehört auch die in der Praxis gerne eingesetzte *Wunderfrage*: »Stellen Sie sich vor, dass nachts ein Wunder geschieht und während Sie schlafen, sich alle Probleme wie von selbst lösen. Woran merken Sie nach dem Aufwachen, dass Ihre Beschwerden (Ihr Problem) nicht mehr bestehen (besteht)? Wer merkt es außer Ihnen zuerst? Woran merkt Ihr Partner (etc.), dass Sie keine Beschwerden mehr haben (dass Ihr Problem gelöst ist)?« Die Wunderfrage ist eine spezielle Frage nach hypothetischen Lösungen, wodurch alternative Sichtweisen und Handlungsoptionen durchgespielt werden. Sie ermöglicht es dem Klienten, seine Problemsicht für einen kurzen Augenblick zu verlassen und stattdessen motiviert in eine Zukunft zu schauen, wo sein Problem nicht mehr besteht und stattdessen beschwerdefreies Verhalten (das Änderungsziel) in den Fokus genommen wird. Die Wunderfrage sollte allerdings nur mit Vorsicht gestellt werden, damit der Klient diese Frage nicht missversteht und befürchtet, dass der Berater sich über ihn lustig macht. Im Anschluss an die lösungsorientierten Fragen bespricht der Berater mit den Klienten, wie mehr von dem geschehen könnte, was heute schon in problemfreien Situationen geschieht oder sich in der Wunderfrage als (Ziel-)Vision auftut.

Differenzierungsfragen: Mit Hilfe dieser Fragen soll auf Unterschiede hingewiesen bzw. der Fokus auf solche gelenkt werden. Der Klient/die Klientin wird angeregt, über Unterschiede und Veränderungen sowie deren mögliche Ursachen nachzudenken. Die wichtigsten Frageformen sind die folgenden:

- Klassifikationsfragen: »Wer profitiert in Ihrer Familie am meisten davon, wenn Ihre Beschwerden sich verbessern?«
- Prozentfrage: »Zu wie viel Prozent glauben Sie, ist Ihre Krankheit körperlich verursacht?«
- Übereinstimmungsfragen: »Schätzen Sie die Schwere Ihrer Krankheit ähnlich ein wie Ihre Frau?«
- Skalierungsfragen: »Wo zwischen 0 und 10 liegt heute ihr Gesamtbefinden? Wie sind sie von Stufe X nach Stufe Y gekommen? Wie haben sie das gemacht?«

Häufig ist es sinnvoll und förderlich, den Klienten anzuregen, Unterschiede und Veränderungen seit Beginn der Beratung wahrzunehmen, um bei ihm Veränderungszuversicht und Motivation zur Mitarbeit zu aktivieren (▶ Kap. 4).

Problemorientierte Fragen (›Verschlimmerungsfragen‹): Verschlimmerungsfragen regen vor allem Menschen in Opferpositionen (›klagende Klienten‹) dazu an, die eigene Beteiligung an ihrem Leid einzuschätzen. Das erfolgt z. B. über die Frage »Was könnten Sie tun, um Ihr Problem zu verschlimmern?« Es handelt sich um hypothetische Fragen, die neue Optionen aufzeigen, ohne dass die Klienten/Klientinnen direkt aufgefordert werden, etwas Bestimmtes zu ändern.

Fragen zu Wirklichkeits- und Möglichkeitskonstruktionen umfassen eine große Gruppe der Fragetechniken in der systemischen Beratung. Es geht um die Erfassung der Gegenwart und einer möglichen Zukunft für das Familiensystem. Auf der einen Seite soll die Wirklichkeit beschrieben werden, indem alle Fragen rund um das Problem ›abgeklopft‹ werden. Es wird gefragt, wann, wo, in wessen Gesellschaft das Problem (nicht) auftritt. Wer bemerkt es (nicht)? Wer reagiert wie darauf? Welche möglichen Begründungen oder Bedeutungen gibt es für das Problem und die Beziehungen innerhalb und außerhalb der Familie? Darüber hinaus werden Frageformen eingesetzt, die Möglichkeiten zur Verbesserung (Ausnahmen und Ressourcen), zur Verschlimmerung oder über eine Kombination von Problemen und Lösungen (Nutzen des Problems, Zukunftsplanung, ›Als-ob‹-Fragen) erforschen. Den Klienten/Klientinnen werden Lösungsmöglichkeiten angeboten bzw. zusammen mit ihnen erarbeitet, zu denen letztlich niemand gezwungen wird, wodurch der Druck auf das System reduziert wird, denn es war ja nur eine Frage. Verhaltens- und Beziehungsmöglichkeiten können ›gedanklich getestet‹ werden, ohne unmittelbaren Druck zur Realisierung und möglichen Ängsten vor den Konsequenzen.

Hypothetische Fragen sollen dem Klienten/der Klientin für eine kurze Zeit eine symptomfreie Zukunft zeigen. Es werden also Zustände beschrieben, die rein theoretisch in nächster Zeit zu erreichen wären, wobei der Klient konkret überlegen kann, wie er einen solchen Zustand erreichen könnte. Auch können sich hypothetische Fragen z. B. auf die Bedeutung der Beratung beziehen (»Wie würden Sie sich morgen verhalten, wenn die Beratung heute beendet würde?«) oder auf die Vergangenheit des Klienten (»Wie sähe Ihre jetzige Situation aus, wenn Sie in der Schule nicht der Klassenbeste gewesen wären?«) (vgl. v. Sydow et al. 2007). Auch wenn die in den Fragen implizierten Gegebenheiten zunächst noch weit weg sind, wird den Familienmitgliedern ermöglicht, sich einmal kurz auf eine ›was-wäre-wenn-Situation‹ einzustellen (vgl. Wirsching 2006).

Narrative Methoden

Diese gehen davon aus, dass Menschen ihr Leben und ihre Erfahrungen durch Geschichten interpretieren, die als Selbsterzählungen für ihre Identitätsentwicklung wichtig sind (vgl. Kronbichler 2016). Wenn Personen ihr Leben, ihre Verhaltensweisen und Beziehungen zu anderen Menschen im Lichte ihrer Problemerzählungen erleben und immer wieder erzählen, kann das negative Bewertungen über sich und andere verfestigen und zu erheblichen Einschränkungen im Alltag führen. Im Rahmen des narrativen Ansatzes werden solche Geschichten erkundet und in Frage gestellt, worüber eine Neukonstruktion von Lebensnarrationen möglich wird. Dabei wird der Klient angeleitet, eine sprachliche Trennung zwischen sich und seinem Problem vorzunehmen und Ausnahmesituationen vom Problem zu entdecken. Mit der Hilfe von *Externalisierungsfragen bzw. dekonstruktiven Fragen* soll eine ›Auslagerung‹ des Problems durch die distanzierende Benennung als ›es‹ erreicht werden. Antworten auf dekonstruktive Fragen ergeben eine neue Geschichte, in der nicht das Problem, sondern die Kompetenzen und Ressourcen im Mittelpunkt stehen, die von der bisherigen Problemgeschichte überdeckt wurden. Für die praktische Beratungsarbeit haben sich zur Neukonstruktion von Lebensnarrationen sechs Schritte bewährt (vgl. White & Epston 2013; für die Arbeit mit Kindern vgl. Rotthaus 2015):

1. Beschreibung des Problems: Der Klient/die Klientin erzählt seine/ihre ›Geschichte‹ über das Problem.
2. Sprachliche Trennung von Problem und Person: Das Problem wird zur Externalisierung sprachlich von der Person getrennt, indem es einen Namen erhält. Z. B.: »Welche Macht hat es (…) auf Sie? Visualisieren Sie das Problem: Wie sieht es (…) aus?«
3. Einfluss des Problems: »Welchen Einfluss hat es (…) auf Sie und welchen Einfluss haben Sie auf es (…)?«
4. Entdecken von Ausnahmesituationen, um die ›Dekonstruktion‹ verengter Perspektiven zu ermöglichen, die mit den Problemerzählungen verbunden sind, z. B.: »Was war anders, als es (…) keinen Einfluss hatte?«
5. Bewertung der Auswirkungen der Ausnahmesituationen: »Was sind die stärksten Auswirkungen der Ausnahmesituation? Wie passen die Ausnahmesituationen zu Ihrer Problembeschreibung? Gibt es vor dem Hintergrund der Ausnahmesituationen andere Problembeschreibungen?«
6. Verstärkung der neuen Narrationen, z. B. durch schriftliche Dokumente (Briefe an mich, Zertifikate für mich).

Reflektierendes Team

Das *reflektierende Team* liegt als Methode zwar in verschiedenen Varianten vor, es besteht jedoch im Kern darin, den Beratungsprozess durch eine zusätzliche Außenperspektive zu erweitern, die durch den Wechsel zwischen Beratungs- und Reflexionsebene angeregt wird, z. B. so: Das reflektierende Team beobachtet in einer ersten Phase eine laufende Beratung (z. B. durch einen Einwegspiegel) für eine gewisse Zeit. Danach bespricht das reflektierende Team in Anwesenheit der Klienten/Klientinnen in einer wertschätzenden Art und Weise seine (auch kontroversen) Gedanken, Gefühle und Ideen zum bisherigen Beratungsverlauf und zu den Klienten. Es findet also eine Metakommunikation über die Beratung statt, während die Klienten/Klientinnen zuhören (vgl. Caby 2016, Reiners 2015). Während dieser zwei Phasen darf das Klientensystem nicht unterbrechen. In der dritten Phase wird die Beratung fortgesetzt, wobei dem Klientensystem die Möglichkeit gegeben wird, zu den Aussagen des reflektierenden Teams Stellung zu nehmen. Sind nicht so viele Berater oder Therapeuten auf einmal abrufbar, was in der Praxis eher die Regel ist, eignet sich auch ein Zweipersonen-Beraterteam für diese Interventionsform. Selbst ein einzelner Berater kann ›mit sich selbst‹ über die Familie reflektieren (vgl. Schweitzer et al. 2007; v. Schlippe & Schweitzer 2013).

Schlussintervention

Die *Schlussintervention einer Sitzung* wird meist nach der letzten Pause gegeben, um die Neugierde und die Spannung der Familie zu nutzen. Sie sollte grundsätzlich mit etwas Positivem beginnen, etwa mit einem Kompliment im Sinne einer Anerkennung der Familie, z. B. für ihre Mitarbeit. Sie kann sowohl mündlich als Kommentar als auch schriftlich als Brief an die Familie gerichtet sein. Diese sehr effektive Technik fasst noch einmal zusammen, was besprochen und bearbeitet wurde und formuliert Hypothesen und Eindrücke. Mit Hilfe dieses Schlusskommentars kann der Berater noch einmal eine letzte Intervention leisten. Es ist der letztmögliche Zeitpunkt, um Anstöße für neue Muster oder eine Umorganisation zu geben. Schlussinterventionen können auch (zum Teil befristete) Hausaufgaben implizieren, etwas Neues zu tun, Neues (noch) nicht zu tun, Verhaltensweisen zu unterlassen, so zu tun ›als ob‹ oder ein Verhalten nur zu beobachten. Der *abschließende systemische Kommentar* soll eine Rückmeldung für das System sein, wie z. B. über die wahrgenommenen Beziehungen untereinander. Zusätzlich kann die Technik des *Metakommentars* eingebaut werden, indem der Berater fragt, wie ein Kommentar bei den Beteiligten ankam. So kann man zwischendurch immer wieder überprüfen, ob auf der gleichen Ebene kommuniziert wird und eingetretene Missverständnisse können aus dem Weg geräumt werden (vgl. Schweitzer et al. 2007).

Weiterführende Literatur

Cierpka, M. (2008) (Hrsg.). Handbuch der Familiendiagnostik. Heidelberg: Springer.
Hanswille, R. (2015) (Hrsg.). Handbuch systemische Kinder- und Jugendlichenpsychotherapie. Göttingen: Vanderhoeck & Ruprecht.
Levold, T. & Wirsching, M. (2014) (Hrsg.). Systemische Therapie und Beratung – das große Lehrbuch. Heidelberg: Carl-Auer Verlag.
Schlippe, A. v. & Schweitzer, J. (2013). Lehrbuch der systemischen Therapie und Beratung I. Göttingen: Vanderhoeck & Ruprecht.
Ritscher, W. (2011). Systemische Diagnose: Eine Skizze. Kontext, 42 (1). 4–28.
Schubert, F.-C., Rohr, D. & Zwicker-Pelzer, R. (2019). Beratung. Grundlagen – Konzepte – Anwendungsfelder. Heidelberg: Springer.
Schwing, R. & Fryszer, A. (2012). Systemisches Handwerk. Werkzeug für die Praxis. 5. Auflage. Göttingen: Vandenhoek & Ruprecht.

9.3 Einsatz von Trainings in der Beratung

Dieter Wälte & Michael Borg-Laufs

Für bestimmte Konflikt- und Problembereiche haben sich in der Psychotherapie und Beratung Trainings bewährt, die systematisch auf bestimmte Themen (Stress, Entspannung, Kommunikation, Emotionen, Konzentration, Selbstsicherheit, Problemlösung, Gesundheit) bei bestimmten Adressaten (insbesondere einzelne Personen, Paare, Familien bzw. Eltern, Gruppen, Institutionen wie z. B. Klinik, Schule oder Jugendeinrichtungen), bei ausgewählten Altersgruppen (Kinder, Jugendliche, Erwachsene) oder auch auf spezifische psychische Störungsbereiche (z. B. Blasenkontrolltraining, Hegarstifttraining, Skillstraining für Borderline-Persönlichkeitsstörung) ausgerichtet sind. In der psychosozialen Beratung kommen jedoch hauptsächlich störungsunspezifische Verfahren zur Anwendung, um Klienten bei der Bewältigung ihrer Konflikte, Krisen oder Probleme zu unterstützen. Die Grundidee ist jedoch dieselbe wie in der Psychotherapie: Personen mit einem strukturierten und abgestimmten Paket von ausgewählten Interventionen zu helfen. Deshalb sollen Trainings, die für spezifische klassifizierbare psychische Störungen entwickelt wurden, im Folgenden nicht behandelt werden, da sie in der Regel in der Psychotherapie, Medizin oder Sonderpädagogik eingesetzt werden. Außerdem sollen solche Trainings nicht dargestellt werden, die sich auf spezifische Problembereiche bei bestimmten Altersgruppen beschränken, wie das z. B. beim Training mit Jugendlichen der Fall ist (vgl. Petermann & Petermann 2017).

Abstrahiert man von den einzelnen Trainings, die innerhalb der Sozialen Arbeit auch in der sozialen Gruppenarbeit genutzt werden, so lässt sich zunächst eine Reihe von Gemeinsamkeiten feststellen:

- Sie beziehen zu einem großen Teil Techniken und Methoden ein, die in der Verhaltenstherapie entwickelt wurden bzw. hier häufig zur Anwendung kommen;
- sie lassen sich von dem Grundsatz leiten, dass Veränderungsprozesse nicht lediglich auf Einsicht beruhen, sondern durch Übung geschehen (›Übung macht den Meister‹) und in einem fortlaufenden Prozess erreicht werden können;
- sie realisieren in einem ausgesprochen hohen Maß das Wirkprinzip der Problemaktualisierung, weil die Klienten bei den Übungen ihre Probleme real erleben und sich neue Wege erschließen können, wie sie besser mit dem Problem umgehen können (▶ Kap. 7). Problemaktualisierungen gehen oft mit Exposition einher, bei der die Klienten ermuntert werden, ihr Meidungsverhalten aufzugeben. Habituation, Extinktion und Erwartungsänderungen bei Problemen können dadurch eintreten;
- sie setzen oft Rollenspiele (▶ Kap. 7.1) ein, damit der Klient das üben kann, was er danach in seinem Alltag umsetzen möchte;
- sie haben eine Reihe von Modulen, die mehr oder weniger stark standardisiert in Manualen dokumentiert sind;
- sie lassen sich im Ablauf in mindestens drei Phasen unterteilen: Diagnostik, Psychoedukation und Übungen.

9.3.1 Elterntraining

Spätestens seit der Einführung von Satz 2 im §1631 des BGB im Jahr 2000 (»Kinder haben ein Recht auf gewaltfreie Erziehung. Körperliche Bestrafungen, seelische Verletzungen und andere entwürdigende Maßnahmen sind unzulässig«) haben Elterntrainings Hochkonjunktur. In Folge dessen wurden von den Trägern der Jugendhilfe zunehmend kurzfristig bis mittelfristig angelegte und oft standardisierte Elternkurse angeboten, an denen Eltern zur Stärkung ihrer Erziehungskompetenz teilnehmen und damit auch die psychische Situation ihrer Kinder verbessern können. Insbesondere wurden Programme für eine Bandbreite von Zielgruppen entwickelt, die von Eltern mit Kleinkindern bis zu Eltern von Jugendlichen mit oder ohne spezifische Probleme reichen. Die Durchsicht der empirisch bewährten Programme (z. B. Triple P, THOP, KES, The Incredible Years, Helping the Noncompliant Child, STEP, Gordon-Elterntraining, Starke Eltern – Starke Kinder; vgl. Job & Hahlweg 2019) zeigt, dass im Wesentlichen je nach Schwerpunktsetzung folgende Ziele im Mittelpunkt stehen, wobei die Stärkung der Eltern-Kind-Beziehung ein Metaziel darstellt (vgl. Kaminski et al. 2008):

- Vermittlung von Wissen über die Entwicklung des Kindes oder des Jugendlichen.
- Verringerung negativer Erziehungsstrategien, insbesondere eines inkonsistenten Erziehungsstils, und Förderung eines wertschätzenden Erziehungsstils.
- Förderung der emotionalen Bindung zwischen Eltern und Kind.

- Förderung positiver Familienregeln zur Durchbrechung negativer familiärer Interaktionsmuster.
- Einbeziehung des Kindes in Entscheidungsprozesse ohne Überforderung.
- Förderung sozialer Kompetenz, z. B. positiver Konfliktlösungen.
- Reduktion und Bewältigung negativer Interaktionen durch Verbesserung der Kommunikation, insbesondere auch über das Mitteilen von Emotionen.
- Akute Krisen (z. B. Scheidung) oder chronische Konflikte in der Familie können in der psychosozialen Beratung Anlässe für die Inanspruchnahme von Elterntrainings sein.

Trainings für Angehörige von Suchtkranken

Wegen der Verbreitung von Suchtkrankheiten gibt es eine große Anzahl von Betroffenen, die Hilfe in psychosozialen Beratungsstellen suchen. Epidemiologische Studien zeigen die weite Verbreitung der Störungen von Personen durch psychotrope Substanzen und lassen bereits erahnen, wie viele Angehörige (auch Eltern) vermutlich involviert sind. Die aktuelle repräsentative Studie zur Epidemiologie psychischer Störungen in Deutschland ermittelt bei einer 12-Monats-Prävalenz 5,7 % der erwachsenen Allgemeinbevölkerung (18–79 Jahre), die unter einer Störung durch Substanzgebrauch – hier: Alkohol und Medikamente – leiden (vgl. Jacobi et al. 2014). Damit ist sie (nach den Angststörungen und affektiven Störungen) die dritthäufigste psychische Störung überhaupt. Hinzu kommen noch Störungen durch illegale Drogen (wie Cannabis, Amphetamine, Ecstasy, LSD, Opiate und Kokain/Crack), von denen die Abhängigkeit von Cannabis mit etwa 1,3 % am stärksten verbreitet ist (vgl. Kraus et al. 2010) und damit bereits zu den zehn häufigsten psychischen Störungen zu rechnen ist.

Die genaue Anzahl der betroffenen Angehörigen lässt sich nur schwer schätzen, es erscheint jedoch plausibel, dass ein Suchtkranker mehr als nur einen Angehörigen (Eltern, Geschwister, Verwandte, Freunde) hat. Bezieht man lediglich die Personen mit Alkohol-, Medikamenten- oder Cannabisabhängigkeit ein und unterstellt, dass jeder Suchtkranke lediglich drei Angehörige hat, dann kommt man bereits auf eine Anzahl von 9.300.000 ((1.900.000 + 300.000 + 900.000) x 3) Angehörigen. Mit welchem Multiplikator man auch rechnet, es handelt sich um eine ausgesprochen hohe Anzahl betroffener Angehöriger.

US-amerikanische Studien belegen, dass die Einbeziehung von Angehörigen die Bereitschaft des Suchtmittelabhängigen steigert, sich einer professionellen Behandlung zu unterziehen. Darüber hinaus sieht das inzwischen etablierte Coaching-Programm CRAFT (Community Reinforcement and Family Training) auch eine Verbesserung der Lebensqualität der Angehörigen vor. Es wurde für Angehörige entwickelt, bei denen der Suchtkranke aktuell eine Behandlung ablehnt, und es zeigt in den bisherigen empirischen Untersuchungen eine Überlegenheit zu den traditionellen Interventionen (Roozen et al. 2010, Brigham et al. 2014). Im Unterschied zum Konzept der Co-Abhängigkeit, nach dem der Angehörige durch sein Verhalten die Störung des Patienten mit aufrechterhält (Uhl & Puhm 2007), setzt das Konzept von CRAFT auf die Entlastung von der Mitschuld und befähigt den Angehörigen dazu, mit der Sucht besser umzugehen. CRAFT wurde auch für die Bedingungen in Deutschland adaptiert und erfolgreich eingesetzt (vgl. Bischof 2012), ein ähnliches Konzept (ETAPPE) liegt für die Angehörigen von problematischen und pathologischen Glücksspielern vor (vgl. Buchner et al. 2013). Diese Programme belegen, dass betroffene Angehörige von Suchtkranken einen Bedarf an spezifischen Hilfsangeboten haben, und sie lassen immer stärker deren besonderen Belastungen erkennen: Interaktionsprobleme, Schuldgefühle, Selbstabwertungen, übersteigerte Verantwortungsübernahme, finanzielle Probleme, Stressbelastung bis hin zur Entwicklung einer psychischen Störung und sozialer Isolation.

Zeitlich müssen die Eltern je nach Programm etwa 12–30 Stunden in strukturierten Sitzungen, das bedeutet einmal pro Woche etwa 2–3 Stunden, investieren. An dieser Arbeitsdichte lässt sich jedoch auch schon ablesen, dass nicht alle Eltern die notwendige Motivation aufbringen oder aus zeitlichen Gründen das Angebot nicht wahrnehmen können. Ob man dann noch gerade die Eltern erreicht, die das Angebot dringend benötigen, darf an dieser Stelle zumindest hinterfragt werden. Allerdings ist kein psychosoziales Beratungsangebot, ohne eine aktive Beteiligung zu realisieren (▶ Kap. 4.3). Um die Bandbreite der Elterntrainings besser kennen zu lernen, werden im Folgenden zwei Konzepte – das Gordon-Elterntraining (Gordon 1980) und Triple P (Sanders & Ralph 2005) – näher dargestellt. Während das Gordon-Elterntraining stark an den Konzepten der klientenzentrierten Psychotherapie orientiert und weniger stark operationalisiert ist, beruht das Triple-P-Programm auf kognitiv-behavioralen Modellvorstellungen und weist eine weitgehend manualisierte Vorgehensweise auf.

Gordon leitet sein Buch »Familienkonferenz«, das inzwischen als Klassiker der Elterntrainings bezeichnet werden kann, in der Erstauflage von 1970 mit einer euphorischen Botschaft ein:

> »Von diesem Buch mag sich erweisen, daß es manche der gleichen Unzulänglichkeiten wie vorangegangene hat, aber ich hege die Hoffnung, daß dem nicht so ist, denn es präsentiert eine umfassende Darstellung dessen, was erforderlich ist, eine unter allen Umständen effektive, totale Beziehung zu einem Kind zu schaffen und zu erhalten.« (Gordon 1980, 15)

Frühe Metaanalysen (Heekerens 1993) haben diese Begeisterung etwas gedämpft, da die Wirkung des Trainings sich stärker bei den Eltern zu entfalten vermag als bei den Kindern. In der Zwischenzeit scheint jedoch die Wirkung des Gordon-Trainings wieder an Ansehen gewonnen zu haben, da es nicht viel schlechter zu sein scheint als besser elaborierte Eltern-Programme (vgl. Kaminiski et al. 2008) und dann noch den Vorteil hat, dass es relativ einfach gestrickt ist. Es gibt den Eltern und Kindern praktisch bewährte Möglichkeiten an die Hand, um die Atmosphäre in der Familie so zu verbessern, dass sich alle Beteiligten verstanden fühlen. Gordon postuliert, dass sich die Beziehung zwischen den Eltern und ihren Kindern verbessert, wenn drei Techniken umgesetzt werden: ›aktives Zuhören‹, ›Ich-Botschaften‹ und die ›Niederlagenlose Methode‹.

Beim ›aktiven Zuhören‹ versucht der Empfänger (z. B. die Eltern) herauszufinden, was die Botschaft (des Kindes) in ihrem gefühlsmäßigen Inhalt bedeutet. Als Zeichen dafür, dass der Inhalt (von den Eltern) verstanden worden ist, spiegelt der Empfänger (die Eltern) sein Verständnis mit eigenen Worten wider. Er beschränkt sich also darauf, den Kern der Botschaft, so wie er ihn emotional verstanden hat, zurückzumelden, statt seine eigene Meinung dazu zu äußern oder gar ein Urteil darüber zu fällen. Für die Elternarbeit bedeutet das, dass die Familienmitglieder lernen, einander aktiv zuzuhören, um auf diesem Weg besser den Kern der Botschaft des Kommunikationspartners zu erfahren und dadurch ein ›Aneinandervorbeireden‹ zu verhindern.

›Ich-Botschaften‹ sollen die Kommunikation des Senders optimieren, da ›Du-Botschaften‹ nicht direkt die Empfindungen des Senders vermitteln. ›Du-Botschaften‹ implizieren oft Lösungsvorschläge an den Gesprächspartner (»Du sollst in der Zukunft ...«) und verhindern, dass dieser nach eigenen Lösungsvorschlägen sucht. Darüber hinaus können ›Du-Botschaften‹ sogar negative Kritik transportieren (»Du bist ein Versager«) und greifen den Gesprächspartner damit heftig an. Der Empfänger (das Kind) fühlt sich herabgesetzt, seine Selbstachtung wird beeinträchtigt und dies kann langfristig das psychische Grundbedürfnis nach Selbstwerterhöhung (▶ Kap. 5.6) nachhaltig beschädigen. Bei ›Ich-Botschaften‹ sind die Gefahren einer misslungenen Kommunikation eher gebannt, da der Sender seine Empfindungen direkt und unverschlüsselt preisgibt, mit der Folge, dass der Empfänger nicht die Botschaft interpretieren muss. Dem Empfänger gelingt es so viel einfacher, die ›Ich-Botschaft‹ des Senders zu akzeptieren, da über ihn keine Aussage gemacht wird. Gordon prognostiziert, dass die Familienmitglieder durch ›Ich-Botschaften‹ die Familienatmosphäre deutlich verbessern können, da Gefühle und Empfindungen offen und ehrlich zum Ausdruck kommen.

Schließlich schlägt Gordon für die Lösung von Konflikten in der Familie die sogenannte ›Niederlagenlose Methode‹ vor, bei der weder die Eltern noch die Kinder in Konfliktsituationen als Sieger oder Verlierer hervorgehen können. Demnach versucht keiner der Beteiligten, auf Kosten des anderen seine Macht durchzusetzen, stattdessen wird konstruktiv nach Lösungsmöglichkeiten des Konfliktes gesucht, die von allen Parteien getragen werden können. Gordon (2012) gibt für die ›Niederlagenlose Methode‹ eine praktische Anleitung in sechs Schritten:

1. Identifizieren und definieren des Konfliktes. Die genaue Beschreibung und Eingrenzung des Konfliktes werden von den Kindern und den Eltern gemeinsam vorgenommen. Dabei werden die verschiedenen Standpunkte und Meinungen untereinander ausgetauscht, um sicherzustellen, dass alle über denselben Sachverhalt reden. Hilfreich für den Kommunikationsprozess sind ›Ich-Botschaften‹.

2. Entwicklung von möglichen Alternativlösungen. In der Familie werden in einem Brainstorming alle möglichen Lösungen zur Bewältigung des Konfliktes gesammelt, wobei die Kinder ihre Vorschläge zunächst darlegen dürfen. Wichtig zu beachten ist, dass keine der Lösungen bewertet oder in irgendeiner Form abgewertet werden darf, es geht nur um die Sammlung potentieller Lösungsalternativen.
3. Kritische Bewertung der Lösungsalternativen. Alle gesammelten Lösungsmöglichkeiten werden in diesem Schritt einer kritischen Bewertung unterzogen. Lösungen, die entweder die Kinder oder die Eltern nicht akzeptieren können, werden gestrichen. Auch diese Phase wird nachhaltig durch ›Ich-Botschaften‹ gefördert.
4. Entscheidung für die beste annehmbare Lösung. Die kritische Bewertung aller Lösungsalternativen bringt die Familienmitglieder dazu, dass eine gemeinsame akzeptable Lösung gefunden wird. Allerdings muss die gewählte Lösung nicht für alle Zeiten beibehalten werden, sie sollte jedoch zunächst einmal ausprobiert werden und kann bei Bedarf auch wieder verändert werden, wobei das Konzept damit einen rekursiven Charakter erhält.
5. Ausarbeitung von Wegen zur Umsetzung der Entscheidung. In diesem Schritt schmieden die Familienmitglieder einen Plan zur Umsetzung der Entscheidung und setzen diesen schließlich um.
6. Evaluation der Lösung: Nach einer gewissen Probezeit kommt die Familie zusammen, um die gewählte Lösung zu beurteilen. Der Alltag der Familie kann zeigen, dass Eltern oder Kinder sich mit der gewählten Lösung noch überfordert fühlen oder diese doch nicht den Bedürfnissen gerecht wird. Diese Situation würde dann die ›Familienkonferenz‹ wieder auf den Plan rufen, nach besseren Alternativen zu suchen. Auch hier zeigt sich wieder die Rekursivität des Modells, die auf eine Optimierung der Familienatmosphäre hinsteuert.

Gordon führt aus, dass seine Methoden nicht nur im gesamten Familienverband zur Anwendung kommen können, sondern auch in Subsystemen (z. B. Mutter – Tochter) oder auch in anderen Settings (z. B. Schule, Lehrer-Schüler-Interaktion) ihre Wirkung entfalten können.

Problemlösetraining

Viele Trainingsprogramme bestehen aus einem Problemlösetraining, das auf D'Zurilla und Goldfried (1971) zurückgeht, die den Problemlöseprozess in fünf Phasen untergliedern: 1. Förderung der Bereitschaft, Probleme zu lösen; 2. Definition und genaue Formulierung des Problems; 3. Finden von Alternativen; 4. Entscheiden und 5. Überprüfen. In der weiterführenden Diskussion wurde die Anzahl der Phasen noch etwas erweitert (vgl. Knut & Hahlweg 2018, Liebeck 2015).

Für die psychosoziale Praxis hat sich das folgende 9-stufige Vorgehen bewährt:

1. Problembewusstsein wecken
2. Benennung und genaue Beschreibung des Problems
3. Problemanalyse
4. Zielanalyse
5. Sammlung von Lösungs-Alternativen
6. Treffen von Entscheidungen
7. Verwirklichen der Entscheidung durch Ausprobieren der Lösung
8. Bewertung des Probehandelns
9. Transfer auf andere Probleme

Sanders entwickelte in den 1980er Jahren das Elterntraining Triple P (**P**ositive **P**arenting **P**rogram), das ein breites Spektrum an familiärer Unterstützung abdecken soll (vgl. Sanders et al. 2003). Insgesamt werden fünf Interventionsebenen unterschieden, die von den Eltern freiwillig angenommen werden können und sich in ihrer Intensität unterscheiden. Ebene 1 beinhaltet eine universelle Elternfortbildung über Medien und Artikel ohne Kontakt zu einem Berater oder Therapeuten. Das Programm strebt hiermit an, dass möglichst vielen Eltern der Zugang zu den weiterführenden Stufen gebahnt wird. Auf Ebene 2 und 3 erhalten die Eltern erste Hilfe bei weniger ausgeprägten Problemen durch eine Kurzberatung über Erziehungsstrategien, um ausgewählte Erziehungsprobleme zu bewältigen. Bei schwierigen Problemen in der Familie (z. B. bei Kindern mit Behinderung) erhalten die Eltern ein intensives Training von unterschiedlichen Erziehungsstrategien im Einzel- oder Gruppensetting. Hier können sich die Eltern mit den möglichen Ursachen für die Erziehungsprobleme auseinandersetzen und mit einem breiten Angebot an Erziehungsfertigkeiten die Familiensituation optimieren.

Das Elterntraining im engeren Sinne, also Ebene 4, umfasst insgesamt 10 Sitzungen. Die erste Sitzung dient der Exploration des Erziehungsproblems aus der Perspektive der Eltern und der Entwicklungsgeschichte des Kindes sowie der familiären Situation. In der zweiten Sitzung führt der Trainer eine Eltern-Kind-Verhaltensbeobachtung durch und bespricht die Ergebnisse mit den Eltern. Aus den Befunden der 1. und 2. Sitzung werden dann mögliche Ziele zur Veränderung des Verhaltens des Kindes und der Eltern besprochen. Die 3. Sitzung ist dem Thema der Förderung der kindlichen Entwicklung gewidmet, in der den Eltern die Prinzipien einer positiven Beziehung vermittelt werden. Bei der 4. Sitzung steht die Frage im Mittelpunkt, wie die Eltern mit dem Problemverhalten am besten umgehen können. Sie lernen hier, wie sie ihren Kindern zur Selbstkontrolle verhelfen und was sie genau machen können, um Eskalationsfallen zu vermeiden. Zum Schluss werden Ziele für die weiteren Übungssitzungen abgesprochen. In den Sitzungen 5 bis 7 stehen auf die Familie individuell zugeschnittene praktische Übungen bei der Familie zu Hause oder in der Beratungsinstitution unter aktiver Beteiligung des Kindes im Mittelpunkt. Ab der 8. Sitzung werden die Eltern zum Selbstmanagement angeleitet. Die Eltern lernen, besonders problematische Situationen in der Familie zu identifizieren und Aktionspläne zu entwickeln, wie das problematische Verhalten modifiziert werden kann. In Sitzung 9 kommen diese Aktionspläne unter aktiver Beteiligung der Kinder zum Einsatz. Sitzung 10 ist schließlich als Abschlusssitzung für die Eltern konzipiert und reflektiert die bisherigen Erfolge des Trainings und dient auch der Besprechung, wie die Veränderungen aufrechterhalten werden können. Schließlich ist die 5. Ebene für Eltern mit sehr schwierigen Problemlagen, wie z. B. Missbrauchsrisiko, gedacht, bei der neben dem Elterntraining noch je nach spezifischer Problemlage in der Familie weitere Bausteine hinzukommen, sodass die Beratung in eine kognitiv-verhaltenstherapeutische Paar- oder Familientherapie einmünden kann und damit schon einen durchschnittlichen Beratungskontext überschreitet, der allerdings auch nicht untypisch für das Setting der Erziehungs- und Familienberatung in Deutschland ist.

Im wissenschaftlichen Diskurs steht die Frage im Mittelpunkt, welche der Elterntrainings am erfolgreichsten sind und in Experimenten die höchsten Effektstärken aufweisen. Darüber hinaus entwickelt sich aber auch ein zunehmendes Interesse herauszufinden, welche Faktoren konzeptionsübergreifend für die Effektivität ausschlaggebend sind. In diesem Zusammenhang sind insbesondere die Ergebnisse von Metaanalysen aussagekräftig, mit der Einschränkung, dass Ergebnisse von experimentellen Forschungsprojekten zwar eine hohe interne Validität haben, jedoch die externe Validität (im Sinne einer Übertragung der Ergebnisse auf die Praxis) nicht immer sichergestellt ist (Smedler et al. 2015, Euser et al. 2015):

- Die gute Nachricht zuerst: Elterntrainings sind wirkungsvoll, jedoch ist die Wirkung oft klein bis moderat. Langfristige positive Effekte von mehr als sechs Monaten nach dem Training fallen eher gering aus. Mit welchen Stellschrauben kann man aber die Ergebnisse verbessern?
- Das Alter der Kinder spielt eine Rolle: Kinder unter 5 Jahren profitieren mehr als ältere Kinder.
- Die soziale Stellung der Eltern: Sozial gut gestellte Familien verzeichnen bessere Erfolge als sozial benachteiligte Familien.
- Das Beratungssetting: Gruppenberatung schneidet schlechter ab als eine individuelle Betreuung der Eltern, das gilt insbesondere für Familien aus sozial schwachen Schichten.
- Kommunikation: Die Förderung positiver Kommunikation, insbesondere über Emotionen (aktives Zuhören), verbessert die Erfolgsrate.
- Üben: Das alltagsnahe Einüben von Erziehungsfertigkeiten mit Rollenspielen und Hausaufgaben steigert die Effektivität. Hier wird eine ausreichende Anzahl von Sitzungen gefordert (Optimum 8–10).
- Konsequenter Erziehungsstil: Konsequentes, aber liebesvolles Verhalten der Eltern beim Fehlverhalten der Kinder, mit Kommunikation über Grenzen und Regeln in der Familie, ist ein wesentlicher Bestandteil des Elterntrainings.
- Wissen der Eltern: Vermittlung von Wissen über die kindliche Entwicklung fördert den Erfolg.
- Soziale Kompetenz: Trainingseinheiten zur sozialen Kompetenz sind erfolgversprechend.

Insgesamt liefern Programme über Elterntrainings wertvolle Impulse für die psychosoziale Beratungsarbeit in verschiedenen Settings wie Jugendhilfe, Schule oder Klinik. Dabei müssen die Programme nicht komplett durchlaufen werden, in der Praxis wird oft ein adaptives Vorgehen notwendig sein, das sich sowohl dem individuellen Fall als auch den Möglichkeiten anpasst, wie sie in der entsprechenden Institution gegeben sind.

> **Progressive Muskelrelaxation (PMR)**
>
> Viele Trainings, die in psychosozialen Beratungssituationen zum Einsatz kommen, haben als Teilmodul ein Entspannungstraining implementiert. Die **Pro**gressive **M**uskel**r**elaxation (PMR) nach Jacobson (1990, 2011) ist einfach zu erlernen und hat eine weite Verbreitung gefunden:
> Nach einem psychophysiologischen Erklärungskonzept stehen Personen mit Problemen oft unter einer dauerhaften sympathikotonen Erregung, die mit einer um Haltung und Leistung bemühten muskulären Dauerspannung einhergeht.
>
> - Ziele:
>   - Reduktion der körperlichen und psychischen Erregungsbereitschaft,
>   - Klient/Klientin lernt, Anspannung zu identifizieren und sich selbst gezielt zu entspannen,
>   - besserer Umgang mit Beschwerden bei Entspannung.
> - Vorgehen:
>   - maximale Anspannung und folgende Entspannung der Gliedmaßen und Rumpfmuskulatur jeweils einige Sekunden lang in folgenden Schritten: Arme, Beine, Atem- und Bauchmuskulatur, Gesichtsmuskulatur,
>   - anschließend aktive Zurücknahme.

9.3.2 Kommunikationstraining bei Paaren

Gestörte Eltern-Kind-Beziehungen stehen nicht selten in einem Zusammenhang mit Problemen der Eltern untereinander. In der systemischen Beratung und Therapie sind eine Reihe von Mustern herausgearbeitet worden, die das nahelegen (▶ Kap. 5.7 und 9.2). So können Paarkonflikte dadurch umgeleitet werden, dass sich die Eltern gegen das Kind verbünden, indem es zum Sündenbock für alle Probleme in der Familie negativ etikettiert wird. In solchen Problemkonstellationen sollte der Schwerpunkt der Beratung zunächst auf die Lösung der Konflikte zwischen den Elternteilen gelegt werden, die in der Regel von erheblichen Kommunikationsproblemen begleitet sind und die Indikation eines Kommunikationstrainings nahelegen. Ein Kommunikationstraining umfasst eine Reihe von Interventionstechniken mit dem Ziel, die Interaktionspartner durch das Einüben bestimmter Sprecher- und Zuhörerfertigkeiten wieder zu befähigen, sich konstruktiv zu unterhalten. Das Beratungsziel ist voll erreicht, wenn die Partner folgende Merkmale einer hohen Beziehungsqualität zeigen (vgl. Hahlweg & Schroeder 2009).

- Sie haben während eines Konfliktes häufig eine warme und zärtliche Stimme, halten Blickkontakt und lächeln.
- Sie sprechen häufig über ihre Gedanken, Gefühle, Wünsche und Bedürfnisse.
- Sie vermitteln gegenseitige Akzeptanz.
- Sie üben wenig Kritik an dem Partner.
- Sie lösen ihre Konflikte eher schnell.

Der Weg zu diesem Ziel ist in der Beratung mit dem Einsatz verschiedener Bausteine eines Kommunikationstrainings verbunden:

- Verhaltensanalyse partnerschaftlicher Interaktion, um Kommunikationsprobleme aufzudecken,
- Maßnahmen zur Steigerung positiver Reziprozität:
  - Jeder Partner schreibt auf, welche Verhaltensweisen des anderen ihm guttun.
  - Die Partner berichten über ihre Vorlieben.
  - Es werden Verwöhnungstage abgehalten.
  - Es wird ein Sensualitätstraining zur Sexualität eingebaut.
- Kommunikationstraining zur Einübung von Sprecher- und Zuhörerfertigkeiten:
  - Der Sprecher sendet Ich-Botschaften und zeigt Selbstöffnung. Er beschreibt konkretes Verhalten in konkreten Situationen und bleibt beim Thema.
  - Der Zuhörer wendet Techniken des aktiven Zuhörens an: paraphrasieren, zusammenfassen, offene Fragen stellen und positive Rückmeldungen geben.
- Kognitive Interventionen werden zur Veränderung von ungünstigen Attributionen und unrealistischen Erwartungen eingesetzt.
- Es werden Maßnahmen zur Krisenbewältigung abgesprochen. Hier können drei Schritte sinnvoll sein: 1. Phase: Stressursachen beim Partner verstehen (nicht nur Stressgefühle, sondern auch die dahinterliegenden Schemata); 2. Phase: Emotionsbezogene Unterstützung für den Partner (Verständnis, Wertschätzung, Mut machen); 3. Phase: Rückmeldung an den Partner, wie zufrieden er mit der Unterstützung war.

9.3.3 Selbstsicherheitstraining und Training sozialer Fertigkeiten

Psychosoziale Probleme treten oft mit einer Verringerung an Selbstsicherheit, Selbstvertrauen oder sozial kompetentem Verhalten auf und sind deshalb bei der Inanspruchnahmepopulation von psychosozialer Beratung weit verbreitet. Während bei störungsspezifischer Ausprägung von sozialer Ängstlichkeit, wie das bei der Sozialen Phobie oder bei der Selbstunsicheren Persönlichkeitsstörung der

Fall ist, eine Psychotherapie indiziert ist, können subklinische oder leichte Fälle sozialer Unsicherheit auch im Kontext von psychosozialer Beratung mit Selbstsicherheitstrainings positiv beeinflusst werden. Ein Selbstsicherheitstraining kann aber auch bei Personen ohne Probleme durchgeführt werden, wenn sie ihre Kompetenz in sozialen Situationen optimieren möchten.

Fachkräfte, die mit psychosozialer Beratung betraut sind, müssen jedoch für den Bereich sozialer Unsicherheit oder Ängstlichkeit das Rad nicht neu erfinden, da in der Psychotherapie eine Reihe von Trainings entwickelt wurden, mit denen das betroffene Klientel erfolgreich beraten werden kann (vgl. Ullrich & de Muynck 2015). Sie zielen im Kern auf die Verhaltensänderung bei bisher vermiedenen sozialen Situationen, die eigentlich keine objektivierbaren negativen sozialen Konsequenzen zur Folge haben. Die Vermeidung von sozialen Situationen kann erhebliche Konsequenzen für die psychische Gesundheit haben, weil die Befriedigung des psychischen Grundbedürfnisses nach Bindung nur über soziale Kontakte möglich ist.

Salter (1949) gilt als der Begründer der Selbstsicherheitstrainings und entwickelte das »expressive training« mit dem Ziel, anerzogene Hemmungen im Äußern von Bedürfnissen und Gefühlen abzubauen. Erst viele Jahre später griff Wolpe (1958) die Idee von Salter auf und prägte den Begriff ›assertive‹ (im Sinne von durchsetzungsfähig) und führte das ›assertiveness training‹ ein. Er sieht die Hauptursache für Selbstunsicherheit in der sozialen Angst, die Menschen daran hindert, vorhandene Verhaltensfertigkeiten in sozialen Situationen zu zeigen. Heute wird aber die Ätiologie sozialer Ängstlichkeit in einem multifaktoriellen Erklärungsmodell gefasst, das biologische Faktoren (z. B. genetische Faktoren und Hyperaktivität des neurobiologischen Netzwerkes der Angst), psychologische Faktoren (z. B. dysfunktionale automatische Gedanken und Schemata, Vermeidungs- und Sicherheits-verhalten, Persönlichkeitsfaktoren wie Schüchternheit) und soziale Faktoren (z. B. kritische Lebensereignisse, hohe soziale Anforderungen, ›traumatische Erlebnisse‹ wie Hänseleien, unsicherer Bindungsstil) einbezieht (vgl. Tuschen-Caffier & Kühl 2009). Aus der ätiologischen Prämisse, dass Selbstunsicherheit hauptsächlich auf soziale Ängstlichkeit zurückzuführen ist, haben sich Programme entwickelt, die diese Angst zum Hauptgegenstand des Trainings machen.

Dazu gehört das weit verbreitete Assertiveness-Training-Programm (ATP, vgl. Ullrich & de Muynck 2015), das vier Bereiche der sozialen Angst mit insgesamt127 nach dem Schwierigkeitsgrad ansteigenden Übungen im Gruppenkontext bearbeitet:

- Veränderung der Kritik- und Fehlschlagangst mit dem Ziel, sich frei zu äußern ohne Schuldgefühle und Fehlererwartungen,
- Veränderung der Kontaktangst mit dem Ziel, Kontakte herzustellen und aufrechtzuerhalten, um bei anderen Menschen Sympathie für sich selbst zu gewinnen,
- Veränderung der Ablehnungsangst beim Äußern eigener Bedürfnisse mit dem Ziel, eigene Ansprüche zu haben und sich zu erlauben, berechtigte Forderungen zu stellen,

- Ablehnungsangst bei der Abgrenzung gegenüber anderen, mit dem Ziel, ›Nein‹ zu sagen, um eigene Verstärkerquellen besser zu nutzen.

Fallbeispiel: Selbstsicherheitstraining

Herr Z., 22 Jahre alt, stellt sich in der Psychosozialen Beratungsstelle der Hochschule vor. Er berichtet von seinen Problemen, mündlich Referate im Seminar vorzutragen. In seinem Studium der Wirtschaftswissenschaften sei es üblich, dass die Referate nicht vorgelesen werden, sondern mit Hilfe einer PowerPoint-Präsentation frei vorgetragen werden. Die Beraterin kann in der zweiten Beratungsstunde herausarbeiten, dass bei seiner sozialen Angst hauptsächlich die Befürchtung im Mittelpunkt steht, von den Lehrenden und den Kommilitonen kritisiert zu werden. Aus diesem Grund vermeide er möglichst solche Seminare, bei denen als Prüfungsleistung mündliche Präsentationen erwartet werden. Das führe dazu, dass er sich bei attraktiven Seminarangeboten nicht anmeldet.

In der dritten Stunde informiert die Beraterin Herrn Z. über das Angebot eines Gruppentrainings zur Selbstsicherheit, das an der Hochschule angeboten wird. Da noch ein Platz in der Gruppe frei ist, nimmt die Beraterin Herrn Z. in die Gruppe, die aus sechs Teilnehmern besteht, auf.

Trainings sozialer Kompetenz betonen ätiologisch weniger die soziale Ängstlichkeit, sondern sehen sozial unsicheres Verhalten stärker in dem Defizit an Verhaltensalternativen in typischen Situationen begründet. Dabei werden in dem verbreiteten Gruppentraining sozialer Kompetenz (GKS, vgl. Hinsch & Pfingsten 2015) die folgenden Situationstypen unterschieden, bei denen allerdings erhebliche Überschneidungen mit den ATP- Programm zu erkennen sind.

- Recht durchsetzen: Lernen, begründete Ansprüche und Forderungen bei anderen Personen durchzusetzen (z. B.: Ein Student besteht auf die Nachbesserung einer Note, wenn der Dozent richtige Lösungen übersehen hat).
- Beziehungen gestalten: Lernen, persönliche Beziehungen aufzunehmen und aufrechtzuerhalten (z. B.: Ein Mann knüpft über das Internet einen Kontakt mit einer Frau und verabredet sich mit ihr zu einem Treffen in einem Café).
- Sympathie gewinnen: Lernen, auch sozial nicht ohne weiteres legitimierte Forderungen durchzusetzen (z. B.: Eine Frau bittet andere Kunden in einer Warteschlange an der Kasse, ob sie sich vorne hinstellen darf, weil sie es eilig hat).

Soziale Kompetenz als Ressource

Soziale Kompetenz wird über den gesamten Lebenslauf entwickelt und kann als eine bedeutende Ressource für die Bewältigung von Entwicklungsaufgaben in jedem Lebensalter gesehen werden (vgl. z. B. Fröhlich-Gildhoff 2013). Schon im Kindesalter führen ungünstige und/mangelnde Lernmöglichkeiten zur Ausbildung sozialer Inkompetenz. Dazu zählen mangelnde Gelegenheit, angemessene soziale Fertigkeiten zu entwickeln (z. B. aufgrund weniger Kontakte mit Gleichaltrigen), mangelnde Verstärkung für sozial kompetentes Verhalten (durch die Eltern und später andere relevante Bezugspersonen), mangelhafte korrigierende Rückmeldung zu den eigenen sozialen Fertigkeiten und mangelndes Wissen über angemessene soziale Verhaltensweisen. Zusätzlich erschweren manche psychischen Störungen (z. B. ADHS durch die Schwierigkeiten bei der Impulskontrolle) den Erwerb sozialer Kompetenz (Elliot & Gresham 1993).

Das ATP- und das GSK-Programm sind für Erwachsene konzipiert, für Kinder und Jugendliche gibt es ähnliche Trainings, die den entwicklungspsychologischen Bedürfnissen der Kinder besser gerecht werden. So arbeitet etwa das Trainingsprogramm für sozial unsichere Kinder »Mutig werden mit Til Tiger« mit einer Handpuppe (vgl. Ahrens-Eipper et al. 2009). Darüber hinaus werden auch das »Gruppentraining Sozialer Kompetenzen für Kinder und Jugendliche« (Jürgens & Lübben 2014) und das »Training mit sozial unsicheren Kindern«, welches ein Kinder- und ein Elterntraining umfasst (Petermann & Petermann 2015), häufig eingesetzt.

In die Trainingsprogramme fließen eine Reihe von Standardtechniken der Verhaltenstherapie ein (vgl. Ullrich & de Muynck 2015; Pfingsten 2018; Helbig & Klose 2011) und diese beinhalten meistens folgende Elemente:

- Psychoedukation unter Zuhilfenahme von Erklärungsmodellen für die Probleme.
- Diagnostik durch Verhaltensbeobachtungen oder Fragebögen, um einen systematischen Überblick zur Ausprägung der sozialen Unsicherheit zu erhalten.
- Analyse von Problemsituationen, um die aufrechterhaltenden Bedingungen zu erkennen (▶ Kap. 5.4).
- Rollenspiele (▶ Kap. 7.1) als Übung für die Umsetzung des Verhaltens im Alltag.
- Kognitive Umstrukturierung zur Veränderung von belastenden Gedanken, die in sozialen Situationen auftreten können (▶ Kap. 9.1.1).
- Modellrollenspiele, bei denen der Berater oder Therapeut etwas vormacht.
- Übungen in vivo mit detaillierten schriftlichen Instruktionen, damit der Klient genau weiß, worauf es ankommt.
- Entspannungsverfahren, um bei sozialer Ängstlichkeit das Anspannungsniveau zu reduzieren (▶ Kap. 9.1.2).
- Hausaufgaben zur Einübung des Verhaltens im Alltag.
- Rückmeldungen, auch in Form von Video-Feedback, zur Optimierung des sozial kompetenten Verhaltens.

> **SAFE**
>
> Trainings sozialer Kompetenz funktionieren, zumindest im Kindes- und Jugendalter, am besten, wenn sie die »SAFE«-Kriterien (Durlak et al. 2010) erfüllen:
>
> - Sequenced (aufeinander aufbauend),
> - Active (Rollenspiele, aktives Üben, Verhaltensorientierung),
> - Focused (nicht alles auf einmal),
> - Explicit (transparente Ziele).

Obgleich der Großteil der Selbstsicherheits- und Fertigkeitentrainings als Gruppenprogramme konzipiert ist, lassen sich die Bausteine auch für psychosoziale Einzelfallberatungen nutzen. Im Gruppensetting besteht der Vorteil, dass der einzelne Teilnehmer erfährt, dass auch andere Personen ähnliche Probleme haben wie er selber und er deshalb den Grad einer möglichen Selbststigmatisierung reduzieren kann. Darüber hinaus können sich die Gruppenmitglieder bei der Veränderung sozialer Unsicherheit bzw. bei der Optimierung sozial kompetenten Verhaltens gegenseitig unterstützen. Demgegenüber kann der Berater bzw. die Beraterin aber im Einzelsetting das Trainingskonzept spezifischer auf den jeweiligen Klienten adaptieren und auch solchen Klienten helfen, die sich von einem Gruppenangebot noch überfordert fühlen.

9.3.4 Stressbewältigungstrainings

Stress in der Schule, in der Ausbildung, im Studium oder Beruf ist oft der Anlass, psychosoziale Beratung in Anspruch zu nehmen. Dafür haben sich Stressbewältigungstrainings etabliert, die eine individuelle Stressbewältigung zum Ziel haben, um möglichen negativen Folgen vorzubeugen (vgl. Bodenmann & Milek 2018). Nach der Konzeption des transaktionalen Stressmodells von Lazarus (1999) entsteht Stress, wenn eine Person im ersten Schritt (›primary appraisal‹) eine Situation als gefährlich (herausfordernd, bedrohend oder sogar schädigend) einschätzt und im zweiten Schritt (›secondary appraisal‹) davon ausgeht, dass die vorhandenen Ressourcen als nicht ausreichend bewertet werden (▶ Abb. 9.4). Versuche der Person, mit dem Stress umzugehen, werden als ›Coping‹ bezeichnet und können nachträglich eine Neubewertung des Stressors (›reappraisal‹) zur Folge haben. Die rekursiven Pfeile zeigen in dem Modell bei der Entstehung von Stress die transaktionale Wechselwirkung zwischen der Person und der Situation.

Aus dem Modell von Lazarus lassen sich drei Hauptzielbereiche ableiten, an denen Stressbewältigungstrainings ansetzen können (vgl. Kaluza 2018). Das instrumentelle Stressmanagement versucht, die Stressoren (Merkmale der Situation) zu reduzieren oder ganz auszuschalten. In der betrieblichen Gesundheitsvorsorge kann das z. B. über die Umgestaltung des Arbeitsplatzes geschehen.

9.3 Einsatz von Trainings in der Beratung

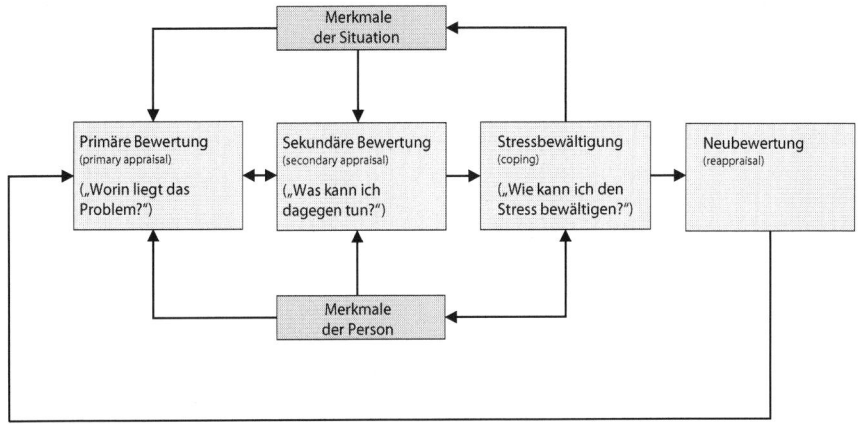

Abb. 9.4: Stressmodell nach Lazarus (eigene Darstellung)

Beim kognitiven Stressmanagement steht die Veränderung der stressverstärkenden situationsspezifischen oder überdauernden inneren Einstellungen des Individuums (Merkmale der Person mit seinen Bewertungen) im Mittelpunkt. So kann ein Klient z. B. fälschlicherweise glauben, dass er zur Bewältigung einer Aufgabe nicht in der Lage ist. Das palliativ-regenerative Stressmanagement fokussiert insgesamt auf die psychophysiologische Stressreaktion (›coping‹) und zielt spezifisch zum einen auf eine Dämpfung der akuten Stressreaktion (Palliation) und zum anderen auf längerfristige Strategien zur Entspannung und Erholung (Regeneration). Als Beispiel kann eine Person genommen werden, die in der akuten Stressreaktion einen Spaziergang macht und für die langfristige Erholung regelmäßig bei einer Wandergruppe teilnimmt.

Burnout-Prozess

Permanenter Stress kann in einen Burnout-Prozess münden, der von Burisch (2014) in sieben Stufen unterschieden wird.

1. Erste Warnzeichen: Gesteigerter Einsatz für Ziele, Überstunden
2. Reduziertes Engagement bei sozialen Interaktionen und negative Einstellung zur Arbeit
3. Emotionale Reaktionen: Leere, Hoffnungslosigkeit, Hilflosigkeit, Aggression
4. Abbau der kognitiven Leistungsfähigkeit, der Motivation, der Kreativität
5. Verflachung des emotionalen, sozialen und geistigen Lebens
6. Psychosomatische Reaktionen, z. B. Herzklopfen, Atembeschwerden, Rückenschmerzen
7. Verzweiflung: Suizidalität, Gefühl der Sinnlosigkeit

Für die Realisierung dieser drei Zielbereiche werden in den multimodalen Trainingsprogrammen nach Kaluza (2018) hauptsächlich vier Interventionsmethoden eingesetzt:

- Psychophysiologische Entspannungsverfahren, wie z. B. die Progressive Muskelentspannung nach Jacobson, mit dem Ziel der Reduktion der physiologischen Reaktionsbereitschaft (▶ Kap. 9.1.2);
- Methoden der kognitiven Umstrukturierung mit dem Ziel der Veränderung dysfunktionaler Gedanken, die negative Bewertungsprozesse begünstigen (▶ Kap. 9.1.1);
- Selbstmanagementtechniken mit dem Ziel der Verbesserung der Selbstregulation in Stresssituationen durch Techniken des Problemlösens, Zeitmanagement (etwa gegen Prokrastination bzw. ›Aufschieberitis‹);
- Trainingselemente zur Selbstsicherheit und sozialen Kompetenz (s. o.) mit dem Ziel der Durchsetzung eigener Bedürfnisse und Abwehr unberechtigter Forderungen.
- Zu ergänzen wären vielleicht noch: Methoden und Techniken der Emotionsregulationen mit dem Ziel, emotionale Turbulenzen, die mit Stresssituationen einhergehen, in den Griff zu bekommen (▶ Kap. 9.1.2).

Für die technische Durchführung von Stressbewältigungstrainings liegt eine Reihe von Manualen vor. Ein elaboriertes Manual stammt von Kaluza (2018), das fünf Basismodule und fünf Ergänzungsmodule umfasst:

1. Einstiegsmodul: Psychoedukation über Stress und Erkennen eigener Ressourcen
2. Trainingsmodul 1: Entspannen und loslassen – das Entspannungstraining
3. Trainingsmodul 2: Persönliche Stressverstärker erkennen und verändern – das Kognitionstraining
4. Trainingsmodul 3: Stresssituationen wahrnehmen, annehmen und verändern – das Problemlösetraining
5. Trainingsmodul 4: Erholen und genießen – Das Genusstraining
6. Ergänzungsmodul 1: Stressbewältigung durch Sport und mehr Bewegung im Alltag
7. Ergänzungsmodul 2: Sozialer Rückhalt
8. Ergänzungsmodul 3: Ziele Klären und Definieren
9. Ergänzungsmodul 4: Keine Zeit? – Sinnvolle Zeiteinteilung im Alltag
10. Ergänzungsmodul 5: Quart-A-Strategie für den Notfall: Annehmen der Situation, Abkühlen, Analysieren, Ablenkung oder Aktion

Stresssymptome lassen sich nicht nur bei Erwachsenen, sondern auch bereits bei Kindern und Jugendlichen beobachten. Lohaus et al. (1996) fanden etwa bei einem Drittel der von ihnen untersuchten Grundschüler, dass diese mindestens einmal pro Woche unter Bauch- oder Kopfschmerzen leiden, eine Größenordnung, die nicht durch körperliche Erkrankungen erklärt werden kann. Die präventive Durchführung von Anti-Stress-Trainings für Kinder und Jugendliche

Beispiel Notfallplan

Ein Notfallplan gegen den Stress kann symbolisch mit einem Notfallkoffer vorbereitet werden.

Notfallkoffer gegen Stress

1. Was sind die effektivsten Wege zur Ablenkung?
_____
_____

2. Was sind die effektivsten Wege zur Selbstbesänftigung?
_____
_____

3. Welche Phantasien helfen Ihnen, Stress auszuhalten?
_____
_____

4. Haben Sie eine Vorstellung eines sicheren Ortes, den Sie aufsuchen können?
_____
_____

Abb. 9.5: Beispiel Notfallplan (eigene Darstellung)
Siehe Online-Material 9.b

etwa in der Erziehungsberatung kann daher eine wichtige gesundheitsförderliche Maßnahme darstellen. Die Komponenten der Anti-Stress-Trainings für Kinder (z. B. Klein-Heßling & Lohaus, 2012) gleichen dabei in der Grundstruktur dem Aufbau von Anti-Stress-Trainings für Erwachsene, wobei die Interventionen dem Entwicklungsalter angepasst durchgeführt werden und Elternberatung das Training ergänzt. Interessanterweise zeigte sich in einer vergleichenden Evaluationsstudie, bei der verschiedene Varianten eines Stressbewältigungstrainings für Kinder untersucht wurden, durchgängig positive Effekte, wobei sich allerdings auch zeigte, dass überraschenderweise Entspannungsübungen den geringsten Effekt zum Gesamterfolg des Trainings beitrugen (Lohaus et al. 1997).

Elterntraining, Kommunikationstraining, Selbstsicherheitstraining bzw. Training sozialer Fertigkeiten und Stressbewältigungstrainings sind klassische Trainings im Kontext von Psychotherapie und Beratung. In beiden Anwendungsfeldern werden sie allerdings kaum als ein isoliertes Training unabhängig vom Therapie- und Beratungsanlass eingesetzt. So ist etwa ein Selbstsicherheitstraining bei einer Sozialen Phobie ein Baustein neben anderen Therapieelementen (z. B. kognitive Umstrukturierung, Exposition). Nicht anders sieht es im Arbeitsfeld der psychosozialen Beratung aus. So kann in einer Eheberatung bei Paarkonflikten ein Kommunikationstraining zwar ein wesentlicher Bestandteil des Beratungsprozesses sein, dieser lässt sich jedoch nicht darauf beschränken, weil noch andere Methoden der Paarberatung zur Anwendung kommen (z. B. Ressourcenarbeit).

Weiterführende Literatur

Gordon, T. (2012). Familienkonferenz: Die Lösung von Konflikten zwischen Eltern und Kind. Aktualisierte Taschenbuchauflage. München: Hyne.

Hinsch, R. & Pfingsten, U. (2015). Gruppentraining Sozialer Kompetenzen GSK: Grundlagen, Durchführung, Anwendungsbeispiele. Weinheim: Beltz.

Job, A.-K. & Hahlweg, K. (2019). Elterntrainings zur Steigerung der Erziehungskompetenz. In: Schneider, S.; Margraf, J. (Hrsg.). Lehrbuch der Verhaltenstherapie. Bd. 3: Psychologische Therapie bei Indikationen im Kindes- und Jugendalter. Berlin, Heidelberg: Springer. 261–282.

Jürgens, B. & Lübben, K. (2014). Gruppentraining sozialer Kompetenzen für Kinder und Jugendliche KSK-KJ. Weinheim: Beltz.

Sanders, M. R., Mazzucchelli, T. & Studman, L. (2003). Practitioner's Manual for Stepping Stones Triple P. Brisbane, Qld, Australia: Triple P International.

10 Evaluation des Beratungsprozesses

Michael Borg-Laufs & Julia Tiskens

> ☞ **Was Sie in diesem Kapitel lernen können**
>
> Zur professionellen psychosozialen Beratung gehört die Evaluation des Beratungsprozesses. Dieses Kapitel gibt Antworten auf drei Fragen:
>
> - Warum ist die Evaluation des Beratungsprozesses wichtig?
> - Was kann evaluiert werden?
> - Mit welchen Instrumenten kann in der Praxis zielbezogen evaluiert werden?

Das Thema ›Evaluation‹ ist weder bei Praktikerinnen und Praktikern noch in der Ausbildung von Beraterinnen und Psychotherapeuten sonderlich beliebt, obwohl heute kaum noch denkbar ist, ohne Evaluation (als Maßnahme der Qualitätssicherung, vgl. Rückert & Linster 1998) fachgerecht zu beraten. Weder in Beratungsstellen noch in anderen Institutionen kann dieses Thema übergangen werden. Der Mangel an Akzeptanz kann auf verschiedene Ursachen zurückgeführt werden. Oft müssen Beraterinnen und Berater spezifische Evaluationsinstrumente benutzen, die in der Institution, in der sie arbeiten, eben üblich sind, ohne dass sie daran beteiligt werden, diese auszuwählen und zu begründen. Auf diese Weise kann kaum transparent werden, warum diese zusätzliche Arbeit sinnvoll sein könnte. Zudem ist nicht auszuschließen, dass Qualitätssicherung durchaus nicht immer zum Wohle der Klientel erfolgt, sondern auch argumentativ zur Durchsetzung z. B. innerbetrieblicher Umstrukturierungen verwendet werden kann. Viele Beraterinnen und Berater stehen Evaluationsmaßnahmen auch skeptisch gegenüber, weil sie der Überzeugung anhängen, Beratungserfolg lasse sich nicht adäquat empirisch operationalisieren und messen.

10.1 Relevanz

Ohne Evaluation besteht allerdings die Gefahr, dass Berater und Beraterinnen ihre eigenen Schwächen nicht immer erkennen und zufällige positive Erfolge generalisieren. Hiatt und Hargrave (1995) konnten zeigen, dass Psychotherapeutinnen und Psychotherapeuten mit unterdurchschnittlichen Therapieergebnissen die mangelnde Qualität ihrer therapeutischen Vorgehensweise nicht erkennen konnten und sich selbst für genauso effektiv hielten wie ihre erfolgreicheren Kolleginnen und Kollegen. Ohne systematische Evaluation neigen Beraterinnen und Berater möglicherweise dazu, beliebige Veränderungen bei den Klienten/Klientinnen auf ihre eigenen Vorgehensweisen zu attribuieren. Dies führt in der Konsequenz zu einem ›therapeutischen Aberglauben‹: Beraterinnen und Berater wiederholen Vorgehensweisen, die sie in erfolgreichen Fällen angewendet haben, nun in anderen Fällen, obwohl die von ihnen gewählte Vorgehensweise möglicherweise überhaupt nicht zielführend war, da die Klienten und Klientinnen aufgrund ganz anderer Wirkmechanismen (möglicherweise sogar aufgrund von von der Beratung völlig unabhängigen Entwicklungen) Fortschritte gemacht haben.

Eine systematische Evaluation ist aus folgenden Gründen von großer Bedeutung (Borg-Laufs & Hungerige 2010):

1. *Klienten/Klientinnen haben einen Anspruch auf eine maximal effektive Beratung:* Klientinnen und Klienten haben nicht nur einen Anspruch darauf, dass ihnen ›irgendwie ein bisschen‹ geholfen wird, sondern darauf, dass ihnen die bestmögliche Hilfe zuteilwird. Sie gehen davon aus, dass sie ›nach allen Regeln der Kunst‹ beraten werden. Ratsuchende können kaum einschätzen, wie gut oder schlecht ein Berater oder eine Beraterin arbeitet. Ihnen fehlt in der Regel das fachliche Wissen, welches zur Einschätzung der Qualität einer psychosozialen Beratung notwendig ist.
2. *Wunsch der Beraterinnen und Berater nach beruflicher Befriedigung durch hohe Professionalität und Effizienz:* Menschen wollen gerade im beruflichen Handeln Sinn und Befriedigung finden. Dazu gehört sicher das Erleben, im Laufe der Jahre zu immer höherem Expertentum zu gelangen. Dies ist aber nur dann wahrscheinlich, wenn Berater bzw. Beraterinnen bereit sind, auch kontinuierlich aus eigenen Fehlern zu lernen und diese eben nicht zu wiederholen. Genau dieser Aspekt der beruflichen Weiterentwicklung wird durch Evaluation ermöglicht.
3. *Anspruch der Gesellschaft auf effiziente Arbeit der von ihr bezahlten Menschen:* Berater und Beraterinnen werden häufig aus Steuermitteln bezahlt und müssen daher ihr Handeln der Gesellschaft gegenüber legitimieren können. Es sollte also selbstverständlich sein, über die Evaluation der eigenen Tätigkeit das erhaltene Geld rechtfertigen zu können.

10.2 Gegenstand der Evaluation

Die Grundlage für eine angemessene Ergebnisevaluation muss bereits zu Beginn der Beratung gelegt werden, denn eine reine post-hoc-Betrachtung ohne eine systematische Erhebung über den gesamten Beratungsverlauf ist ausgesprochen fehleranfällig. Es muss also relativ früh entschieden werden, was und wie evaluiert wird.

Gegenstand der Evaluation kann einerseits der Beratungsprozess als solcher sein (*Prozessevaluation*). Gemessen wird in diesem Fall nicht direkt die Effektivität der Beratung, sondern es werden Prozessmerkmale als Wirkfaktoren erfasst (z. B. die Entwicklung der Beratungsbeziehung). Im Rahmen einer *Ergebnisevaluation* hingegen wird direkt der Beratungserfolg gemessen. Bei einer zielorientierten Ergebnisevaluation werden die zu Beginn festgelegten Beratungsziele hinsichtlich ihrer Erreichung überprüft. Alternativ oder zusätzlich sind auch allgemeinere Evaluationskriterien denkbar, mit denen nicht die einzelfallspezifischen Zieleüberprüft werden, sondern z. B. Veränderungen der Lebensqualität, sozialer Kontakte, usw.

Ein Beispiel für empirisch überprüfte Bögen zur Prozessevaluation in der Beratung sind die STEP-Bögen (vgl. Krampen 2002). Basierend auf den drei Wirkprinzipien nach Grawe (1994) – motivationale Klärung (Klärungsperspektive), aktive Hilfe zur Problembewältigung (Problembewältigungsperspektive) und Beziehungsgeschehen (Beziehungsperspektive, inzwischen weiter ausdifferenziert in Ressourcenaktivierung und Problemaktualisierung) – wurde dabei versucht, »Stundenbögen für die Allgemeine und Differentielle Einzel-Psychotherapie und -Beratung aus der Patienten/Klienten- und der Therapeuten/Berater-Perspektive zu entwickeln« (Krampen & Wald 2001, 44), um ein möglichst psychometrisch prüfbares Instrument für die Prozessevaluation von Beratungsprozessen zu erhalten. Entstanden ist diese Idee, da bis dahin keine Evaluationsinstrumente in standardisierter Form existierten, die einen Blick auf eine adaptive Indikation unter Berücksichtigung der allgemeinen Wirkfaktoren ermöglichen.

Die Instrumente bestehen aus jeweils 14 inhaltlich parallel formulierten Items für die Patienten-/Klienten- sowie Therapeuten-/Berater-Perspektive, von denen jeweils vier Items die Klärungs- (K) bzw. Problembewältigungsperspektive (P) erfragen und jeweils drei Items die Problemaktualisierung bzw. Ressourcenaktivierung erfassen, die – wie ursprünglich nach Grawe (1994) – zur Beziehungsebene zusammengefasst werden (B):

Beispiel: Items für Patienten/Klienten

(Aus: »Stundenbogen für die Allgemeine, Differentielle Einzel-Psychotherapie und -Beratung« für Patienten/Klienten (STEPP) mit der Subskalenzugehörigkeit der Items)

- Im heutigen Gespräch erschienen mir einige meiner Schwierigkeiten in neuem Licht – K
- Heute habe ich praktische Hinweise zur Bewältigung meiner Schwierigkeiten erhalten – P
- Ich konnte den Aussagen des Therapeuten/Beraters bzw. der Therapeutin/Beraterin gut folgen – B

Der Klient/die Klientin wird am Ende einer Beratungssitzung gebeten, den insgesamt 14 Items eine Antwortkategorie zwischen »1 = stimmt überhaupt nicht« bis »7 = stimmt ganz genau« zuzuordnen. Der Berater/die Beraterin dagegen bearbeitet den Bogen – auch mittels der genannten Skalierung – im Anschluss an eine Sitzung. Da die Bearbeitung des Bogens nicht sehr zeitintensiv ist, kann eine Anwendung regelmäßig stattfinden.

Kritisch in Bezug auf diese Prozessevaluation muss jedoch angemerkt werden, dass die Klienten vor allem zu Beginn der Beratung unter Umständen sozial erwünscht antworten, um sich selbst, aber auch den Berater/die Beraterin ›gut dastehen‹ zu lassen. Um dies zu verhindern, könnte man den Klienten/die Klientin den Bogen erst nach der Beratungssitzung ausfüllen lassen und diese erst nach einer gewissen Anzahl von Sitzungen einsammeln.

Am Ende eines Beratungsprozesses sollte anhand der einzelnen Bögen ersichtlich werden, inwieweit die Wirkfaktoren nach Grawe (1994) den Beratungserfolg bzw. -nichterfolg beeinflusst haben, sprich, ob die einzelnen Items im Laufe der Beratung positiver oder negativer bewertet wurden. Somit können mit diesem Instrument auch mögliche Gründe für einen Beratungsabbruch bzw. ›Fehler‹ auf Seiten des Beraters ermittelt und diese in Zukunft vermieden werden. Darüber hinaus ermöglicht diese Form der Evaluation dem Berater/der Beraterin, die eigene Selbstwahrnehmung mit der Fremdwahrnehmung durch den Klienten/die Klientin zu vergleichen, wodurch er/sie sich in seiner/ihrer Rolle ständig weiterentwickeln kann.

Eine in nahezu allen Beratungskontexten einsetzbare, auf den jeweiligen Einzelfall zugeschnittene Methode der prozessbegleiteten Ergebnisevaluation ist die *Zielerreichungsskalierung* (vgl. Kiresuk & Sherman 1968; Borg-Laufs & Hungerige 2010). Bei der Zielerreichungsskalierung werden gemeinsam mit den Klienten bzw. Klientinnen erarbeitete Ziele operationalisiert und in Zwischenziele aufgeteilt, bevor dann im Verlauf der Beratung regelmäßig gemeinsam der Stand der Zielerreichung überprüft wird.

Das Verfahren ist nach einer gewissen Übungszeit (idealerweise mit Anleitung) relativ einfach durchzuführen. Die Fokussierung auf *selbst erarbeitete* Ziele durch die regelmäßige Überprüfung der Zielerreichung während der gesamten Beratung unterstützt dabei, die Ziele nicht aus den Augen zu verlieren und zielorientiert zu beraten.

Es werden dabei in der Regel nicht mehr als drei Beratungsziele gemeinsam erarbeitet (▶ Kap. 6). Hier ist es zunächst wichtig, mit der Klientin oder dem Klienten eine möglicherweise allgemeine Unzufriedenheit in konkrete Handlungsziele zu überführen. Diese gemeinsam erarbeiteten Ziele sollten konkret und verhaltensnah benannt sein (vgl. zur Zielformulierung auch die SMART-Vorgaben von Doran 1981), z. B. »regelmäßig die Wohnung sauber halten«, »mit den Arbeitskollegen besser in Kontakt sein«, »mit meinem Sohn häufiger gemeinsam spielen«. Die Ziele werden dann in die Zielerreichungsskala jeweils in die Zeile hinter den Vorgaben »Ziel Nr. 1«, »Ziel Nr. 2« und »Ziel Nr. 3« (▶ Abb. 10.1) eingetragen.

10.2 Gegenstand der Evaluation

Zielerreichungsskala für									
Ziel Nr. 1:									
4	100%								
3	75%								
2	50%								
1	25%								
0	Ausgangslage								
-1	Verschlechterung								
	Datum:								
Ziel Nr. 2:									
4	100%								
3	75%								
2	50%								
1	25%								
0	Ausgangslage								
-1	Verschlechterung								
	Datum:								
Ziel Nr. 3:									
4	100%								
3	75%								
2	50%								
1	25%								
0	Ausgangslage								
-1	Verschlechterung								
	Datum:								
Gesamt-Zielerreichungsskala (Gesamtpunkte geteilt durch Anzahl der Ziele, gerundet)									
4	100%								
3	75%								
2	50%								
1	25%								
0	Ausgangslage								
-1	Verschlechterung								
	Datum:								

Abb. 10.1: Zielerreichungsskala (modifiziert aus Borg-Laufs & Hungerige 2010) Siehe Online-Material 10.a

Im nächsten Schritt werden die genannten Beratungsziele gemeinsam mit dem Klienten oder der Klientin konkret operationalisiert. Zunächst werden dazu der Ist- und der Sollzustand möglichst verhaltensnah beschrieben. Der Ist-Zustand entspricht dabei dem aktuell (z. B. in den letzten drei Wochen) gezeigten Verhalten, der Zielzustand (100 % Zielerreichung) sollte stets den Möglichkeiten der Klientin oder des Klienten entsprechen, dieses Ziel auch mit Anstrengung erreichen zu können. Es geht also nicht um allgemeine Ideale, sondern um klientenbezogen hohe, aber grundsätzlich *für diesen Klienten* erreichbare Ziele. Bei den oben genannten Problembereichen könnte dies z. B. so aussehen:

Ziel Nr. 1: Regelmäßig die Wohnung sauber halten

- Ist (0 % Zielerreichung): eine ganze Woche lang die Wohnung nicht aufräumen und reinigen.
- Soll (100 % Zielerreichung): die Wohnung jeden Abend aufräumen, jedes Zimmer einmal pro Woche putzen.

Ziel Nr. 2: Mit den Arbeitskollegen besser im Kontakt sein

- Ist (0 % Zielerreichung): kein Gespräch aufnehmen, bei Ansprache durch andere kein Blickkontakt, leises Sprechen.
- Soll (100 % Zielerreichung): mit klarer Stimme sprechen, Blickkontakt, andere in den Pausen ansprechen.

Ziel Nr. 3: Häufiger gemeinsam mit meinem Sohn spielen

- Ist (0 % Zielerreichung): maximal 1 x pro Woche gemeinsam spielen.
- Soll (100 % Zielerreichung): 5 Tage die Woche gemeinsam spielen.

Z. B. beim dritten Ziel ist zu erkennen, dass hier kein allgemeiner Idealwert (etwa: täglich gemeinsam mit dem Sohn spielen) gewählt wurde, sondern das Ziel den Möglichkeiten des Klienten angepasst wurde. Durch eine hohe zeitliche Beanspruchung im Beruf und andere Verpflichtungen ist ein solches Ziel im konkreten Einzelfall nicht realistisch. Es erfordert eine sorgfältige und einfühlsame Gesprächsführung, hier für den jeweiligen Einzelfall angemessene Zielformulierungen (100 % Zielerreichung) zu finden.

Nach der Festlegung von Ausgangs- und Zielzustand gilt es als nächstes, gemeinsam Konkretisierungen für Zwischenschritte bei der Zielerreichung zu definieren, die etwa 25 %, 50 % und 75 % der Zielerreichung entsprechen. Ideal sind natürlich zählbare Verhaltensweisen wie im Beispiel »häufiger gemeinsam mit meinem Sohn spielen«. Hier wären 25 % Zielerreichung 2 x pro Woche mit ihm zu spielen, 50 % 3 x pro Woche mit ihm zu spielen und 75 % 4 x pro Woche mit ihm zu spielen. Wenn der Unterschied zwischen Ist- und Sollzustand nicht so ideal gleichschrittig aufgebaut werden kann wie hier (mit einem Ist-Zustand von 1 x und einem Zielzustand von 5 x), so kann versucht werden, dies annäherungsweise abzubilden, also z. B. bei einem Zielzustand von 7 x pro Woche würden zwei der Schritte etwas größer ausfallen müssen.

Schwieriger gestaltet sich die Festlegung von Zwischenzielen bei nicht oder nicht ausschließlich quantifizierbaren Zielen wie »mit den Arbeitskollegen besser im Kontakt sein«. Hier erfordert es einiges Geschick auf Seiten der Beraterin/des Beraters, gemeinsam mit dem Klienten/der Klientin die Zwischenziele so auszuwählen, dass sie für den Klienten/die Klientin in deutlich aufsteigender Schwierigkeit formuliert werden. Es wäre für die Evaluation problematisch, wenn ein Klient oder eine Klientin z. B. das 50 %-Ziel erreicht, ohne das 25 %-Ziel bewältigt zu haben. In einem solchen Fall wäre die Zielerreichungsskala schlecht konstruiert.

Es muss daher mit dem Klienten/der Klienten sorgfältig überlegt werden, wie eine sinnvolle Reihenfolge der Zwischenziele bei dem jeweiligen Problem aussehen könnte. Bei dem genannten Beispiel *könnte* sich im Gespräch etwa ergeben, dass ein sichereres Auftreten, wenn er/sie angesprochen wird, für ihn/sie deutlich einfacher zu erreichen ist als das aktive Ansprechen der Kollegen/Kolleginnen. 25 % Zielerreichung wäre dann möglicherweise »bei Ansprache durch andere Blickkontakt aufnehmen«, 50 % wäre »mit klarer und angemessen lauter Stimme antworten«, 75 % könnte dann sein, »meinen engsten Kollegen in der Pause von mir aus ansprechen«, weil dies dem Klienten/der Klientin leichter fällt als beliebige andere Kollegen/Kolleginnen anzusprechen. Zu klären ist dann noch, wann dieses Ziel als erreicht gelten kann: wenn das Verhalten bis zum nächsten Beratungskontakt jedes Mal gezeigt wurde? Wenn es in der Mehrzahl der Fälle gezeigt wurde? Auch dies kann im Einzelfall unterschiedlich eingeschätzt werden. Im vorliegenden Fall könnte bei Blickkontakt und angemessen lautem Sprechen angezeigt sein, als Zwischenzielerreichung zu zählen, wenn es immer oder fast immer gelungen ist, sich so zu verhalten. Bei der aktiven Ansprache anderer ist hingegen vielleicht gar nicht zu erwarten, dass der Klient/die Klientin dazu überhaupt täglich Lust hat. Hier könnte also eine Zielzahl festgelegt werden, z. B. mindestens 2 x pro Woche oder mindestens 3 x pro Woche.

Um das Ziel »regelmäßig die Wohnung sauber halten«, erreichen zu können, sind ebenfalls ganz unterschiedliche Verhaltensweisen notwendig. Im Gespräch *könnte* sich zeigen, dass das abendliche Aufräumen der Wohnung dem Klienten/der Klientin leichter fällt als das wöchentliche Putzen. Die Zwischenziele könnten also z. B. lauten: 25 % an mindestens 4 Tagen pro Woche die Wohnung abends aufräumen, 50 % an jedem Tag der Woche abends aufräumen, 75 % zusätzlich mindestens eines der drei Zimmer einmal pro Woche putzen.

Als letztes ist noch eine Verschlechterung des Ausgangszustandes zu benennen, im genannten Beispiel etwa »die Wohnung noch stärker vermüllen als bisher«, »bei Ansprache durch andere rot werden und/oder gar nichts sagen können«, »überhaupt nicht mit dem Sohn spielen«. Die Zwischenziele sowie die mögliche Verschlechterung werden nun für jedes Ziel in der Zielerreichungsskala in die Zeilen 1 bis 4 eingetragen.

Zielerreichungsskala für *Walter F.*

Ziel Nr. 1: *Regelmäßig die Wohnung sauber halten*

		7.2	14.2	21.2	28.2	7.3	14.3	21.3	28.3	4.4	11.4
4	100% *tägl. aufr., Zimmer wöchentl. reinigen*										
3	75% *tägl. aufräumen + 1 Zim. p.W. reinigen*					x			x	x	
2	50% *jeden Tag aufräumen*						x	x			
1	25% *mind. 4 Tage/W. aufräumen*			x	x		x				
0	Ausgangslage *ganze Woche nicht reinigen*	x	x								
-1	Verschlechterung *Wohnung vermüllen lassen*										
	Datum:	7.2	14.2	21.2	28.2	7.3	14.3	21.3	28.3	4.4	11.4

Ziel Nr. 2: *Mit den Arbeitskollegen besser in Kontakt sein*

		7.2	14.2	21.2	28.2	7.3	14.3	21.3	28.3	4.4	11.4
4	100% *And. anspr., klare Stim., Blickkontakt*								x	x	x
3	75% *Freund anspr., klare Stimme, Blickk.*							x			
2	50% *klare Stimme und Blickkontakt*					x	x				
1	25% *mit klarerer Stimme sprechen*				x						
0	Ausgangslage *nicht anspr., leise, kein Bk*	x	x	x							
-1	Verschlechterung *rot werden, nicht spr.*										
	Datum:	7.2	14.2	21.2	28.2	7.3	14.3	21.3	28.3	4.4	11.4

Ziel Nr. 3: *Häufiger gemeinsam mit meinem Sohn spielen*

		7.2	14.2	21.2	28.2	7.3	14.3	21.3	28.3	4.4	11.4
4	100% *mind. 5x p.W. spielen*					x	x	x		x	x
3	75% *4x p.W. spielen*				x				x		
2	50% *3x p.W. spielen*		x	x							
1	25% *2x p.W. spielen*										
0	Ausgangslage *1x p.W. spielen*	x									
-1	Verschlechterung *gar nicht spielen*										
	Datum:	7.2	14.2	21.2	28.2	7.3	14.3	21.3	28.3	4.4	11.4

Gesamt-Zielerreichungsskala (Gesamtpunkte geteilt durch Anzahl der Ziele, gerundet)

		7.2	14.2	21.2	28.2	7.3	14.3	21.3	28.3	4.4	11.4
4	100%									x	x
3	75%					x	x	x	x		
2	50%				x						
1	25%		x	x							
0	Ausgangslage	x									
-1	Verschlechterung										
	Datum:	7.2	14.2	21.2	28.2	7.3	14.3	21.3	28.3	4.4	11.4

Abb. 10.2: Beispielhaft wöchentlich ausgefüllte Zielerreichungsskala

Die Zielerreichungsskala wird nach dem Festlegen der Ziele und aller Zwischenziele (was häufig eine ganze Beratungsstunde in Anspruch nimmt) erstmals ausgefüllt, d. h., in das erste Datumskästchen wird bei jedem Problem das aktuelle Datum eingetragen und darüber ein Kreuz in der Zeile »0 Ausgangslage« gemacht. Im unteren Abschnitt »Gesamt-ZES« wird ebenfalls das Datum eingetragen und ein Kreuz bei »0« gemacht, da der Zielerreichungsgrad der drei einzelnen Ziele zusammengezählt 0 + 0 + 0 = 0 beträgt und dieses durch drei Ziele geteilt ebenfalls 0 ergibt.

Im Folgenden wird regelmäßig der Grad der Zielerreichung zu Beginn jeder Beratungsstunde überprüft (▶ Abb. 10.2). Jede Beratungsstunde beginnt damit, dass die Beraterin nach der Begrüßung die Zielerreichungsskala auf den Tisch legt und mit dem Klienten/der Klientin den jeweils aktuellen Stand aller drei Ziele kurz abklärt. Die Klienten/Klientinnen gewöhnen sich sehr schnell an dieses Ritual und oft haben sie sich nach einiger Zeit schon vor der Stunde überlegt, welcher Stand einzutragen ist.

Nach dem Eintragen eines Kreuzes bei jedem einzelnen Ziel werden die Werte zusammengerechnet und durch die Anzahl der Ziele geteilt, damit unten auf der Zielerreichungsskala noch ein Gesamtzielerreichungsgrad eingetragen werden kann. Es sind stets alle Ziele abzufragen, auch wenn nur eines der Ziele aktuell bearbeitet wird (▶ Abb. 10.2).

Die wöchentliche Abfrage der Zielerreichung ermöglicht es, zeitnah Stagnationen oder Rückschritte zu erfassen und gegenzusteuern, wenn bei einem Beratungsziel trotz der Besprechung in der Beratungsstunde kein Teilerfolg zu sehen ist. Es kann dann *gemeinsam* mit dem Klienten erörtert werden, was noch fehlt, um die nächsten Zwischenziele erreichen zu können. Diese kontinuierliche Zielerfassung ist durch die klare Operationalisierung erheblich hilfreicher als der lediglich verbale Austausch (»Wie ist es Ihnen in der Zwischenzeit ergangen?« – »Gut!« – »Sind Sie einen Schritt weitergekommen?« – »Klar!«).

Weiterführende Literatur

Kiresuk, T. J. & Sherman, R. E. (1968). Goal Attainment Scaling: A General Method for Evaluating Comprehensive Community Mental Health Programs. Community Mental Health Journal, 4. 443–453.

Krampen, G. (2002). Stundenbogen für die Allgemeine und Differentielle Einzel-Psychotherapie (STEP). Handanweisung und Verbrauchsmaterialien. Göttingen: Hogrefe.

11 Beratungsabschluss

Melanie Meyer & Dieter Wälte

> **☞ Was Sie in diesem Kapitel lernen können**
>
> Entsprechend dem Prozessmodell gehört die Planung und Umsetzung des Beratungsabschlusses zum professionellen Handeln des Beraters/der Beraterin. Dieses Kapitel beschäftigt sich damit,
>
> - wie der Berater/die Beraterin mit ungeplanten Abbrüchen von Klienten und Klientinnen umgehen kann;
> - welche Aufgaben mit dem Beratungsabschluss verbunden sind: Evaluation des gesamten Beratungsprozesses, Rückfallprophylaxe, Konsolidierung des Gelernten und Ablösung der professionellen Beziehung;
> - welche Techniken und Maßnahmen dabei helfen können, dass Klientinnen und Klienten sanft in den Abschluss der Beratung übergleiten können. Sie reichen von einem zeitlich gestaffelten Beratungsplan bis hin zu der Option für den Klienten, dass er sich wieder vorstellen darf;
> - wie mit Trennungsgefühlen des Klienten oder der Klientin beim Abschluss einer Beratung umgegangen werden kann;
> - wie der Berater/die Beraterin mit den eigenen Gefühlen beim Abschluss einer Beratung umgehen kann.

In einigen Fällen ist die Beratung schneller zu Ende als der Berater sich das vorgestellt hat, da der Klient zum nächsten Termin nicht erscheint. Wenn die Klientin sich nicht abmeldet und telefonische Kontakte ablehnt, kann der Berater über die Gründe nur spekulieren. Vielleicht war die Klientin nicht hinreichend motiviert, (jetzt schon) an ihrem Problem zu arbeiten oder die psychopathologische Entwicklung hindert die Klientin daran, die nächsten Termine wahrzunehmen. Das kann bei schweren psychischen Störungen, wie z. B. der Borderline-Persönlichkeitsstörung oder einer schweren Depression der Fall sein. Vielleicht fühlte sich die Klientin aber auch von dem Berater nicht richtig verstanden oder sie wollte nur ihr Herz ausschütten und das reichte ihr. Ungeplante Abbrüche gehören zum Alltag des Beraters, sollten diese jedoch häufig auftreten, dann ist es an der Zeit, dass der Berater diesem Problem in der Supervision näher nachgeht, zum einen wegen der eigenen Psychohygiene und zum anderen wegen einer möglichen Korrektur des Beratungshandelns (▶ Kap. 12). Die folgenden Ausführungen beziehen sich auf die Funktionen geplanter Abschlüsse von Beratungsprozessen und auf mögliche schwierige Situationen (vgl. Noyon & Heidenreich 2020).

Jeder Beratungsverlauf ist einzigartig und hängt von verschiedenen Faktoren und Bedingungen ab (psychosoziale Bedingungskonstellationen des Klienten, Art der Probleme, Einzel-/Gruppen- oder anderes Setting etc., institutionelle Bedingungen); jedoch gibt es generelle Funktionen und Arbeitsumstände, die sich gewissen Phasen zuschreiben lassen. Die Beratung findet irgendwann ihr Ende, durch diese Begrenzung wird sie zum wertvollen Gut; die Begleitung durch den Berater soll für den Klienten als Ressource und nicht als selbstverständlich gelten (Rausch et al. 2008). Hackney und Cormier (1998) nennen pragmatisch vier Kriterien, die eine Beendigung der Beratung begründen können:

- Der Beratungsvertrag sieht ein definiertes Stundenkontingent für die Erreichung von Zielvorgaben vor.
- Der Klient ist der Meinung, die Beratungsziele seien erreicht. Ergänzend dazu kann die problembezogene Selbsthilfefähigkeit des Klienten als Orientierungspunkt herangezogen werden (Klemenz 2014).
- Berater und/oder Klient schätzen die Beratung als nicht hilfreich ein.
- Änderung im Umfeld von Klient oder Berater (z. B. Wohnortwechsel des Klienten, Stellenwechsel des Beraters).

11.1 Funktionen des Beratungsabschlusses

Mit dem Beratungsabschluss ist nicht ausschließlich der letzte Termin als Fixpunkt gemeint, sondern die letzte Phase im Beratungsprozess, der schon beim ersten Termin angedeutet werden kann. Vor diesem Hintergrund erfüllt der Beratungsabschluss mehrere Funktionen:

a) als Abschlussevaluation des gesamten Beratungsablaufes,
b) als Festigung und Sicherung der Ergebnisse,
c) als Besprechungsraum für einen Blick auf die Zukunft nach der Beratung (auch als Rückfallprophylaxe zu verstehen) und
d) als schrittweise Auflösung der Beratungsbeziehung (Rechtien & Irsch 2006).

In der Abschlussphase der Beratung, spätestens jedoch in der letzten Sitzung, empfiehlt es sich, ein Abschlussfeedback vom Klienten über seine Zufriedenheit mit der Beratung insgesamt einzuholen. Bei diesem Feedbackgespräch steht die Reflexion des gemeinsamen Prozesses im Mittelpunkt: Hat der Klient seine gesteckten Ziele erreicht? Welche Schritte waren dafür nötig? Was hat gut funktioniert und wo hätte es noch besser laufen können? Zwar ist es förderlich, wenn der Klient die Beratung mit einem guten Gefühl verlässt, allerdings ist hier auch Raum für das Besprechen von Misserfolgen, denn weitergehendes Ziel ist es, dass der Klient die in der Beratung erlernten Techniken auch alleine weiterführt, also braucht er Wissen darüber, was ihm geholfen hat und was nicht. Insbesondere Klienten mit sozialer Unsicherheit sollten zu einem ehrlichen Feedback ermutigt werden mit der Versicherung, dass negative Rückmeldungen ausdrücklich erwünscht sind und nicht dazu führen, dass der Berater danach den Klienten weniger mag.

> **Fallbeispiel: Einleitung eines Feedbacks durch den Berater**
>
> »Wir haben ja jetzt einige Zeit zusammengearbeitet und da wir nun zum Ende der Beratung kommen, würde ich gerne von Ihnen wissen, wie Sie die Beratung erlebt haben. Was fanden Sie in der Zusammenarbeit mit mir gut, was weniger gut? Mir ist eine offene Rückmeldung über die Beratung ganz wichtig, um auch meine Arbeit für die Zukunft noch weiter zu optimieren. (Sie müssen nicht befürchten, dass ich schlecht über Sie denke, wenn Ihnen auch was Negatives aufgefallen ist.)«

Auch der Klient sollte eine Rückmeldung von dem Berater erhalten mit einem besonderen Fokus auf die Fortschritte und Ressourcen des Klienten. Im Mittelpunkt sollte dabei stehen, dass der Klient mit einem zuversichtlichen Gefühl für die Zukunft die Beratung beenden kann.

Eine weitere Aufgabe, die der Berater in vielen Fällen am Ende der Beratung zu erfüllen hat und auch als Evaluation der Beratung verstanden werden kann, ist die Formulierung eines Berichtes, in dem die Dokumentation der gesamten Beratung zusammengetragen wird (▶ Kap. 13). Kostenträger, Hausärzte oder weitere mögliche Adressaten bekommen Informationen darüber, mit welcher Ausgangssituation (Beratungsauftrag) begonnen wurde (z. B. geschilderte Symptome des Klienten), welche Ziele gemeinsam vereinbart wurden und in welchem zeitlichen Ablauf die einzelnen Arbeitsschritte gemacht wurden. Darüber hinaus nimmt das Ergebnis der Beratung einen Teil des Berichts ein und auch weiterführende Handlungsempfehlungen (z. B. Aufnahme einer Psychotherapie) können gegeben werden (McLeod 2004). Sollte eine Indikation für eine weiterführende Beratung/Therapie bestehen, ist es sinnvoll, dies möglichst direkt innerhalb der professionellen Netzwerkarbeit zu aktivieren, damit die Klienten einen nahtlosen Übergang erleben (Romer et al. 2014). Bei der Formulierung des Abschlussberichts ist es insgesamt eine Kunst, so viel wie nötig und so wenig wie möglich zu schreiben – wobei vor allem der Seitenumfang im Verhältnis zum zeitlichen Ablauf bzw. Beratungsprozess und -ergebnis stehen sollte (Hillebrecht & Peiniger 2015).

Innerhalb der Beratung mit Kindern oder Familien kann ein Gespräch mit allen Beteiligten geführt werden, in dem gemeinsam bilanziert wird (Romer et al. 2014). Die Familie betrachtet, wo sie angefangen hat, wo die einzelnen Systemangehörigen jetzt stehen und wie es in der Zukunft (z. B. bezüglich des Umgangs miteinander) weitergehen soll. Wenn es die Rahmenbedingungen der Institution zulassen, kann an dieser Stelle das Angebot gemacht werden, die Beratungsstelle bei aufkommenden Problemen wieder zu kontaktieren. Auch wenn bei Abschluss der Beratung zunächst kein Bedarf gesehen wird, wirkt es entspannend, wenn die Familie – z. B. wenn Abwärtsentwicklungen bei Erkrankungen auftreten – noch einmal zurückkommen darf. Aus der systemischen Beratung ist bekannt, dass, durch die Interdependenz bedingt, eine (Verhaltens-)Veränderung eines Systemmitgliedes eine Veränderung aller Familienangehörigen mit sich bringt, sodass in diesem Falle ein niedrigschwelliges Beratungsangebot hilfreich sein kann, um die auftretenden Probleme gemeinsam aufzufangen. Je nach Einrichtung kann eine Begleitung über mehrere Jahre hinweg durchaus vorkommen, auch wenn innerhalb eines Jahres ›nur‹ zwei bis vier Gespräche stattfinden.

Damit die Beratung auch längerfristig einen Nutzen hat, sollte in der Endphase der Beratung mit dem Klienten überprüft werden, ob neben den bisher eingesetzten Techniken und Methoden noch weitere Interventionen zur Stabilisierung des Erfolges und für den Alltagstransfer notwendig sind. Selbstmanagement-Fertigkeiten (Kanfer et al. 2012) können dem Klienten dabei helfen, Schritt für Schritt eigene Ziele im Alltag auch bei aufkommenden Problemen zu bewältigen. Bei der Einübung von Selbstmanagement-Techniken steht weniger ein spezifisches Problem im Mittelpunkt als vielmehr das »Wie« zur Problemlösung. Der Klient lernt, wie er die in der Beratung eingesetzten Materialien (z. B. Verhaltensanalyse, Schritte zur Problemlösung, Protokollbögen) selbständig für zukünftige Probleme einsetzen kann (vgl. zum Abschluss der Beratung mit Familien auch Borg-Laufs & Hungerige 2010).

Des Weiteren besteht ein Teil des Beratungsabschlusses aus der oben genannten Rückfallprävention (schließlich wird sich hier nicht ›einfach nur‹ verabschiedet, sondern der Klient soll auch aus dieser Phase mit möglichst großem Gewinn herausgehen): Auf der einen Seite soll die Übertragung der gelernten Techniken und Methoden auf die tatsächlichen Lebens- und Problemsituationen den Klienten davor schützen, nach der Beratung in ein Loch zu fallen. Andererseits können problematische Situationen in Gedanken vorweggenommen und ganz konkret besprochen werden, um die Wahrscheinlichkeit eines Rückfalls zu verringern (McLeod 2004). Für die Prävention von Misserfolgen oder Rückschlägen sollte der Berater den Klienten darüber aufklären, dass nach der Beendigung der Beratung alte Muster wieder aufflammen können. Zur Vorbeugung katastrophisierender Bewertungen weist der Berater auf die Möglichkeit von Rückfällen hin und erarbeitet gemeinsam mit der Klientin oder dem Klienten, wie die in der Beratung erworbenen Strategien dabei helfen können, aus dem Tief wieder herauszukommen. Der Klient soll die Beratung mit der Einstellung verlassen, dass Probleme in der Zukunft zwar nicht verhindert werden können, dass deren Bewältigung jedoch durch Beratung leichter wird.

In der Endphase der Beratung steht die Arbeit rund um die Verabschiedung im Mittelpunkt (Hillebrecht & Peiniger 2015). Optimal ist es für die Beendigung der Beratung, wenn diese schrittweise eingeleitet wird. Viele der im nächsten Abschnitt dargestellten Probleme, die mit dem Beratungsabschluss verbunden sind, lassen sich mit einer Reihe von Techniken und Maßnahmen verhindern:

- Am Anfang der Beratung erhält der Klient eine Übersicht über den Ablauf der Beratung: Anzahl der Termine, Dauer und Frequenz der einzelnen Sitzun-

gen. Damit ist das Ende der Beratung terminlich für den Klienten vorhersehbar.
- In der letzten Beratungsphase wird die Sitzungsfrequenz gedehnt, statt z. B. 1 x wöchentlich 1 x im Monat.
- Im letzten Drittel der Beratung spricht der Berater den Klienten aktiv darauf an, was er mit dem Abschluss der Beratung verbindet.
- Die Bearbeitung der damit einhergehenden Gefühle beim Klienten, die mit dem vorweggenommenen Abschluss der Beratung aufkommen können, erleichtert ihm, den tatsächlichen Abschied am Ende der Beratung besser zu verkraften.
- Einige Klienten haben nur ganz wenige Sozialkontakte. Dann ist es natürlich schmerzlich, wenn der Klient den Berater nicht mehr aufsuchen kann. In diesem Fall sollte der Berater den Klienten dabei unterstützen, seine sozialen Ressourcen zu erweitern.
- Regelmäßiges Bilanzieren in Bezug auf die Beratungsziele hilft dem Klienten (und dem Berater) zu erkennen, wie weit die Beratung sich schon den Zielen angenähert hat.
- Wenn die institutionellen Bedingungen es erlauben, kann der Klient darauf aufmerksam gemacht werden, dass er sich bei neuen Problemen oder bei Wiederaufflammen alter Probleme wieder vorstellen kann. Doch Vorsicht: Dabei darf diese Einladung zu möglichen Nachberatungsterminen jedoch nicht so erfolgen, dass durch die Hintertür eine Beratung mit ›Ende offen‹ erfolgt.

11.2 Schwierigkeiten innerhalb des Beratungsabschlusses

Schwierigkeiten innerhalb des Beratungsabschlusses können unter anderem daher kommen, dass Auftrag, Ziele und Grenzen der Beratung zu unscharf formuliert wurden. So kann es z. B. sein, dass die Klienten die Beratung verfrüht abbrechen, weil sie mit den Zwischenergebnissen nicht zufrieden sind und für sich keinen Sinn mehr in der Beratung sehen (Romer et al. 2014). Im Gegensatz dazu mag es ebenfalls vorkommen, dass die Klienten in der letzten Sitzung ein Verlangen nach Weiterführung der Beratung äußern, weil ihre Ansprüche noch überhaupt nicht befriedigt seien. Diesen Problemen kann entgegengewirkt werden, indem von vorneherein klargemacht wird, was getan und erreicht werden soll. Die Beratung ist gedacht als Hilfe zur Selbsthilfe, das heißt, der Berater betreut den Klienten über einen vorher abgesteckten Zeitraum, um ihm Strategien mit auf den Weg zu geben, seine Probleme im Anschluss eigenständig lösen zu können. Des Weiteren müssen zu Beginn der Beratung Zuständigkeiten und Verantwortungsbereiche geklärt werden und im Zuge der Vereinbarung der Terminanzahl realistische Ziele gesteckt werden, die nur so ›groß‹ sind, dass der Klient sie innerhalb des Beratungsprozesses erreichen kann. Darüber hinaus ist es sinnvoll, auch zwischendurch Fazits zu ziehen und auf den kommenden Beratungsabschluss hinzuweisen: Was haben wir bis jetzt getan? Was müssen wir noch bearbeiten? Welche Ziele konnten Sie schon erreichen und welche fehlen noch? Welche Verhaltensmodifikationen würden wir als erfolgreichen Beratungsabschluss interpretieren (vgl. Nußbeck 2019)?

Hin und wieder mag es auch vorkommen, dass der Klient sich angesichts des ›drohenden‹ Beratungsabschlusses noch nicht bereit fühlt, bald allein weiterzumachen, sodass er kurzzeitig in alte Verhaltensmuster zurückfällt – also muss diese ›Trennung vom Berater‹ sorgfältig vorbereitet werden (Belardi et al. 2007). In diesem Zuge können Verlust- und/oder Ernüchterungsgefühle besprochen werden, welche sogar einen Nutzen haben, weil der Klient mit Hilfe des Beraters herausfinden kann, wie er beispielsweise bisher mit solchen Gefühlen umgegangen ist und was ihm in solchen Situationen geholfen hat (McLeod 2004). Auf jeden Fall dürfen die mit dem Abschluss der Beratung aufkommenden Gefühle des Klienten nicht heruntergespielt werden, sondern müssen ernst genommen werden.

> **Trennungsgefühle**
>
> Trennungsgefühle am Ende der Beratung können jedoch nicht nur beim Klienten auftreten, sondern der mitunter intensive professionelle Kontakt (z. B. in der Jugendhilfe, in der Behindertenhilfe, in der Drogenberatung) lässt auch den Berater nicht kalt. Für solche Gefühle muss sich jedoch der Berater nicht schämen, sondern hinsehen, welche Gefühle der Klient bei ihm auslöst und warum das der Fall ist. Die Bearbeitung dieser Gefühle, unter Umständen in der Supervision, ist ein wichtiger Bestandteil professioneller Reflexion. Ein Alarmsignal sollte es für den Berater sein, wenn er sich nur schlecht von seinen Klienten lösen kann oder er sogar unprofessionell Freundschaftsangebote des Klienten annimmt.

Auch kann es durchaus passieren, dass während des Beratungsabschlusses zufällig noch einmal ein oder mehrere Probleme auftreten, deren Bewältigung der Klient eigentlich schon gelernt hat. Grundsätzlich ist dies für den Klienten zwar eine sehr anstrengende Situation, allerdings kann der Berater dies besonders gut nutzen, um das Gelernte noch einmal aufzurufen und mit dem Klienten gemeinsam einen ›Notfallplan‹ zu entwickeln (Bleichhardt & Martin 2010).

Fallbeispiel: Mutter mit 8-jähriger Tochter in einer Krisensituation

Eine Mutter, die wegen ihrer Erziehungsprobleme mit ihrer 8-jährigen Tochter in die Erziehungsberatungsstelle kommt, hat bisher im Umgang mit ihr große Fortschritte erzielt und ist mittlerweile am Ende der Beratung angelangt. Nun kommt sie zur vorletzten Sitzung und berichtet, dass die Lieblingslehrerin der Tochter schwer erkrankt sei und die Klasse aufgeben müsse. Des

Weiteren verlasse die beste Freundin der Tochter die Schule, weil ihre Eltern berufsbedingt wegziehen müssen. Seitdem verfalle die Tochter wieder in alte Verhaltensmuster, höre nicht, sei wenig kooperativ und all die getane Arbeit scheine umsonst gewesen zu sein. Und auch der Mann der Klientin offenbarte ihr vor drei Tagen, dass er über eine Trennung nachdenke. Nun steht die Klientin mit all den Problemen und Umstellungen, die sie und ihre Tochter beeinflussen, vor einem ›Berg Arbeit‹ und sie mag sich fühlen wie im Chaos am Anfang der Beratung.

Wenn diese kritischen Situationen tatsächlich erst Monate nach der Beratung aufgetaucht wären, dann wäre die Klientin allein auf die harte Probe gestellt worden, ob sie diese Anforderungen bewältigen kann. Da nun aber noch ein wenig Zeit mit dem Berater zur Verfügung steht, kann noch kurz darauf eingegangen werden, welche Schritte die Klientin machen kann und auch eine Gedanken- und Handlungsliste ›Was tun, wenn Probleme auftreten‹ kann hilfreich sein, um ›Ankerpunkte‹ zur Strukturierung des weiteren Vorgehens zu haben. Normalerweise wird die Rückfallprävention (und die Vorbereitung auf Rückschritte) an theoretischen gedanklichen Situationen besprochen und eingeübt, in diesem Fall jedoch kann die Klientin ihr erlerntes Wissen am ›Ernstfall‹ ausprobieren. Zudem kann der Berater fragen, wie groß die Wahrscheinlichkeit ist, dass in nächster Zeit noch einmal so viele Probleme auf einmal auftreten, wodurch der Klientin klar wird, dass sie mit einem solchen ›Brocken‹ von Schwierigkeiten nicht ständig zu kämpfen hat; das gibt ihr Zuversicht, in Zukunft auch ohne den Berater zurecht zu kommen.

Der Beratungsabschluss kann sich darüber hinaus schwierig gestalten, wenn die Klienten emotional zu sehr aufgewühlt sind. Die intensive Arbeitsphase muss rechtzeitig abgeschlossen werden, weil das Band zwischen Ratsuchendem und Berater Stück für Stück geweitet werden muss, um den Klienten letztendlich in den Alltag ›alleine‹ entlassen zu können (Rechtien & Irsch 2006). Berater und Klient können durch die zum Teil lange, vertraute und intime Arbeit in ein ›Gewöhnungsverhältnis‹ zueinanderkommen – Ziel ist es allerdings viel mehr, den Klienten unabhängig zu machen (Nußbeck 2019). Dieser Abschied kann z. B. für einen Klienten, der innerhalb dieser Beratungsbeziehung das erste Mal Verlässlichkeit spürt, sehr schmerzlich sein – aber nach einem konstruktiven Beratungsprozess müssen beide Beteiligten wieder eigene Wege gehen (Rechtien 2004). In dem Moment, in dem der Berater z. B. den Beratungsverlauf noch einmal in Worten grob zusammenfasst, die Entwicklung des Klienten darlegt und seine Erfolge aufzählt, gelangen beide Beteiligten in eine Art Metaperspektive und können sich von der gefühlsmäßigen Eingebundenheit weiter distanzieren (Rechtien & Irsch 2006).

 Weiterführende Literatur

Hillebrecht, W. & Peiniger, A. (2015). Grundkurs Personalberatung. Alles, was Sie wissen müssen. 4. Auflage. Wiesbaden: Springer Verlag.
McLeod, J. (2004). Counselling. Eine Einführung in die Beratung. Tübingen: dgvt.

12 Supervision

Franz-Christian Schubert

> ### ☞ Was Sie in diesem Kapitel lernen können
>
> Supervision gehört zum fachlichen Standard von psychosozialer Beratung. Dieses Kapitel informiert über
>
> - die Funktionen der Supervision für psychosoziale Beratungsprozesse als geschützter »*Reflexionsraum*«: Ziel ist die Verbesserung der Handlungskompetenz, Steigerung der Arbeitszufriedenheit (Entlastung, Optimierung der Kooperation) und Überprüfung der Wirksamkeit des eigenen professionellen Handelns;
> - die drei *Reflexivitätsebenen* der Supervision: ›primäre Reflexivität‹ (berufliche Tätigkeit bzw. die Interaktionen zwischen Supervisand/Supervisandin und Klienten), ›sekundäre Reflexivität‹ (berufliche Rolle einschließlich Rollenwidersprüchen), ›tertiäre Reflexivität‹ (die Organisationseinheit, in der die Arbeit geleistet wird);
> - die *Grundkompetenzen* von Supervisoren/Supervisorinnen, z. B. Erfassung, Ordnung und Deutung von Komplexität, Interaktions- und Beratungskompetenz, Personkompetenz, Sozialkompetenz und Feldkompetenz.

12.1 Begriff und Entwicklung

Supervision ist eine spezielle Beratungsform in der Arbeitswelt, die als Erkenntnis- und auch Lernform sowohl bei Personen, bei Arbeitsteams oder anderen Organisationseinheiten zum Einsatz kommt. Sie ist eine Kombination aus Reflexion, Beratung und Fortbildung und hat zur Aufgabe, zu einer Veränderung, Differenzierung und Weiterentwicklung von *beruflichen* Wahrnehmungs-, Bewertungs- und Handlungsschemata beizutragen (erweitert auf Grundlage von Linke 2001, 33). Supervision wird in vielfältigen Bereichen und Settings genutzt, von Einzelnen, Gruppen, Teams und Organisationen im Profit- und Non-Profitbereich, z. B. in verschiedensten psychosozialen Feldern, im Gesundheitswesen wie auch in Verwaltung und Wirtschaft. Im Besonderen kommt sie als eine spezifische Lehr-, Anleitungs- und Lernform im Kontext von psychosozialen Ausbildungs- und Handlungsfeldern (Soziale Arbeit, Beratung, Psychotherapie) zum Einsatz.

Die *historische Entwicklung* der Supervision ist eng mit der Entwicklung und Professionalisierung der Sozialen Arbeit verbunden. Der Begriff kommt aus dem Englischen und heißt (Ober-)Aufsicht, Beaufsichtigung, Überwachung.

Im Zusammenhang mit der Industrialisierung und der Verelendung der Arbeiterfamilien wurden in den USA Ende des 19. Jahrhunderts von der Armenfürsorge ehrenamtliche »friendly visitors« eingesetzt, die wiederum von Supervisoren, das waren bezahlte Administrationskräfte, ausgebildet und angeleitet, aber auch kontrolliert wurden. Ein zweiter Entwicklungsstrang beruht auf den therapeutischen Kontrollsitzungen, die in den 1920er Jahren für psychoanalytische Ausbildungen verbindlich eingeführt wurden und sich bis heute als Ausbildungssupervision für angehende Berater und Psychotherapeuten erhalten haben. Bereits über diese Entwicklungen kommt die Doppeldeutigkeit als Kontrolle/Aufsicht und Anleitung/Ausbildung zum Ausdruck, die Supervision prägt. In den Jahren nach dem Zweiten Weltkrieg ist die Entwicklung der Supervision im europäischen Raum stark durch die niederländische, US-amerikanische und schweizerische Sozialarbeit geprägt und führt rasch zu einer Professionalisierung in diesem Feld: 1964 bietet der Deutsche Verein für öffentliche und private Fürsorge (DPWV) die erste Fortbildung für Supervision an, in den 1970er Jahren etabliert sich Supervision als Praxisbegleitung in den Fachhochschulen für Sozialarbeit und Sozialpädagogik und bald darauf bieten Weiterbildungsinstitute zertifizierte Weiterbildungen in Supervision an. 1989 wird die Deutsche Gesellschaft für Supervision (DGSv) gegründet, die seitdem die professionellen Standards für Ausbildung und praktische Anwendung regelt (Krönchen 2012).

12.2 Ziele und Aufgaben

Allgemeines Ziel von Supervision ist es, durch angeleitete Reflexion und Erfahrungslernen die Fachlichkeit und Persönlichkeit der Supervisanden und die Weiterentwicklung von Teams und Personal zu fördern, die Bewältigung von Schwierigkeiten im Arbeitsalltag sowie die Kooperations- und Koordinationsfähigkeit von Arbeitsteams oder Organisationseinheiten zu unterstützen und eine Verbesserung von beruflichem Handeln und dessen Effektivität zu bewirken.

> »Die zahlreichen Evaluationen und wissenschaftlichen Arbeiten dokumentieren, dass Änderungen im Erleben, in den Kognitionen, in Verhaltensmustern und im Bewusstsein über sich selbst – bezogen auf die berufliche Tätigkeit, die Arbeitsorganisation und das Arbeitsumfeld – wesentliche Elemente in und von Supervisionsprozessen sind. Supervision gilt als Orientierungshilfe, die Handlungssicherheit schafft und die Angemessenheit der eigenen Wahrnehmung hinsichtlich der beruflichen Tätigkeit, der aktuellen Situation des Teams und/oder der eigenen Organisation überprüft und wo nötig zu ändern hilft.« (DGSv 2008, 10)

Kurz gefasst dient Supervision der Verbesserung der Handlungskompetenz, Steigerung der Arbeitszufriedenheit und Überprüfung der Wirksamkeit des eigenen professionellen Handelns. Es ist damit ein Instrument der *Qualitätssicherung* und der Personal- und Organisationsentwicklung. Nicht selten werben psychotherapeutische und psychosoziale Einrichtungen in ihren Leitbildern mit begleiteter Supervision als spezifisches Qualitätsmerkmal.

Unter einem allgemeinen Verständnis bietet Supervision einen geschützten »*Reflexionsraum*«, in dem die beruflichen Handlungen der Person wie auch ihre Beziehungen zu ihrer Arbeit und/oder die Interaktionen zu ihren Kollegen und Kolleginnen und darin auftauchende Probleme in den Fokus rücken und systematisch erschlossen, reflektiert und zu möglichen Lösungen geführt werden. Die Reflexionen erfolgen im Kontext der individuellen, organisatorisch-institutionellen und gesellschaftlichen Strukturen und Bedingungen. Institutionelle Bedingungen werden nach Arbeitsbedingungen (Aufgaben, Anforderungen, Abläufe) und organisationellen Strukturen differenziert. Diese Reflexionsprozesse erfolgen nach Buchinger und Klinkhammer (2007, 33) durch »Beobachtung und Selbstbeobachtung bzw. dabei angestellte Überlegungen – etwa über zu erwartende Folgen, über Beweggründe, mögliche Absichten, andere Zusammenhänge und vor allem über andere Alternativen«. Die Autoren betrachten Supervision auf drei *Reflexivitätsebenen*: Die »primäre Reflexivität« erfasst die berufliche Tätigkeit bzw. die Interaktionen zwischen Supervisand/Supervisandin und Klienten, die »sekundäre Reflexivität« die daraus erfasste berufliche Rolle einschließlich Rollenwidersprüchen, und in der Folge erfasst die »tertiäre Reflexivität« die Organisationseinheit, in der die Arbeit geleistet wird. Erst alle zusammen gestalten die Professionalität von Supervision. In den Fokus rückt nicht die Person mit ihren Charaktereigenschaften oder Störungen, so betonen die Autoren, sondern die berufliche Persönlichkeit in ihrem beruflichen Handeln. Gleicherweise ist nicht das Team oder die Supervisionsgruppe in ihrer Gruppendynamik oder in ihren persönlichen Beziehungen untereinander oder zu anderen Teams Gegenstand der Supervision, sondern der Fokus liegt auf dem arbeitsweltlichen Handeln, auf den beruflichen Interaktionen des Teams (ebd.).

Die starke Nachfrage nach Supervision in psychosozialen Arbeitsfeldern begründet Linke bereits 2001 über drei Aspekte (vgl. Linke 2001, 18):

- *Qualitätssicherung und Prozesskontrolle:* Hierbei tritt das Anliegen der Institution in den Vordergrund, Supervision als ein bewährtes Instrument der Wirksamkeitsüberprüfung wie auch der Steuerung von beruflichen Hilfeprozessen zu implementieren (Effizienz und Transparenz).
- *Bedürfnis nach Orientierungshilfe und nach Handlungssicherheit:* Dieses Bedürfnis tritt in Arbeitsfeldern auf, die in starkem Maße arbeitsweltlichen Strukturveränderungen und organisationellen Umstrukturierungen unterliegen. Hinzu kommen Verunsicherungen durch pluralistische und individualisierte, hochkomplexe und teils widersprüchliche Gesellschaftsstrukturen und Lebenskonzepte. Diese ›Gemengelage‹ bringt nicht selten hohe berufliche Anforderungen und gleichzeitig Handlungsunsicherheit und Orientierungsbedarf (nicht nur in psychosozialen, sondern in nahezu allen Tätigkeitsfeldern) mit sich

und führt in einer weiteren Konsequenz häufig in eine Unbalance zwischen Berufsleben und Privatleben mit erheblichen gesundheitlichen Auswirkungen (vgl. Möller 2010; Schubert 2016b).
- *Belastungen in der psychosozialen Arbeitswelt:* Solch eine Unbalanciertheit und emotionale Überlastung ist in Berufen, die hohes Engagement oder professionelle Beziehungsarbeit fordern, zu beobachten. Hinzu kommt, dass sich Helfer mit Klienten in schwierigen, ausweglos erscheinenden Notsituationen oft in einer Überforderungssituation befinden: sie sind sowohl ihren eigenen Ansprüchen zu helfen als auch den ›Heilserwartungen‹ der Klienten ausgesetzt, zugleich aber auch mit den oft unlösbar erscheinenden Bedingungen und mit der aggressiv-ungeduldigen oder passiven Haltung ihrer Klienten konfrontiert.

Ziele und Aufgabenbereiche der Supervision

Die Ziele von Supervision unterscheiden sich nach den Anliegen der Supervisanden/Supervisandinnen, den Tätigkeitsfeldern, den Auftraggebern und letztlich auch nach den schwerpunktmäßigen Angeboten der Supervisoren/Supervisorinnen. Die Deutsche Gesellschaft für Supervision (DGSv 2008, 9) beschreibt Supervision im Wesentlichen auf die Bereiche *Kooperation*, berufliche *Kompetenz* und *Entlastung* der Supervisanden/Supervisandinnen ausgerichtet:

Bereich *Kooperation*

- Verbesserung der kooperativen Basis professionellen Handelns in Organisationen,
- Unterstützung von Teamentwicklungsmaßnahmen (Herstellung, Erhalt und Implementierung von Teamarbeit),
- Erhöhung der Konfliktfähigkeit und Verminderung von Reibungsflächen in den Arbeitsabläufen in (multiprofessionellen) Teams,
- Unterstützung eines höheren Grades an (Selbst-) Steuerung und (Selbst-) Regulierung in komplexeren Zusammenhängen,
- Erhöhung der Kommunikationsfähigkeit und Förderung von Kommunikationsprozessen
- Unterstützung arbeitsfeldbezogener Lernprozesse.

Bereich *Kompetenz*

- Unterstützung für eine professionelle Arbeit, die in vielfacher Weise gegenwärtig einem starken Wandel ausgesetzt ist,
- Förderung von Aufgabenorientierung,
- adäquate Reaktion auf berufliche Anforderungen,
- Förderung von Selbstreflexionsprozessen über Anliegen, Aufgaben, Ziele und Strategien,
- Stärkung des fachlichen Kompetenzprofils,

- Erkennen von Mustern im beruflichen Handeln und Erweiterung der Handlungskompetenz,
- Befähigung zur Integration von persönlichen Reaktionsweisen, objektiven Erkenntnissen, aktuellen Arbeitssituationen und subjektiven Erfahrungen,
- Förderung von Problemlösefähigkeit.

Bereich *Entlastung*

- Stärkung persönlicher Ressourcen zur Bewältigung beruflicher Anforderungen,
- Eröffnung neuer Sichtweisen und weiterer/anderer Handlungsmöglichkeiten,
- Entlastung im Hinblick auf klientenbezogene Tätigkeiten,
- Entwicklung von Klarheit über die Bedeutung von Beziehungsaspekten, persönlichen Aspekten sowie von strukturellen und institutionellen Bedingungen im Kontext von beruflicher Arbeit,
- Unterscheidung zwischen veränderbaren und nicht veränderbaren Bedingungen,
- Verbesserung der Belastungsregulation von Individuen und Gruppen im Arbeitskontext,
- Burn-out-Prophylaxe in vielen Arbeitsbereichen.

12.3 Settings und Reflexionsfelder

Supervision ist interdisziplinär ausgerichtet und nicht als ein einheitliches Konzept oder Verfahren zu verstehen. Vielmehr erfolgt Supervision nach spezifischen Ansätzen, die auf unterschiedliche Referenztheorien zurückgreifen. Im Wesentlichen sind systemische, klientenzentrierte, psychoanalytische, psychodramatische, verhaltenstherapeutische, gruppendynamische und integrative Supervisionskonzepte anzutreffen. Entsprechend vielfältig sind die methodischen Konzepte und Verfahrensweisen, die hier jedoch nicht weiter vertieft werden (vgl. z. B. Belardi 2015; Boeckh 2017; Rappe-Gieseke 2009; Schreyögg 2010; »Psychotherapie im Dialog« 2015, Heft 1). Zudem hat im Kontext der psychotherapeutischen Ausbildung beinahe jede etablierte psychotherapeutische Schule ihren eigenen Supervisionsansatz entwickelt. Supervision findet in unterschiedlichen *Settings* (Rahmenbedingungen) und Angebotsformen, als Einzelsupervision, Gruppensupervision, Teamsupervision oder Intervision statt. Spezielle Formen sind Fallsupervision und Supervision in Aus- und Fortbildung.

Einzelsupervision: Eine Einzelperson sucht den Supervisor auf, um berufliche Fragestellungen zu klären, z. B. Reflexion der eigenen beruflichen Rolle und

Möglichkeiten zu deren Ausgestaltung, Regelung von Nähe und Distanz, etwa nach einem Wechsel in einen neuen Aufgabenbereich oder in eine Leitungsposition, Unterstützung in der Entwicklung von persönlich-fachlichen Kompetenzen im Umgang mit Klienten bzw. Kunden, Vorbereitung von Entscheidungen oder Bewältigung beruflicher Krisen, Reflexion von Überschneidungen zwischen persönlichen und beruflichen Bereichen (Interessenskonflikte, Work-Life-Balance). Linke (2001, 27) beobachtet, dass in Einzelsupervisionen »regelmäßig deutlich (wird), dass der Supervisand in der Handhabung der beruflichen Rolle – zum Teil unbewusst – auf Regeln, Muster, Einstellungen und Prämissen seiner familiären Erfahrungen zurückgreift und sich damit oft in ähnlichen Konstellationen und Problemen wiederfindet wie in seiner Ursprungsfamilie«.

Gruppensupervision: An einer Gruppensupervision nehmen Personen teil, die in gleichen, ähnlichen oder auch unterschiedlichen beruflichen Funktionen und Rollen oder Praxisfeldern tätig sind und in regelmäßigen Abständen unter der Leitung eines/einer externen Supervisors/Supervisorin, sich über ihr berufliches Handeln, ihre Rollen und Funktionen austauschen und reflektieren und sich dadurch einem Qualifizierungsprozess unterziehen. Gruppensupervision ist in verschiedenen Berufsgruppen wie Psychotherapeutinnen/Psychotherapeuten, Berater/Beraterinnen, Sozialarbeiter/Sozialarbeiterinnen, Lehrerinnen/Lehrer, Richter/Richterinnen verbreitet. Ein spezieller Typ sind die Balintgruppen (nach dem ungarischen Arzt Michael Balint an der Tavistock Clinic benannt) in den Feldern der psychosozialen Gesundheitsversorgung. Sie dienen den Teilnehmern dazu, die Beziehung zu ihren Klienten/Klientinnen zu reflektieren, ihre Fachkompetenz und ihre professionelle Identität weiter zu entwickeln und eine gegenseitige fachliche Kontrolle und Weiterentwicklung zu gewährleisten.

Teamsupervision ist die supervisorische Begleitung von Arbeitsteams oder Arbeitsgruppen durch eine/einen externe/externen Supervisorin/Supervisor. Themen sind z. B. gemeinsame oder auch individuelle Arbeitsziele des Teams, Aufgaben- und Arbeitsverständnis, Werte und Normen des Teams und ihr Einfluss auf die teaminterne Kooperation und auf die Arbeit mit Klienten bzw. Kunden, Identität des Teams und die Auswirkungen (teamintern und gegenüber anderen Teams), Auseinandersetzung mit Leitungsfragen, Bearbeitung von Teamkonflikten und von dysfunktionalen Kommunikations- und Kooperationsmustern, beispielsweise als Folge von Hierarchien oder verschiedenen Berufsgruppen im Team (z. B. Ärzte, Pfleger und Therapeuten in einem Stationsteam im Krankenhaus). Allgemeine Ziele sind die Entwicklung tragfähiger Kooperationen im Team und/oder neuer Strukturen und Konzepte und verbessertes gegenseitiges Verständnis für Rollen, Funktionen, Aufgaben und Abläufen unter den Teammitgliedern. Teamsupervision ist immer auch an die organisationsspezifischen Strukturen und Dynamiken rückgebunden und trägt damit zur Entpersonifizierung von Teamkonflikten und beruflichen Belastungen bei. Sie werden in ihrer organisatorisch-strukturellen Beschaffenheit und Bedingtheit offenkundig und werden nicht den Verhaltensweisen und Einstellungen einzelner Personen zugeschrieben.

Eine Sonderform ist die **Intervision** (auch als Peer-Supervision oder kollegiale Supervision bezeichnet). Hierbei trifft sich eine Gruppe von Fachkräften regelmäßig zur gegenseitigen Supervision. Die Teilnehmer sind also Supervisanden und Supervisoren gleicherweise.

Fallsupervision: Sie befasst sich mit einem speziellen Thema, einem Fall oder Problem, das von einem Supervisanden eingebracht wird. Häufig betrifft das die Beziehung zwischen der Fachkraft (Sozialarbeiter, Berater, Therapeut) und dem/der Klienten/Klientin mit seiner/ihrer spezifischen Persönlichkeitsstruktur und Lebenswelt oder zwischen Führungskraft und Mitarbeitern. Fallsupervision wird im Rahmen von Einzelsupervision oder in Gruppen oder auch in Arbeitsteams durchgeführt.

Life-Supervision entstand ursprünglich in der familientherapeutischen Ausbildung und wird inzwischen auch in anderen Ausbildungsbereichen übernommen. Ein Auszubildender/eine Auszubildende (Supervisand/Supervisandin) wird im Rahmen der therapeutischen oder Beratungsarbeit, z. B. mit einer Einzelperson, Familie oder Gruppe, von seinem Supervisor/ihrer Supervisorin in der Sitzung begleitet und beraten (zur Ausbildungs- und Fortbildungssupervision siehe weiter unten).

12.4 Kompetenzen und Haltungen

Supervision verlangt vom Supervisor/der Supervisorin spezifische *Grundkompetenzen*, insbesondere Komplexität erfassen, ordnen und deuten können, Interaktions- und Beratungskompetenz, Personkompetenz, Sozialkompetenz und Feldkompetenz.

Bei der *Ordnungs- und Abstraktionskompetenz* wird die Fähigkeit benötigt, komplexe Sachverhalte und Zusammenhänge erfassen und abstrahieren, in ihrer Komplexität über angemessene Deutungsschemata reduzieren und ordnen zu können. Solche Deutungsschemata werden aus wissenschaftlich fundierten Deutungs- und Erklärungsmodellen abgeleitet, z. B. aus den oben angeführten psychologischen und beraterischen Referenztheorien und aus soziologischen Gesellschaftstheorien und den daraus abgeleiteten Gesellschaftsdiagnosen.

Wie Berater/Beraterinnen benötigen Supervisor/Supervisorinnen *Interaktions- und Beratungskompetenzen*: Kommunikations-, Beziehungs- und Reflexionsfähigkeit, die Fähigkeit, Beziehungsmuster zu verstehen und mit ihnen zu arbeiten, und die Fähigkeit, kommunikative Beratungsverfahren und Methoden angemessen zu handhaben.

Benötigt wird weiterhin *Personkompetenz*. Darin geht zum einen Lebenserfahrung ein, die sich in intuitivem und angemessenem Handeln zeigt. Das beinhaltet Wissen und die Fähigkeit, die Entwicklung von Supervisanden unter verschiedenen Sozialisations- und Lebensbedingungen zu erfassen und auch zu verstehen, wie sich ihre Auffassungen über Wirklichkeit herausbilden und wie diese ihr Denken und Handeln bestimmen.

Sozialkompetenz ist für Supervision unabdingbar: Die Fähigkeit und Fertigkeit, soziale Systeme zu verstehen, sich darin zurechtzufinden, ihre Regeln, Strukturen und darin ablaufende Dynamiken und Beziehungsmuster angemessen zu erfassen, zu analysieren und mit ihnen zu arbeiten.

Feldkompetenz umfasst bestimmte Kenntnisse über den zur Supervision anstehenden Kontext, z. B. über Arbeitsfelder und institutionelle Arbeitsbedingungen, typische Konfliktdynamiken im Team, über Strukturen, Abläufe, Arbeitsbedingungen und Kulturen im Kontext von Institutionen und Organisationen. Allerdings muss im Einzelfall bedacht werden, dass Feldkompetenz für bestimmte supervisorische Zielsetzungen auch hinderlich sein kann, wie etwa für strukturelle Innovationen oder Perspektivenwechsel bei den Beteiligten.

Supervision baut auf bestimmten *Grundhaltungen* auf, die unabdingbar mit einer spezifischen ethischen Haltung und einem positiven Menschenbild verbunden sind.

- Kontextorientierung und Reflexivität: Erfassung und Reflexion der Einbindung des Menschen in seinen arbeitsweltlichen Kontext (z. B. über berufliche Interaktionsmuster und strukturelle Bedingungen), deren Auswirkungen auf den Menschen und Rückwirkungen auf das berufliche System sowie Einbeziehung dieser Wechselwirkungen in die supervisorische Arbeitsweise;
- Förderung der Autonomie der Supervisanden: Achtung vor deren Zielen, Vorstellungen, Selbstorganisation und Selbstentfaltung, Verständnis für deren Affektlage (›Supervisandenorientierung‹);
- Respektvoller, nicht wertender Umgang mit Supervisanden (Beziehungsgestaltung);
- Allparteilichkeit, Neutralität und Verschwiegenheit, Schaffung einer vertrauensvollen, geschützten Atmosphäre. Das ist durch externe Supervision zumeist besser gewährleistet als durch betriebsinterne Supervision durch Mitarbeiter/Mitarbeiterinnen der Organisation;
- Vorrang von Ressourcenorientierung gegenüber Defizitperspektive – auch wenn die Problemorientierung auf Seiten der Supervisanden und der Auftraggeber (anfangs) verbreitet ist;
- Erweiterung von Perspektiven und Handlungsmöglichkeiten, z. B. über Ressourcenaktivierung, Perspektivenwechsel und Anbieten von Wahlmöglichkeiten;
- Interdisziplinarität und Multiperspektivität in der Arbeitsweise;
- Erhalt von Arbeitszufriedenheit und Wohlbefinden und damit auch von psychischer und somatischer Gesundheit im arbeitsweltlichen Kontext.

12.5 Standards von Supervision

Zu den Standards von Supervision gehören Freiwilligkeit der Supervisanden und eigene Motiviertheit zur Teilnahme (nicht durch die betriebliche Führung angeordnet), freie Auswahl der Supervisorin/des Supervisors, Vertraulichkeit und Verschwiegenheit bezüglich der Inhalte und Ergebnisse. Dort wo vereinbart, werden Ergebnisse ausschließlich in Absprache mit den Supervisanden an die Auftraggeber, bzw. Leitung der Abteilung weitergegeben. Der Kontrakt für eine Supervision wird in Form eines Dreieckkontraktes zwischen Supervisor/Supervisorin, Supervisand/Team und dem Auftraggeber (Anstellungsträger, Leitung der Abteilung/Einrichtung) geschlossen. Mindestbestandteile des Kontraktes sind Anliegen, Setting und Methoden, Verschwiegenheit, Formen der Auswertung, Ort, Zeitrahmen der Sitzungen und Honorar.

12.6 Supervision in der Ausbildung von Beratern und Psychotherapeuten

In der Ausbildung kommt der Supervision eine zentrale Funktion zu. Alle psychotherapeutischen Ausrichtungen und Schulen und alle Ausbildungsinstitute für Beratung wie auch für Supervision sind sich darin einig, dass Supervision eine unumgängliche Bedingung für eine Aus- und Weiterbildung in diesen Berufsfeldern ist.

> **Standards für Aus- und Weiterbildung**
>
> Weiterbildungsstandards der Deutschen Gesellschaft für Beratung (GDfB) e. V. (Dachorganisation für derzeit 21 Verbände für Beratung/Counseling/Supervision) sowie Ausbildungs- und Prüfungsverordnung für Psychologische Psychotherapeuten (PsychTh-AprV).

Ausbildungssupervision (auch als Kontrollsupervision oder Lehrsupervision bezeichnet) kommt dann zum Einsatz, wenn Auszubildende erstmals mit realen Klienten arbeiten und nicht mehr nur mit Kursteilnehmern im Rollenspiel üben. Diese Form von Supervision ist als ein unterstützendes, die Ausbildung begleitetes Lern- Lehr-Verfahren konzipiert. Es dient zum einen einer vertieften Aneignung und Umsetzung von beraterischen bzw. therapeutischen Kompetenzen und Handlungswissen und soll zum anderen die Auszubildenden im Umgang mit Klienten fördern und hat damit auch die Funktion der Qualitätssicherung und Qualitätskontrolle der Ausbildung. Darüber hinaus hat Supervision einen wesentlichen Anteil an der methodischen, konzeptionellen und handlungslogischen Weiterentwicklung des jeweiligen Beratungs- oder Therapieansatzes. Ausbildungssupervision erfolgt durch erfahrene Berater/Therapeuten, die die Qualifikation als Supervisor für diese Beratungskonzeption bzw. therapeutische Schule/Ausrichtung erworben haben. Der Mindestumfang an Supervision und Fallarbeiten wie auch die Qualifikation der Ausbildungssupervisoren ist in den jeweiligen Ausbildungsverordnungen und Richtlinien geregelt.

In Form von Einzel- oder Gruppensupervision überwachen und beraten Ausbildungssupervisoren die in Ausbildung Stehenden bei den praktischen Fallarbeiten, die sie im Rahmen ihrer Ausbildung durchführen müssen. Fokussiert werden dabei methodische, selbstreflexive und praxisrelevante Inhalte. Das Vorgehen stützt sich zumeist auf Audio- oder Videoaufzeichnungen der Beratungssitzungen oder auf andere Dokumentationen wie szenische Darstellungen, schriftliche Sitzungsprotokolle oder mündliche Fallberichte. Bei systemischen Ausbildungen sind zumeist Live-Supervisionen verpflichtend. Der Supervisor beobachtet hierbei den Supervisanden live bei der Beratung/Therapie seiner Klienten.

Fallbezogene *Supervisionsinhalte* sind beispielsweise Therapiemotivation des Klienten, Beziehungsdynamik zwischen Klient und Berater/Therapeut, wie z. B. Gefühle des auszubildenden Beraters/Therapeuten gegenüber dem Klienten (Übertragung und Gegenübertragung), Diagnostik und Interventionsplanung, Hypothesengenerierung, Angemessenheit des Beratungs-/Therapiezieles und der Interventionen, Handhabung von Verfahren und nötige Korrekturen. Weitere supervisorische Inhalte betreffen die Förderung von Selbstreflexion, Reflexion von persönlichen Kompetenzen und Kompetenzgrenzen wie auch Erschließung von Ressourcen. Darüber hinaus sind beraterische/therapeutische Interaktionen und Haltungen und ungünstige kognitive Schemata beim Berater/Therapeuten wichtige Supervisionsinhalte, wie z. B. Perfektionsdenken, zu viel Selbstzweifel oder das Bedürfnis nach Anerkennung und Macht. Zudem dürfen die persönliche Psychohygiene der Supervisanden und das Verständnis für die eigene Berufsbiographie nicht zu kurz kommen (vgl. Möller & Kotte, 2015).

Bei der Ausbildungssupervision kommt der Qualität von Supervision eine zentrale Bedeutung zu. Allerdings können im Rahmen der Ausbildungssupervision Spannungs- und Abhängigkeitsverhältnisse entstehen, die sich beeinträchtigend auf die supervisorische Lehr-Lern-Beziehung auswirken können. Zum einen können durch die Ängste, die Auszubildende häufig in den ersten Arbeiten mit Klienten erleben, spezielle Erlebnisse von Abhängigkeit und Unterwerfung gegenüber der Person des Supervisors entstehen. Dieses Stadium wird im Verlauf der berufsbiographischen Entwicklung zumeist überwunden. Ein anderes Abhängigkeitsverhältnis betrifft die Beziehung zwischen dem Ausbildungssupervisanden, dem Supervisor und der Ausbildungsinstitution. Einerseits ist es für den Auszubildenden wünschenswert, sich in der Supervision persönlich vertrauensvoll zu öffnen. Andererseits besteht die persönliche Befürchtung, dass seine vertrauensvollen Aussagen (›Enthüllungen‹) irgendwie doch an die Entscheidungsträger für die Zertifikatsvergabe gelangen können. Möller und Kotte (2015, 20) formulieren das deutlich: »… denn schließlich sind es die Supervisoren, die darüber befinden, ob jemand seinen Abschluss machen kann oder eben nicht.« Ausbildungssupervision steht somit nicht nur im Spagat von Engagement und Förderung einerseits und Ausbildungskontrolle andererseits gegenüber den Supervisanden, sondern steht auch im Spannungsfeld der Dynamiken und der Kontrollbedürfnisse, die im Feld der Ausbildungsinstitution entstehen.

Auch nach Ausbildungsabschluss ist die kontinuierliche Begleitung der eigenen Berufstätigkeit durch Supervision mit den aufgezeigten Inhalten und Zielen ein üblicher professioneller Standard. In der Approbationsordnung für Psychotherapeuten und in allen verfahrensspezifischen Berufsverbänden von Berater/Beraterinnen, Supervisor/Supervisorinnen und Coaches ist Supervision als ein Format der berufsbegleitenden Fortbildung festgelegt.

12.7 Fallsupervision im Ausbildungskontext

Fallsupervision im Rahmen einer Ausbildung ist wesentlich geprägt von der organisatorischen und beraterisch-therapeutischen Kultur (Haltung und Handlungsweisen) und der therapeutischen Referenztheorie (›Therapieschule‹) der Ausbildungsinstitution. Unter Bezugnahme auf ein Modell von Rappe-Gieseke stellt Lieb (2015) in komprimierter Form ein Supervisionsmodell vor, das diese schulenspezifische Einengung zu überwinden sucht. Auf einem systemisch-konstruktivistischen Basisverständnis ist das Konzept ziel- und lösungsorientiert angelegt und kann im Einzel- oder Gruppensetting durchgeführt werden. Lieb (2015, 30) versteht Supervision als »ein System, in dem besprochen wird, was in einem anderen System (Therapie/Beratung) besprochen wird«. Im Supervisionsprozess unterscheidet Lieb zwischen Hauptprogramm und verschiedenen Unterprogrammen, die jeweils spezifische Ausrichtungen in der supervisorischen Blickrichtung haben. Im Hauptprogramm wird der vom Supervisanden eingebrachte Fall in neun potenziellen Stufen besprochen, die unterschiedliche Interaktionen zwischen Supervisor und Supervisand beinhalten:

1. »›Blitzlicht‹
2. Themensammlung
3. Fallauswahl und fallbezogene Frage- bzw. Problemstellung
4. Fall- und Therapierekonstruktion
5. Ratifikation oder Korrektur der Fragestellung
6. Lösungssuche
7. Ratifikation der Lösung
8. Lösungstransfer
9. Abschluss oder Neueinstieg in Stufe 3« (Lieb 2015, 30).

In den Stufen 3, 5, 6, 7 und 8 erfolgt die Interaktion primär zwischen Supervisand und Supervisor. In der Stufe 4 ist der Fokus von beiden gemeinsam auf den Fall bzw. Klienten und auf den bisherigen Beratungsverlauf mit dem Supervisanden (Berater/Therapeut) gerichtet. In dieser Stufe wird unter Bezug auf die Fragestellung (Stufe 3)

> »zum einen der Fall (Diagnosen, Lebensgeschichte, therapiespezifische Problembeschreibungen etc.) und zum anderen die bisher stattgehabte Therapie rekonstruiert (...). In Stufe 5 klären Supervisor und Supervisand, ob die ursprüngliche Fragestellung verändert werden muss. In Stufe 6 werden Antworten auf die Frage gesucht und damit i. d. R. weitere Schritte für die Therapie erarbeitet. In Stufe 7 wird geprüft, ob die erarbeitete Lösung für den Supervisanden auch wirklich passt und in Stufe 8, ob der Supervisand dafür noch eine spezielle Transferhilfe braucht.« (Lieb 2015, 30)

Zeigen sich im supervisorischen Ablauf des Hauptprogrammes, hier besonders in Stufe 3, beratungs- bzw. therapierelevante Probleme oder Hürden, so werden in gegenseitiger Übereinkunft spezifische Unterprogramme zur Klärung einbezogen. Sie fokussieren bzw. analysieren

- das Interaktionsgeschehen zwischen Berater und Klient auf der Inhalts- und Beziehungsebene;
- Kontexteinflüsse seitens Berater, Klient oder von beiden;
- Selbstreferenz, z. B. bei Störungsmustern und Irritationen im Supervisionsprozess mit dem Ziel der Suche nach Lösungen. Das kann über Selbstreflexion des Supervisanden oder des supervisorischen Systems oder Selbstbeobachtung innerhalb der Supervisionsgruppe im Sinne eines Reflecting Teams erfolgen;
- Unterweisung des Supervisanden bei fallbezogenen Kenntnislücken (z. B. Diagnostik, Intervention) oder weitere Therapieanweisungen im Ausbildungskontext. Dieser Programmaspekt erfordert klare Rollenstruktur auf beiden Seiten (vgl. Lieb 2015).

Aus den Ausführungen und in Zusammenschau mit eigenen Arbeitsweisen des Autors lässt sich folgender Leitfaden über Ablauf und Reflexionsbereiche für Fallsupervision in Ausbildungsgruppen erstellen:

Leitfaden Fallsupervision in Ausbildungsgruppen: Ablauf und Reflexionsbereiche

Die Bearbeitung und Reflexion der angeführten Themen erfolgen nicht linear, sondern rekursiv (vgl. dazu auch die vorherigen Ausführungen zu Lieb 2015).

I. **Ablauf**
  1. Was ist das Anliegen und die fallbezogene Fragestellung des Supervisanden?
  2. Fallbeschreibung
  Einleitete Fallskizze: Wer kommt wo mit welchem Problem? Klientenbeschreibung, Beratungsanlass, Beratungskontext und Setting, verdeckt und offen beteiligte Helfer und Helfersysteme.
     - Fallerfassung und Fallbearbeitung:

- Lebensbedingungen und Entwicklungsgeschichte,
- Problembeschreibung, Problementstehung,
- Beschreibung/Erleben der Berater-Klientbeziehung,
- Beschreibung/Erleben der Selbstverantwortlichkeit und Änderungsmotivation beim Klienten,
- diagnostische Hypothesenbildung: Gedanken und Begründungen über Entstehung und Aufrechterhaltung des Problems,
- Auftragsklärung, offene/verdeckte Interessen/Aufträge der Klienten und weiterer Auftraggeber (z. B. Eltern, Partner, Institutionen, Helfersystem), getroffene Beratungsvereinbarungen, Zielvereinbarungen, Kontraktbildung,
- Auswahl und Begründung des Handlungskonzeptes und von Interventionsstrategien,
- medial gestützte Erfassung und Beschreibung der Beratungsprozesse.

Entwicklung von Anregungen/Lösungen zur fallbezogenen Fragestellung

II. Vertiefende Reflexionsbereiche
- Biographische Lebenssituation:
  - In welcher Lebenssituation befinden sich die Klienten, in welcher Lebensphase, welche aktuellen Anforderungen bestehen?
  - Welche biographischen Erfahrungen/Prägungen werden eingebracht; aus welchen Systemen (z. B. aus Familie, Arbeitsplatz, transportierte Erfahrungen der Eltern) und aus welchen Lebensabschnitten, Unterstützung durch Genogramm)?
- Einflussfaktoren auf Selbstverantwortlichkeit und Änderungsmotivation:
  - Freiwilligkeit der Beratung, Druck von außen.
  - Welche Einschränkungen sind festzustellen bei Klienten, beim Umfeld (Familie, Kultur)?
  - Zugang der Klienten zu sich selbst (emotional, kognitiv), Fähigkeit zur Selbstöffnung.
  - Wie ausgeprägt ist die Problemeinsicht, besteht Verständnis für das Problem und für Problemzusammenhänge, Demoralisierung/Selbstüberschätzung bezüglich Veränderungs- bzw. Lösungsmöglichkeiten?
  - Wie ausgeprägt ist die Motivation zur Mitarbeit?
  - Angst des Klienten vor negativer Bewertung von Seiten des Lebensumfeldes bei Bekanntwerden von Beratung/Therapie.
  - Einflussfaktoren von Geschlecht und Alter.
  - Angst auf Seiten des/der Berater/Beraterin vor negativer Bewertung seitens des Klienten oder der Institution.
- Beziehungs- und Interaktionsanalyse:
  - Wie erlebt Berater/Beraterin den Zugang zum Klienten, die Beziehungs- und Interaktionsmuster zwischen Berater/Beraterin und Klient/Klientin (Interaktionsmuster, Rollendefinitionen von Seiten des/der Berater/Beraterin, von Seiten des/der Klienten/Klientin)?

- Erwartungen und Beratungsziele von Klient/Klientin und von Berater/Beraterin, mögliche Zielkonflikte, Einstellungen der Beraterin zu Klienten-Erwartungen/-Zielsetzungen, offene/verdeckte Beratungsvereinbarungen;
- Erfassung und Reflexion möglicher Fallstricke und Verstrickungen, z. B. aus den Erwartungen der Klienten, Aufträge aus dem Umfeld des/der Klienten/Klientin, Erwartungen und Einstellungen des Beraters/der Beraterin, der Beratungsinstitution (Kontextklärung).
- Selbstreflexion der Supervisanden und des supervisorischen Systems:
  - Reflexion des eigenen Beratungsverhaltens und der Beratungshaltung, Übertragung und Gegenübertragung;
  - Ethische, politische und soziale Konsequenzen des Beratungshandelns;
  - Reflexion des Supervisionsprozesses in der Gruppe;
  - Selbstreflexion des Supervisors sollte in einem eigenen System erfolgen (Supervision der Supervision).

III. Spezifische diagnose- und interventionsbezogene Reflexionsbereiche
- Diagnostische Reflexion des Problems:
  - Was ist das Problem?
  - Wer ist daran beteiligt – in welcher Situation?
  - Wann und wo tritt es auf?
  - Erfassung von Beschädigungen in der Befriedigung von physischen und psychischen Grundbedürfnissen u. a.
- Ressourcenerfassung:
  - Welche Ressourcen bestehen, sind ›verschüttet‹, welche können eingesetzt, welche können zusätzlich entwickelt werden u. a.?
- Kognitive Interventionen (z. B. verhaltenstherapeutisch orientiert):
  - Welche korrigierenden Erfahrungen/Umstrukturierungen?
  - Welche korrigierenden emotionalen Erfahrungen?
  - Welche korrigierenden Einschätzungen, Überzeugungen?
  - Welche korrigierenden Handlungserfahrungen u. a. sind anzustreben?
- Herstellung von Wirkfaktoren (z. B. systemisch orientiert):
  - Aufbau einer tragfähigen therapeutischen/beraterischen Beziehung
  - Generierung von Hoffnung und Zuversicht
  - Ausgangspunkte für Lösungen/Entwicklungen herstellen
  - ›Verlernen‹, Auflösung, ›Auftauen‹ verfestigter Lebens- und Verhaltensmuster, Einstellungen, Bewertungen; Ablassen von Problemfixierung und Neuentwicklung, Erweiterung von Handlungsspielräumen/Bewertungsspielräumen/Konstruktionen
  - Erfassen und Aktivierung von Ressourcen u. a.

Fallbeispiel: Supervision

Anliegen: In einer Gruppensupervision stellt eine junge Beraterin ihre Beratungsarbeit mit einer 45-jährigen alleinerziehenden Mutter von zwei Kindern (14 und 16 Jahre alt) vor. Ihre Fragen an die Supervision sind: »Wie kann ich es erreichen, dass die Klientin aktiver wird und ihre Ressourcen tatsächlich nutzt?« »Wie kann ich eine Stärkung des Selbstwertes bei der Klientin erreichen?« Die Supervisandin erlebt sich nach zwei bis drei Sitzungen hilflos, häufig auch wütend auf die Klientin und derzeit sogar ziemlich am Ende ihres »Lateins«.

Fallbeschreibung (Auszug): Die Supervisandin schildert die Klientin als energielos, erschöpft, wenig durchsetzungsfähig und Grenzen setzend gegenüber dem fordernden und abwertenden Sohn. Die Tochter ziehe aus dem Verhalten der Mutter ihre eigenen Vorteile. Um den ewigen Auseinandersetzungen mit dem Sohn auszuweichen, ziehe sich die Klientin, nach eigenen Angaben, zunehmend auf ihre Berufsarbeit zurück. Zugleich mache sich die Klientin Vorwürfe über ihr eigenes Versagen. Aus den Schilderungen der Klientin entnehme die Supervisandin, dass es der Klientin schwerfalle, Hilfe und Unterstützung von anderen anzunehmen. Sie erlebe dies als Schwäche und fordere von sich, es alleine zu schaffen.

Beziehungs- und Interaktionsanalyse: Schon gleich zu Beginn der Beratung habe die Supervisandin ihrer Klientin viel Zuwendung, Wertschätzung und Akzeptanz und verbale Unterstützung, vor allem auch bei der Erfassung von Ressourcen gegeben, doch sie habe das Gefühl, dass die Klientin nicht zu erreichen sei. Andererseits gebe ihr die Klientin als Feedback, dass die Beratungen ihr guttun würden. Nach den Sitzungen fühle sich die Supervisandin hilflos und ausgelaugt und zweifle an ihren Kompetenzen. Sie spüre Wut und Vorwürfe gegenüber der Klientin, dass sie ihre Hilfeangebote nicht annehme und sich von den Kindern »so unterbuttern« lasse.

Die anschließende **Reflexionsphase mit Selbstreflexion und Gruppenreflexion** wird eingeleitet durch die Überlegung des Supervisors, dass aus den Formulierungen der Fragestellungen anzunehmen sei, dass die Supervisandin sich als zentrale Ausgangsbedingung und Verantwortliche für Veränderungen bei der Klientin sehe. Nach kurzer Introspektion bestätigt die Supervisandin das. Das gefühlsmäßige Nachempfinden dieser Selbstanforderung führt in der Gruppe zu der Rückmeldung, dass sich bei nahezu allen eine gefühlsmäßige Mischung aus Hilflosigkeit, Ausgeliefertsein und leichter Wut einstelle. Die Supervisandin fühlt sich in ihrer Lage verstanden und auch erleichtert, dass nicht nur sie es so erlebe. Über ein weiteres Reflexionsangebot macht der Supervisor auf die dynamische und auch fordernd klingende sprachliche Ausdrucksweise der Supervisandin aufmerksam und fragt, welche Lebenseinstellung die Supervisandin darüber zum Ausdruck bringe. Nach einem ersten Kopfschütteln kommen aus der Gruppe Anfragen an die Supervisandin, ob sie einzelne Hypothesen dazu hören wolle. Die Supervisandin lädt dazu ein. Einige Gruppenmitglieder bringen die Rückmeldung, dass sie die Supervisandin als sehr aktiv und zupackend erleben, andere sie als einsatzstarke Sportlerin kennen. Das komme oft auch in ihrer Sprechweise und in ihrem Verhalten zum Ausdruck. Der Supervisor bindet diese Beobachtungen in die Hypothese ein, dass die Supervisandin bei der Klientin eine Lebenshaltung wahrnehme, die entgegengesetzt zu ihrer eigenen sei. Er lädt die Supervisandin ein, nachzuspüren, welches Gefühl es bei ihr auslöse, wenn sie sich unter diesem Aspekt erinnerungsmäßig auf das Beziehungserleben mit der Klientin einlasse. Im weiteren Verlauf der Reflexion wird deutlich, dass die Supervisandin die Klientin »wachrütteln möchte«, sich nicht so hängen zu lassen, sondern die »Führung in die Hand zu nehmen«. Sie erkennt zum einen, dass die Haltung der Klientin bei ihr Wut aktiviert, wie gegenüber Teammitgliedern in ihrem Sport, die nicht alles für den Sieg einsetzen, sie sich aber auf deren Leistungseinsatz angewiesen fühle. Zum anderen löse die Haltung der Klientin bei ihr aber auch tief verborgene und abgewehrte Ängste aus, nicht gut genug zu sein oder zu versagen, die sie über Leistung im Schach zu halten versuche.

Verfahrensreflexion und Anleitung: Auf den Beratungsprozess bezogen wird deutlich, dass Haltung und Befinden der Klientin eine erhebliche Herausforderung für die Supervisandin sind und einen Entwicklungsprozess in der beraterischen Haltung einfordern: Unterscheidung zwischen eigener Lebenshaltung und derjenigen der Klientin, die eigene Einstellung ist nicht Ziel und Messlatte, Beratungsziel der Klientin klarer erfassen und von eigenem Ziel unterscheiden, die Klientin bestimmt das Tempo, Fehlerfreundlichkeit zulassen, Bearbeitung von aufscheinenden Gegenübertragungsprozessen (Angst vor fachlichem Versagen, Macht – Ohnmacht – Thematik).

 Weiterführende Literatur

Boeckh, A. (2017). Methodenintegrative Supervision. Ein Leitfaden für Ausbildung und Praxis. 2. Auflage. Stuttgart: Klett-Cotta (Leben lernen, 210).
Gröning, K. (2013). Supervision. Traditionslinien und Praxis einer reflexiven Institution. Gießen: Psychosozial Verlag.
Psychotherapie im Dialog (2015). Supervision, 15 (1).

13 Reflexion und Dokumentation des Beratungsprozesses

Michael Borg-Laufs & Dieter Wälte

> **☞ Was Sie in diesem Kapitel lernen können**
>
> In den bisherigen Kapiteln konnten Sie vor dem Hintergrund theoretischer Grundkonzepte lernen, wie ein Beratungsprozess von der Beziehungsaufnahme zum Klienten/zur Klientin bis zum Beratungsabschluss gestaltet und bei Bedarf mit Unterstützung eines Supervisors optimiert werden kann. In vielen Institutionen ist es nötig, die Beratung in Form eines mehr oder weniger ausführlichen Berichtes zu dokumentieren. Darüber hinaus kann es nützlich sein, nach Abschluss des Falles den Gesamtprozess der Beratung noch einmal systematisch zu reflektieren. Vielleicht kann es auch sinnvoll sein, die wichtigsten Ergebnisse in Ihrem Arbeitsteam vorzustellen. Im Ausbildungskontext ist häufig eine Fallvorstellung in der Supervision erforderlich. Darüber hinaus müssen Fallberichte als Prüfungsleistung erstellt werden. Das abschließende Kapitel bietet Ihnen in Form von Leitfäden die Möglichkeit, diese Ziele (Reflexion des Beratungsprozesses, Unterstützung bei der Berichterstattung, Vorbereitung der Fallpräsentation im Team) zu erreichen.

13.1 Einleitung

Die Dokumentation von Beratungsverläufen wird häufig als lästige Pflicht angesehen. Tatsächlich hilft aber eine strukturierte schriftliche Auseinandersetzung mit einem Fall in vielerlei Hinsicht, ein fokussierteres und klareres Fallverständnis zu erreichen und somit auch effektiver zu beraten. Supervisoren machen sowohl im Kontext von Beratung als auch von Psychotherapie diese Erfahrung immer wieder. Besonders in der Aus- und Weiterbildung hilft diese Form der strukturierten Auseinandersetzung. Aber auch erfahrene Kolleginnen und Kollegen sollten sich die Mühe machen, insbesondere das Fallverständnis und die Interventionsplanung schriftlich zu fixieren. In der Psychotherapieforschung ist nämlich die Befundlage hinsichtlich der Frage, ob berufserfahrene Psychotherapeuten/Psychotherapeutinnen bessere Psychotherapien durchführen als Anfänger/Anfängerinnen, nicht wirklich eindeutig (Laireiter & Botermans 2005; Rönnestad & Skovholt 2005). So zeigen etwa Peikert et al. (2014), dass von Ausbildungspsychotherapeuten/Ausbildungspsychotherapeutinnen unter Supervision erfahrener Kollegen/Kolleginnen durchgeführte Psychotherapien ebenso effektiv sind wie die Psychotherapien erfahrener Psychotherapeuten/Psychotherapeutinnen und Vollmer et al. (2013) fanden sogar, dass sowohl Fachwissen als auch psychotherapeutische Kompetenz bei erfahrenen Psychotherapeuten/Psychotherapeutinnen im Vergleich zu Psychotherapeuten/Psychotherapeutinnen am Ende der Ausbildung geringer war. Caspar (1996, 21) weist in diesem Zusammenhang darauf hin, dass zu viele Psychotherapeuten/Psychotherapeutinnen bereits ›aus dem Bauch‹ Routinen entwickeln, bevor sie entsprechende Expertise erworben haben. Gegen eine solche Illusion von Kompetenz und Routine hilft es auch erfahrenen Praktikern und Praktikerinnen, sich immer wieder fokussiert, detailliert und forschungsorientiert mit den eigenen Fällen zu befassen. »Puddinghafte Vorstellungen über einen Patienten im Kopf eines Therapeuten können widersprüchlichen Informationen leicht ausweichen, ohne daß Widersprüche überhaupt bemerkt werden. Klare Hypothesen machen dagegen erkennbar, wo etwas nicht passt« (ebd., 30). Insofern sollten also auch erfahrene Kollegen/Kolleginnen sich immer wieder bemühen, im Einzelfall ihre Fallvorstellungen anhand strukturierter Schemata zu reflektieren und zu dokumentieren.

Für die psychosoziale Beratung sollen im Folgenden daher Strukturierungshilfen für das Fallverständnis, die Falldokumentation und die Fallvorstellung angeboten werden, die sowohl von Beraterinnen und Berater in der Ausbildung als auch von erfahrenen Kollegen/Kolleginnen genutzt werden können. Dabei bildet dieses Angebot die Inhalte des vorliegenden Buches ab. D. h., die Inhalte, die in den vorangegangenen Kapiteln dargestellt wurden, werden in dem folgenden Entwurf zu einem Reflexions- und Dokumentationsmodell verdichtet. Grundlage ist ein schulenübergreifendes biopsychosoziales Fallverständnis, wie es in diesem Buch in den verschiedenen Beiträgen vermittelt wurde.

13.2 Leitfaden für die Reflexion und Dokumentation von Beratungsfällen

Die Dokumentation sollte in sechs aufeinanderfolgenden Schritten erfolgen:

1. *Fallbeschreibung:* In der Fallbeschreibung werden wichtige Daten zusammengestellt, die die Grundlage für die nachfolgenden Gliederungspunkte sein werden. Dabei wird zwar nach bestimmten Themengebieten strukturiert, aber noch so wenig wie möglich interpretiert. Die Interpretation der Daten gehört zum nächsten Unterpunkt.
2. *Fallverständnis:* Anhand der verschiedenen vor allem in Kapitel 5 vorgestellten Analyseschritte wird die Problematik des oder der Ratsuchenden nun auf der

Grundlage der vorhandenen Daten analysiert, um die ursächlichen und aufrechterhaltenden Bedingungen der Problematik zu verstehen.
3. *Auftragsklärung, Zielvereinbarung:* Auf der Grundlage des erarbeiteten Fallverständnisses können mit den Ratsuchenden zusammen Beratungsziele ermittelt werden, die möglichst konkret so formuliert werden sollten, dass auch die Zielerreichung überprüft werden kann. Diese gemeinsam entwickelten Ziele sollten sich auch in der Beratungsdokumentation finden.
4. *Interventionsplanung:* Psychosoziale Beratung in dem hier verstandenen Sinne ist eine wissenschaftlich fundierte professionelle Tätigkeit. Es muss daher dokumentiert werden, auf welchem Wege die vereinbarten Ziele erreicht werden können. Vor dem Hintergrund des Fallverständnisses und dem im Laufe von Aus- und Weiterbildung und reflektierter Berufserfahrung erworbenen Wissen über hilfreiche beraterische Interventionen bei verschiedenen Problemkonstellationen sind die geplanten Interventionsschritte zu begründen. Hierbei ist es oft sinnvoll, nach aktuellen wissenschaftlichen Publikationen zu den jeweiligen Problemkonstellationen zu recherchieren. Berufsanfänger und Berufsanfängerinnen haben noch nicht einen so umfangreichen Wissensspeicher, sodass sie in vielen Fällen zur Begründung ihrer Interventionen in der Literatur werden nachschlagen müssen. Berufserfahrene Kollegen/Kolleginnen können in vielen Fällen bereits auf Erfahrungswissen zurückgreifen, sollten aber grundsätzlich bedenken, dass die wissenschaftliche Entwicklung seit dem eigenen Studium und/oder weiteren Fort- und Weiterbildungen mutmaßlich nicht stehengeblieben ist. Um wirklich fundiert und soweit wie möglich evidenzbasiert handeln zu können, ist es auch für sie wichtig, in regelmäßigen Abständen aktuelle Fachliteratur zu sichten, um ihre Interventionen angemessen begründen zu können.
5. *Beratungsverlauf:* Der Beratungsverlauf sollte nachvollziehbar, aber nicht zu detailliert dargestellt werden. Bei neuen Entwicklungen/Informationen sind eventuelle Veränderungen im Fallverständnis darzustellen, bei Abweichungen vom Interventionsplan sollten diese begründet werden. Dabei gibt es verschiedene Möglichkeiten, den Verlauf zu strukturieren. Die chronologische Schilderung des Fallverlaufes hat sich besonders bewährt. Bei kürzeren Beratungsfällen könnte jeder einzelne Termin mit seinen Inhalten und beraterischen Vorgehensweisen geschildert werden. Bei längeren Beratungsprozessen sollten jeweils mehrere Beratungsstunden (etwa zu einem bestimmten Thema oder mit einer bestimmten Intervention) zusammengefasst werden. Es sind aber auch andere Strukturierungen denkbar: Werden in einem Fall verschiedene Personen beraten (z. B. in der Erziehungsberatung: der oder die Jugendliche, die Eltern und möglicherweise Lehrerinnen/Lehrer oder Erzieher/Erzieherinnen), so könnte der Beratungsverlauf getrennt nach den jeweils Beratenen dargestellt werden, also z. B. zunächst der Verlauf der Beratung mit dem Jugendlichen, dann der Verlauf der Beratung mit den Eltern. Werden mehrere verschiedene Themenkomplexe parallel bearbeitet – etwa berufliche Probleme, Probleme in der Paarbeziehung und Probleme in Bezug auf Substanzkonsum – so könnte die Darstellung des Fallverlaufes nach bearbeiteten Problembereichen gegliedert werden.

6. *Bewertung und Reflexion:* Hier ist zunächst möglichst konkret zu beschreiben, inwiefern die vereinbarten Ziele erreicht wurden und welche weiteren Veränderungen eingetreten sind. Bei abgeschlossenen Fällen ist es zur eigenen Weiterentwicklung sinnvoll, zu reflektieren, ob sich das eingangs erarbeitete Fallverständnis als sinnvoll erwiesen hat und ob es Alternativen zu den eingesetzten Interventionsmethoden gegeben hätte. Allgemein gesprochen wäre zu formulieren, was man aus dem Fall für die eigene berufliche Weiterentwicklung gelernt hat.

Professionelle Dokumentation und Reflexion

Eine professionelle Dokumentation und Reflexion eines Beratungsprozesses erfordern die Kompetenz, die vielfältigen Informationen über das stets komplexe Leben der Ratsuchenden zu komprimieren und auf die wesentlichen Aspekte zu reduzieren. Es kommt nicht darauf an, die Klienten/Klientinnen und ihre Lebenszusammenhänge möglichst detailliert zu beschreiben, sondern darauf, die wichtigen und entscheidenden Aspekte zu erkennen. Die folgende Dokumentationsvorlage (▶ Abb. 13.1 bis 13.6) ist auch deshalb bewusst knappgehalten, weil Beraterinnen und Berater in der Praxis kaum Zeit haben, zu jedem Fall eine längere Abhandlung zu schreiben. Für die Aktenführung ist auch eine professionelle Reduktion sinnvoll, damit ggf. eine Vertretungskraft sich schnell in den Fall einarbeiten kann. Bei Bedarf kann die Dokumentation jedoch den Erfordernissen des Aufgabenbereiches flexibel angepasst werden. Fragen Sie sich, welche Informationen zum Fallverständnis wirklich wichtig sind. Bei sehr komplexen Fällen oder sehr langen Beratungen mag es notwendig sein, Zusatzblätter zu verwenden – in der Regel sollten Sie aber für eine stichwortartige Falldokumentation mit den folgenden Vorlagen auskommen.

Wir empfehlen, die folgende Dokumentationsvorlage bereits nach dem ersten Beratungstermin zu verwenden und die Inhalte einzutragen, zu denen Sie zu diesem Zeitpunkt bereits Auskunft geben können. Im weiteren Verlauf des Beratungsprozesses sollten Sie nach jeder Stunde Ergänzungen vornehmen. Auf diese Weise sorgen Sie von Anfang an dafür, dass Sie den Fall angemessen strukturieren und sehen sofort, welche Inhalte Ihnen noch fehlen, die im nächsten Klientenkontakt ermittelt werden können. Wenn Sie die zentralen Informationen erhoben haben und eine Zielklärung durchgeführt haben, können Sie mit der wissenschaftlich fundierten Interventionsplanung beginnen. Zum Ende der Beratung können Sie die abschließenden Aspekte (Zielerreichung, Reflexion) bearbeiten.

In der Dokumentationsvorlage finden Sie in der rechten Spalte einige Stichworte, die Ihnen helfen sollen, die relevanten Inhalte für die Falldokumentation zu bedenken. Diese Stichworte sind nicht erschöpfend. Sie beziehen sich fast durchgängig auf Inhalte, die in den vorangegangenen Kapiteln des vorliegenden Buches differenziert aufgearbeitet wurden.

13.2 Leitfaden für die Reflexion und Dokumentation von Beratungsfällen

Falldokumentation für: _____ Seite 1
Telefon/Handy: _____
E-Mail: _____
Adresse: _____

1. Fallbesprechung
Geburtsdatum: _____
Schule/Ausbildung/Beruf: _____
Wirtschaftliche Situation: _____

Beschriebene Problematik — möglichst konkrete Darstellung des Beratungsanlasses; welches Problemverhalten?

Familiärer Rahmen — ggf. Genogramm

Soziales Netzwerk — auch: soziale Online-Aktivitäten

Entwicklungsgeschichte — normative und kritische Lebensereignisse; Problementwicklung; bisherige Bewältigungsversuche

Andere beteiligte Helfer, Vordiagnosen, Testergebnisse — relevante körperliche Krankheiten; bekannte psychische Störungen; ggf. Test- und Fragebogenergebnisse

Abb. 13.1: Vorlage Falldokumentation 1
Siehe Online-Material 13.a

13 Reflexion und Dokumentation des Beratungsprozesses

Falldokumentation für: _____	Seite 2
2.1 Fallverständnis Teil 1: Analysen	
Ressourcenanalyse Personelle Ressourcen	psychisch, physisch, interaktionell, ökonomisch
Umweltressourcen	sozial, sozialökologisch, sozialkulturell
Kognitionsanalyse	dysfunktionale kognitive Schemata; irrationale Überzeugungen; automatische Gedanken; kognitive Fehler
Psychische Grundbedürfnisse	Befriedigung oder Verletzung der Grundbedürfnisse nach Bindung, Orientierung/Kontrolle, Selbstwerterhöhung, Lustgewinn/Unlustvermeidung
Psychopathologische Auffälligkeiten, Persönlichkeitsakzentuierungen	auffällige Gewohnheiten; soziale Abweichungen; psychische Verdachtsdiagnosen
Funktionale Analyse	SORKC, ggf. Analyse der Selbstregulation
Systemanalyse	Beziehungen (Kohäsion, Offenheit, Konflikte, Kommunikation u. a.); Werte (kulturell, Freizeit, Religion); Struktur (Familienstil, Kontrolle, Verstrickung, Organisation); Grenzen, Koalitionen, Familienregeln u. a.

Abb. 13.2: Vorlage Falldokumentation 2
Siehe Online-Material 13.b

13.2 Leitfaden für die Reflexion und Dokumentation von Beratungsfällen

Falldokumentation für: _____	Seite 3
Beziehungsanalyse	Beratungsbeziehung (Vertrauen, Offenheit); ggf. Interaktionsstil in der Beratungssituation (Dominanz, Unterwerfung); besondere Herausforderungen in der interaktionellen Beratungsgestaltung (Regulierung von Nähe und Distanz)
Motivationsanalyse	Basisverhalten, Leidensdruck, Motivationshemmnisse (Selbstwirksamkeit, Einstellung zur Beratung, hemmende Überzeugungen, belastende Lebensumstände; unangemessenes Problemverständnis); Analyse: Kunde, Kläger, Geschickter, Besucher
2.2 Fallverständnis Teil 2: Falldokumentation	Integration der Einzelbefunde; zentrale ursächliche und aufrechterhaltende Bedingungen des Problems

Abb. 13.3: Vorlage Falldokumentation 3
Siehe Online-Material 13.c

13 Reflexion und Dokumentation des Beratungsprozesses

Falldokumentation für: _____	Seite 4
3. Zielerklärung, Kontraktbildung	Ziele der/des Ratsuchenden, seines Umfeldes und des Beraters/der Beraterin, ggf. Zielkonflikte, möglichst konkrete Darstellung der Beratungsziele (SMART); Freiwilligkeit; mögliche verdeckte Aufträge
4. Interventionsplanung	
Beziehungsgestaltung	Vertrauensaufbau; Berücksichtigung der interaktionelle Besonderheiten und der grundbedürfnisorientierten Ziele der Ratsuchenden
Motivationsaufbau	Verminderung/ Beseitigung von Motivationshemmnissen
Methoden der Einzelberatung	Rollenspiel, schemaorientierte Methoden, konfrontative Verfahren, kognitive Umstrukturierung, Ressourcenaktivierung, operante Verfahren, Affektregulationsverfahren, Trainings
Beratung des Systems/des Umfeldes	systemische Hypothesenbildung, Reframing, Familienbrett, zirkuläres Fragen, Reflecting Team, Differenzierungsfragen, problemorientierte Fragen, hypothetische Fragen u. a.
Überweisung an andere Hilfesysteme	Psychotherapie, Psychiatrie, Jugendhilfe, spezialisierte Beratungsstellen u. a.

Abb. 13.4: Vorlage Falldokumentation 4
Siehe Online-Material 13.d

13.2 Leitfaden für die Reflexion und Dokumentation von Beratungsfällen

Falldokumentation für: _____	Seite 5
5. Beratungsverlauf	Anzahl der Frequenz der Kontakte, chronologische oder problembezogene oder kontextbezogene (Arbeit mit verschiedenen Subsystemen) Darstellung

Abb. 13.5: Vorlage Falldokumentation 5
Siehe Online-Material 13.e

Falldokumentation für: _____	Seite 6
6. Bewertung und Reflexion	
Zielerreichung	konkrete Beschreibung der durch die Beratung erreichten Veränderungen; ggf. Ergebnisse der Zielerreichungsskalierung; ggf. Ergebnisse von begleitenden und abschließenden Testungen; Darstellung weiterer Veränderungen
Reflexion des beraterischen Vorgehens	selbstkritische Betrachtung des professionellen Handelns; Beziehungsgestaltung; Zielklärung; Interventionsplanung; methodisches Vorgehen; Gestaltung des Beratungsabschlusses; persönlicher Lerneffekt

Abb. 13.6: Vorlage Falldokumentation 6
Siehe Online-Material 13.f

13.3 Strukturierungshilfe für die Fallvorstellung im Team oder in der Supervision

Die Fallvorstellung im Team oder in der Supervision sollte als Baustein der Qualitätssicherung verstanden werden. Sie wird in der Regel das Ziel haben, das eigene beraterische Handeln bei dem zu besprechenden Fall zu optimieren, im Verlaufe vieler Fallbesprechungen aber im Idealfall den Effekt haben, dass das eigene beraterische Handeln *generell* effektiver wird bzw. dass die Qualität der Fallarbeit in der jeweiligen Institution insgesamt auf hohem Niveau stattfindet.

13.3 Strukturierungshilfe für die Fallvorstellung im Team oder in der Supervision

Leitfragen bei der Fallvorstellung sollten daher sein:

1. Welche Informationen benötigt mein Team bzw. meine Supervisorin/mein Supervisor, um den Fall verstehen und beurteilen zu können? Wenn in den Fallvorstellungen zu ausufernd und detailliert berichtet wird, werden die Team- oder Supervisionssitzungen langatmig und wenig effektiv. Der Berichterstatter bzw. die Berichterstatterin sollte daher vorab überlegen, welche Informationen wirklich wichtig sind. Hierzu gehören in der Regel die Rahmendaten zur Lebenssituation, eine konkrete Beschreibung der aktuellen Problematik, die wichtigsten lebensgeschichtlichen Ereignisse, die zentralen Punkte des Fallverständnisses und der zusammengefasste Verlauf des bisherigen Beratungsprozesses.
2. Welche konkreten Fragen/Unsicherheiten habe ich in dem aktuellen Fall und welche Hilfestellung erwarte ich mir durch die Fallvorstellung? Überlegen Sie sich konkrete Supervisionsfragen. Erleben Sie Unsicherheiten durch eine herausfordernde Beziehungsgestaltung seitens der Klientin oder des Klienten? Bestehen Schwierigkeiten, Änderungsmotivation herzustellen? Ist das Fallverständnis noch ungenügend, d.h., haben Sie noch nicht richtig verstanden, was die Ursachen und aufrechterhaltenden Bedingungen des Verhaltens sind? Liegen die Probleme im Prozess der Zielklärung, etwa bei Zielkonflikten? Sind Sie unsicher hinsichtlich der Interventionsplanung, obwohl Sie glauben, das Problem gut verstanden zu haben? Treten spezifische Schwierigkeiten bei der Interventionsdurchführung auf, d.h., haben Sie den Eindruck, Sie beraten nicht effektiv genug? Halten Sie Ihre konkreten Fragen schriftlich fest und bringen Sie sie in die Teambesprechung bzw. Supervision ein.

Zu einer Teambesprechung oder Supervision bringen Sie am besten die bis dahin bearbeitete Dokumentationsvorlage mit, um differenzierte Rückfragen beantworten zu können. Für die Fallvorstellung empfehlen wir aber die nachfolgende Vorlage, in der Sie einerseits Ihr Fallverständnis in gestraffter Form eintragen können, andererseits aber auch Ihre spezifischen Fragen notieren können. Welche Fragen das sind, wird einerseits von dem konkreten Fall abhängen, andererseits aber auch vom Fortschritt der bisherigen Diagnostik und Beratung, also von dem Zeitpunkt des Beratungsprozesses, zu dem Sie die Gelegenheit haben, Ihren Fall Ihrem Team oder Ihrem Supervisor bzw. Ihrer Supervisionsgruppe vorzustellen.

Welche Fragen im Rahmen der Teambesprechung bzw. der Supervision dann auch von Ihren Kollegen/Kolleginnen oder Ihrer/Ihrem Supervisor/Supervisorin angesprochen werden, wird auch vom Supervisionskonzept abhängen (▶ Kap. 12). Wenn Sie die in diesem Kapitel vorgestellten Materialien zur Falldokumentation und Fallvorstellung benutzen, werden Sie aber in jedem Fall am meisten von der Supervision profitieren können. Die Qualität der Supervisionsergebnisse hängt nämlich nicht nur vom Supervisor bzw. von der Supervisorin ab – sondern auch davon, wie gut vorbereitet Sie in die Fallbesprechung hineingehen.

13 Reflexion und Dokumentation des Beratungsprozesses

Supervisionsbogen für: _____	
Berater/Beraterin: _____	
1. Fallbeschreibung Alter: _____ Schule/Ausbildung/Beruf: _____ Wirtschaftliche Situation: _____ Beschriebene Problematik	zusammengefasste Darstellung der wichtigsten Daten und Rahmenbedingungen
Zentrale Aspekte des Lebenskontextes	
Zentrale Aspekte der Entwicklungsgeschichte	
2. Fallverständnis, Zielvereinbarung, Interventionsplanung	zentrale Aspekte des Fallverständnisses: Warum hat der/die Ratsuchende die Probleme, die er/sie hat? Welche Ziele wurden vereinbart? Welche wissenschaftlich begründeten Methoden wollen Sie zur Zielerreichung einsetzen?
3. Supervisionsfragen	Beziehungsgestaltung, Motivationsaufbau, diagnostisches Vorgehen, Interventionsplanung und -durchführung, Gestaltung des Beratungsabschlusses. Für welchen Aspekt werden weiterführende Hinweise benötigt?

Abb. 13.7: Vorlage Supervisionsbogen
Siehe Online-Material 13.g

Literaturverzeichnis

Abel, A. H. (1998). Geschichte der Erziehungsberatung: Beziehungen, Zwecke, Kontinuitäten. In: Körner, W. & Hörmann, G. (Hrsg.). Handbuch der Erziehungsberatung. Bd. 1. Göttingen: Hogrefe. 19–52.
Ahrens-Eipper, S., Leplow, B. & Nelius, K. (2009). Mutig werden mit Til Tiger: Ein Trainingsprogramm für sozial unsichere Kinder. 2. Auflage. Göttingen: Hogrefe.
Ainsworth, M. D. S., Blehar, M. C., Waters, E. & Wall, S. N. (2015). Patterns of Attachment. A Psychological Study of the Strange Situation. Classic Edition. New York: Routledge Taylor & Francis Group; Psychology Press (Psychology Press and Routledge Classic Editions).
Antonovsky, A. (1979). Health, Stress, and Coping: New Perspectives on Mental and Physical Well-Being. San Francisco: Jossey Bass.
Antonovsky, A. (1989). Die salutogenetische Perspektive: Zu einer neuen Sicht von Gesundheit und Krankheit. Meducs, 2. 51–57.
Antonovsky, A. (1997). Salutogenese. Zur Entmystifizierung der Gesundheit. (dt. Ausg. von Franke, A.). Tübingen: dgvt (engl. Orig. 1987).
Arbeitskreis OPD (2006). Operationalisierte Psychodynamische Diagnostik OPD-2. Das Manual für Diagnostik und Therapieplanung Bern: Huber.
Arkowitz, H., Westra, A., Miller, R. & Rollnick, S., (2010). Motivierende Gesprächsführung bei der Behandlung psychischer Störungen. Weinheim: Beltz.
Armbruster, M. (2006). Eltern-AG. Das Empowerment-Programm für mehr Elternkompetenz in Problemfamilien. Heidelberg: Carl-Auer.
Arntz, A. & van Genderen, H. (2010). Schematherapie bei Borderline-Persönlichkeitsstörung. Weinheim: Beltz.
AWMF (Arbeitsgemeinschaft der Wissenschaftlichen Medizinischen Fachgesellschaften e. V.) (2019). S3 – Leitlinie Posttraumatische Belastungsstörung ICD 10: F 43.1 (Langfassung). Online abrufbar unter: https://www.awmf.org/uploads/tx_szleitlinien/155-001l_S3_Posttraumatische_Belastungsstoerung_2020-02_1.pdf (letzter Zugriff: 02.10.2020).
Bamberger, G. (2015). Lösungsorientierte Beratung: Praxishandbuch. 5. Auflage. Weinheim: Beltz
Bandelow, B., Wiltink, J., Alpers, G. W., Benecke, C., Deckert, J., Eckhardt-Henn, A., Ehrig, C., Engel, E., Falkai, P., Geiser, F., Gerlach, A. L., Harfst, T., Hau, S., Joraschky, P., Kellner, M., Köllner, V., Kopp, I., Langs, G., Lichte, T., Liebeck, H., Matzat, J., Reitt, M., Rüddel, H. P., Rudolf, S., Schick, G., Schweiger, U., Simon, R., Springer, A., Staats, H., Ströhle, A., Ströhm, W., Waldherr, B., Watzke, B., Wedekind, D., Zottl, C., Zwanzger, P. & Beutel, M. E (2014). Deutsche S3-Leitlinie Behandlung von Angststörungen. Online abrufbar unter: https://www.awmf.org/uploads/tx_szleitlinien/051-028l_S3_Angstst%C3%B6rungen_2014-05_1.pdf (letzter Zugriff: 02.10.2020).
Bandura, A. (1997). Self-Efficacy. The Exercise of Control. New York: Freeman and Company.
Bateson, G. & Jackson, D. D. (1964). Some Varieties of Pathogenic Organization. Disorders of Communication, 42. 270–283.
Baumann, N. & Kuhl, J. (2013). Selbstregulation und Selbstkontrolle. In: Sarges, W. (Hrsg.). Management-Diagnostik. 4., völlig überarbeitete Auflage. Göttingen: Hogrefe. 263–271.
Beavers, R. & Hampson, R. B. (2000). The Beavers Systems Model of Family Functioning. Journal of Family Therapy, 22. 128–143.

Beck, A. T. (1979). Cognitive Therapy of Depression. New York: Guilford Press.
Beck, A. T. & Hautzinger, M. (2010). Kognitive Therapie der Depression. 4. Auflage. Weinheim: Beltz.
Beck, J. (2014). Probleme in der Therapie – was tun? Kognitive Therapie für schwierige Fälle. Tübingen: dgvt.
Becker, E. S. (2018). Generalisierte Angststörung. In: Margraf, J. & Schneider, S. (Hrsg.). Lehrbuch der Verhaltenstherapie. Bd. 2: Psychologische Therapie bei Indikationen im Erwachsenenalter. 4., vollständig überabeitete und aktualisierte Auflage. Berlin, Heidelberg: Springer. 88–102.
Becker, P. (2006). Gesundheit durch Bedürfnisbefriedigung. Göttingen: Hogrefe.
Beesdo-Baum, K. (2011). Ressourcenaktivierung. In: Wittchen, H.-U. & Hoyer, J. (Hrsg.). Klinische Psychologie und Psychotherapie. 2. Auflage Berlin: Springer. 49–502.
Belardi, N. (2015). Supervision für helfende Berufe. Freiburg: Lambertus.
Belardi, N., Akgün, L., Gregor, B., Neef, R., Pütz, T. & Sonnen, F. R. (2011). Beratung. Eine sozialpädagogische Einführung. 6., unverändertete Auflage. Weinheim: Juventa Verlag.
Bengel, J., Strittmatter, R. & Willmann, H. (2009). Was erhält Menschen gesund? Antonovskys Modell der Salutogenese – Diskussionsstand und Stellenwert; eine Expertise. Unter Mitarbeit von Aaron Antonovsky. Erweiterte Neuauflage. Köln: BZgA (Forschung und Praxis der Gesundheitsförderung, 6). Online abrufbar unter: http://www.bzga.de/infomaterialien/forschung-und-praxis-der-gesundheitsfoerderung/band-06-was-erhaelt-menschen-gesund-antonovskys-modell-der-salutogenese/?uid=73b3d0d3bacf00d680c541859efb46f3 (letzter Zugriff: 02.10.2020).
Bents, H. (2005). Verhaltenstherapie bei Phobien und Angststörungen. In: PiD – Psychotherapie im Dialog 6 (4). 382–389. DOI: 10.1055/s-2005-915273.
Berking, M. (2010). Training emotionaler Kompetenzen. 2. Auflage. Heidelberg: Springer.
Bertolino, B., Kiener, M. & Patterson, R. (2015). Lösungs- und ressourcenorientierte Therapie. Mit E-Book inside und Arbeitsmaterial. 2., neu ausgestattete Auflage. Weinheim: Beltz.
Beushausen, J. (2010). Ressourcenorientierte stabilisierende Interventionen. In: Kontext, 41 (4). 287–307.
Beushausen, J. (2012). Genogramm und Netzwerkanalyse. Die Visualisierung familiärer und sozialer Strukturen. Göttingen: Hogrefe.
Beutler, L. (1986). Systematic Eclectic Psychotherapy. In: Norcorss, J. C. (Hrsg.). Handbook of eclectic psychotherapy. New York: Brunner/Mazel. 94–131.
Beutler, L., Consoli, A. & Lane, G. (2019). Systematic Treatment Selection and Prescriptive Psychotherapy. In: Norcross, J. C. & Goldfried, M. R. (Hrsg.). Handbook of Psychotherapy Integration. 3. Auflage. New York: Oxford Univ.-Press. 121–143.
Beutler, L. E., Malik, M., Alimohamed, Harwood, T. M., Talebi, H., Noble & Wong, E. (2004). Therapist Variables. In: Lambert, M. J. (Hrsg.). Bergin and Garfield's Handbook of Psychotherapy and Behavior Change. 5. Auflage. New York: Wiley. 227–306.
Bischof, G. (2012). Das Community Reinforcement and Family Training CRAFT. SuchtMagazin 1. 30–32.
Bleichhardt, G. & Martin, A. (2010). Hypochondrie und Krankheitsangst. Fortschritte der Psychotherapie. Göttingen: Hogrefe Verlag.
Bloom, B. L. (1985). A Factor Analysis of Self-Report Measures of Family Functioning. Family Process, 24 (2). 225–239.
Bodenmann, G. & Milek, A. (2018). Stressbewältigung. In: Margraf, J. & Schneider, S. (Hrsg.). Lehrbuch der Verhaltenstherapie. Bd. 2: Psychologische Therapie bei Indikationen im Erwachsenenalter. 4., vollständig überabeitete und aktualisierte Auflage. Berlin: Springer.
Boeckh, A. (2017). Methodenintegrative Supervision. Ein Leitfaden für Ausbildung und Praxis. 2. Auflage. Stuttgart: Klett-Cotta.
Böker, H. & Seifritz, E. (Hrsg.) (2012). Psychotherapie und Neurowissenschaften. Integration – Kritik – Zukunftsaussichten. Bern: Huber.

Bökmann, M. B. F. (2000). Systemtheoretische Grundlagen der Psychosomatik und Psychotherapie. Berlin: Springer.
Borg-Laufs, M. (1996). Das Training mit aggressiven Kindern aus der Perspektive der Selbstmanagementtherapie. Frankfurt/M.: Lang.
Borg-Laufs, M. (2004). Verhaltensberatung nach dem kognitiv-behavioristischen Modell. In: Nestmann Engel, F. & Sickendiek, U. (Hrsg.). Das Handbuch der Beratung. Bd. 2. Tübingen: dgvt. 629–640.
Borg-Laufs, M. (2007). Zur bisherigen und zukünftigen Entwicklung der Kinder- und Jugendlichenpsychotherapie. In: Borg-Laufs, M. (Hrsg.). Lehrbuch der Verhaltenstherapie mit Kindern und Jugendlichen. Bd. 2. Tübingen: dgvt. 913–924.
Borg-Laufs, M. (2012). Die Befriedigung psychischer Grundbedürfnisse als Weg und Ziel der Kinder- und Jugendlichenpsychotherapie. Forum für Kinder- und Jugendpsychiatrie, Psychosomatik und Psychotherapie, 22. 6–21.
Borg-Laufs, M. (2015). Soziale Online-Netzwerke und ältere Menschen. In: Borg-Laufs, M. (Hrsg.). Soziale Online-Netzwerke in Beratung und Therapie. Tübingen: dgvt. 289–298.
Borg-Laufs, M. (2016). Störungsübergreifendes Diagnostik-System für die Kinder- und Jugendlichenpsychotherapie (SDS-KJ). 3. Auflage. Tübingen: dgvt.
Borg-Laufs, M. & Dittrich, K. (2010). Die Befriedigung psychischer Grundbedürfnisse als Ziel psychosozialer Arbeit. In: Borg-Laufs, M. & Dittrich, K. (Hrsg.). Psychische Grundbedürfnisse in Kindheit und Jugend. Perspektiven für Soziale Arbeit und Psychotherapie. Tübingen: dgvt. 7–22.
Borg-Laufs, M. & Hungerige, H. (2007). Operante Methoden. In: Borg-Laufs, M. (Hrsg.). Lehrbuch der Verhaltenstherapie mit Kindern und Jugendlichen. Bd. 2: Interventionsmethoden. Tübingen: dgvt. 415–452.
Borg-Laufs, M. & Hungerige, H. (2009). Blitzentspannung. In: Fliegel, S. & Kämmerer, A. (Hrsg.). Psychotherapeutische Schätze II. Tübingen: dgvt. 39–40. Online aufrufbar unter: http://www.psychotherapeutischeschaetze.com/ (letzter Zugriff: 02.10.2020).
Borg-Laufs, M. & Hungerige, H. (2010). Selbstmanagementtherapie mit Kindern. 2. Auflage. Stuttgart: Klett-Cotta.
Borg-Laufs, M. & Spancken, A. (2010). Psychische Grundbedürfnisse bei gesunden und bei psychisch kranken Kindern und Jugendlichen: Ergebnisse einer empirischen Untersuchung. In: Borg-Laufs, M. & Dittrich, K. (Hrsg.). Psychische Grundbedürfnisse in Kindheit und Jugend. Perspektiven für Soziale Arbeit und Psychotherapie. Tübingen: dgvt. 23–38.
Boszormenyi-Nagy, I. & Spark, G. (1981). Unsichtbare Bindungen. Die Dynamik familiärer Systeme. Stuttgart: Klett-Cotta:
Bowlby, J. (1975). Bindung. Eine Analyse der Mutter-Kind-Beziehung. München: Kindler.
Brigham, G. S., Slesnick, N., Winhusen, T. H., Lewis, D. F., Xiamei, G. & Somoza, E. (2014). A Randomized Pilot Clinical Trial to Evaluate the Efficacy of Community Reinforcement and Family Training for Treatment Retention (CRAFT-T) for Improving Outcomes for Patients Completing Opioid Detoxification. In: Drug Alkohol Depend, 1 (138). 240–243.
Brisch, K. H. & Hellbrügge, T. (Hrsg.) (2015). Bindung und Trauma. Risiken und Schutzfaktoren für die Entwicklung von Kindern. Internationaler Kongress. 5. Auflage. Stuttgart: Klett-Cotta.
Brockmann, J. & Kirsch, H. (2015). Mentalisieren in der Psychotherapie. Psychotherapeutenjournal; 1. 13–22.
Buchinger, K. & Klinkhammer, M. (2007). Beratungskompetenz. Supervision, Coaching und Organisationsberatung. Stuttgart: Kohlhammer.
Buchner, U. G., Koytek, A., Gollrad, T., Arnold, M. & Wodarz, N. (2013). Angehörigenarbeit bei pathologischem Glücksspiel. Das psychoedukative Entlastungstraining ETAPPE. Göttingen: Hogrefe.
Bundesministerium für Familie, Senioren, Frauen und Jugend (BMFSFJ) (1999). Qualitätsprodukt Erziehungsberatung. Materialien zur Qualitätssicherung in der Kinder- und Jugendhilfe/Qs22. Bonn: Vereinigte Verlagsanstalten Düsseldorf. Online aufrufbar unter: https://www.bmfsfj.de/blob/95114/88d0ffb59f9be3e9d37f6022137c9a02/prm-2983-qs-22-data.pdf (letzter Zugriff: 02.10.2020).

Burisch, M. (2014). Das Burnout-Syndrom. Theorie der inneren Erschöpfung – zahlreiche Fallbeispiele – Hilfen zur Selbsthilfe. 5., überarbeitete Auflage. Berlin: Springer.

Buttner, P. & Knecht, A. (2009). Wege der Ressourcendiagnostik in der Sozialen Arbeit – ein ressourcentheoretisch fundierter Überblick. In: Pantucek, P. & Röh, D. (Hrsg.). Perspektiven Sozialer Diagnostik. Über den Stand der Entwicklung von Verfahren und Standards. Berlin, Wien: LIT Verlag. 99–110.

Caby, A. & Caby, F. (2016). Systeme visualisieren: das Familienbrett und andere kreative Darstellungen. In: Levold, T. & Wirsching, M. (Hrsg.). Systemische Therapie und Beratung – das große Lehrbuch. 2. Auflage. Heidelberg: Carl-Auer Verlag. 241–246.

Caby, F. (2016). Reflektierendes Team. In: Levold, T. & Wirsching, M. (Hrsg.). Systemische Therapie und Beratung – das große Lehrbuch. 2. Auflage. Heidelberg: Carl-Auer Verlag. 250–255.

Carr, A. & Stratton, P. (2017). The Score Family Assessment Questionnaire: A Decade of Progress. Family Process; Feb. 2017. 1–17.

Casey, B. J., Somerville, L. H., Gotlib, I. H., Ayduk, O., Franklin, N. T., Askren, M. K., Jonides, J., Berman, M. G., Wilson, N. L., Teslovich, Th., Glover, G., Zayas, V., Michel, W. & Shoda, Y. (2011). Behavioral and Neural Correlates of Delay of Gratification 40 Years later. PNAS, 108. 14998–15003.

Caspar, F. (1996). Was ist aus der guten alten Verhaltensanalyse geworden? In: Caspar, F. (Hrsg.). Psychotherapeutische Problemanalyse. Tübingen: dgvt. 7–44.

Caspar, F. (2007). Beziehungen und Probleme verstehen: Eine Einführung in die psychotherapeutische Plananalyse. Bern: Huber.

Cierpka, M. (Hrsg.) 1987. Familiendiagnostik. Berlin: Springer.

Cierpka, M. (Hrsg.) (2008). Handbuch der Familiendiagnostik. 3. Auflage. Heidelberg: Springer.

Czarnowski, G. (1991). Das kontrollierte Paar. Ehe- und Sozialpolitik im Nationalsozialismus. Weinheim: Beltz.

D'Zurilla, T. J. & Goldfried, M. R. (1971). Problem Solving and Behavior Modification. Journal of Abnormal Psychology, 78. 107–126.

Däubner-Böhme, M., Deppe-Schmitz, U. & Trösken, A. (2013). Angewandte Ressourcendiagnostik. In: Schaller, J. & Schemmel, H. (Hrsg.). Ressourcen. ein Hand- und Lesebuch zur psychotherapeutischen Arbeit. 2. vollständig überarb. und erweit. Auflage. Tübingen: dgvt. 207–234.

De la Motte, A. (2015). Was macht Beratung und Psychotherapie in Erziehungsberatungsstellen aus? Einblicke in Theorie und Praxis. dgvt: Tübingen.

DeRubeis, R. J., Brotman, M. A. & Gibbons, C. J. (2005). Conceptual and Methodological Analysis of the Nonspecifics Argument. Clinical Psychology: Science and Practice: 174–183.

Deutsche Gesellschaft für Supervision e. V. (DGSv) (Hrsg.) (2008). Der Nutzen der Supervision. Verzeichnis von Evaluationen und wissenschaftlichen Arbeiten. Kassel: kassel university press. Online aufrufbar unter: https://www.uni-kassel.de/upress/online/OpenAccess/978-3-89958-602-6.OpenAccess.pdf (letzter Zugriff: 02.10.2020).

Deutscher Bundestag (1980). Drucksache 8/3685 vom 20.02.1980 (BT-Drs. 8/3685). 1–225.

Deutscher Verband für Bildungs- und Berufsberatung e. V. (o. J.). Geschichte. Online verfügbar unter: http://www.dvb-fachverband.de/geschichte.html (letzter Zugriff: 02.10.2020).

Doran, G. T. (1981). There's a S.M.A.R.T. Way to Write Management's Goals and Objectives. Management Review. 70 (11) (AMA FORUM). 35–36.

Durlak, J. A., Weissberg, R. P. & Pachan, M. (2010). A Meta-Analysis of After-School Programs that Seek to Promote Personal and Social Skills in Children and Adolescents. American Journal of Community Psychology, 45. 294–309.

Eckert, J., Biermann-Ratjen, E.-M. & Höger, D. (2012). Gesprächspsychotherapie. Lehrbuch. 2. Auflage. Berlin: Heidelberg.

Egger, J. W. (2005). Das biopsychosoziale Krankheitsmodell. Grundzüge eines wissenschaftlich begründeten ganzheitlichen Verständnisses von Krankheit. In: Psychologische Medizin, 16 (2). 3–12.

Egger, J. W. (2008). Grundlagen der »Psychosomatik« – Zur Anwendung des biopsychosozialen Krankheitsmodells in der Praxis. Psychologische Medizin. 2008, 19 (2). 12–22.

Ehrenberg, A. (2015). Das erschöpfte Selbst. Depression und Gesellschaft in der Gegenwart. 2., erweiterte Auflage. Frankfurt: Campus Verlag.

Einsle, F. & Hummel, K. (2015). Kognitive Umstrukturierung. Techniken der Verhaltenstherapie. Weinheim: Beltz.

Eisermann, B. (2015). Bei Facebook nicht gemeinsam und dazu noch einsam? Wie sozial ist die Soziale Netzwerk-Seite Facebook? In: Borg-Laufs, M. (Hrsg.). Soziale Online-Netzwerke in Beratung und Therapie. Tübingen: dgtv. 63–70.

Elliott, N. & Gresham, F. M. (1993). Social Skills Interventions for Children. Behav Modif., 17 (3).287–313.

Ellis, A. (1977). Die rational-emotive Therapie. Das innere Selbstgespräch bei seelischen Problemen und seine Veränderung. München: Pfeiffer.

Emmelkamp, P. M. G. (2013). Behavior Therapy with Adults. In: Lambert, M. J. (Hrsg.). Bergin and Garfield's Handbook of Psychotherapy and Behavior Change. 6. Auflage. Wiley: New Jersey. 351.

Engel, F. (2003). Beratung – ein eigenständiges Handlungsfeld zwischen alten Missverständnissen und neuen Positionierungen. Praxis der Kinderpsychologie und Kinderpsychiatrie, 52. 215–232.

Engel, F., Nestmann, F. & Sickendiek, U. (2007). »Beratung« – Ein Selbstverständnis in Bewegung. In: Nestmann, F. et al. (Hrsg.). Das Handbuch der Beratung. Bd. 1: Disziplinen und Zugänge. 2. Auflage. dgvt: Tübingen. 33–44.

Engel, G. L. (1997). From Biomedical to Biopsychosocial. In: Psychotherapy and Psychosomatics, 66. 57–62.

Epstein, N. B., Baldwin, L. M. & Bishop, D. S. (1983). The McMaster Family Assessment Device. Journal of Marital and Family Therapy, 9 (2). 171–180.

Ertelt, B.-J. & Schulz, W. E. (2019). Handbuch Beratungskompetenz. Mit Übungen zur Entwicklung von Beratungsfertigkeiten in Bildung und Beruf. 4. Auflage. Wiesbaden: Springer Fachmedien.

Euser, S., Alink, L. R. A., Stoltenborgh, M., Bakermans-Kranenburg, M J. & van Ijzendoorn, H. (2015). A Gloomy Picture: A Meta-Analysis of Randomized Controlled Trials Reveals Disappointing Effectiveness of Programs Aiming at Preventing Child Maltreatment. BMC Public Health, 15. 1–14.

Eysenck, H. J. (1952). The Effects of Psychotherapy: An Evaluation. J. Consult. Clin. Psychol., 16, 319–324.

Fan, Y., Duncan, N. W., de Greck, M. & Nordhoff, G. (2011). Is There a Core Neural Network in Empathy? An fMRI Based Quantitative Meta-Analysis. Neurosci Biobehav Rev., 35 (3). 903–911.

Fiedler, P. (2004). Ressourcenorientierte Psychotherapie bei Persönlichkeitsstörungen. In: Psychotherapeutenjournal, 1. 4–12.

Fisher, L. (1976). Dimensions of Family Assessment: A Critical Review. Journal of Marital and Family Therapy, 2. 367–382.

Flückiger, C. & Wüsten, G. (2008). Ressourcenaktivierung. Ein Manual für die Praxis. Göttingen: Huber.

Foerster, H. v. (1988). Abbau und Aufbau. In: Simon, F. B. (Hrsg.). Unterschiede, die Unterschiede machen. Heidelberg: Springer. 19–33.

Frank, J. D. (1971). Therapeutic Factors in Psychotherapy. American Journal of Psychotherapy, 25 (3), 350–361.

Frank, R. (Hrsg.) (2017). Therapieziel Wohlbefinden. Ressourcen aktivieren in der Psychotherapie. 3., vollständig überarbeitete Auflage. Berlin: Springer.

Franke, G. H. (2013). Symptom-Checklist-90-Standard. Göttingen: Hogrefe.

Friedrich, S. (2010). Arbeit mit Netzwerken. In: Möbius, T. & Friedrich, S. (Hrsg.). Ressourcenorientiert Arbeiten. Anleitung zu einem gelingenden Praxistransfer im Sozialbereich. Wiesbaden: Verlag für Sozialwissenschaften. 63–105.

Fröhlich-Gildhoff, K. (2013). Bewältigungsmuster der Lebensvielfalt. Wie lässt sich Resilienz von Jugendlichen stärken? In: Trautmann-Voigt, S. & Voigt, B. (Hrsg.). Jugend heute. Zwischen Leistungsdruck und virtueller Freiheit. Bonn: Psychosozial-Verlag. 61–78.

Fuller, C. & Taylor, P. (2015). Therapie Tools – Motivierende Gesprächsführung. 2., neu ausgestattete Auflage. Weinheim: Beltz.
Fydrich, T., Sommer, G. & Brähler, E. (2007). Fragebogen zur sozialen Unterstützung (F-SozU). Göttingen: Hogrefe.
Gahleitner, S., (2008). Kinder- und Jugendlichentherapie unter bindungstheoretischen Gesichtspunkten. Kindesmisshandlung und Vernachlässigung, 11. 51–66.
Gall, R. (2011). Curriculum und Methodik des Coolness-Trainings. In: Weidner, J. & Kilb, R. (Hrsg.). Handbuch Konfrontative Pädagogik: Grundlagen und Handlungsstrategien zum Umgang mit aggressivem und abweichendem Verhalten. München: Juventa. 132–139.
Garfield, L. (1982). Eclecticism and Integration in Psychotherapy. Behavior Therapy, 13, 610–623.
Garfield, L. (1995). Psychotherapy: An Eclectic-integrative Approach. 2. Auflage. Oxford: John Wiley & Sons.
Geib, N. W. H., Rosarius, A. & Trabant, D. (1994). Auf Spurensuche … Zur Geschichte der Erziehungsberatung. In: Cremer, H., Hundsalz, A. & Menne, K. (Hrsg.). Jahrbuch der Erziehungsberatung. Bd. 1. Weinheim: Juventa Verlag. 273–292.
Gerhardter, G. (1998). Netzwerkorientierung in der Sozialarbeit: eine Überblicksartige Zusammenstellung zu »Sozialen Netzwerke« und »Organisationsnetzwerke«. In: Pantucek, P. & Vyslouzil, M. (Hrsg.). Theorie und Praxis Lebenswelt-orientierter Sozialarbeit. St. Pölten: SozAKTIV. 49–71.
Gerstenmaier, J. & Nestmann, F. (1984). Alltagstheorien von Beratung. Opladen: Westdeutscher Verlag.
Gesetz über den Beruf der Psychotherapeutin und des Psychotherapeuten (Psychotherapeutengesetz – PsychThG)
Glemser, R. & Gahleitner, S. (2012). Ressourcenorientierte Diagnostik. In: Knecht, A., Schubert, F.-C. (Hrsg.) (2012). Ressourcen im Sozialstaat und in der Sozialen Arbeit. Zuteilung – Förderung – Aktivierung. Stuttgart: Kohlhammer. 278–291.
Goethe, J. W. (1809ff.). Goethes Werke. Bd. IX. Autobiographische Schriften I. Dichtung und Wahrheit. Hamburger Ausgabe. München. 374.
Goldstein, A. P. (1977). Methoden zur Verbesserung von Beziehungen. In: Kanfer, F. H. & Goldstein, A. P. (Hrsg.). Möglichkeiten der Verhaltensänderung. München: Urban & Schwarzenberg. 17–55.
Goodman, R. (1997). The Strengths and Difficulties Questionnaire: A Research Note. Journal of Child Psychology and Psychiatry, 38. 581–586 (Der Fragebogen kann in einer deutschsprachigen Version online kostenlos bezogen werden unter: https://www.sdqinfo.org/py/sdqinfo/b3.py?language=German (letzter Zugriff: 02.10.2020).
Gordon, T. (1978). Familienkonferenz in der Praxis. Wie Konflikte mit Kindern gelöst werden. Hamburg: Hoffmann und Campe.
Gordon, T. (1980). Familienkonferenz: Die Lösung von Konflikten zwischen Eltern und Kind. Aktualisierte Taschenbuchauflage. München: Hyne.
Grawe, K. (1995). Grundriss einer Allgemeinen Psychotherapie. Psychotherapeut, 40.130–145.
Grawe, K. (1998). Psychologische Therapie. Göttingen: Hogrefe.
Grawe, K. (1999). Allgemeine Psychotherapie: Leitbild für eine empiriegeleitete psychologische Therapie. In: Wagner, R. F. & Becker, P. (Hrsg.). Allgemeine Psychotherapie. Neue Ansätze zu einer Integration psychotherapeutischer Schulen. Göttingen: Hogrefe. 117–168.
Grawe, K. (2002). Psychologische Therapie. Göttingen: Hogrefe.
Grawe, K. (2004). Neuropsychotherapie. Göttingen: Hogrefe.
Grawe, K. & Caspar, F. (2012). Allgemeine Psychotherapie. In: Senf, W. & Broda, M. (Hrsg.). Praxis der Psychotherapie. Ein integratives Lehrbuch. Stuttgart: Thieme. 33–46.
Grawe, K. & Caspar, F. (2020). Allgemeine Psychotherapie. In: Senf, W. (Hrsg.). Praxis der Psychotherapie. Ein integratives Lehrbuch. 6. Auflage. Stuttgart: Thieme. 33–46.
Grawe, K. & Grawe-Gerber, M. (1999). Ressourcenaktivierung – ein primäres Wirkprinzip der Psychotherapie. In: Psychotherapeut, 44 (2). 63–73.

Grawe, K., Donati, R. & Bernauer, F. (1994). Psychotherapie im Wandel: Von der Konfession zur Profession. Göttingen: Hogrefe.

Greif, S. (2008). Coaching und ergebnisorientierte Selbstreflexion: Theorie, Forschung und Praxis des Einzel- und Gruppencoachings (Innovatives Management). Hogrefe: Göttingen.

Grencavage, L. M. & Norcross, J. C. (1990). Where Are the Commonalities Among the Therapeutic Common Factors? Professional Psychology: Research and Practice, 21. 372–378.

Gröning, K. (2009). Entwicklungslinien pädagogischer Beratung – Eine kritische Reflexion über Beratungsformen und Beratungsverständnis. neue praxis, 39 (2). 103–116.

Gröning, K. (2010). Entwicklungslinien pädagogischer Beratungsarbeit. Anfänge – Konflikte – Diskurse. Wiesbaden: Verlag für Sozialwissenschaften.

Grosse Holtforth, M. & Grawe, K. (2002). FAMOS. Fragebogen zur Analyse motivationaler Schemata. Göttingen: Hogrefe.

Grossmann, K. & Grossmann, K.E. (2008). Elternbindung und Entwicklung des Kindes in Beziehungen. In: Herpertz-Dahlmann, B., Resch, F., Schulte-Markwort, M. & Warnke, A. (Hrsg.). Entwicklungspsychiatrie. Stuttgart: Schattauer. 221–241.

Großmaß, R. (1997). Paradoxien und Möglichkeiten Psychosozialer Beratung. In: Nestmann, F. (Hrsg.). Beratung. Bausteine für eine interdisziplinäre Wissenschaft und Praxis. Tübingen: dgvt. 111–136.

Großmaß, R. (2000). Psychische Krisen und sozialer Raum. Eine Sozialphänomenologie psychosozialer Beratung. Tübingen: dgvt.

Großmaß, R. (2007). Psychotherapie und Beratung. In: Nestmann, F., Engel, F. & Sickendiek, U. (Hrsg.). Das Handbuch der Beratung. Bd. 1. Tübingen: dgvt. 89–102.

Haas, H. (2002). Berufliche Beratung. Ein Beitrag zur Ringvorlesung im Wintersemester 2001/2002. dvb-script. Schwerte: Eigenverlag.

Hackney, H. & Cormier, L. S. (1998). Beratungsstrategien Beratungsziele. München: Ernst Reinhardt.

Hahlweg, K. (1996). Fragebogen zur Partnerschafts-Diagnostik. Göttingen: Hogrefe.

Hahlweg, K. & Schroeder, B. (2018). Paartherapie. In: Margraf, J. & Schneider, S. (Hrsg.). Lehrbuch der Verhaltenstherapie. Bd. 2: Psychologische Therapie bei Indikationen im Erwachsenenalter. 4., vollständig überabeitete und aktualisierte Auflage. Berlin: Springer. 563–582.

Hamilton, E. & Carr, A. (2016). Systematic Review of Self-Report Family Assessment Measures. Family Process, 55. 16–30.

Hand, I. (2015). Exposition und Konfrontation. In: Linden, M. & Hautzinger, M. (Hrsg.). Verhaltenstherapiemanual. 8. Auflage. Berlin: Springer. 121–129.

Hanswille, R. (2015) (Hrsg.). Handbuch systemische Kinder- und Jugendlichenpsychotherapie. Göttingen: Vanderhoeck & Ruprecht.

Hanswille, R. (2015). Haltungen systemischer Therapeuten und Therapeutinnen. In: Hanswille, R. (Hrsg.). Handbuch systemische Kinder- und Jugendlichenpsychotherapie. Göttingen: Vanderhoeck & Ruprecht. 23–69.

Hautzinger, M. (2008). Kognitives Neubenennen (Reattribuieren). In: Linden, M. & Hautzinger, M. (Hrsg.). Verhaltenstherapiemanual. 6., vollständig überarbeitete und erweiterte Auflage. Heidelberg: Springer Medizin Verlag. 215–219.

Hautzinger, M. (2012). Depressive Störungen. In: Meinlschmidt, G., Schneider, S. & Margraf, J. (Hrsg.). Lehrbuch der Verhaltenstherapie. Bd. 4. Berlin: Springer. 313–322.

Hautzinger, M. (2015). Stimuluskontrolle. In: Linden, M. & Hautzinger, M. (Hrsg.). Verhaltenstherapiemanual. 8. Auflage. Berlin: Springer. 261–268.

Heckhausen, J. & Heckhausen, H. (Hrsg.) (2018). Motivation und Handeln. 5., überarbeitete und erweiterte Auflage. Berlin: Springer.

Heekerens, H.-P. (1993). Die Wirksamkeit des Gordon-Elterntraining. Praxis der Kinderpsychologie und Kinderpsychiatrie, 42 (1). 20–25.

Heidenreich, T. & Michalak, J. (2009). Achtsamkeit. In: Margraf, J. & Schneider, S. (Hrsg.). Lehrbuch der Verhaltenstherapie. Bd. 1: Grundlagen, Diagnostik, Verfahren, Rahmenbedingungen. Heidelberg: Springer. 569–578.

Heider, F. (1958). The Psychology of Interpersonal Relations. New York: Wiley.
Heim, E. (2009). Die Welt der Psychotherapie. Entwicklungen und Persönlichkeiten. Stuttgart: Klett-Cotta.
Heinecker, P., Pohlmann & Leopold, C. (2013). Leitkonzept der Alter(n)sberatung. In: Pohlmann, (Hrsg.). Gut beraten. Forschungsbeiträge für eine alternde Gesellschaft. Wiesbaden: Springer. 147–170.
Job, A.-K. & Hahlweg, K. (2019). Elterntrainings zur Steigerung der Erziehungskompetenz. In: Schneider, S. & Margraf, J. (Hrsg.). Lehrbuch der Verhaltenstherapie. Bd. 3. Psychologische Therapie bei Indikationen im Kindes- und Jugendalter. Berlin: Springer. 261–282.
Helbig & Klose, M. (2011). Trainings der Selbstsicherheit, sozialer Fertigkeiten und der Kommunikation. In: Wittchen, H.-U. & Hoyer, J. (Hrsg.). Klinische Psychologie & Psychotherapie. 2., überarbeitete und erweitere Auflage. Heidelberg: Springer-Medizin. 565–575.
Hentschel, C. & Kappel, N. (2015). Cybermobbing: Der geteilte Spott. In: Borg-Laufs, M. (Hrsg.). Soziale Online-Netzwerke in Beratung und Therapie. Tübingen: dgtv. 137–166.
Herink, R. (Hrsg.) (1980). The Psychotherapy Handbook: The A to Z Guide to More than 250 Different Therapies in Use Today. New York, NY: Meridian/New American Library.
Hiatt, D. & Hargrave, G.E. (1995). The Characteristics of Highly Effective Therapists in Managed Behavioral Provider Networks. Behavioral Healthcare Tomorrow. 19–22.
Hillebrecht, W. & Peiniger, A. (2015). Grundkurs Personalberatung. Alles, was Sie wissen müssen. 4. Auflage. Wiesbaden: Springer Verlag.
Hillmeier, H. & Britze, H. (2013). Sozialpädagogische Diagnose – ein Meilenstein auf dem Weg zu einer wirkungsorientierten Prozessgestaltung in der Einzelfallhilfe. In: Gahleitner, S., Wahlen, K., Bilke-Hentsch, O. & Hillenbrand, D. (Hrsg.). Biopsychosoziale Diagnostik in der Kinder- und Jugendhilfe. Interprofessionelle und interdisziplinäre Perspektiven. Stuttgart: Kohlhammer. 143–158.
Hinsch, R. & Pfingsten, U. (2015). Gruppentraining Sozialer Kompetenzen GSK: Grundlagen, Durchführung, Anwendungsbeispiele. Weinheim: Beltz.
Hobfoll, E. (1989). Conservation of Resources: A New Attempt at Conceptualizing Stress. American Psychologist, 44. 513–524.
Hobfoll, E. & Buchwald, P. (2004). Die Theorie der Ressourcenerhaltung und das multiaxiale Copingmodell – eine innovative Stresstheorie. In: Buchwald, P., Schwarzer, C. & Hobfoll, E. (Hrsg.). Stress gemeinsam bewältigen. Ressourcenmanagement und multiaxiales Coping. Göttingen: Hogrefe. 11–26.
Hoff, T. & Zwicker-Pelzer, R. (2015). Beratung und Beratungswissenschaft. Baden-Baden: Nomos Verlagsgesellschaft.
Hoffmann, N. (2015). Strukturierung des Therapieablaufs. In: Linden, M. & Hautzinger, M. (Hrsg.). Verhaltenstherapiemanual. 8., vollständige überarbeitete Auflage. 2015. Berlin: Springer. 25–28.
Hoffmann, N. (2018). Therapeutische Beziehung und Gesprächsführung. In: Margraf, J. & Schneider, S. (Hrsg.). Lehrbuch der Verhaltenstherapie. Bd. 1: Grundlagen, Diagnostik, Verfahren und Rahmenbedingungen psychologischer Therapie. 4., vollständig überabeitete und aktualisierte Auflage. Berlin: Springer. 365–372.
Horowitz, L. M. (1979). On the Cognitive Structure of Interpersonal Problems Treated in Psychotherapy. J. Consult Clin Psychol, 47 (1). 5–15.
Horowitz, L. M., Strauß, B. & Kordy, H. (1994). Inventar zur Erfassung interpersonaler Probleme – Deutsche Fassung. Weinheim: Beltz.
Hundsalz, A. (2001). Erziehungsberatung. In: Britsch, V., Münstermann, K. & Trede, W. (Hrsg.). Handbuch Erziehungshilfen. Münster: Votum Verlag. 504–524.
Hundsalz, A. (2006). Teamarbeit in Zeiten der Veränderung. In: Menne, K. & Hundsalz, A. (Hrsg.). Jahrbuch der Erziehungsberatung. Bd. 6. Weinheim: Juventa Verlag. 27–38.
Hungerige, H. & Borg-Laufs, M. (2007). Rollenspiel. In: Borg-Laufs, M. (Hrsg.). Lehrbuch der Verhaltenstherapie mit Kindern und Jugendlichen. Bd. 2: Diagnostik und Intervention. Tübingen: dgtv. 239–298.

Hungerige, H. & Borg-Laufs, M. (2009). Probezeit vereinbaren. In: Fliegel, S. & Kämmerer, A. (Hrsg.). Psychotherapeutische Schätze II. Tübingen: dgtv. 133–134. Online aufrufbar unter: http://www.psychotherapeutischeschaetze.com/.
Jacob, G. & Arntz, A. (2015). Schematherapie in der Praxis. 2., überarbeitete Auflage. Weinheim, Basel: Beltz.
Jacobi, F., Höfler, M., Strehle, J., Mack, S., Gerschler, A., Scholl, L., Busch, M. A., Maske, U., Hapke, U., Gaebel, W., Maier, W., Wagner, M., Zielasek, J. & Wittchen, H.-U. (2014). Psychische Störungen in der Allgemeinbevölkerung. Studie zur Gesundheit Erwachsener in Deutschland und ihr Zusatzmodul Psychische Gesundheit (DEGS1-MH). Der Nervenarzt, 1. 77–87.
Jacobson, E. (2011). Entspannung als Therapie. Progressive Relaxation in Theorie und Praxis. 7., erweiterte Auflage Stuttgart: Klett-Cotta (Leben lernen, 69).
Jørgensen, C. R. (2004). Active Ingredients in Individual Psychotherapy: Searching for Common Factors. Psychoanalytic Psychology, 21 (4), 516–540.
Jürgens, B. & Lübben, K. (2014). Gruppentraining sozialer Kompetenzen für Kinder und Jugendliche KSK-KJ. Weinheim: Beltz.
Kabat-Zinn, J. (2013). Gesund durch Meditation: Das große Buch der Selbstheilung mit MBSR. München: Knaur MensSana.
Knut, A. & Hahlweg, K. (2018). Kommunikations- und Problemlösetraining. In: Margraf, J. & Schneider, S. (Hrsg.). Lehrbuch der Verhaltenstherapie. Bd. 1: Grundlagen, Diagnostik, Verfahren und Rahmenbedingungen psychologischer Therapie. 4., vollständig überabeitete und aktualisierte Auflage. Berlin: Springer. 487–498.
Kaluza, G. (2018). Stressbewältigung. Trainingsmanual zur psychologischen Gesundheitsförderung. 4., korrigierte Auflage. Berlin: Springer.
Kaminski, J. W., Valle, L. A., Filene, J. H. & Boyle, C. L. (2008). A Meta-Analytic Review of Components Associated with Parent Training Program Effectiveness. J Abnorm Child Psychol., 36 (4). 567–589.
Kanfer, F. H. (1979). Self-Management: Strategies and Tactics. In: Goldstein, A. P. & Kanfer, F. H. (Hrsg.). Maximizing Treatment Gains. New York: Academic Press. 185–224.
Kanfer, F. H. & Grimm, L. G. (1980). Managing Clinical Change. A Process Model of Therapy Behavior Modification, 4. 419–444.
Kanfer, F. H. & Philllips, J. S. (1975). Lerntheoretische Grundlagen der Verhaltenstherapie. München: Kindler.
Kanfer, F. H., Reinecker, H. & Schmelzer, D. (2012). Selbstmanagementtherapie. Ein Lehrbuch für die klinische Praxis. 5. Auflage. Heidelberg: Springer.
Kanfer, F. H. & Saslow, G. (1965). Behavioral Analysis: An Alternative to Diagnostic Classification. Archives of General Psychiatry, 12. 529–538.
Karasu, T. B. (1986). The Specificity versus Nonspecificity Dilemma: Toward Identifying Therapeutic Change Agents. American Journal of Psychiatry, 143, 687–695.
Kawamoto, T., Onoda, K., Nakashima, K., Nittono, H., Yamaguchi & Ura, M. (2012). Is Dorsal Anterior Cingulate Cortex Activation in Response to Social Exclusion Due to Expectancy Violation? An fMRI Study. Frontiers in Evolutory Neuroscience, 4. 1–10.
Kazdin, A. E. (1972). Response Cost: The Removal of Conditioned Reinforcers for Therapeutic Change. Behavior Therapy, 3. 533–546.
Kelly, G. A. (1955). The Psychology of Personal Constructs (2 Bde.). New York: Norton.
Keupp, H. (1998). Quo vadis Erziehungsberatung? Ein Blick in das Diskursarchiv. In: Körner, W. & Hörmann, G. (Hrsg.). Handbuch der Erziehungsberatung. Bd. 1. Göttingen: Hogrefe. 11–18.
Kilb, R. (2011). Begriffsverständnis und Platzierung »Konfrontative Pädagogik« im gesellschaftlichen Diskurs. In: Weidner, J. & Kilb, R. (Hrsg.). Handbuch Konfrontative Pädagogik. Grundlagen und Handlungsstrategien zum Umgang mit aggressivem und abweichendem Verhalten. München: Juventa. 30–46.
Kindler, H. (2014). Die Rolle von Verfahren im Kinderschutz. In: Bühler-Niederberger, D., Alberth, L. & Eisentraut, S. (Hrsg.). Kinderschutz. Wie kindzentriert sind Programme, Praktiken, Perspektiven. Weinheim: Juventa. 119–137.

Kinston, W., Loader, P. & Miller, L. (1987). Quantifying the Clinical Assessment of Family Health. Journal of Marital and Family Therapy, 13. 49–67.
Kiresuk, T. J. & Sherman, R. E. (1968). Goal Attainment Caling: A General Method for Evaluating Comprehensive Community Mental Health Programs. Community Mental Health Journal, 4. 443–453.
Kirn, T., Echelmeyer, L. & Engberding, M. (2015). Imagination in der Verhaltenstherapie. Berlin: Springer.
Klein-Heßling, J. & Lohaus, A. (2012). Stresspräventionstraining für Kinder im Grundschulalter. 3. Auflage. Göttingen: Hogrefe.
Klemenz, B. (1999). Plananalytisch orientierte Kinderdiagnostik. Göttingen: Vandenhoek & Rupprecht.
Klemenz, B. (2003). Ressourcenorientierte Diagnostik und Intervention bei Kindern und Jugendlichen. Tübingen: dgtv.
Klemenz, B. (2012). Ressourcenorientierte Erziehung. Ein grundbedürfnisorientiertes und neurobiologisch gestütztes Erziehungsmodell. 2., überarbeitete und erweiterte Auflage. Tübingen: Dgvt.
Klemenz, B. (2009). Ressourcenorientierte Psychologie. Bd. 1. Tübingen: dgtv.
Klemenz, B. (2012). Klinische Ressourcendiagnostik. In: Psychotherapie im Dialog, 13 (1). 22–25.
Klemenz, B. (2014). Beratungspsychologie. Konzepte – Methoden – Perspektiven. Tübingen: dgvt.
Kleve, H. (2016). Arbeit mit Skulpturen und Aufstellungen. In: Levold, T. & Wirsching, M. (Hrsg.). Systemische Therapie und Beratung. Das große Lehrbuch. 2. Auflage. Heidelberg: Carl-Auer Verlag. 234–240.
Klug, W. & Zobrist, P. (2016). Motivierte Klienten trotz Zwangskontext. Tools für die Soziale Arbeit. 2., aktualisierte Auflage. München: Reinhardt-Verlag.
Kluge, K.-J. & Schmitz, L. (1982). Die Lösung von Konfliktsituationen durch Rollenspiel. Hannover: Schroedel.
Knecht, A. & Schubert, F.-C. (Hrsg.) (2012). Ressourcen im Sozialstaat und in der Sozialen Arbeit. Zuteilung – Förderung – Aktivierung. Stuttgart: Kohlhammer.
Konrad, M. & Rosemann, M. (2011). Vom Wohnheim zur mobilen Unterstützung. In: Rosemann, M. & Konrad, M. (Hrsg.). Handbuch Betreutes Wohnen. Von der Heimversorgung zur ambulanten Unterstützung. Bonn: Psychiatrie Verlag. 23–50.
Koschorke, M. (2007). Schwangerschaftskonflikt-Beratung. In: Nestmann, F., Engel, F. & Sickendiek, U. (Hrsg.). Das Handbuch der Beratung. Bd. 2 Tübingen: dgvt. 1111–1125.
Krämer, R. (2001). Die Berufsberatung in Deutschland von den Anfängen bis heute – eine historische Skizze. Informationen zur Beratung und Vermittlung in der Bundesanstalt für Arbeit, 16. 1097–1105.
Krampen, G. (2002). Stundenbogen für die Allgemeine und Differentielle Einzel-Psychotherapie (STEP). Handanweisung und Verbrauchsmaterialien. Göttingen: Hogrefe.
Krampen, G. & Wald, B. (2001). Kurzinstrumente für die Prozessevaluation und adaptive Indikation in der Allgemeinen und Differentiellen Psychotherapie und Beratung. Diagnostica, 47. 43–50.
Kraus, L., Pabst, A., Piontek, D. & Müller, S. (2010). Trends des Substanzkonsums und substanzbezogener Störungen. Sucht, 56 (5). 337–347.
Kritz, J. (2010). Systemtheorie als eine Metatheorie zur Integration psychotherapeutischer Ansätze. In: Psychotherapie im Dialog; 11 (1), 28–33.
Kröger, C., Hahlweg, K., Braukhaus, C., Fehm-Wolfsdorf, G., Groth, T. & Christensen, A. (2000). Fragebogen zur Erfassung partnerschaftlicher Kommunikationsmuster (FPK). Reliabilität und Validität. In: Diagnostica, 46. 189–198.
Kronbichler, R. (2016). Narrative Therapie. In: Levold, T. & Wirsching, M. (Hrsg.). Systemische Therapie und Beratung. Das große Lehrbuch. 2. Auflage. Heidelberg: Carl-Auer Verlag. 71–75.
Krönchen, S. (2012). Supervision. In: Wirth, J. V. & Kleve, H. (Hrsg.). Lexikon des systemischen Arbeitens. Grundbegriffe der systemischen Praxis, Methodik und Theorie. Heidelberg: Carl-Auer. 403–406.

Kubinger, K. D. (2003). Gütekriterien. In: Kubinger, K. D. & Jäger, R. S. (Hrsg.). Schlüsselbegriffe der Psychologischen Diagnostik. Weinheim: Beltz. 195–204.

Kühne, S. & Hintenberger, G. (2013). Professionalisierung der Online-Beratung. In: Nestmann, F., Engel, F. & Sickendiek, U. (Hrsg.). Das Handbuch der Beratung. Bd. 3. Tübingen: dgvt. 1571–1584.

Kühnl, B. (2000). Subjektive Theorien der Erziehungsberatung. Eine qualitative Studie über Angebote und Effekte der Erziehungsberatung aus der Sicht von Praktikern. München: Herbert Utz Verlag.

Laireiter, A. R. & Botermans, J. F. (2005). Ausbildungsforschung in der Psychotherapie – Entwicklungen und aktueller Stand. In: Laireiter, A. R. & Willutzki, U. (Hrsg.). Ausbildung in Verhaltenstherapie. Göttingen: Hogrefe. 53–101.

Lambert, M. J. (2013). The Efficacy and Effectiveness of Psychotherapy. In: Lambert, M. J. (Hrsg.). Bergin and Garfield's Handbook of Psychotherapy and Behavior Change. 6. Auflage. Wiley: New Jersey. 169–218.

Lazarus, A. (1986). Multimodal Therapy. In: In: Norcross, J. C. (Hrsg.). Handbook of Eclectic Psychotherapy. New York: Brunner & Marzel. S. 65–93.

Lazarus, R. S. (1990). Streß und Streßbewältigung – ein Paradigma. In: Filipp, S.-H. (Hrsg.). Kritische Lebensereignisse. 2., erweiterte Auflage. München: Psychologie-Verlags-Union. 198–232.

Lazarus, R. S. (1999). Stress and Emotion. A New Synthesis. London: Free Association Books.

Leary, T. (1957). Interpersonal Diagnosis of Personality. New York: Ronald Press.

Leitner, W. G. (2000). Zur Mängelerkennung in familienpsychologischen Gutachten. Familie und Recht, 2. 57–63.

Lenz, A. (2011a). Aktivierung personaler Ressourcen. In: Lenz, A. (Hrsg.). Empowerment. Handbuch für die ressourcenorientierte Praxis, Tübingen: dgvt. 203–222.

Lenz, A. (2011b). Netzwerkorientierte Interventionen – Aktivierung sozialer Ressourcen. In: Lenz, A. (Hrsg.). Empowerment. Handbuch für die ressourcenorientierte Praxis. Tübingen: dgvt. 223–256.

Lenz, A. (Hrsg.) (2011c). Empowerment. Handbuch für die ressourcenorientierte Praxis. Tübingen: dgvt.

Levold, T. & Wirsching, M. (Hrsg.) (2016). Systemische Therapie und Beratung. Das große Lehrbuch. 2. Auflage. Heidelberg: Carl-Auer Verlag.

Lieb, H. (2015). Fallsupervision: Den passenden Fokus finden und dabei alles im Auge behalten. Psychotherapie im Dialog, 16 (1). 30–35.

Liebeck, H. (2015). Problemlösetraining. In: Linden, M. & Hautzinger, M. (Hrsg.). Verhaltenstherapiemanual. 8. Auflage. Berlin: Springer. 203–207.

Liechti, J. (2008). Magersucht in Therapie. Gestaltung therapeutischer Beziehungssysteme. Heidelber: Auer Verlag.

Lindemann, H. (2004). Autogenes Training. München: Goldmann.

Lindner, R. (2015). Zeitlinienarbeit. In: Hanswille, R. (Hrsg.). Handbuch systemische Kinder- und Jugendlichenpsychotherapie. Göttingen: Vanderhoeck & Ruprecht. 426–433.

Linehan, L. (1996) Dialektisch-Behaviorale Therapie der Borderline-Persönlichkeitsstörung. CIP-Medien.

Linke, J. (2001). Supervision und Beratung. Aachen: Institut für Beratung und Supervision IBS.

Lippert, A. (2007). Immer schön locker bleiben. Effektiv entspannen mit der Jacobson-Methode. Tübingen: dgvt.

Lohaus, A., Fleer, B., Feytag, P. & Klein-Heßling, J. (1996). Fragebogen zur Erhebung von Stresserleben und Stressbewältigung im Kindesalter (SSK). Göttingen: Hogrefe.

Lohaus, A., Klein-Heßling, J. & Shebar, (1997). Stress Management for Elementary School Children: A Comparative Evaluation of Different Approaches. European Review of Applied Psychology, 47. 157–161.

Lörch, B. (2015). Cue Exposure (Reizexposition). In: Linden, M. & Hautzinger, M. (Hrsg.). Verhaltenstherapiemanual. 8. Auflage. Berlin: Springer. 93–96.

Luborsky, L., Rosenthal, R., Diguer, L., Andrusyna, T. P., Levitt, J. T., Seligman, D. A., Berman, J. S. & Krause, E. D. (2003). Are Some Psychotherapies Much More Effective than Others? Journal of Applied Psychoanalytic Studies, 5. 455–460.
Luborsky, L. Singer, B. & Luborsky, L. (1975) Comparative Studies of Psychotherapies: Is It True that »Everyone Has Won and All Must Have Prices«? In: Archives of General Psychiatry. 32 (8). 995-1008.
Lutz, W. & Bittermann, A. (2010). Wie, wann und warum verändern sich Menschen in der Psychotherapie? In: Psychotherapie im Dialog, 11 (1). 80–84.
Lützenkirchen, A. (2004). Bedeutung und Nutzen von Achtsamkeit in der Sozialen Arbeit. Gruppendynamik und Organisationsberatung, 35 (1). 27–36.
Maccoby, E. E. (1980). Social Development: Psychology, Growth and the Parent-Child-Relationship. New York: Harcourt Brace Jovanovich.
Mackowiak, K. (2007). Motivations- und Beziehungsaufbau in der Verhaltenstherapie mit Kindern und Jugendlichen. In: Borg-Laufs, M. (Hrsg.). Lehrbuch der Verhaltenstherapie mit Kindern und Jugendlichen. Bd. 2: Interventionsmethoden. Tübingen: dgtv. 317–352.
Maercker, A. & Weike, A. I. (2018). Systematische Desensibilisierung. In: Margraf, J. & Schneider, S. (Hrsg.). Lehrbuch der Verhaltenstherapie. Bd. 1. Grundlagen, Diagnostik, Verfahren und Rahmenbedingungen psychologischer Therapie. 4., vollständig überarbeitete und aktualisierte Auflage. Berlin: Springer. 403–409.
Maercker, A. (2019). Traumafolgestörungen. 5. Auflage. Berlin: Springer.
Maturana, H. & Valera, F. (1987). Der Baum der Erkenntnis. München: Fischer.
McGoldrick, M., Gerson, R. & Petry, S. (2009). Genogramme in der Familienberatung. 3. Auflage. Bern: Huber.
McLeod, J. (2004). Counselling. Eine Einführung in die Beratung. Tübingen: dgvt.
Meibert, P. (2013). Zugang zu achtsamem Gewahrsein inmitten von Leid und Schmerz. In: Anderssen-Reuster, U., Meibert, P. & Meck, S. (Hrsg.). Psychotherapie und buddhistisches Geistestraining. Methoden einer achtsamen Bewusstseinskultur. Stuttgart: Schattauer. 177–198.
Menne, K. (2005). Psychotherapie und Erziehungsberatung. Online verfügbar unter: https://www.researchgate.net/profile/Klaus_Menne/publication/277523496_Psychotherapie_in_der_Erziehungsberatung/links/556c2c7308aefcb861d62000.pdf (Zugriff zuletzt am 02.10.2020).
Mentha, D. (2013). Zur Neurobiologie der Ressourcenorientierung. In: Schaller, J. & Schemmel, H. (Hrsg.) (2013). Ressourcen. Ein Hand- und Lesebuch zur psychotherapeutischen Arbeit. 2., vollständig überarbeitete und erweiterte Auflage Tübingen: dgtv. 87–129.
Merbach, M. & Volger, I. (2010). Die Beziehung verbessern. Beratung von Paaren, die unter ihrer Kommunikation leiden. Göttingen: Vandenhoeck & Ruprecht.
Mertens, W. (2020). Grundlagen psychoanalytischer Therapien. In: Senf, W. & Broda, M. (Hrsg.). Praxis der Psychotherapie. Ein integratives Lehrbuch. Stuttgart: Thieme. 6. überarbeitete Auflage. 186–230.
Michael, T., Munsch, S. & Margraf, J. (2009). Exposition und Konfrontation. In: Hautzinger, M. & Pauli, P. Psychotherapeutische Methoden (Enzyklopädie der Psychologie). Göttingen: Hogrefe. 325–386.
Michalak, J., Heidenreich, T. & Williams, J. (2012). Fortschritte der Psychotherapie. Bd. 48: Achtsamkeit. Göttingen: Hogrefe.
Michels, H. P. & Borg-Laufs, M. (2007). Zielklärung. In: Borg-Laufs, M. (Hrsg.). Lehrbuch der Verhaltenstherapie mit Kindern und Jugendlichen. Bd. I: Grundlagen. Tübingen: dgtv. 423–462.
Migge, B. (2018). Handbuch Coaching und Beratung. Wirkungsvolle Modelle, kommentierte Falldarstellungen, zahlreiche Übungen. 4. Auflage. Weinheim: Beltz.
Miller, D., Duncan, B. L. & Hubble, M. A. (2000). Jenseits von Babel. Wege zu einer gemeinsamen Sprache in der Psychotherapie. Stuttgart: Klett-Cotta.
Miller, W. R. & Rollnick, S. (2015). Motivierende Gesprächsführung. 3. Auflage. Freiburg: Lambertus-Verlag.
Minuchin, S. (1977). Familien und Familientherapie. Freiburg: Lambertus.

Mischel, W. (2014). The Marshmallow Test: Mastering Self-Control. New York: Little Brown.
Möbius, T. (2010). Arbeit mit individuellen Ressourcen. In: Möbius, T. & Friedrich, (Hrsg.). Ressourcenorientiert Arbeiten. Anleitung zu einem gelingenden Praxistransfer im Sozialbereich. Wiesbaden: Verlag für Sozialwissenschaften. 107–124.
Möbius, T. & Friedrich, S. (Hrsg.) (2010). Ressourcenorientiert Arbeiten. Anleitung zu einem gelingenden Praxistransfer im Sozialbereich. Wiesbaden. Verlag für Sozialwissenschaften.
Möller, H. (2010). Beratung in der ratlosen Arbeitswelt. Göttingen: Vandenhoek & Ruprecht.
Möller, H. & Kotte, S. (2015). Supervision. Past, Present, Future. Psychotherapie im Dialog, 16 (1). 16–24.
Moos, R. H., Insel, P. M. & Humphrey, B. (1974). Combined Preliminary Manual for the Family, Work, and Group Environment Scales. Palo Alto, CA: Consulting Psychologists Press.
Moos, R. & Moos, B. (1994). Family Environment Scale Manual: Development, Applications, Research. 3. Auflage. Palo Alto, CA: Consulting Psychologist Press.
Moreno, J. L. (1959). Gruppenpsychotherapie und Psychodrama. Einleitung in Theorie und Praxis. Stuttgart: Georg Thieme Verlag.
Mowrer, O. H. (1951). Two-Factor Learning Theory: Summary and Comment. Psychol. Rev., 58 (5). 350–354.
Müller, B. (2003). Diagnose und/oder Dialog? Ein Briefwechsel. In: Widersprüche, 23 (88). 11–31.
Müller, B. & Hochuli Freund, U. (2017). Sozialpädagogisches Können. Ein Lehrbuch zur multiperspektivischen Fallarbeit. 8., erweiterte und überarbeitete Auflage. Freiburg: Lambertus.
Müller, H. M. (Hrsg.). (2003). Schlaglichter der deutschen Geschichte. Bonn: Bundeszentrale für Politische Bildung.
Naar-King, S. & Suarez, M. (2012). Motivierende Gesprächsführung mit Jugendlichen und jungen Erwachsenen. Weinheim: Beltz.
Nestmann, F. (1997). Big Sister is inviting you – Counseling und Counseling Psychology. In: Nestmann, F. (Hrsg.). Beratung. Bausteine für eine interdisziplinäre Wissenschaft und Praxis. Tübingen: dgvt. 161–177.
Nestmann, F. (2002). Verhältnis von Beratung und Therapie. Psychotherapie im Dialog, 3 (4). 402–409.
Nestmann, F. (2005). Professionelle Beratung: Grundlagen, Verfahren, Indikationen. In: Senf, W. & Broda, M. (Hrsg.). Praxis der Psychotherapie. Ein integratives Lehrbuch. Stuttgart: Thieme.186–194.
Nestmann, F. (2007). Beratungsmethoden und Beratungsbeziehung. In: Nestmann, F., Engel, F. & Sickendiek, U. (Hrsg.). Das Handbuch der Beratung. Bd. 2. Tübingen: dgvt. 783–796.
Nestmann, F. (2013). Ein soziales Modell von Beratung – John McLeods Vorschlag, Beratung als einen »sozialen Prozess« zu verstehen. In: Nestmann, F., Engel, F. & Sickendiek, U. (Hrsg.). Das Handbuch der Beratung. Bd. 3: Neue Betrachtungswelten. 1397–1407.
Nestmann, F.& Engel, F. (2002). Beratung – Markierungspunkte für eine Weiterentwicklung. In: Nestmann, F. & Engel, F. (Hrsg.). Die Zukunft der Beratung. Tübingen: dgvt.
Nestmann, F., Engel, F. & Sickendiek, U. (2013). Beratung: Zwischen »old school« und »new style«. In: Nestmann, F., Engel, F. & Sickendiek, U. (Hrsg.). Das Handbuch der Beratung. Bd. 3. Tübingen: dgvt. 1325–1347.
Nestmann, F., Sickendiek, U. & Engel, F. (2007). Statt einer »Einführung«: Offene Fragen »guter Beratung«. In: Nestmann, F., Engel, F. & Sickendiek, U. (Hrsg.). Das Handbuch der Beratung. Bd. 2. Tübingen: dgvt. 599–608.
Neudeck, P. & Lang, T. H. (2011). Reizkonfrontationsmethoden. In: Wittchen, H.-U. & Hoyer, J. (Hrsg.). Klinische Psychologie & Psychotherapie. Heidelberg: Springer. 530–542.

Norcross, J. C. (2011). Psychotherapy Relationships that Work. Evidence-Based Responsiveness, 2. Auflage. Oxford: University Press.
Noyon, A. & Heidenreich, T. (2020). Schwierige Situationen in Therapie und Beratung. 34 Probleme und Lösungsvorschläge. 3., erweiterte Auflage. Weinheim: Beltz.
Nußbeck, S. (2019). Einführung in die Beratungspsychologie. 4., aktualisierte Auflage. München: Ernst Reinhardt UTB.
Ochsner, K. N. & Gross, J. J. (2005). The Cognitive Control of Emotion. Trends in Congnitive Sciences, 9 (5). 242–249.
Ogles, B. M. (2013). Measuring Change in Psychotherapy Research. In: Lambert, M. J. (Hrsg.). Bergin and Garfield's Handbook of Psychotherapy and Behavior Change. 6. Auflage. Wiley: New Jersey. 146.
Olson, D. H. (2000). Circumplex Model of Marital and Family Systems. Journal of Family Therapy, 22. 144–167.
Omer, H. & London, P. (1989). Signal and Noise in Psychotherapy. The Role and Control of Non-Specific Factors. British Journal of Psychiatry, 155, 239–245.
Orlinsky, D. E. (2009). The ›Generic Model of Psychotherapy‹ after 25 Years: Evolution of a Research-Based Metatheory. Journal of Psychotherapy Integration, 19 (4). 319–339.
Orlinsky, D. E., Ambuhl, H., Rønnestad, M. H., Davis, J., Gerin, P., Davis, M., Willutzki, U., Botermans, J. F., Dazord, A., Cierpka, M., Aapro, N., Bucheim, P., Bae, S., Davidson, C., Friis-Jørgensen, E., Eunsun, J. (1999). The Development of Psychotherapists: Concepts, Questions, and Methods of a Collaborative International Study. Psychotherapy, 9. 127–153.
Orlinsky, D. E. & Howard, K. I. (1987). A Generic Model of Psychotherapy. Journal of Integrative and Eclectic Psychotherapy, 6. 6–27.
Orlinsky, D. E., Rønnestad, M. H. & Willutzki, U. (2004). Fifty Year of Psychotherapy Process-Outcome Research: Continuity and Change. In: Lambert, M. J. (Hrsg.). Bergin and Garfield's Handbook of Psychotherapy and Behavior Change. 5. Auflage. New York: Wiley. 307–389.
Pantuček-Eisenbacher, P. (2019). Soziale Diagnostik. Verfahren für die Praxis Sozialer Arbeit. 4., aktualisierte Auflage. Göttingen: Vandenhoeck & Ruprecht.
Pauls, H. (2011). Klinische Sozialarbeit. Grundlagen und Methoden psycho-sozialer Behandlung. 2. überarbeitete Auflage. Weinheim: Beltz.
Peikert, G., Baum, A., Barchmann, D., Schröder, D. & Kropp, P. (2014). Wie effektiv sind Ausbildungstherapien? Vergleichsstudie zur Effektivität von Ausbildungs- und Regeltherapien. Verhaltenstherapie, 24. 272–279.
Perrez, M. & Bodenmann, G. (2009). Klinisch-psychologische Familienforschung. In: Schneider & Margraf, J. (Hrsg.). Lehrbuch der Verhaltenstherapie. Bd. 3: Störungen im Kindes- und Jugendalter. Heidelberg: Springer. 77–93.
Petermann, F. & Petermann, U. (2017). Training mit Jugendlichen. Aufbau von Arbeits- und Sozialverhalten. 10., vollständig überarbeitete Auflage. Göttingen: Hogrefe.
Petermann, U. & Petermann, F. (2015). Training mit sozial unsicheren Kindern. 11. Auflage. Weinheim: Beltz.
Petzold, H. (1997). Das Ressourcenkonzept in der sozialinterventiven Praxeologie und Systemberatung. In: Integrative Therapie, 23 (4). 435–471.
Pfammatter, M., Junghan, U. M. & Tschacher, W. (2012). Allgemeine Wirkfaktoren der Psychotherapie: Konzepte, Widersprüche und eine Synthese. Psychotherapie, 17 (1). 17–31.
Pfingsten, U. (2018). Training sozialer Kompetenz. In: Margraf, J. & Schneider, S. (Hrsg.). Lehrbuch der Verhaltenstherapie. Bd. 1: Grundlagen, Diagnostik, Verfahren und Rahmenbedingungen psychologischer Therapie. 4., vollständig überarbeitete und aktualisierte Auflage. Berlin: Springer. 447–485.
Phan, K. L., Fitzgerald, D. A., Nathan, P. J., Moore, G. J., Uhde, T. W. & Tancer, M. E. (2005). Neural Substrates for Voluntary Suppression of Negative Affect: A Functional Magnetic Resonance Imaging Study. Biol Psychiatry, 57. 210–219.
Piaget, J. & Bernard, L. (1976). Die Äquilibration der kognitiven Strukturen. Stuttgart: Ernst Klett.

Prochaska, J. O. & DiClemente, C. C. (2019). The Transtheoretical Approach. In: Norcross, J. C. & Goldfried, M. R. (Hrsg.). Handbook of Psychotherapy Integration. 3. Auflage. New York: Oxford Univ. Press. 161–184.
Prochaska, J. O. & Norcross, J. C. (2010). Systems of Psychotherapy. A Transtheoretical Analysis. 7. Auflage. Belmont, CA: Brooks & Cole Pub.
Psychotherapie-Richtlinie (2019). Richtlinie des gemeinsamen Bundesauschusses über die Durchführung der psychotherapie (Psychotherapie-Richtlinie (24.01.2020 unter https://www.g-ba.de/downloads/62-492-2029/PT-RL_2019-11-22_iK-2020-01-24.pdf (letzter Zugriff: 08.02.2021).
Rafaeli, E., Bernstein, D. P. & Young, J. E. (2013). Schematherapie. Paderborn: Junfermann Verlag.
Rappe-Gieseke, C. (2009). Supervision für Gruppen und Teams. 4. Auflage. Heidelberg, Springer.
Rausch, A., Hinz, A. & Wagner, R. F. (2008). Modul Beratungspsychologie. Bad Heilbrunn: Julius Klinkhardt UTB Verlag.
Rauschenbach, T. (1994). Inszenierte Solidarität: Soziale Arbeit in der Risikogesellschaft. In: Beck, U. & Beck-Gernsheim, E. (Hrsg.). Riskante Freiheiten. Frankfurt: Suhrkamp. 89–111.
Rechtien, W. (2004). Beratung. Theorien, Modelle und Methoden. 2. Auflage. München: Profil Verlag.
Rechtien, W. & Irsch, J. (2006). Lexikon Beratung; München: Profil Verlag.
Reichmayr, I. F. (2015). Das Medienhandeln von Jugendlichen im Kontext Sozialer Online-Netzwerke. In: Borg-Laufs, M. (Hrsg.). Soziale Online-Netzwerke in Beratung und Therapie. Tübingen: DGTV. 21–38.
Reinecker, H. (2009). Selbstmanagement. In: Margraf, J. & Schneider, S. (Hrsg.). Lehrbuch der Verhaltenstherapie. 3. Auflage. Berlin: Springer. 629–644.
Reinecker, H. (2011). Verhaltenstherapie. In: Senf, W. & Broda, M. (Hrsg.). Praxis der Psychotherapie. Ein integratives Lehrbuch. Stuttgart: Thieme. 199–243.
Reiners, B. (2015). Reflecting Team. In: Hanswille, R. (Hrsg.). Handbuch systemische Kinder- und Jugendlichenpsychotherapie. Göttingen: Vanderhoeck & Ruprecht. 416–20.
Reiss, N., Vogel, F, Nill, M., Graf-Morgenstern, M., Finkelmeier, B. & Lieb, K. (2013). Behandlungszufriedenheit von Patientinnen mit Borderline Persönlichkeitsstörung bei stationärer Schematherapie. Psychotherapie, Psychosomatik, Medizinische Psychologie; 63 (2). 93–100.
Richter, H-E. (1972). Patient Familie. Hamburg: Rowohlt.
Ritscher, W. (2011). Systemische Diagnose: Eine Skizze. In: Kontext, 42 (1). 4–28.
Roediger, E. (2011). Praxis der Schematherapie. Lehrbuch zu Grundlagen, Modell und Anwendung. 2., vollständig überarbeitete und erweiterte Auflage. Stuttgart: Schattauer.
Rogers, C. R. (1942; 2014). Die nicht-direktive Beratung. Ungekürzte Ausgabe. 14. Auflage. Frankfurt am Main: Fischer.
Rogers, C. R. (1977). Therapeut und Klient. Grundlagen der Gesprächspsychotherapie. München: Kindler.
Rogers, C. R., Dorfman, E. & Nosbüsch, E. (2009). Die klientenzentrierte Gesprächspsychotherapie. 18. Auflage. Frankfurt/M.: Fischer Taschenbuch Verlag.
Rohleder, J. (2010). Die Befriedigung der psychischen Grundbedürfnisse als Gegenstand der Schulsozialarbeit. In: Borg-Laufs, M. & Dittrich, K. (Hrsg.). Psychische Grundbedürfnisse in Kindheit und Jugend. Perspektiven für Soziale Arbeit und Psychotherapie. Tübingen: dgtv. 149–172.
Röhrle, B. & Laireiter, A.-R. (Hrsg.) (2009). Soziale Unterstützung und Psychotherapie. Tübingen: dgtv.
Röhrle, B., Sommer, G. & Nestmann, F. (1998). Netzwerkinterventionen. Tübingen: dgtv.
Romer, G., Bergelt, C. & Möller, B. (2014). Kinder krebskranker Eltern. Manual zur kindzentrierten Familienberatung nach dem COSIP-Konzept. Göttingen: Hogrefe.
Rønnestad, M. H. & Skovholt, T. M. (2005). Die professionelle Entwicklung von Psychotherapeuten während der Ausbildung. In: Laireiter, A. R. & Willutzki, U. (Hrsg.). Ausbildung in Verhaltenstherapie. Göttingen: Hogrefe. 102–120.

Roozen, H. G., de Waart, R. & van der Kroft, P. (2010). Community Reinforcement and Family Training: An Effective Option to Engage Treatment-Resistant Substance-Abusing Individuals in Treatment. Addiction, 105 (10).1729–1738.

Rosenzweig, (1936). Some Implicit Common Tactors in Diversemethods of Psychotherapy. American Journal of Orthopsychiatry, 6, 412–415.

Rotthaus, W. (2015). Externalisieren. In: Hanswille, R. (Hrsg.). Handbuch systemische Kinder- und Jugendlichenpsychotherapie. Göttingen: Vanderhoeck & Ruprecht. 402–409.

Rübner, M. & Sprengard, B. (2011). Beratungskonzeption der Bundesagentur für Arbeit – Grundlagen. Nürnberg: Bundesagentur für Arbeit. Online aufrufbar unter: https://www.ueberaus.de/wws/bin/21319244-31679390-1-matthias_r_bner__barbara_sprengard_beratungskonzeption_der_bundesagentur_f_r_arbeit_grundlagen.pdf.

Rückert, D. & Linster, H. W. (1998). Qualitätssicherung und Qualitätsmanagement im Rahmen der ambulanten Psychotherapie mit Kindern, Jugendlichen und ihren Bezugspersonen. In: Laireiter, A. R. & Vogel; H. (Hrsg.). Qualitätssicherung in der Psychotherapie und psychosozialen Versorgung. Tübingen: dgtv. 421–456.

Rygaard, N. P. (2006). Schwerwiegende Bindungsstörung in der Kindheit. Wien: Springer.

Sachse, R. (2000). Persönlichkeitsstörung als Interaktionsstörung: Der Beitrag der Gesprächspsychotherapie zur Modellbildung und Intervention. Psychotherapie, 5 (2). 282–292.

Sachse, R. (2016). Therapeutische Beziehungsgestaltung. 2. Auflage. Göttingen: Hogrefe.

Sachse, R. (2019). Persönlichkeitsstörungen. Leitfaden für die psychologische Psychotherapie. 3., aktualisierte und erweiterte Auflage. Göttingen: Hogrefe.

Sachse, R., Sachse, M. & Fasbender, J. (2011). Klärungsorientierte Psychotherapie von Persönlichkeitsstörungen. Göttingen: Hogrefe.

Salewski, C. & Stürmer, S. (2014). Qualitätsmerkmale in der familienrechtspsychologischen Begutachtung. Untersuchungsbericht I. Online verfügbar unter: http://www.fernuni-hagen.de/psychologie/qpfg/pdf/Untersuchungsbericht1_FRPGutachten_1.pdf (letzter Zugriff: 02.10.2020).

Salter, A. (1949). Conditioned Reflex Therapy. New York: Creative Age Press.

Sanders, M. R., Cann, W. & Markie-Dadds, C. (2003). The Triple P – Positive Parenting Programm. A Universal Population-Level Approach to the Prevention of Child Abuse. In: Child Abuse Review, 12. 155–171.

Sanders, M. R. & Ralph, A. (2005). Facilitator's Manual for Group Teen Triple P. Brisbane: Families International Publishing.

Sandler, J. (2011). Aversionsbehandlung. In: Linden, M. & Hautzinger, M. (Hrsg.). Verhaltenstherapiemanual. 7. Auflage. Berlin: Springer. 75–78.

Sarason, I. G., Levine, H. M., Basham, R. B. & Sarason, B. R. (1983). Assessing Social Support: The Social Support Questionnaire. In: Journal of Personality and Social Psychology, 44. 127–139.

Schaller, J. & Schemmel, H. (2013b). Exkurs: Ressourcen, Ressourcenorientierung und Ressourcenaktivierung. In: Schaller, J. & Schemmel, H. (Hrsg.). Ressourcen. Ein Hand- und Lesebuch zur psychotherapeutischen. 83–86.

Schaller, J. & Schemmel, H. (Hrsg.) (2013a). Ressourcen. Ein Hand- und Lesebuch zur psychotherapeutischen Arbeit. 2. vollständig überarbeitete und erweiterte Auflage. Tübingen: dgtv.

Scheib, P. & Wirsching, M. (2004). Paar- und Familientherapie. Leitlinie und Quellentext. Stuttgart: Schattauer.

Schemmel, H., Schaller, J. & Schössow, F. (2013). Ressourcen und »Common Factors« – Ein Blick in die Psychotherapieforschung. In: Schaller, J. & Schemmel, H. (Hrsg.). Ressourcen. Ein Hand- und Lesebuch zur psychotherapeutischen Arbeit. Arbeit. 2. vollständig überarbeitete und erweiterte Auflage. 131–164.

Schiepek, G. & Cremers, (2003). Ressourcenorientierung und Ressourcendiagnostik in der Psychotherapie. In: Schemmel, H. & Schaller, J. (Hrsg.). Ressourcen. Ein Hand- und Lesebuch zur therapeutischen Arbeit. Tübingen: dgtv. 147–193.

Schindler, H. (2016). Die Arbeit mit der Zeitlinie (Timeline). In: Levold, T. & Wirsching, M. (Hrsg.). Systemische Therapie und Beratung. Das große Lehrbuch. 2. Auflage. Heidelberg: Carl-Auer Verlag. 246–250.

Schindler, H. & Schlippe, A. von (2006). Psychotherapeutische Ausbildungen und psychotherapeutische Praxis kassenzugelassener Psychologischer PsychotherapeutInnen und Kinder- und Jugendlichentherapeutinnen. In: Psychotherapie im Dialog, 7 (3). 334–337.

Schlippe von, A. & Schweitzer, J. (2013). Lehrbuch der systemischen Therapie und Beratung I. Das Grundlagenwissen. 2. Auflage. Göttingen: Vanderhoeck & Ruprecht.

Schmelzer, D. (2000). Hilfe zur Selbsthilfe – Der Selbstmanagement-Ansatz als Rahmenkonzept für Beratung und Therapie. Beratung aktuell – Zeitschrift für Theorie und Praxis der Beratung, 1 (4). 201–222.

Schmelzer, D. & Trips, M. (1996). Der Selbstmanagement-Ansatz als grundlegendes Arbeitsmodell einer Erziehungsberatungsstelle. In: Reinecker, H. & Schmelzer, D. (Hrsg.). Verhaltenstherapie, Selbstregulation, Selbstmanagement. Göttingen: Hogrefe. 379–404.

Schmied, E. & Grawe, K. (2013). Die funktionale Rolle von Ressourcenaktivierung für therapeutische Veränderungen. In: Schaller, J. & Schemmel, H. (Hrsg.). Ressourcen. Ein Hand- und Lesebuch zur psychotherapeutischen Arbeit. Arbeit. 2. vollständig überarbeitete und erweiterte Auflage. Tübingen: dgtv. 165–178.

Scholze-Stubenrecht, W. & Wermke, M. (2009). Duden. Die deutsche Rechtschreibung. 24., völlig neu bearbeitete und erweiterte Auflage. Mannheim: Dudenverlag.

Schreyögg, A. (2010). Supervision. Ein integratives Modell. 5. Auflage. Wiesbaden: Verlag für Sozialwissenschaften.

Schröder, A. (2007). Psychologie und Beratung. In: Nestmann, F., Engel, F. & Sickendiek, U. (Hrsg.). Das Handbuch der Beratung. Bd. 1. Tübingen: dgvt. 49–60.

Schröder, M., Jenkel, N. & Schmid, M. (2013). EQUALS – ein teilstandardisiertes Instrument zur interdisziplinären Zielvereinbarung und Unterstützung des Hilfeplanverfahrens in der Kinder- und Jugendhilfe. In: Gahleitner, S., Wahlen, K., Bilke-Hentsch, O. & Hillenbrand, D. (Hrsg.). Biopsychosoziale Diagnostik in der Kinder- und Jugendhilfe. Interprofessionelle und interdisziplinäre Perspektiven. Stuttgart: Kohlhammer. 171–187.

Schrödter, W. (2013). Diagnostikkritik im Kontext von Beratung. In: Nestmann, F., Engel, F. & Sickendiek, U. (Hrsg.). Das Handbuch der Beratung. Bd. 3. Tübingen: dgvt. 1751–1766.

Schubert, F.-C. (2012). Psychische Ressourcen – Zentrale Konstrukte in der Ressourcendiskussion. In: Knecht, A. & Schubert, F.-C. (Hrsg.). Ressourcen im Sozialstaat und in der Sozialen Arbeit. Zuteilung – Förderung – Aktivierung. Stuttgart: Kohlhammer. 205–223.

Schubert, F.-C. (2013a). Systemisch-sozialökologische Beratung. In: Nestmann, F., Engel, F. & Sickendick, U. (Hrsg.). Das Handbuch der Beratung. Bd. 3: Neue Beratungswelten: Fortschritte und Kontroversen. Tübingen: dgtv. 1483–1505.

Schubert, F.-C. (2013b). System- und Kontextorientierung. In: Pauls, H., Stockmann, P. & Reicherts, M. (Hrsg.). Beratungskompetenzen für die psychosoziale Fallarbeit. Freiburg: Lambertus. 101–118.

Schubert, F.-C. (2014a). Psychosoziale Beratung und Lebensführung – ein transaktionales Verständnis von (reflexiver) Beratung. In: Journal für Psychologie, 22. Jg. Heft 2. 157–177. Online aufrufbar unter: https://www.journal-fuer-psychologie.de/index.php/jfp/article/view/357/376.

Schubert, F-C. (2014b). Lebensweltorientierung und Person-Umwelt-Transaktion – Ein Fundament Klinischer Sozialarbeit und psychosozialer Beratung. In: Gahleitner, S., Hahn, G. & Glemser, R. (Hrsg.). Psychosoziale Intervention. Klinische Sozialarbeit: Beiträge zur psychosozialen Praxis und Forschung. Bd. 6. Bonn: Psychiatrie Verlag. 36–53.

Schubert, F-C. (2015). Systemische Beratung. In: Hoff, T. & Zwicker-Pelzer, R. (2015). Beratung und Beratungswissenschaft. Baden-Baden: Nomos Verlagsgesellschaft. 190–207.

Schubert, F.-C. (2015b): Die historische Dimension von Beratung. In: Hoff, T. & Zwicker-Pelzer, R. (Hrsg.). Beratung und Beratungswissenschaft. Baden-Baden: Nomos. 28–44

Schubert, F.-C. (2016a). Ressourcenorientierung im Kontext von Lebensführung – grundlegende Theorien und konzeptionelle Entwicklungen. In: Verhaltenstherapie und Psychosoziale Praxis, 48 (4). 827–844.

Schubert, F.-C. (2016b). Moderne Arbeit und psychische Gesundheit. Ein Überblick aus beratungswissenschaftlicher Perspektive. In: Kontext, Zeitschrift für systemische Therapie und Familientherapie, 47 (3). 240–256.

Schubert, F.-C. & Knecht, A. (2012). Ressourcen – eine Einführung in Merkmale, Theorien und Konzeptionen. In: Knecht, A. & Schubert, F.-C. (Hrsg.). Ressourcen im Sozialstaat und in der Sozialen Arbeit. Zuteilung – Förderung – Aktivierung. Stuttgart: Kohlhammer. 15–41.

Schubert, F.-C., Rohr, D. & Zwicker-Pelzer, R. (2019). Beratung. Grundlagen – Konzepte – Anwendungsfelder. Heidelberg: Springer.

Schulte, D. (2015). Therapiemotivation: Widerstände analysieren, Therapieziele erklären, Motviation fördern. Göttingen: Hogrefe.

Schulz von Thun, F. (2005a). Miteinander Reden. Störungen und Klärungen. 42. Auflage. Reinbek bei Hamburg: rororo.

Schulz von Thun, F. (2005b). Miteinander Reden. Stile, Werte und Persönlichkeitsentwicklung. 25. Auflage. Reinbek bei Hamburg: rororo.

Schulz, U. & Schwarzer, R. (2000). Soziale Unterstützung bei Krankheitsbewältigung: Die Berliner Social-Support Skalen (BSSS). In: Diagnostica, 49. 73–82.

Schürmann, I. (2011). Ressourcenorientierte Krisenintervention. In: Lenz, A. (Hrsg.). Empowerment. Handbuch für die ressourcenorientierte Praxis. Tübingen: DGVT-Verlag. 321–338.

Schweitzer, J., Beher, S., Sydow, K. v. & Retzlaff, R. (2007). Systemische Therapie/Familientherapie. In: Psychotherapeutenjournal 6 (1). 4–15.

Schwing, R. (2014a). Therapeutische Beziehung und Strukturierung des Erstinterviews. In: Levold, T. & Wirsching, M. (Hrsg.). Systemische Therapie und Beratung – das große Lehrbuch. Heidelberg: Carl-Auer. 156–166.

Schwing, R. (2014b). Fragetechnik, Reframing und aktivierende Methoden. In: Levold, T. & Wirsching, M. (Hrsg.). Systemische Therapie und Beratung – das große Lehrbuch. Heidelberg: Carl-Auer Verlag. 166–172.

Schwing, R & Fryszer, A. (2012). Systemisches Handwerk. Werkzeug für die Praxis. 5. Auflage. Göttingen: Vandenhoeck & Ruprecht.

Seligman, M. (1971). Phobias and preparedness. Behavior Therapy. 307–321.

Seligman, M. (2003). Der Glücksfaktor. Bergisch-Gladbach: Ehrenwirth.

Senf, W. & Broda, M. et al. (Hrsg.) (2020). Praxis der Psychotherapie. Ein integratives Lehrbuch. 6. überarbeitete Auflage. Stuttgart: Thieme.

Sickendiek, U., Engel, F. & Nestmann, F. (2008). Beratung. Eine Einführung in sozialpädagogische und psychosoziale Beratungsansätze. Weinheim: Juventa Verlag.

Skinner, B. F. (1938). The Behavior of Organisms: An Experimental Analysis. New York: Appleton-Century-Crofts.

Skinner, B. F. (1974). Die Funktion der Verstärkung in der Verhaltenswissenschaft. München: Kindler.

Skinner, H. & Steinhauer, P. (2000). Family Assessment Measure (FAM) and Process Model of Family Functioning. In: Journal of Family Therapy, 22. 190–210.

Smedler, A-C., Hjern, A., Wiklund, S., Anttila, S. & Pettersson, A. (2015). Programs for Prevention of Externalizing Problems in Children: Limited Evidence for Effect Beyond 6 Months Post Intervention. Child Youth Care Forum, 44. 251–276.

Smith, E., Regli, D. & Grawe, K. (1999). Wenn Therapie wehtut. Wie können Therapeuten zu fruchtbaren Problemaktualisierungen beitragen? Verhaltenstherapie und psychosoziale Praxis, 31. 227–251.

Spangler, G. & Zimmermann, P. (1999). Bindung und Anpassung im Lebenslauf: Erklärungsansätze und empirische Grundlagen für Entwicklungsprognosen. In: Oerter, R., von Hagen, C., Röper, G. & Noam, G. (Hrsg.). Klinische Entwicklungspsychologie. Ein Lehrbuch. Weinheim: PVU. 170–194.

Specht, F. (2000). Entwicklung der Erziehungsberatungsstellen in der Bundesre-publik Deutschland. Eine Übersicht. Praxis der Kinderpsychologie und Kinderpsychiatrie, 49. 728–736.

Spiegel, H. von (2018). Methodisches Handeln in der Sozialen Arbeit. Grundlagen und Arbeitshilfen für die Praxis. Unter Mitarbeit von Benedikt Sturzenhecker. 6., durchgesehene Auflage. München: Ernst Reinhardt Verlag.

Stampfl, T. G. & Levis, D. J. (1967). Essentials of Implosive Therapy: A Learning-Theory-Based Psychodynamic Behavioral Therapy. Journal of Abnormal Psychology, 72 (6). 496–503.

Ständer, N. (2016). Ressourcenaktivierung in Beratung, Coaching und Psychotherapie – Konzepte, Verfahren und ausgewählte Fallbeispiele. In: Verhaltenstherapie & Psychosoziale Praxis, 48 (4). 877–890.

Ständer, N. & Schubert, F.-C. (2020). Arbeit mit Ressourcen in Beratung, Coaching und Psychotherapie – Konzepte und Fallbeispiele. https://www.researchgate.net/publication/340477761_Arbeit_mit_Ressourcen_in_Beratung_Coaching_und_Psychotherapie_-_Konzepte_und_Fallbeispiele oder https://www.doi.org/10.13140/RG.2.2.10538.98246.

Staub-Bernasconi, S. (2007). Soziale Arbeit als Handlungswissenschaft. Systemtheoretische Grundlagen und professionelle Praxis – ein Lehrbuch. Stuttgart: UTB.

Stavemann, H. H. (2006). Differentialindikation für Disputationstechniken und Sokratische Dialoge in der Kognitiven Verhaltenstherapie. Verhaltenstherapie und psychosoziale Praxis, 38. 337–349.

Stavemann, H. H. (2008). Lebenszielanalyse und Lebenszielplanung in Therapie und Beratung. Weinheim: Beltz.

Steiner, G. (2014). Lernen und Wissenserwerb. In: Seidel, T. & Krapp, A. (2014). Pädagogische Psychologie. Mit Online-Materialien. 6., vollständig bearbeitete Auflage. Weinheim: Beltz. 137–206.

Stiels-Glenn, M. & Glenn, P. (2010). Stirn an Stirn – Streiten lernen helfen: Praktische Anmerkungen zu einer fälligen Paradigmenverschiebung. In: Weidner, J. & Kilb, R. (2010). Konfrontative Pädagogik. Konfliktbearbeitung in Sozialer Arbeit und Erziehung. 4., erweiterte Auflage. Wiesbaden: VS Verl. für Sozialwiss. 163–183.

Stierlin, H. (1978). Delegation und Familie. Beiträge zum Heidelberger familiendynamischen Konzept. Frankfurt: Suhrkamp.

Stimmer, F. (2020). Grundlagen des Methodischen Handelns in der Sozialen Arbeit. 4., aktualisierte Auflage. Stuttgart: Kohlhammer.

Stimmer, F. & Ansen, H. (2016). Beratung in psychosozialen Arbeitsfeldern. Grundlagen – Prinzipien – Prozess. Stuttgart: Kohlhammer.

Strauss, F. & Höfer, B. (1998). Die Netzwerkperspektive in der Praxis. In: Röhrle, B., Sommer, G. & Nestmann, F. (1998). Netzwerkinterventionen. Fortschritte in der Gemeindepsychologie und Gesundheitsförderung. Bd. 2. Tübingen: dgtv. 77–95.

Struck, E. (2007). Ehe, Partnerschaft und Beratung. In: Nestmann, F., Engel, F. & Sickendiek, U. (Hrsg.). Das Handbuch der Beratung. Bd. 2. Tübingen: dgvt. 1015–1027.

Stucki, C. (2004). Die Therapiebeziehung differentiell gestalten. Intuitive Reaktionen, Patientenwahrnehmung und Beziehungsverhalten von Therapeuten in der Psychotherapie. Bern: Selbstverlag. Dissertation.

Sydow, K. v., Beher, S., Retzlaff, R. & Schweitzer, J. (2007). Die Wirksamkeit der systemischen Therapie/Familientherapie. Göttingen: Hogrefe.

Tausch, R. (1973). Gesprächspsychotherapie. 5. Auflage. Göttingen: Hogrefe.

Thiel, R. (2007). Berufs- und Karriereberatung in Deutschland. In: Nestmann, F., Engel, F. & Sickendiek, U. (Hrsg.). Das Handbuch der Beratung. Bd. 2. Tübingen: dgvt. 907–917.

Thiersch, H. (2007). Sozialarbeit/Sozialpädagogik und Beratung. In: Nestmann, F., Engel, F. & Sickendiek, U. (Hrsg.). Bd. 1. Tübingen: dgvt. 115–124.

Thivissen, J. (2014). Integrative Beratung und Psychotherapie. Woher sie kommt. Was sie will. Was sie kann. Tübingen: dgvt.

Thorndike, E. E. (1898). Animal Intelligence: An Experimental Study of the Associative Processes in Animals. Psychological Review Monographs Supplement, 2, (8).

Trösken, A. & Grawe, K. (2004). Ressourcenpotentiale und -realisierung für Psychologische Therapie. Verhaltenstherapie & Psychosoziale Praxis, 36 (19). 51–62.

Truax, C. B. & Carkhuff, R. R. (1967). Toward effective counseling and psychotherapy. Chicago: Aldine.
Tuschen-Caffier, B., Kühl, S. & Bender, C. (2009). Soziale Ängste und soziale Angststörung im Kindes- und Jugendalter: Ein Therapiemanual. Göttingen: Hogrefe.
Uhl, A. & Puhm, A. (2007). Co-Abhängigkeit – ein hilfreiches Konzept? Wiener Zeitschrift für Suchtforschung, 30. 13–19.
Ullrich, R. & de Muynck, R. (2015). Aufbau sozialer Kompetenz: Selbstsicherheitstraining, »Assertiveness«-Training. In: Linden, M. & Hautzinger, M. (Hrsg.). Verhaltenstherapiemanual. 8. Auflage. Berlin: Springer. 313–318.
Veith, A. (1997). Therapiemotivation. Zur Spezifizierung einer unspezifischen Therapievariablen. Opladen: Westdeutscher Verlag.
Vollmer, S., Spada, H., Caspar, F. & Burri, S. (2013). Expertise in Clinical Psychology. The Effects of University Training and Practical Experience on Expertise in Clinical Psychology. Frontiers in Psychology, 4. Online aufrufbar unter: http://journal.frontiersin.org/article/10.3389/fpsyg.2013.00141/full (letzter Zugriff: 02.10.2020).
Völter, B. (2013). Biografieorientiertes Verstehen und Verständigen als ganzheitlich, lebensweltlich und dialogisch orientierte Fallarbeit – ein rekonstruktiver Zugang in der Kinder- und Jugendhilfe. In: Gahleitner, S., Wahlen, K., Bilke-Hentsch, O. & Hillenbrand, D. (Hrsg.). Biopsychosoziale Diagnostik in der Kinder- und Jugendhilfe. Interprofessionelle und interdisziplinäre Perspektiven. Stuttgart: Kohlhammer. 159–170.
Vriends, N., Michael, T. & Margraf, J. (2005). Klinische Implikationen moderner Lerntheorien. In: Kosfelder, J. Vocks & Willutzki, U. (Hrsg.). Fortschritte der Psychotherapieforschung. Göttingen: Hogrefe. 174–196.
Wachter, von M. & Hendrischke, A. (2017). Das Ressourcenbuch. Selbstheilungskräfte in der Psychotherapie erkennen und von Anfang an fördern. Stuttgart: Klett-Cotta.
Wagner, E. (2010). Zur Befriedigung psychischer Grundbedürfnisse bei aggressiven Jugendlichen. In: Borg-Laufs, M. & Dittrich, K. (Hrsg.). Psychische Grundbedürfnisse in Kindheit und Jugend. Perspektiven für Soziale Arbeit und Psychotherapie. Tübingen: dgtv. 39–58.
Wagner, H. (2007). Migrationsberatung. In: Nestmann, F., Engel, F. & Sickendiek, U. (Hrsg.). Das Handbuch der Beratung. Bd. 2. Tübingen: dgvt. 1151–1160.
Wahlen, K. & Jacob, A. (2013). Diagnostik der Erziehungs- und Entwicklungssituation nach dem Multiaxialen Diagnosesystem Jugendhilfe (MAD-J). In: Gahleitner, S., Wahlen, K., Bilke-Hentsch, O. & Hillenbrand, D. (Hrsg.). Biopsychosoziale Diagnostik in der Kinder- und Jugendhilfe. Interprofessionelle und interdisziplinäre Perspektiven. Stuttgart: Kohlhammer. 132–142.
Walkenhorst, Ph. (2010). Anmerkungen zu einer »konfrontativen Pädagogik«. In: Weidner, J. & Kilb, R. (Hrsg.). Konfrontative Pädagogik. Konfliktbearbeitung in Sozialer Arbeit und Erziehung. 4., erweiterte Auflage. Wiesbaden: VS Verl. für Sozialwiss. 51–90.
Wälte, D. (2010). Selbstreflexive Kognitionen als Indikatoren für Status und Verlauf psychischer Störungen. Aachen: Shaker Verlag.
Wälte, D., Borg-Laufs, M. & Brückner, B. (2019). Psychologische Grundlagen der Sozialen Arbeit. 2., überarbeitete und erweiterte Auflage. Stuttgart: Kohlhammer.
Wälte, D. & Krönchen, S., (2017). Krankheits- und Störungsattributionen von Jugendlichen und Erwachsenen. Ergebnisse eines empirischen Forschungsprojektes aus individueller und systemischer Perspektive.
Walter, J. L. & Peller, J. E. (1994). Lösungsorientierte Kurzzeittherapie. Dortmund: Verlag Modernes Lernen.
Watzlawick, P., Beavin, J. H. & Jackson, D. D. (1980). Menschliche Kommunikation. Formen, Störungen, Paradoxien. 5. Auflage. Bern: Huber.
Weidner, J. (2011). Das Anti-Aggressivitäts-Training (AAT) in der Konfrontativen Pädagogik. Lerntheoretische Grundlagen und Forschungsergebnisse zur Behandlung gewalttätiger Intensivtäter. In: Weidner, J. & Kilb, R. (Hrsg.). Handbuch Konfrontative Pädagogik. München: Juventa Verlag. 13–29.
Weinberger, J. (1995). Common Factors Aren't so Common: The Common Factors Dilemma. Clinical Psychology: Science and Practice, 2, 45–69.

White, M. & Epston, D. (2013). Die Zähmung der Monster. Der narrative Ansatz in der Familientherapie. Heidelberg: Carl-Auer.
Wild, K.P. & Krapp, A. (2001). Pädagogisch-psychologische Diagnostik. In: Krapp, A. & Weidenmann, B. (Hrsg.). Pädagogische Psychologie. 4. Auflage. Weinheim: Beltz. 513–564.
Wilken, B. (2018). Methoden der Kognitiven Umstrukturierung. Ein Leitfaden für die therapeutische Praxis. 8. Auflage. Kohlhammer. Stuttgart.
Willutzki, U. (2008). Klinische Resourcendiagnostik. In: Roehrle, B., Caspar, F. & Schlottke, P. (Hrsg.). Lehrbuch der klinisch-psychologischen Diagnostik. Stuttgart: Kohlhammer. 251–272.
Willutzki, U. & Teismann, T. (2013). Ressourcenaktivierung in der Psychotherapie. Göttingen: Hogrefe.
Winiarski, R. (2012). KVT in Beratung und Kurztherapie. Weinheim: Beltz.
Wirsching, M. (2006). Psychotherapie. Grundformen der Psychotherapie. In: Fritzsche, K. & Wirsching, M. (Hrsg.). Psychosomatische Medizin und Psychotherapie. Heidelberg: Springer. 37–47.
Wolitzky-Taylor, K. B., Horowitz, J. D., Powers, M. B. & Telch, M. J. (2008). Psychological Approaches in the Treatment of Specific Phobias: A Meta-Analysis, Clinical Psychology Review, 28. 1021–1037.
Wolke, H. (1994). Die Entwicklung und Behandlung von Schlafproblemen und exzessivem Schreien im Vorschulalter. In: Petermann, F. (Hrsg.). Verhaltenstherapie mit Kindern. Baltmannsweiler: Röttger. 154–208.
Wolpe, J. (1958). Psychotherapy by Reciprocal Inhibition. Stanford: Stanford University Press.
Wüsten, G. & Schmid, H. (2012). Ressourcenaktivierung. In: Knecht, A. & Schubert, F.-C. (Hrsg.). Ressourcen im Sozialstaat und in der Sozialen Arbeit. Zuteilung – Förderung – Aktivierung. Stuttgart: Kohlhammer. 306–312.
Young, J. E. & Klosko, J. S. (2008). Sein Leben neu erfinden. Wie Sie Lebensfallen meistern. Den Teufelskreis selbstschädigenden Verhaltens durchbrechen und sich wieder glücklich fühlen. 4. Auflage. Paderborn: Junfermann.
Young, J. E, Klosko, J. S. & Weishaar, M. E. (2008). Schematherapie. Ein praxisorientiertes Handbuch. 2. Auflage. Paderborn: Junfermann.
Zarbock, G. (2014). Einladung zur Schematherapie. Grundlagen, Konzepte, Anwendung. 1. Originalausgabe. Weinheim: Beltz.
Zarbock, G., Ammann, A. & Ringer, S. (2019). Achtsamkeit für Psychotherapeuten und Berater. Mit E-Book inside und Arbeitsmaterial. Originalausgabe, 2., überarbeitete Auflage. Weinheim: Beltz.
Zens, C. & Jacob, G. (2014). Schwierige Situationen in der Schematherapie. Weinheim: Beltz.
Zwicker-Pelzer, R. (2010). Beratung in der sozialen Arbeit. Bad Heilbrunn: Klinkhardt.

Autorenangaben

Barbara Beck, B. A. Soziale Arbeit und M. A. Psychosoziale Beratung und Mediation, Kinder- und Jugendlichenpsychotherapeutin in Ausbildung (VT). Lehrkraft für besondere Aufgaben am Fachbereich Sozialwesen der Hochschule Niederrhein. Darüber hinaus tätig in der Qualifizierung für Kindertagespflegepersonen am FBS Mönchengladbach. Arbeits-/Interessenschwerpunkte: Selbsterfahrung, Soziale Ungleichheit, Versorgung im Gesundheitssystem, Versorgung und Bildungsmöglichkeiten im Kindergarten und der Schulnachmittagsbetreuung, Eltern-Kind-Interaktion.

Michael Borg-Laufs, Prof. Dr. phil., Dipl.-Psych., PP, KJP. Professur »Theorie und Praxis psychosozialer Arbeit mit Kindern« sowie Studiengangskoordinator »MA Psychosoziale Beratung und Mediation« und Dekan am Fachbereich Sozialwesen der Hochschule Niederrhein. Darüber hinaus tätig als Dozent, Supervisor, Selbsterfahrungsanleiter und Prüfer in der Ausbildung von Psychotherapeuten/Psychotherapeutinnen. Arbeitsschwerpunkte: Beratung, Diagnostik, Psychische Grundbedürfnisse von Kindern und Jugendlichen, Kinderpsychotherapie, Kindes- und Jugendwohlgefährdung, Soziale Online-Netzwerke in Beratung und Therapie, Jugendhilfewirkungsforschung.

Anne de la Motte, B. A. Soziale Arbeit (Sozialarbeit/Sozialpädagogik) und M. A. Psychosoziale Beratung und Mediation am Fachbereich Sozialwesen der Hochschule Niederrhein. Kinder- und Jugendlichenpsychotherapeutin in Ausbildung (VT). Mitarbeiterin in der Erziehungsberatungsstelle des Diakonischen Werkes des Kirchenkreises Leverkusen.

Anja Lübeck, B. A. Soziale Arbeit, M. A. Psychosoziale Beratung und Mediation, freiberuflich tätig im Bereich Beratung und in der Entwicklung kompetenzorientierter Materialien für Praxis und Weiterbildung. Hauptberuflich tätig als Schulsozialarbeiterin. Arbeits- und Interessenschwerpunkte: Wissenschaftliches Arbeiten, Konzeptentwicklung, Beratung und Begleitung neu zugewanderter Jugendlicher, bedürfnisorientierte Erziehung.

Melanie Meyer, B. A. Soziale Arbeit und M. A. Psychosoziale Beratung und Mediation an der Hochschule Niederrhein. Hauptamtlich tätig als Bewährungshelferin bei dem Landgericht Mönchengladbach. Zusätzlich Mitarbeiterin im Sozialpädagogischen Team einer Mutter-Kind-Kur-Klinik. Arbeitsschwerpunkte: Beratung und Begleitung von straffällig gewordenen Jugendlichen und Erwachsenen im Rahmen ihrer Bewährung und/oder Führungsaufsicht sowie Begleitung von Müttern und Kindern im Rahmen ihrer dreiwöchigen Präventions- oder Rehabilitationsmaßnahmen.

Franz-Christian Schubert, Prof. Dr. phil., Dipl.-Psych., PP, vormals Professor »Psychosoziale Gesundheitsförderung, Erziehungspsychologie und Psychotherapie« Fachbereich Sozialwesen der Hochschule Niederrhein. Nach seiner Emeritierung dort Lehrender im MA »Psychosoziale Beratung und Mediation« und im Weiterbildungsstudiengang »Systemische Familientherapie« an der Katholischen Hochschule Köln. Darüber hinaus tätig als Psychotherapeut, systemischer Ehe- und Familientherapeut, Supervisor, Selbsterfahrungsanleiter und als Ausbilder in systemischer Beratung und Therapie. Arbeitsschwerpunkte: psychosoziale Gesundheitsförderung, Risiko- und Stressbewältigung, Theorien und Konzepte von Beratung, Ressourcenorientierung in Lebensführung/Beratung/Therapie.

Lara Sieben, B. A. Soziale Arbeit (Sozialarbeit/Sozialpädagogik), M. A. Psychosoziale Beratung und Mediation am Fachbereich Sozialwesen der Hochschule Niederrhein, Entspannungspädagogin, Kinder- und Jugendlichenpsychotherapeutin in Ausbildung (VT). Arbeits- und Interessenschwerpunkte: Psychosoziale Beratung, Systemische Familienberatung und -therapie, Verhaltenstherapie, therapeutische Arbeit mit traumatisierten Patienten.

Jan Thivissen, Dr. phil., Diplom-Sozialarbeiter †

Julia Tiskens, Sozialarbeiterin B. A. und M. A. Psychosoziale Beratung und Mediation an der Hochschule Niederrhein. Wissenschaftliche Mitarbeiterin am Institut SO.CON (Social Concepts – Institut für Forschung und Entwicklung in der Sozialen Arbeit) am Fachbereich Sozialwesen der Hochschule Niederrhein. Interessens-/Arbeitsschwerpunkte: Beratung in der Sozialen Arbeit.

Dieter Wälte, Prof. Dr. phil. habil., Dipl.-Psych., PP. Professur »Klinische Psychologie und Persönlichkeitspsychologie« sowie Leiter der Psychosozialen Beratungsstelle am Fachbereich Sozialwesen der Hochschule Niederrhein. Darüber hinaus tätig als Dozent, Supervisor, Selbsterfahrungsanleiter und Prüfer in der Ausbildung von Psychotherapeuten/Psychotherapeutinnen. Arbeitsschwerpunkte: Erwachsenenpsychotherapie, Beratung, Diagnostik, Soziale Psychiatrie, Eingliederungshilfe, Familienforschung, Verhaltenstherapie.